Medo

Bob Woodward

Medo

Trump na Casa Branca

tradução
André Czarnobai
Paulo Geiger
Pedro Maia
Rogerio Galindo

todavia

Para Elsa

Nota do autor

Meus sinceros agradecimentos a Evelyn M. Duffy, minha assistente em cinco livros que cobriram quatro presidentes. O presidente Trump traz dificuldades particulares por conta das emoções e paixões profundas que desperta em seus apoiadores e críticos. Evelyn compreendeu de imediato que o desafio era conseguir novas informações, autenticá-las e colocá-las em contexto, entrando tão profundamente quanto possível na Casa Branca.

Evelyn sabia que se tratava de algo histórico e que tínhamos que obter tudo o que podíamos rapidamente, enquanto a memória continuava fresca e a documentação e as notas permaneciam disponíveis. Às vezes pesquisamos, entrevistamos, transcrevemos e reescrevemos seções do livro inteiro em um ou dois dias cobrindo a política externa da Coreia do Norte ao Afeganistão e ao Oriente Médio, e toda a gama de questões domésticas, de comércio a imigração e impostos.

Ela fez questão de que construíssemos a narrativa em torno de cenas específicas com datas específicas, nomeando os participantes e os relatos do que ocorreu. Evelyn mantém uma ética de trabalho notável e um profundo senso de justiça, curiosidade e honestidade. Ela me providenciou grossos volumes de pesquisa, antecedentes, cronologias, clippings e comentários pessoais, uma lista de perguntas mais importantes não respondidas e entrevistas adicionais a buscar.

Evelyn contribuiu com seu bom senso e sua sabedoria infinitos, servindo como uma colaboradora completa e com o espírito — e o mesmo nível de esforço — de uma coautora.

O verdadeiro poder — nem quero usar tal palavra — é o medo.

Candidato à presidência Donald J. Trump em entrevista a Bob Woodward e Robert Costa em 31 de março de 2016, no Old Post Office Pavilion, Trump International Hotel, Washington, D.C.

Nota ao leitor

As entrevistas para este livro foram conduzidas segundo a regra básica do jornalismo da atribuição com reserva total. Isso significa que toda informação pode ser usada, mas com sigilo de fonte. Este livro é resultado de centenas de horas de entrevistas com participantes e testemunhas diretos dos eventos mencionados. Quase todos me permitiram gravar essas entrevistas, de modo que a história pudesse ser contada com maior precisão. Quando atribuí citações, pensamentos ou conclusões a um dos participantes, a informação vem da própria pessoa, de um colega com conhecimento direto ou de anotações de reuniões, diários pessoais, arquivos e documentos do governo ou pessoais.

O presidente Trump se recusou a ser entrevistado para este livro.

Prólogo

No começo de setembro de 2017, no oitavo mês do governo Trump, Gary Cohn, ex-presidente da Goldman Sachs e principal assessor econômico da Casa Branca, caminhou cuidadosamente em direção à mesa do presidente no Salão Oval.

Em seus 27 anos na Goldman, Cohn — que tem 1,90 metro, é careca, assertivo e muito autoconfiante — ganhou bilhões para seus clientes e centenas de milhões para si mesmo. Ele tinha concedido a si o privilégio de adentrar o Salão Oval, e o presidente aceitara tal decisão.

Na mesa, havia o rascunho de uma carta de uma página de Trump para o presidente da Coreia do Sul, encerrando o tratado de livre-comércio entre os dois países, conhecido como Korus.

Cohn ficou chocado. Por meses, Trump tinha ameaçado cancelar o acordo, um dos pilares de uma relação econômica, de uma aliança militar e, o mais importante, de operações altamente confidenciais dos serviços de inteligência.

Sob um tratado que datava dos anos 1950, os Estados Unidos posicionaram 28,5 mil soldados na Coreia do Sul e operaram os mais altamente confidenciais e secretos Programas de Acesso Especial (SAPs, na sigla em inglês), que forneciam sofisticados códigos de inteligência e poderio militar. Os mísseis balísticos intercontinentais da Coreia do Norte já tinham a capacidade de carregar armamento nuclear, talvez até o continente americano. Um míssil saído de lá levaria 38 minutos para chegar a Los Angeles.

Tais programas permitiam que os Estados Unidos detectassem um lançamento de míssil balístico intercontinental da Coreia do Norte em sete segundos. Fazê-lo a partir do Alasca levaria quinze minutos — uma diferença impressionante.

A capacidade de detectar um lançamento em sete segundos daria às forças militares dos Estados Unidos tempo de derrubar um míssil norte-coreano. Talvez fosse a operação mais importante e secreta do governo norte-americano. A presença dos Estados Unidos na Coreia do Sul representava a essência da segurança nacional.

Desfazer o acordo comercial Korus, que a Coreia do Sul considerava essencial para sua economia, poderia levar a um desmantelamento de toda a relação. Cohn não podia acreditar que o presidente arriscaria perder recursos vitais aos serviços de inteligência, cruciais para a segurança nacional.

Tudo aquilo era resultado da fúria de Trump quanto ao déficit de 18 bilhões de dólares anuais no comércio com a Coreia do Sul e nos gastos de 3,5 bilhões de dólares para manter soldados lá.

Apesar dos relatos quase diários de caos e discórdia na Casa Branca, o público não sabia da gravidade da situação interna. Trump se mostrava sempre volátil, errático, mal conseguia ficar parado. Quando ficava de mau humor porque algo importante ou pequeno o enfurecia, o presidente comentava, referindo-se ao acordo: "Vamos cancelá-lo hoje".

Mas agora havia a carta, datada de 5 de setembro de 2017, um potencial gatilho para uma catástrofe na segurança nacional.[1] Cohn ficou preocupado, se Trump a visse, poderia assiná-la.

Então tirou o rascunho da mesa do presidente. E o colocou em uma pasta azul onde se lia numa etiqueta: "MANTER".

"Eu a roubei", Cohn contou depois a um colega. "Não podia deixar que a visse. Ele nunca vai ver o documento. É preciso proteger o país."

Na anarquia e desordem da Casa Branca e da sua própria mente, Trump nunca notou a falta da carta.

Normalmente, a produção de uma carta como essa ao presidente da Coreia do Sul teria ficado a cargo de Rob Porter, secretário de gabinete e responsável pela organização dos documentos presidenciais. Mas, daquela vez, o que era preocupante, o rascunho tinha chegado a Trump por meio de um canal desconhecido. Secretário de gabinete é um papel discreto mas crítico na Casa Branca. Fazia meses que Porter vinha informando Trump a respeito de memorandos e outros documentos, incluindo as mais sensíveis autorizações de segurança nacional para atividades militares e secretas da CIA.

Com 1,93 metro, quarenta anos, muito magro e criado numa família mórmon, Porter passava despercebido: um homem devotado ao trabalho e pouco chamativo, que estudara na Escola de Direito de Harvard e recebera uma bolsa Rhodes de pós-graduação.

Posteriormente, o secretário de gabinete descobriu que havia inúmeras cópias do rascunho, e ele mesmo, ou Cohn, se certificou de que nenhuma chegasse à mesa do presidente.

Cohn e Porter trabalharam juntos para descarrilar o que acreditavam ser as ordens mais impulsivas e perigosas de Trump. Documentos como aquele simplesmente desapareceram. Quando havia um rascunho na mesa para aprovar, Cohn às vezes apenas o arrancava da mão do presidente, que esquecia o assunto. Mas o que estivesse em sua mesa ele assinava. "Não se trata de fazer algo pelo país", Cohn confidenciou. "Mas de impedir que ele faça."

Era nada menos que um golpe de Estado administrativo, um enfraquecimento da vontade do presidente dos Estados Unidos e de sua autoridade constitucional.

Porter disse a um colega que, além de coordenar decisões e programas políticos e controlar os documentos para o presidente, "um terço do meu trabalho era tentar reagir às ideias perigosas que ele tinha, e lhe dar motivos para acreditar que talvez não fossem tão boas".

Outra estratégia era atrasar, procrastinar, mencionar restrições legais. O advogado Porter disse: "Mas, retardar as coisas ou não as levar a ele, ou ainda dizer a ele — de verdade, não apenas como desculpa — que algo precisava ser vetado, ou que precisávamos trabalhar aquilo melhor, ou que não tínhamos autorização legal, acontecia dez vezes mais do que tirar documentos da mesa dele. Parecia que estávamos perpetuamente na beira do abismo".

Havia dias ou semanas em que a operação parecia sob controle e eles conseguiam se afastar alguns passos do precipício. "Outras vezes caíamos, e uma atitude era tomada. Era como se estivéssemos sempre andando no limite."

Embora Trump nunca tenha mencionado a carta perdida de 5 de setembro, ele não esqueceu o que queria fazer com relação ao acordo comercial. "Houve inúmeras versões diferentes daquela carta", Porter disse a um colega.

Mais tarde, em uma reunião no Salão Oval, uma discussão acalorada sobre o acordo com a Coreia do Sul se desenrolou. "Não quero saber", Trump disse. "Estou cansado dessas discussões! Não quero ouvir mais a respeito. Vamos sair do Korus." Ele começou a ditar uma nova carta que gostaria de enviar.

Jared Kushner, genro de Trump, levou suas palavras a sério. Aos 36 anos, ele era assessor sênior da Casa Branca e havia sido criado de maneira quase aristocrática, o que o tornara muito seguro de si. Estava casado com a filha do presidente, Ivanka, desde 2009.

Como estava sentado ao lado de Trump, Jared começou a anotar o que ele dizia.

Termine a carta e a entregue para que eu possa assinar, o presidente ordenou.

Jared estava transformando em carta o que o presidente havia ditado quando Porter ouviu a respeito.

"Me envie o rascunho", ele disse. "Se vamos fazer isso, não pode ser através de um bilhete escrito em um guardanapo. Temos que redigir de uma maneira que não nos envergonhe."

Kushner mandou uma cópia em papel de seu rascunho. Não teve muita utilidade. Porter e Cohn tinham produzido algo para demonstrar que haviam feito o que o presidente pedira. Trump esperava uma resposta imediata. Eles não iam entrar de mãos vazias. O rascunho era parte de um subterfúgio.

Em uma reunião formal, aqueles que se opunham a deixar o Korus levantaram todo tipo de argumento — os Estados Unidos nunca tinham encerrado um acordo de livre-comércio; havia questões legais, geopolíticas, de segurança nacional e inteligência; a carta não estava pronta. Eles abrandaram o presidente com fatos e lógica.

"Bom, vamos continuar trabalhando na carta", Trump disse. "Quero ver o próximo rascunho."

Cohn e Porter não prepararam outro rascunho. Então não havia nada para mostrar ao presidente. A questão, por ora, desaparecera na névoa da tomada de decisões presidenciais. Trump se ocupou de outras coisas.

Mas a questão do Korus não se resolveu. Cohn falou com James Mattis, secretário de Defesa e general da Marinha, talvez a voz mais influente no gabinete de Trump. Veterano de muitos combates, tinha servido quarenta anos como fuzileiro naval. Com 1,75 metro e postura rígida, se comportava de uma maneira que o fazia parecer sempre cansado do mundo.

"Estamos no limite", Cohn disse ao secretário. "Acho que vamos precisar de ajuda desta vez."

Mattis tentava limitar suas visitas à Casa Branca e se ater ao âmbito militar tanto quanto possível, mas, ao constatar a urgência, foi até o Salão Oval.

"Sr. presidente", ele disse, "Kim Jong-un é a mais imediata ameaça à segurança nacional. Precisamos da Coreia do Sul como aliada. Talvez não pareça que o comércio tenha relação com isso, mas é importantíssimo."

Os recursos militares e de inteligência americanos na Coreia do Sul são a espinha dorsal da nossa capacidade de nos defender da Coreia do Norte. Por favor, não cancele o acordo.

Por que os Estados Unidos pagam 1 bilhão por ano por um sistema de mísseis antibalísticos na Coreia do Sul?, Trump perguntou. Ele estava furioso por causa do sistema de mísseis chamado Terminal de Defesa Aérea para Grandes Altitudes (THAAD, na sigla em inglês), e havia ameaçado tirá-lo da Coreia do Sul e levá-lo para Portland, Oregon.

"Não estamos fazendo isso pela Coreia do Sul", Mattis disse. "Vamos ajudar o país porque isso nos ajuda."

O presidente pareceu concordar, mas só por um momento.

Em 2016, o candidato Trump deu a mim e a Bob Costa sua concepção do trabalho de um presidente: "Mais que qualquer outra coisa, é garantir a segurança do país. [...] É o número um, dois e três. [...] O âmbito militar, a força, não deixar que coisas ruins vindas de fora atinjam a nação. Tenho certeza de que minha concepção do trabalho de um presidente vai sempre começar por aí".[2]

A verdade era que, em 2017, os Estados Unidos estavam presos às palavras e ações de um líder emocionalmente esgotado, volátil e imprevisível. Membros de sua equipe se juntaram para bloquear propositalmente parte do que acreditavam ser os impulsos mais perigosos do presidente. Foi um colapso nervoso do Poder Executivo do país mais poderoso do mundo.

O que se segue é essa história.

5 de setembro de 2017

Sua excelência Moon Jae-in
Presidente da República da Coreia
Casa Azul
Seul
República da Coreia

Sua excelência Kim Hyun-chong
Ministro do Comércio
Ministério do Comércio, da Indústria e da Energia
402 Hannuri-daero
Sejong-si 30118
República da Coreia

Caros senhores,

O Acordo de Livre-Comércio entre Estados Unidos e Coreia do Sul
(Korus) em sua presente forma não atende aos interesses da economia
norte-americana. Portanto, segundo o artigo 24.5 de tal acordo, os
Estados Unidos por meio deste comunicam que é seu desejo encerrá-lo.
Como prescrito nos termos desse mesmo artigo, o acordo deve
terminar em 180 dias a partir desta data. Durante esse período, os
Estados Unidos estão preparados para negociar com a República
da Coreia em questões econômicas que concernam a ambos.

Respeitosamente,

Donald J. Trump
Presidente dos Estados Unidos

Robert E. Lighthizer
Representante de Comércio dos Estados Unidos

MANTER

Rascunho da carta de 5 de setembro de 2017 ao presidente sul-coreano
cancelando o acordo comercial. Gary Cohn a tirou da mesa do presidente
Trump no Salão Oval para que não fosse assinada e enviada.

Medo

I

Em agosto de 2010, seis anos antes de assumir a campanha presidencial bem-sucedida de Donald Trump, o produtor de filmes políticos de direita Steve Bannon, então com 57 anos, atendeu o telefone.

"O que você vai fazer amanhã?", perguntou David Bossie, um antigo investigador republicano da Câmara e ativista conservador que havia ido atrás de escândalos de Bill e Hillary Clinton por quase duas décadas.

"Cara", respondeu Bannon, "tenho que editar a porra desses filmes que estou fazendo para você."

Aproximavam-se as eleições de 2010 para o Congresso. Era o auge do movimento do Tea Party e os republicanos mostravam força.

"Dave, estamos lançando mais dois filmes. Estou editando. Trabalho vinte horas por dia" no Cidadãos Unidos, o comitê conservador de ação política que Bossie dirigia para produzir seus filmes contra os Clinton.

"Pode ir comigo até Nova York?"

"Para quê?"

"Para ver Donald Trump", disse Bossie.

"Do que se trata?"

"Ele está pensando em concorrer à presidência."

"De que país?", perguntou Bannon.

Não, é sério, insistiu Bossie. Havia meses que ele vinha se encontrando e trabalhando com Trump. Ele pedira uma reunião.

"Não tenho tempo para esse tipo de bobagem, cara", disse Bannon. "Donald Trump nunca vai concorrer à presidência. Esquece. Contra Obama? Esquece. Não tenho tempo para absurdos."

"Você não quer encontrar com ele?"

"Não, não tenho interesse em encontrar esse cara." Certa vez, Trump dera uma entrevista de meia hora para o programa de rádio que Bannon dirigia de Los Angeles, *The Victory Sessions*. Era transmitido nas tardes de domingo e anunciado como "o programa de rádio do homem que pensa".[1]

"Ele não está falando sério", disse Bannon.

"Pois eu acho que está", disse Bossie. Trump era uma celebridade da TV e tinha um programa famoso, *O Aprendiz*, o de maior audiência na NBC em certas semanas. "Não há inconveniente em nos encontrarmos com ele."

Bannon finalmente concordou em viajar a Nova York e ir à Trump Tower.

Eles subiram até a sala de conferências do 26º andar. Trump cumprimentou-os calorosamente, e Bossie disse que tinha uma apresentação detalhada. Era um manual de instruções.

A primeira parte, disse ele, mostra como concorrer numa primária republicana e vencer. A segunda parte explica como concorrer à presidência dos Estados Unidos contra Barack Obama. Ele descreveu estratégias eleitorais comuns e discutiu processos e temas. Bossie era um conservador tradicional, que defendia impor limites ao governo e fora pego de surpresa pelo movimento do Tea Party.

Era um momento importante na política americana, disse Bossie, e o populismo do Tea Party estava varrendo o país. O cidadão ganhava voz. O populismo era um movimento de base para alterar o status quo político em favor das pessoas comuns.

"Sou um homem de negócios", lembrou Trump, "e não um político profissional."

"Se quiser concorrer à presidência", disse Bossie, "você precisa conhecer muitas coisas pequenas e muitas coisas importantes." As coisas pequenas envolviam cumprir os prazos e as regras estaduais para as primárias. "Você precisa conhecer o mundo da política e saber como conseguir delegados." Mas primeiro, disse ele, "precisa entender o movimento conservador".

Trump assentiu com a cabeça.

"Você tem alguns problemas com essas questões", disse Bossie.

"Não tenho nenhum problema com essas questões", disse Trump. "Do que está falando?"

"Primeiro, nunca houve um cara que ganhasse uma primária republicana que não fosse contra o aborto", disse Bossie. "E, infelizmente, você é a favor demais."

"O que isso significa?"

"Você costuma doar para o pessoal do aborto, para os candidatos a favor da escolha. E fez declarações. Mas precisa ser a favor da vida, contra o aborto."

"Eu sou contra o aborto", disse Trump. "Sou a favor da vida."

"É, mas você tem antecedentes."

"Isso pode ser consertado", disse Trump. "Você acabou de me dizer como fazer. Eu sou... como você disse? A favor da vida. Sou a favor da vida, estou dizendo."

À medida que Trump falava, Bannon foi ficando cada vez mais impressionado com sua capacidade de atuar. Ele era atento e rápido. Estava em ótima forma física. Sua presença era maior do que seu físico. Trump se impunha e dominava o ambiente. Tinha algo a mais. Também era como um sujeito que conversa com a TV num bar. Um malandro, do Queens. Na avaliação de Bannon, era como Archie Bunker, personagem conversador e preconceituoso de *Tudo em Família*, só que focado.

"A segunda grande coisa", disse Bossie, "é seu histórico de votação."

"O que você quer dizer com isso?"

"Com que frequência você vota."

"Do que está falando?"

"Bem", disse Bossie, "estamos falando da primária republicana."

"Eu voto sempre", disse Trump confiante. "Votei todas as vezes desde os dezoito ou vinte anos."

"Isso não é verdade. Você sabe que há um registro público de seu voto." Bossie, o investigador do Congresso, tinha uma pilha de registros.

"Eles não sabem como voto."

"Não, não, não. Não é *como* você vota. É com que frequência você vota."

Bannon percebeu que Trump não conhecia os rudimentos da política.

"Votei todas as vezes", insistiu Trump.

"Na verdade, você votou numa primária uma única vez em toda a sua vida", disse Bossie, citando o registro.

"Isso é mentira, porra", disse Trump. "Uma mentira total. Toda vez que eu tinha de votar, votei."

"Você só votou numa primária", disse Bossie. "Na republicana de 1988 ou algo assim."

"Você está certo", disse Trump, girando 180 graus sem perder o ritmo. "Votei em Rudy." Giuliani concorrera a prefeito numa primária em 1989. "Isso está aí?"

"Sim."

"Vou superar isso", disse Trump.

"Talvez nenhuma dessas coisas tenha importância", disse Bossie, "mas talvez tenha. Se vai seguir em frente, precisa ser metódico."

Bannon falou em seguida. Ele se voltou para o que estava impulsionando o Tea Party, que não gostava das elites. O populismo era para o homem comum, que sabe que o sistema é manipulado. Era contra o capitalismo de compadrio e os traficantes de informações privilegiadas que estavam sangrando os trabalhadores.

"Adoro isso. É o que eu sou", disse Trump, "um popularista." Ele errou a palavra.

"Não, não", disse Bannon. "É populista."

"Sim, sim", insistiu Trump. "Um popularista."

Bannon desistiu. A princípio, achou que Trump não entendia a palavra. Mas talvez quisesse dizer aquilo a seu modo — ser popular entre as pessoas. Bannon sabia que aquilo podia soar melhor para o público geral, não intelectual.

A reunião já durava uma hora quando Bossie disse: "Temos outra grande questão".

"O que é?", perguntou Trump, parecendo um pouco mais cauteloso.

"Bem, 80% das doações que você fez foram para democratas." Para Bossie, aquela era a maior desvantagem política de Trump, mas ele não disse nada.

"Isso é bobagem!"

"Há registros públicos", disse Bossie.

"Há registros disso!", exclamou Trump, totalmente assombrado.

"De todas as doações que você já fez." A divulgação pública de todas as doações políticas era normal.

"Sou imparcial", disse Trump. Ele dividia suas doações entre candidatos de ambos os partidos.

"Você realmente doa bastante. Mas 80% para os democratas. Chicago, Atlantic City..."

"Tenho que fazer isso", disse Trump. "Os malditos democratas dirigem todas as cidades. Para construir hotéis, é preciso molhar as mãos. Essas pessoas me procuraram."

"Escute", disse Bannon, "o que Dave está tentando dizer é: quando se concorre como um cara do Tea Party, o que importa é do que eles estão reclamando. Que caras como você têm negócios privilegiados."

"Vou superar isso", disse Trump. "É tudo manipulado. É um sistema manipulado. Esses caras me extorquem há anos. Não quero doar. Todos eles vêm. Se não assinar um cheque…"

Havia um político no Queens, disse Trump, "um cara velho com um taco de beisebol. Você entra lá e tem que dar alguma coisa, normalmente dinheiro. Caso contrário, nada feito. Nada de construir. Mas, se você for até lá e deixar um envelope para ele, a coisa acontece. É assim. Mas posso consertar isso".

Bossie disse que tinha um plano de ação. "É o movimento conservador. O Tea Party vem e vai. O populismo vem e vai. O movimento conservador tem sido sólido desde Goldwater."

Também recomendo, disse ele, que você concorra como se disputasse o governo em três estados — Iowa, New Hampshire e Carolina do Sul. São os primeiros a ter convenções. "Concorra e pareça local, como se quisesse ser o governador deles." Muitos candidatos cometeram o grande erro de tentar concorrer em 27 estados. "Concorra em três disputas para governador e terá uma chance muito boa. Se concentre nesses. Se saia bem em três. E os outros virão."

"Posso ser o candidato", disse Trump. "Posso vencer os outros. Não importa quem sejam. Entendi isso. Posso cuidar das outras coisas."

Todas as posições poderiam ser revistas, renegociadas.

"Sou a favor da vida", disse Trump. "Vou começar."

"Eis o que você precisa fazer", disse Bossie. "Reserve algo entre 250 mil e 500 mil dólares para financiar congressistas e senadores. Todos virão. Olhe esses caras nos olhos e aperte a mão deles. Dê um cheque a eles. Porque precisamos de alguns marcadores. Você tem que fazer um por um, para que os caras saibam. Porque, mais tarde, será pelo menos um ponto de entrada no cultivo de relações."

Bossie continuou: "Diga: este cheque é para você. De 2400 dólares" — o valor máximo. "Têm de ser cheques individuais, moeda forte, para a campanha deles, para que saibam que vêm de você, pessoalmente. Os republicanos saberão então que está falando sério."

Todo o dinheiro, disse Bossie, era fundamental para a arte da política presidencial. "Mais tarde, isso vai render enormes dividendos." Era preciso doar aos candidatos republicanos em um punhado de estados difíceis, como Ohio, Pensilvânia, Virgínia e Flórida.

Além disso, Bossie disse: "Você terá de escrever um livro sobre políticas públicas. Deveria fazer um livro dizendo o que pensa sobre os Estados Unidos e essas políticas".

Bannon fez um breve discurso sobre a China e seus esforços bem-sucedidos para tirar empregos e dinheiro dos Estados Unidos. Ele estava obcecado pela ameaça.

"O que acha?", Bossie perguntou depois a Bannon.

"Estou muito impressionado com o cara", disse Bannon. Quanto a concorrer à presidência, "nenhuma chance. Primeiro, esses dois itens de ação. O filho da puta não vai preencher nenhum cheque. Ele não é desse tipo. Só assina a parte de trás" quando os recebe. "Foi bom você ter dito isso, porque ele nunca vai fazer um cheque."

"E o livro sobre políticas?"

"Ele nunca vai fazer um livro sobre políticas. Por favor... Primeiro, ninguém ia comprar. Isso foi uma perda de tempo, mas pelo menos foi divertido."

Bossie disse que estava tentando preparar Trump se ele decidisse concorrer. Trump tinha uma vantagem única: estava distante do processo político.

Enquanto caminhavam, Bossie se viu fazendo um exercício mental que, seis anos depois, a maioria dos americanos faria. Ele nunca vai concorrer. Nunca vai se inscrever. Nunca vai anunciar. Nunca vai entregar sua declaração de renda. Certo? Ele nunca vai fazer nada disso. Nunca vai ganhar.

"Acha que ele vai concorrer?", Bossie finalmente perguntou a Bannon.

"De jeito nenhum. Chance zero", insistiu Bannon. "Menos que isso. Olha pra porra da vida dele. O cara não vai fazer isso. Não vai dar a cara pra bater."

2

Seis anos depois

É quase certo que, se os eventos não tivessem se desdobrado de maneira improvável, aleatória e descuidada, o mundo seria muito diferente hoje. Donald Trump aceitou a indicação republicana em 21 de julho de 2016, e sua busca pela presidência tomou um rumo significativo na manhã de sábado do dia 13 de agosto de 2016.

Steve Bannon, chefe do órgão de direita Breitbart News, sentou-se num banco do Bryant Park em Nova York e agarrou-se a seus jornais, seu ritual de sábado. Folheou primeiro o *Financial Times* e depois passou para o *New York Times*.

"A fracassada missão interna para domar a língua de Trump",[1] dizia a manchete na primeira página do *Times*. Faltavam três meses para a eleição presidencial.

"Ah, meu Deus", pensou Bannon.

O primeiro ato do drama de Bannon é sua aparência — a velha jaqueta de campo militar sobre múltiplas camisetas polo. O segundo ato é seu comportamento — agressivo, determinado e ruidoso.

Os repórteres do *Times* diziam ter vinte fontes anônimas republicanas próximas a Trump ou em comunicação com sua campanha. O artigo o pintava como desnorteado, exausto, amuado, propenso a gafes e em apuros com os doadores. Ele estava em condições precárias nos estados Flórida, Ohio, Pensilvânia e Carolina do Norte, campos de batalha que decidiriam a eleição. Era um quadro feio, e Bannon sabia que era também verdadeiro. Ele calculava que Trump poderia perder para a candidata democrata Hillary Clinton por até vinte pontos, e certamente mais de dez.

Trump era um espetáculo da mídia, mas ainda não tinha nenhuma operação além do que o Comitê Nacional Republicano havia provido. Bannon sabia que a campanha era composta por algumas pessoas numa sala — um redator de discursos e uma equipe de seis funcionários que agendavam comícios nos locais mais baratos, muitas vezes estádios de hóquei ou arenas esportivas antigas e decadentes em todo o país.

Apesar disso, Trump ganhara a indicação republicana contra outros dezesseis candidatos e era uma presença importante, profana, subversiva, que captava a atenção da nação.

Bannon, agora com 63 anos, formado em administração em Harvard e com ideias nacionalistas fervorosas ao estilo "os Estados Unidos em primeiro lugar", ligou para Rebekah Mercer.

Mercer e sua família eram uma das maiores e mais controvertidas fontes de dinheiro de campanha do Partido Republicano e o dinheiro era o motor da política americana, especialmente no Partido Republicano. Os Mercer estavam um pouco à margem, mas o dinheiro comprara-lhes um lugar à mesa. Eles também tinham uma participação acionária no Breitbart.

"É ruim porque vão nos culpar por isso", disse Bannon a Mercer. O Breitbart ficara ao lado de Trump em suas horas mais difíceis. "Vai ser o fim do Breitbart."

"Por que você não entra na campanha?", sugeriu Rebekah.

"Nunca fiz uma campanha em minha vida", respondeu Bannon. Ele nem mesmo chegara perto. A ideia era absurda.

"Esse Manafort é um desastre", disse ela, referindo-se ao chefe de campanha de Trump, Paul Manafort. "Ninguém está dirigindo a campanha agora. Trump dá ouvidos a você. Ele está sempre procurando pela supervisão de um adulto."

"Veja", disse Bannon, "eu faria isso em um instante. Mas por que *ele* faria?"

"Ele tem sido um outsider", disse ela, e mencionou o artigo do *New York Times*. "A coisa toda está em modo pânico." Em suma, Trump talvez contratasse Bannon porque estava desesperado.

Os Mercer entraram em contato com Trump, que estaria em East Hampton, Long Island, na casa de Woody Johnson, dono do New York Jets, para um evento de arrecadação de fundos. Normalmente, os Mercer faziam os cheques e diziam que nem precisavam ver o candidato. Daquela vez queriam dez minutos com Trump.

Num pequeno jardim de inverno, Rebekah, uma ruiva alta, soltou o verbo. Seu pai, Bob Mercer, um matemático de Q.I. alto, mal falou. Ele era um dos cérebros por trás de um hedge fund extremamente bem-sucedido, o Renaissance Technologies, que administrava 50 bilhões de dólares.

"Manafort tem que sair", Rebekah disse a Trump. Era o caos.

"O que recomenda?", perguntou Trump.

"Steve Bannon vai entrar na campanha", disse ela.

"Ele nunca faria isso."

"Com certeza" faria, ela respondeu.

Bannon ligou para Trump naquela noite.

"Essa coisa no jornal é embaraçosa", disse Bannon, referindo-se ao artigo do *New York Times*. "Você é melhor que isso. Podemos ganhar. Deveríamos estar ganhando. É Hillary Clinton, pelo amor de Deus."

Trump descarregou a raiva em Manafort: "Ele é inflexível". Não sabe se portar diante das câmeras.

"Vamos nos encontrar amanhã e resolver as coisas. Podemos fazer isso", disse Bannon, efusivo. "Mas não fale para ninguém."

Trump concordou com um encontro na manhã seguinte, um domingo.

Outra figura política preocupada naquele dia era Reince Priebus, 44 anos, presidente do Comitê Nacional Republicano (RNC, na sigla em inglês) e advogado pelo estado de Wisconsin. Priebus focara em relações com a comunidade e networking em seus cinco anos de presidência. Seu comportamento alegre mascarava um construtor de impérios. Ele tomava as decisões financeiras do partido, contratava o pessoal de campo, composto por 6500 trabalhadores pagos, aparecia periodicamente na TV e tinha sua própria empresa de comunicação. Estava numa posição desconfortável.

Pessoalmente, Priebus considerava o mês de agosto uma catástrofe. "Uma lâmpada de calor constante que nunca se apagava." E a pessoa responsável por aquilo era Trump.

Priebus tentara orientar a campanha desde o começo. Depois que o candidato chamara os mexicanos de "estupradores" no discurso que anunciara sua candidatura, em 16 de junho de 2015, Priebus dissera para ele: "Você não pode falar assim. Temos trabalhado muito para conquistar os hispânicos".

Mas Trump não diminuía o tom e atacava qualquer um que o atacasse. Nenhum presidente nacional de um partido tivera de lidar com uma dor de cabeça parecida.

O senador Mitch McConnell, ardiloso líder da maioria republicana, ligara confidencialmente para Priebus. Sua mensagem era: esqueça Trump, desvie o dinheiro republicano para nós, os candidatos do Senado, e feche a torneira de dinheiro para ele.

Mas Priebus queria preservar a relação com Trump e decidiu se plantar com firmeza entre ambos. Do ponto de vista tático, era sensato, pensou. Garantia a sobrevivência do partido e dele. Priebus disse a Trump: "Estou com você cem por cento. Te amo. Vou continuar trabalhando para você. Mas tenho de proteger o partido. Tenho uma responsabilidade diferente da sua".

Priebus concordara em fazer campanha com Trump e apresentá-lo em comícios. Via aquilo como estender a mão para um homem que estava se afogando.

O artigo do *Times* sobre o fracasso em domar Trump foi um choque.[2] "Puta merda!", pensou Priebus. "Isso é realmente ruim." A campanha estava caindo aos pedaços. "Não é uma campanha", concluiu ele. "É uma piada."

Havia tantas declarações no artigo do *Times* que Priebus percebeu que as vinte fontes estavam tentando sabotar a campanha ou, como de costume, salvar a própria pele.

Eram tempos perigosos, talvez os piores, para Trump e o partido, pensou Priebus. Só havia um caminho a seguir: subir o tom em todas as frentes. Maximizar a agressão para esconder a fraqueza vital.

Naquela manhã de domingo, Steve Bannon chegou à Trump Tower em Manhattan e disse ao segurança que tinha uma reunião com Donald Trump.

"Essa é boa", disse o guarda. "Ele não vem nos fins de semana."

Bannon telefonou para Trump.

"Ei", o candidato disse, "estou em Bedminster." Era onde ficava o Trump National Golf Club. "Já que você não está aqui, vou jogar golfe. Vem para cá, estamos almoçando. Esteja aqui, tipo, uma da tarde."

Ele começou a dar instruções detalhadas para a viagem de sessenta quilômetros para o oeste de Nova York.

"Eu me viro", disse Bannon.

Não, tome a direita na Rattlesnake Bridge Road, depois a direita cerca de um quilômetro e meio à frente.

"Vou achar. É o Trump National."

Não, insistiu Trump, você precisa entender. Ele forneceu instruções com mais detalhes do que Bannon jamais o ouvira dar sobre qualquer outra coisa.

Bannon disse ao motorista que precisava chegar a Bedminster ao meio-dia, de modo a garantir que daria tempo. Dentro do clube, foi levado a uma mesa para cinco pessoas.

Você chegou cedo, disse alguém da equipe. Os outros só virão à uma.

Os outros?, perguntou Bannon.

Roger Ailes, o governador Chris Christie e o "prefeito" — Rudy Giuliani — também estariam presentes.

Bannon ficou puto. Ele não estava lá para ser aprovado por ninguém. Ele e Trump haviam feito um acordo que não precisava ser submetido a revisão.

Ailes, fundador e presidente da Fox News e agente político republicano desde Richard Nixon, foi o primeiro a chegar. Tinha sido mentor de Bannon.

"Que porra é essa?", disse Ailes, então começou a criticar a campanha.

"Os números são muito ruins?", perguntou Bannon.

"Vai ser uma lavada."

"Falei com Trump na noite passada", disse Bannon. "Os Mercer conversaram com ele. Vou assumir a campanha, mas não conte aos outros."

"Que porra é essa?", repetiu. "Você não sabe nada sobre campanhas." Ninguém negava aquilo.

"Eu sei, mas qualquer um poderia organizar uma melhor do que esta."

Embora conhecesse Ailes havia anos, Bannon não aparecia na rede Fox News.

Ele dissera certa vez: "Nunca estive na Fox porque não queria ficar em dívida com ele. […] Nunca deva nada a Roger, ou ele vira seu dono".

Aquilo contrastava fortemente com sua relação com Trump, que, na sua opinião, era um suplicante. Ele fizera uma série de entrevistas com o candidato no programa *Breitbart News Daily*, da rádio SiriusXM, entre novembro de 2015 e junho de 2016.[3]

Ailes disse que eles estavam lá para a preparação semanal para o debate. O primeiro debate presidencial contra Hillary Clinton seria dentro de um mês e meio, em 26 de setembro.

"Preparação para o debate?", disse Bannon. "Você, Christie e Rudy?"

"Esta é a segunda."

"Ele está mesmo se preparando para os debates?", perguntou Bannon, subitamente impressionado.

"Não, ele vem aqui e joga golfe, enquanto conversamos sobre a campanha e coisas assim. Mas estamos tentando fazer com que se torne um hábito."

O chefe de campanha, Paul Manafort, chegou.

Bannon, que costumava chamar a si mesmo de "populista cuspidor de fogo", ficou enojado. Manafort estava vestido com o que poderia passar por traje de iate, com um lenço no pescoço. Direto de Southampton!

Trump chegou e sentou. Cachorros-quentes e hambúrgueres foram servidos. A dieta dos sonhos de um garoto de onze anos, pensou Bannon, enquanto Trump devorava dois cachorros-quentes.

Trump perguntou a Manafort como era possível que tivessem publicado a matéria do *New York Times* sobre o fracasso em domar sua língua. Era um dos paradoxos de Trump: ele atacava a mídia convencional com prazer, principalmente o *Times* — mas, apesar da linguagem totalmente ofensiva, considerava-o um jornal de respeito e acreditava em grande parte de suas matérias.

"Paul, eu sou um bebê?", Trump perguntou a Manafort. "É isso que você está dizendo, que eu sou um bebê? Você é terrível na TV. Não tem energia. Não representa a campanha. Eu disse a você de maneira educada. Nunca mais vá à TV."

"Donald...", Manafort tentou responder.

Bannon suspeitava que ser chamado pelo primeiro nome incomodava o candidato.

"Precisa entender uma coisa, sr. Trump", disse Bannon. "A matéria tinha muitas dessas fontes não identificadas. Não sabemos da veracidade dela."

"Não, eu sei", respondeu Trump, dirigindo o fogo para Manafort. "São dedos-duros." Ele sabia que as citações eram verdadeiras.

"Muita coisa não dá para atribuir a alguém", disse Bannon. Nenhum nome era citado, todos se escondiam. "O *New York Times* é uma grande bobagem. Vamos, é tudo besteira", continuou Bannon, totalmente focado no papo oposicionista, embora soubesse que a matéria era verdadeira.

Trump não acreditou. A matéria era pura verdade e a campanha estava cheia de dedos-duros. As acusações a Manafort continuaram por um tempo. Trump se voltou para algumas histórias de guerra por meia hora. Manafort saiu.

"Fique por perto", o candidato disse a Bannon. "É terrível. Está totalmente fora de controle. O cara é um tremendo perdedor. Ele não está dirigindo a campanha de fato. Eu só o trouxe para me fazer passar pela convenção."

"Não se preocupe com nenhum desses números", disse Bannon. "Não se preocupe com os doze a dezesseis pontos, seja qual for a pesquisa. Não se preocupe com os estados decisivos. É muito simples." Dois terços do país acham que estamos no caminho errado e 75% acha que estamos em declínio, argumentou. Aquilo preparava o cenário para um agente de mudança. Hillary era o passado. Estava muito claro.

De certo modo, Bannon esperara toda a sua vida adulta por aquele momento. "Aqui está a diferença", explicou ele. "Vamos comparar e contrastar com Clinton. Eis o que você tem de se lembrar." Ele recitou um de seus mantras: "As elites do país se sentem confortáveis em administrar o declínio. Certo?".

Trump concordou com a cabeça.

"E os trabalhadores deste país não estão satisfeitos. Eles querem tornar a América grande novamente. Vamos simplificar a campanha. Hillary é a porta-voz de um status quo corrupto e incompetente de elites que se sentem à vontade em administrar o declínio. Você é o porta-voz do homem esquecido que quer tornar o país grande de novo. E vamos fazer isso com alguns poucos temas.

"Número um", continuou Bannon, "vamos impedir a imigração ilegal e começar a limitar a imigração legal para recuperar nossa soberania. Número dois, você vai trazer empregos de volta ao país. E número três, vamos sair das guerras injustas no exterior."

Não eram ideias novas para Trump. Uma semana antes, num discurso feito no Detroit Economic Club, em 8 de agosto, ele batera em todas aquelas teclas e acabara com Clinton.[4] "Ela é a candidata do passado. A nossa campanha é o futuro."

"Esses são os três grandes temas em que Hillary não pode se defender", disse Bannon. "Ela é parte daquilo que abriu as fronteiras, é parte daquilo que fez acordos de comércio ruins e deixou os empregos irem para a China. Ela é a neoconservadora. Certo?"

Trump pareceu concordar que Hillary era neoconservadora.

"Ela apoiou todas as guerras", disse Bannon. "Vamos martelar nisso. É só. Insista nisso."

Bannon acrescentou que Trump tinha outra vantagem. Ele falava de um jeito que não parecia político. Era o que Barack Obama tinha feito em 2008 na disputa contra Hillary Clinton, que falou como a política treinada que era. Seu ritmo era excessivamente ensaiado. Mesmo quando dizia a verdade, ela parecia estar mentindo.

Políticos como Hillary não conseguem falar naturalmente, disse Bannon. Era um modo mecânico de falar, que vinha direto dos grupos de pesquisa e de discussão, de responder às questões em linguagem política. Era tranquilizante, não perturbava, não vinha do coração ou de uma profunda convicção, mas de pontos de discussão levantados por um consultor muito bem pago. *Não era raivoso.*

Trump disse: Tudo bem, então você passa a ser o diretor executivo da campanha.

"Não quero uma grande matéria, um fuzuê sobre a intriga palaciana", disse Bannon. "Vamos manter Manafort como diretor. Ele não terá autoridade. Me deixa administrar isso."

Eles concordaram que Kellyanne Conway — uma pesquisadora de opinião republicana enérgica e franca que já estava envolvida no processo — seria designada chefe de campanha.

"Vamos colocar Kellyanne na televisão todos os dias, como a cara amistosa e feminina da coisa", propôs Bannon. "Ela é uma guerreira. E vai ser bombardeada, mas as pessoas gostam dela. E é disso que precisamos: simpatia."

Em um momento de autoconsciência, ele acrescentou: "Nunca irei à TV".

Conway nunca fizera uma campanha. Aquilo igualava os três — o lustroso candidato neófito, o CEO e a chefe da campanha.

Kellyanne Conway estava supervisionando as filmagens de alguns anúncios naquele mês.

"Eu pago essas pessoas?", Trump perguntou a ela.

Ele reclamou da configuração da câmera. O equipamento parecia velho e a iluminação não estava boa. A filmagem não era em alta definição. Também reclamou da equipe de filmagem. "Diga que não vou pagar." Era uma frase-padrão.

Depois, Trump disse: "Quero que todos saiam, exceto Kellyanne".

"Todo mundo me diz que sou um candidato muito melhor do que Hillary Clinton", disse ele, pedindo a avaliação dela.

"É, sim. Não precisamos de pesquisa para isso." Mas eles poderiam fazer algumas coisas diferentes. "O senhor está concorrendo contra a candidata mais apática da história presidencial. Só que está começando a parecer que somos iguais."

"Não, não somos."

"Mas parece. Eu costumava observar o senhor durante as primárias, e parecia muito mais feliz."

"Tenho saudade dos dias em que éramos poucos voando para lá e para cá, fazendo comícios e encontrando eleitores", disse Trump.

"Esses dias se foram", ela reconheceu. "Mas, para ser justa, devemos ser capazes de replicá-los numa estratégia geral e em processos eleitorais que lhe permitam maximizar essas habilidades e o prazer."

Ela tentou ser franca. "O senhor sabe que está perdendo? Mas não precisa perder. Olhei as pesquisas." Naquele dia, na CNN, ele tinha caído de cinco a dez pontos. "Há um caminho de volta."

"E qual é?"

Kellyanne acreditava que ele fizera algo sem perceber. "Essa ficção de elegibilidade que está sugando o sangue do Partido Republicano", que de alguma forma Trump não poderia vencer e não era elegível.

Os eleitores ficaram desiludidos com os candidatos presidenciais republicanos. Eles diziam: "Você tem que ficar com Mitt Romney. Ele é o único que pode ganhar. Você tem que apoiar John McCain. Ele pode ganhar. Jeb pode vencer. Marco pode vencer. Já este", Trump, o senhor, "não pode ganhar. O povo decidiu. Não serei enganado novamente", e ele ganhara a indicação republicana.

"O senhor consegue essas enormes multidões onde não fez uma campanha política tradicional. O senhor construiu um movimento. E as pessoas sentem que fazem parte dele. Não pagaram para entrar. E posso lhe dizer o que vejo na votação. Temos dois grandes impedimentos." Kellyanne disse que eles nunca deveriam fazer pesquisas nacionais. "Isso é tolice da mídia." A vitória, obviamente, tinha a ver com o colégio eleitoral, com conseguir os 270 votos. Eles precisavam se concentrar nos estados certos, os cerca de oito decisivos.

"As pessoas querem detalhes", disse Conway. Foi ótimo quando Trump divulgou seu plano de dez pontos de reforma da Administração de Veteranos em julho, ou o plano de reforma fiscal de cinco pontos.[5] "As pessoas querem esse tipo de especificidade, mas eles precisam ser repetidos várias vezes.

"A segunda vulnerabilidade que vejo é que as pessoas querem ter certeza de que o senhor pode realmente cumprir suas promessas. Porque, se não for o caso, se um *empresário* não pode executar e entregar, então é apenas mais um político. E o senhor não é isso."

Era um discurso de vendas, um caminho ao qual Trump parecia aderir.

"Acha que pode dirigir essa coisa?", perguntou ele.

"O que é 'essa coisa'?", perguntou ela. "Estou dirigindo esta sessão de fotos."

"A campanha", disse Trump. "A coisa toda. Está disposta a não ver seus filhos por alguns meses?"

Ela aceitou no ato. "Posso fazer isso pelo senhor. O senhor pode ganhar esta disputa. Não me considero seu par. Nunca vou chamá-lo pelo primeiro nome."

3

Naquela noite de domingo, Bannon foi trabalhar na Trump Tower, em Nova York. A sede da campanha. Era sua primeira visita, 85 dias antes da eleição presidencial.

Ele subiu até o 14º andar. O sol ainda brilhava naquela noite de agosto. Esperava entrar e encontrar mil pessoas perguntando: o que Bannon está fazendo aqui? Precisaria inventar uma desculpa.

Entrou na sala de guerra, o centro de reação rápida, com todos os aparelhos de TV.

Havia uma única pessoa. Aos olhos de Bannon, era um garoto.

"Quem é você?", perguntou.

"Andy Surabian."

"Onde está todo mundo?"

"Eu não sei", respondeu Surabian. "É assim todos os domingos."

"Esta é a sede da campanha?"

"Sim."

"Este é o lugar de onde tudo é conduzido?"

Sim. Surabian apontou para o escritório de Jason Miller — diretor de comunicações — e para o de Hope Hicks — a jovem ex-modelo que se tornara a principal agente de imprensa da campanha e talvez a funcionária da equipe mais próxima de Trump. Surabian era o diretor da sala de guerra.

"Vocês trabalham nos fins de semana?"

Surabian confirmou. Alguns trabalhavam em Washington, alguns telefonavam.

Bannon tentou mais uma vez. "Nos fins de semana tem gente aqui?"

"Isto é mais ou menos a média."

"Onde está o Jared? Preciso falar com Jared e Ivanka." Bannon ouvira dizer que Jared Kushner, genro de Trump, era o cérebro ali.

Jared e Ivanka estavam no iate de 300 milhões de dólares — um dos maiores do mundo — do magnata do entretenimento e doador democrata David Geffen, na costa da Croácia, de férias com Wendi Deng, empresária e ex-esposa de Rupert Murdoch.

Manafort ligou para Bannon. Ele queria um encontro.

"Por que não vem aqui?", disse Manafort.

Onde?

"Na Torre."

Bannon precisou voltar ao saguão para pegar o elevador que levava às residências. Na subida, perguntou-se se aquele era o acordo que Trump fizera com seu chefe de campanha. "Se ele vai me dar uma cobertura na Trump Tower, por que não?" Seria melhor que seu pequeno apartamento no Bryant Park.

Na verdade, Manafort era dono da cobertura.

Bannon sentiu pena de Manafort. Ele ficara surpreso com o sucesso e o poder da conta de Trump no Twitter e havia aberto uma sua. Mas o *New York Daily News* publicara uma nota em abril com o título "Tornando a América pervertida novamente",[1] em que revelava que Manafort — talvez sem saber que o Twitter era um fórum público — seguia um clube de bondage e suingue de Midtown chamado Decadence. "Manafort estava seguindo o lugar mais requintado para se levar umas palmadas — que se apresenta como o 'clube de suingue mais reservado da cidade.'"

O apartamento de Manafort era lindo. Sua esposa, Kathleen Manafort, uma advogada de sessenta anos que para Bannon parecia ter quarenta, estava vestida de branco e recostada como Joan Collins, atriz do seriado *Dinastia*.

"Eu quero lhe agradecer por tentar intervir", disse Manafort. "Isso é Donald. É assim que ele age o tempo todo."

"Ele desferiu alguns golpes baixos contra você", disse Bannon.

Manafort fez um gesto de "deixa pra lá". "Escuta, todo mundo me diz que você conhece bem a mídia", disse ele.

"Eu dirijo um site de direita. Entendo de militância. Conheço lobby."

"Preciso que veja uma coisa para mim",[2] disse Manafort, entregando-lhe uma cópia de um rascunho de matéria do *New York Times* com a manchete "Livro-razão secreto na Ucrânia lista dinheiro para chefe da campanha de Donald Trump".

Bannon leu. "Livros-razão escritos à mão mostram 12,7 milhões de dólares em pagamentos em dinheiro não revelados, designados para o sr. Manafort", do partido político pró-Rússia.

"Doze milhões de dólares em dinheiro da Ucrânia!", Bannon praticamente gritou.

"O quê?", disse a sra. Manafort, empertigando-se.

"Nada, querida", disse Manafort. "Nada."

"Quando isso vai sair?", Bannon perguntou.

"Deve rodar esta noite."

"Trump sabe alguma coisa a respeito?"

Manafort disse que não.

"Há quanto tempo você sabe disso?"

Dois meses, disse Manafort, quando o *Times* começou a investigar.

Bannon leu cerca de dez parágrafos. Era um golpe mortal. Estava tudo acabado para Manafort.

"Meu advogado me disse para não cooperar", disse Manafort. "Não passa de uma notícia falsa de campanha."

"Você deveria demitir seu advogado."

"Estou pensando nisso."

"Você precisa ligar para Trump... Encontre com ele cara a cara. Se isso sair no jornal e ele não souber, você está liquidado. Como é que pegou 12,7 milhões em dinheiro?"

"É tudo mentira", disse Manafort. "Tive despesas."

"O que quer dizer com isso?"

"Sou apenas um consultor geral", explicou ele. "Tenho pessoas lá." Muitos outros tinham trabalhado para ele na Ucrânia. "Tudo foi pago para eles. Não tirei 500 mil de lá."

"Isso não interessa. Não está dito no artigo. A questão é que você ganhou 12,7 milhões de dólares em dinheiro."

Bannon ligou para Jared.

"Você precisa voltar para cá", disse.

O artigo do *Times* sobre Manafort foi publicado na internet aquela noite e no jornal na manhã seguinte.[3] Como Bannon previra, Trump ficou apoplético. Ele não fora alertado.

Trump ligou para Reince Priebus para lhe dizer que Steve Bannon estava entrando na campanha como CEO. Priebus se surpreendeu que Trump escolhesse de novo alguém com pouca experiência na execução de qualquer coisa, mas não falou muito. Ele mudara de opinião sobre a operação Breitbart de Bannon. Depois de ser atacado por cerca de dois anos pelo Breitbart por fazer parte da elite republicana, desenvolvera uma nova estratégia: era muito mais fácil trabalhar com ele para não ser tão atacado.

Pesquisas mostravam que apenas 70% dos republicanos eram a favor de Trump. Eles precisavam de 90%. Era preciso que a máquina do partido ficasse do lado de Trump.

"Olha, você não me conhece", disse Bannon. Ele tivera um encontro breve com Priebus anos antes. "Preciso que esteja aqui esta tarde. E com essa garota, Katie Walsh, que acabei de ouvir que é uma estrela." Priebus e Walsh, chefe de gabinete do RNC, tinham o banco de dados republicano sobre todos os prováveis eleitores no país.

Bannon queria ter certeza de que o RNC não abandonaria Trump. Havia rumores sobre a desistência de doadores e todo mundo no partido tentando descobrir uma saída para aquela bagunça.

Esse não é o caso, Priebus assegurou. Não vamos a lugar algum.

"Temos de trabalhar em equipe", disse Bannon.

"Acha que pode fazer isso?"

"Olha, Trump não se importa com detalhes", disse Bannon. Cabia a eles decidir.

Bannon comentou mais tarde, com sua típica obscenidade: "Estendi a mão e chupei o pau de Reince Priebus em 15 de agosto, quando disse ao establishment: não podemos ganhar sem vocês".

Mesmo que Trump e sua campanha não percebessem, Priebus sabia que Trump precisava do RNC. Trump quase não tinha operações de campo onde os eleitores estavam e não conhecia algumas das coisas mais fundamentais da política.

Priebus passara os últimos anos supervisionando um enorme esforço para reconstruir o RNC numa operação baseada em dados. Tomando emprestado de Obama sua estratégia vencedora de campanha, o comitê começou a investir enormes quantias — mais de 175 milhões de dólares — em análises e big data, rastreando eleitores de primárias e usando as informações em áreas divididas em "territórios" com exércitos de voluntários.

O tempo todo, a expectativa era de que, assim que o candidato republicano fosse escolhido, o RNC engataria o novo e brilhante vagão a um já bastante robusto aparato de campanha. Apesar de todos os ataques que o RNC sofrera durante as primárias — em determinado momento Trump o chamara de "desgraça" e "fraude", e dissera que Priebus "deveria se envergonhar dele mesmo" —, o comitê era efetivamente a equipe de sua campanha.[4]

O primeiro passo era a equipe de campo obter uma cédula de voto ausente ou antecipado para eleitores que ela considerasse pró-Trump porque tinham pontuado noventa ou mais numa escala de zero a cem no banco de dados nacional. Em Ohio, com cerca de 6 milhões de eleitores, por volta de 1 milhão pontuaria noventa ou mais. Esse 1 milhão seria o alvo das cédulas de votação antecipada, e o pessoal de campo e os voluntários perseguiriam cada um até que o voto fosse enviado.

Em seguida, o pessoal de campo ia se mobilizar para persuadir aqueles que pontuavam sessenta ou setenta, tentando convencê-los a votar em Trump. O sistema foi projetado para reduzir a aleatoriedade do contato com os eleitores, garantindo que os voluntários e o pessoal de campo concentrassem seus esforços naqueles com maior probabilidade de votar em Trump.

A campanha anunciou as mudanças de liderança em 17 de agosto. O *New York Times* noticiou: "A decisão de Trump de nomear Stephen K. Bannon, presidente do site Breitbart News, como executivo-chefe de sua campanha foi uma rejeição ousada aos esforços republicanos de longa data para afastá-lo do discurso bombástico e racialmente carregado que o ajudou a ganhar a indicação, mas agora ameaça sua candidatura. [...] Para o sr. Trump, no entanto, trazer Bannon foi o equivalente político a pedir comida caseira".[5]

Bannon tentou conversar com Trump e explicar os refinamentos da estratégia e como se concentrar em determinados estados. O candidato não tinha interesse em falar sobre aquilo.

Bannon assegurou a Trump que tinha "certeza metafísica de que você vai ganhar aqui caso se atenha ao roteiro e compare e contraste" com Hillary Clinton. "Cada número subjacente está conosco."

"Eu percebi", disse Bannon mais tarde, que "eu sou o diretor e ele é o ator."

Kellyanne Conway fora à convenção democrata de quatro dias na Filadélfia em julho. Ela escutara os discursos, conversara com delegados, aparecera na televisão. Suas observações moldaram sua estratégia. "A mensagem é que Donald Trump é ruim, e eles não são Donald Trump. O resto foi raça, gênero, LGBT."

Conway cunhou a expressão "o eleitor escondido de Trump". Tratava-se das pessoas que se viram perplexas com a possibilidade de voto à frente deles dizendo: "Meu Deus, meu pai, meu avô e eu estamos todos no sindicato. Vou votar em Donald Trump?". Com um ponto de interrogação no final. "Vou votar em um republicano bilionário?" Outro ponto de interrogação.

"E tem essas mulheres que dizem: sou a favor da escolha [...], mas não acho que *Roe vs. Wade* vá mudar.* Não entendo por que não temos dinheiro para o dia a dia, então estou votando assim."

Grande parte da mídia não comprou a ideia de "eleitores escondidos de Trump". Mas o banco de dados de Priebus e Walsh deu ao Comitê Nacional Republicano e à campanha uma visão de quase tudo a respeito de cada provável eleitor: que cerveja ele bebia, a marca e a cor do carro que dirigia, a idade e a escola dos filhos, a situação da hipoteca, o cigarro que fumava. Tirava uma licença de caça todos os anos? Assinava revistas de armas ou liberais como *The New Republic*?

E Conway disse: "Não há um único eleitor de Hillary escondido em todo o país. Eles estão todos à mostra".

Sobre a candidata democrata, disse: "Ela não parece ter uma mensagem. Em seu lugar, eu encontraria uma. Compraria uma. Que fosse muito positiva, edificante e otimista. Tudo o que pude ver dela até agora não foi assim".

Clinton não havia atingido 50% em oito estados importantes em que Obama havia vencido duas vezes com mais que isso. Conway concordou com Bannon que se a campanha de Trump pudesse centrar a disputa em Hillary, e não em Trump, eles ganhariam com aqueles eleitores escondidos de Trump. Se a disputa se mantiver centrada em Trump, "provavelmente vamos perder".

Repetindo a impressão que tivera seis anos antes, quando conheceu Trump, em 2010, Bannon disse: "Estou com Archie Bunker. [...] Ele é Tibério Graco", o populista romano do século II a.C. que defendia a transferência da terra dos ricos proprietários patrícios para os pobres.

---

* Caso judicial que levou ao reconhecimento do direito ao aborto pela Suprema Corte Americana em 1973. [N.T.]

Bannon olhou para o cronograma — a Semana da Educação estava chegando, depois a Semana do Empoderamento das Mulheres. Então viria a do Pequeno Negócio. Era como se o primeiro George Bush estivesse concorrendo nos anos 1980. Republicano clássico do clube de campo. "Jogue essa merda fora", disse ele.

Bannon sugeriu a Jared Kushner um novo plano. Trump estava perdendo por dois dígitos em cada estado decisivo. Haveria três etapas.

Primeiro, as seis semanas seguintes, de meados de agosto a 26 de setembro, para quando o primeiro debate com Hillary estava agendado. "Se conseguirmos obter de cinco a sete pontos, isso pode construir uma ponte para a vitória."

Em segundo lugar vinham as três semanas de debates. Era o período de extremo perigo. "Ele está muito despreparado para isso", disse Bannon. "Ela vai acabar com Trump, porque é melhor" no debate e na política. Bannon disse que a maneira de lidar com os debates era com espontaneidade. Trump não tinha problemas em ser imprevisível. "Só teremos mudanças de planos nesses debates. Essa é a única coisa que temos [...] para que ele possa andar e se conectar." Contudo, estava pessimista. "Olha, seremos esmagados. [...] Vamos perder terreno aqui."

A terceira etapa seriam as últimas três semanas até o dia das eleições, do debate final até 8 de novembro. Bannon considerava a arrecadação de fundos de Steve Mnuchin, ex-discípulo da Goldman Sachs e tesoureiro da campanha, uma piada de mau gosto. Eles teriam de se voltar para o próprio Trump. Um candidato podia gastar quantias ilimitadas de seu próprio dinheiro.

Bannon disse que vira dados sugerindo que seria possível vencer em Ohio e Iowa. Também tinham de vencer na Flórida e na Carolina do Norte. Depois, Pensilvânia, Michigan, Wisconsin e Minnesota poderiam voltar para os republicanos. Tudo parecia uma fantasia gigantesca.

"Essa é a *Götterdämmerung*", a batalha final, disse ele.

A saída de Manafort foi anunciada em 19 de agosto.

Em 22 de agosto, a revista *Time* publicou na capa uma ilustração do rosto de Trump se dissolvendo, com a manchete: "Derretendo".[6]

4

Sinais de uma "missão de reconhecimento" russa, ou intrusões digitais, como a Agência de Segurança Nacional (NSA, na sigla em inglês) as chamou, apareceram pela primeira vez nos registros informatizados das juntas eleitorais locais e estaduais — listas de nomes e endereços de eleitores — no verão de 2015. Começou em Illinois, depois se espalhou por 21 estados.[1]

Enquanto a NSA e o FBI coletavam mais informações sobre essas intrusões cibernéticas, James Clapper, o diretor de inteligência nacional, passou a temer que a Rússia usasse os dados para mudar ou manipular os votos de alguma forma. Isso é típico da Rússia, ele pensou. Os russos estavam sempre tentando causar problemas.

Clapper tratou de incluir as informações iniciais no relatório presidencial diário, o relatório de mais alto nível de sigilo. Obama o lia todos os dias em um iPad pré-programado, que devolvia depois. iPads similares eram distribuídos ao secretário de Estado, ao secretário de Defesa, ao assessor de segurança nacional e ao diretor da CIA, embora nesses casos os responsáveis pelas informações permanecessem na sala enquanto as autoridades liam e depois retomavam os iPads.

Em julho de 2016, o WikiLeaks e o DC Leaks, outro site conhecido por divulgar materiais governamentais e militares hackeados, começaram a publicar e-mails retirados de um servidor do Comitê Nacional Democrata por grupos de hackers russos identificados como "Cozy Bear" e "Fancy Bear".[2]

A revelação sobre a intromissão russa causou profunda preocupação no Conselho de Segurança Nacional de Obama. Com o tempo, as informações ficaram melhores e mais convincentes.

O presidente Obama deveria ir ao horário nobre da televisão nacional anunciar aquelas descobertas? Pareceria que estava atacando Trump, ligando o candidato republicano à Rússia? Aquilo poderia sair pela culatra se parecesse que ele estava se intrometendo na eleição, tentando desequilibrar a balança?

Permanecer em silêncio tinha seus perigos: sabemos sobre essa intromissão russa e não vamos agir, não vamos dizer ao público? Poderia haver uma reação contra Obama e sua equipe de segurança nacional após a eleição.

Na possibilidade muito improvável, quase inconcebível, de que Trump vencesse e a informação se tornasse pública, as perguntas seriam inevitáveis. O que eles sabiam? Quando tinham descoberto? O que haviam feito?

John O. Brennan, diretor da CIA, argumentou veementemente contra abrir o jogo. Ele queria proteger as fontes humanas da agência. "Vejam então o dilema" pessoal e institucional, disse ele. O mantra sempre foi PROTEGER AS FONTES. Ainda assim, ele queria fazer alguma coisa.

Brennan precisava falar com o equivalente russo dele, o chefe da inteligência do Serviço Federal de Segurança, Aleksandr Bórtnikov, sobre a Síria e o assédio aos diplomatas americanos. Ele perguntou a Obama se poderia mencionar a questão da interferência eleitoral a Bórtnikov.

Obama aprovou a abordagem por baixo do radar.

Em 4 de agosto, Brennan disse a Bórtnikov: Vocês estão se intrometendo em nossa eleição. Nós sabemos. Temos provas.

Bórtnikov negou categoricamente.

No dia seguinte, 5 de agosto, Mike Morell, que havia sido vice-diretor da CIA de 2010 a 2013 e diretor interino duas vezes, publicou um artigo na página de opinião do *New York Times*.[3] O título era: "Eu dirigi a CIA. Agora estou apoiando Hillary Clinton". Morell acusava Trump de ser "um agente involuntário da Federação Russa".

Clapper foi escolhido para informar a chamada Gangue dos Oito do Congresso — quatro líderes republicanos e democratas no Senado e na Câmara, além dos quatro presidentes e vice-presidentes dos comitês de inteligência do Senado e da Câmara — sobre o assunto.

Ele ficou chocado com o partidarismo dos líderes. Os republicanos não gostaram nada do relatório. Os democratas adoraram cada pedacinho, enchendo-o de perguntas sobre detalhes e fontes. Clapper saiu desanimado, porque os dados das agências de inteligência eram cada vez mais outra bola a ser chutada no futebol político.

No outono, os relatórios de inteligência já mostravam que Moscou — como quase todo mundo — acreditava que Clinton venceria. A campanha de influência do presidente Vladímir Pútin mudou a estratégia para enfraquecer a presidência dela.

Clapper e o secretário de segurança interna Jeh Johnson eram os mais ansiosos para alertar o público americano sobre a interferência russa. Às três da tarde da sexta-feira de 7 de outubro, eles divulgaram um comunicado conjunto acusando oficialmente a Rússia de tentar interferir na eleição dos Estados Unidos, embora não tenham mencionado o nome de Pútin.[4]

"A inteligência dos Estados Unidos está confiante de que o governo russo direcionou o recente comprometimento de e-mails de pessoas e instituições americanas. Esses roubos e divulgações têm a intenção de interferir no processo eleitoral do país. Os altos dirigentes da Rússia são os únicos que poderiam ter autorizado tais atividades."

Clapper, Johnson e a campanha de Clinton esperavam que fosse a grande notícia do fim de semana, assim como os repórteres que começaram a trabalhar na matéria.

Uma hora depois, às 16h05, David Fahrenthold, do *Washington Post*, publicou uma matéria com o título: "Trump gravado em conversa extremamente obscena sobre mulheres em 2005".[5]

O *Post* divulgou uma gravação de áudio do programa *Access Hollywood*, da NBC, em que o candidato se gabava cruamente de suas proezas sexuais. Ele dizia que podia bolinar e beijar mulheres à vontade. "Quando se é uma estrela, elas deixam", disse Trump. "Você pode fazer qualquer coisa. Agarrar pela boceta."

A fita do *Access Hollywood* foi um terremoto político. A história da Rússia praticamente desapareceu.

"Eu esperava que fosse algo que apresentasse muita repercussão nos dias seguintes",[6] disse Jeh Johnson mais tarde. "E que seria uma conversa contínua com mais perguntas da imprensa." Mas a imprensa foi "para o outro lado do pasto por causa da ganância, do sexo e da bolinação".

Trump divulgou uma breve declaração ao *Post*: "Foi uma brincadeira de vestiário, uma conversa particular que ocorreu há muitos anos. Bill Clinton disse coisa muito pior para mim no campo de golfe, nem perto disso. Peço desculpas se alguém se ofendeu".[7]

Menos de meia hora depois, às 16h30, o WikiLeaks rematou as notícias do dia ao despejar milhares de e-mails hackeados da conta pessoal do chefe da campanha de Clinton, John Podesta. Eles revelavam trechos das palestras pagas de Hillary Clinton aos financistas de Wall Street, que ela se recusara a divulgar, a troca de e-mails de Podesta com a equipe de campanha e a correspondência entre a campanha e a presidente do Comitê Nacional Democrata, Donna Brazile, sobre questões e tópicos a serem levantados nos próximos debates e eventos.

Depois da meia-noite — e de horas de reações indignadas à fita do *Access Hollywood* se espalhando pelo espectro político —, Trump divulgou um pedido de desculpas em vídeo: "Eu nunca disse que sou perfeito [...] essas palavras não refletem quem eu sou. Eu disse aquilo, estava errado e peço desculpas. [...] Prometo ser um homem melhor amanhã, e nunca, nunca vou decepcionar vocês. Sejamos honestos. Vivemos no mundo real. Isso não passa de um desvio de atenção. [...] Bill Clinton abusou de mulheres e Hillary ameaçou, atacou, envergonhou e intimidou suas vítimas. [...] Vejo vocês no debate de domingo".[8]

O alto-comando de Trump se reuniu na manhã seguinte, sábado, 8 de outubro, na cobertura da Trump Tower.

Priebus disse a Bannon: "Os doadores estão todos fora. Todo mundo fugiu. Paul Ryan vai sair esta tarde". As perdas da turma do dinheiro e do líder republicano no Congresso sinalizaram o fim. "Acabou", disse Priebus.

"O que quer dizer com isso?", perguntou Bannon.

"Todo mundo está tirando seu apoio. Nem sei se Pence vai continuar." O sempre leal Mike Pence, companheiro de chapa de Trump, estava em dúvida.

"Está brincando comigo?", reagiu Bannon. "É apenas uma fita, cara."

"Você não entende", disse Priebus. "Acabou."

A equipe se reuniu na residência de Trump. Ele estava sentado em sua grande cadeira de ouro.

"Quais são as porcentagens?", perguntou. "Certo, vamos dar uma rodada. Quero saber qual é a recomendação de vocês. O conselho de vocês."

"Você tem duas escolhas", começou Priebus. "Ou sai agora ou vai perder na maior lavada da história americana e ser humilhado pelo resto de sua vida. Estou sendo pressionado. Todos os líderes, congressistas, senadores, todos os que importam no Comitê Nacional Republicano estão ficando loucos. E estão me dizendo que você ou perde de muito, de forma maciça, ou desiste da disputa. Não tenho como melhorar as coisas."

"Fico feliz que a gente tenha começado com um comentário positivo."

"Chega de besteiras", disse Bannon a Priebus. "Quanta bobagem."

"Se quiser fazer isso agora", continuou Priebus, "Pence está preparado para tomar seu lugar, com Condi Rice como vice." Rice havia sido conselheira de segurança nacional e secretária de Estado de George W. Bush.

"Isso nunca vai acontecer", disse Bannon em voz alta. "É ridículo. Totalmente absurdo." Em menos de dois meses como CEO da campanha, eles haviam reduzido a distância nas pesquisas pela metade, com intermináveis comícios. Trump era um astro do rock agora.

O governador de Nova Jersey, Chris Christie, estava de calça de moletom e boné.

"Não se trata da campanha", disse Christie com um tom de conclusão. "Isso acabou. Trata-se da sua marca. Você trabalhou toda a sua vida. Desses garotos..." Ele apontou para Don Jr., filho de Trump, e Jared Kushner. "Você precisa salvar a marca para eles, ou estará acabada."

Rudy Giuliani disse que Trump tinha menos de 50% de chance de ganhar. "Basicamente, você tem 40%."

"Ligamos para o *60 Minutes*?", perguntou Kellyanne Conway. Ela propôs uma confissão pública. "Não dá para fazer isso no domingo, porque é o dia do debate. [...] Ou o senhor chama a ABC ou a NBC e senta no sofá com Ivanka de um lado e Melania do outro, basicamente chorando, dizendo que pede desculpas."

Melania Trump tinha descido e estava atrás do sofá onde Conway propunha que se sentassem. Estava claro que fervia de raiva.

"Não vou fazer isso", disse Melania com seu sotaque esloveno, fazendo um sinal negativo com a mão. "De jeito nenhum. Não, não, não."

Bannon acreditava que ela tinha mais influência sobre Trump do que qualquer pessoa, e que era capaz de discernir quem estava bajulando e quem estava dizendo a verdade. "Nos bastidores, ela é um martelo."

"O que acha?", perguntou Trump a Bannon.

"Cem por cento", disse Bannon.

"Cem por cento o quê?", perguntou Trump.

"Cem por cento de certeza metafísica que você vai ganhar." Com muita frequência ele declarava certeza dizendo apenas "cem por cento".

"Para com isso", gritou Trump. "Estou cansado de cem por cento. Preciso saber o que você pensa de verdade!"

Priebus não acreditava nos cem por cento e achava que ninguém na sala acreditava. Ele viu que Trump estava chateado consigo mesmo.

"Cem por cento", repetiu Bannon. As palavras de Trump eram "conversa de vestiário". Seus apoiadores ainda estarão com você. "Eles estão preocupados em salvar o país." A comparação com Bill Clinton era hábil. "Vamos comparar sua conversa com a ação dele." Bill Clinton era oposição de Trump tanto quanto Hillary, naquele momento talvez mais do que nunca.

"Como vamos fazer isso?", perguntou Trump.

"Jared e eu reservamos o salão de festas do Hilton Hotel para as oito da noite de hoje. Vamos postar no Facebook e conseguir mil cabeças de bagre" — um dos termos de Bannon para os partidários fanáticos de Trump — "de boné vermelho. E você vai fazer uma merda de um comício e atacar a mídia. Vamos dobrar a aposta. Foda-se! Certo?"

Trump parecia encantado.

Os outros se opuseram. Houve uma briga enorme, mas chegaram a um acordo.

Conway ligaria para a ABC e arranjaria para que o âncora David Muir viesse de helicóptero. Giuliani e Christie escreveriam uma introdução para Trump e Muir poderia fazer uma entrevista de dez minutos.

Suicídio político, pensou Bannon. Aquilo acabaria com a campanha com certeza, e Trump perderia por vinte pontos.

Ele disse que precisavam informar o Hilton sobre o comício, porque teriam de pagar em dinheiro.

Priebus insistiu que Trump tinha de desistir. "Vocês não sabem o que estão fazendo. Vão afundar."

Republicanos proeminentes começaram a pedir que Trump cedesse o lugar para Mike Pence, que estava em campanha em Ohio. Ele se recolhera quando a notícia da fita do *Access Hollywood* se espalhara.

Pouco antes da uma da tarde, Pence divulgou um comunicado em que dizia: "Como marido e pai, fiquei ofendido com as palavras e ações descritas por Donald Trump no vídeo de onze anos atrás divulgado ontem. Não aprovo suas observações e não posso defendê-las. Sou grato por ele ter manifestado remorso e pedido desculpas ao povo americano. Oramos por sua família e esperamos que tenha a oportunidade de mostrar o que está em seu coração quando estiver perante a nação amanhã à noite".[9]

Circularam histórias de que Pence dera a Bannon uma carta selada pedindo que Trump deixasse a chapa.

Duas horas depois, Melania Trump divulgou um comunicado: "As palavras que meu marido usou são inaceitáveis e ofensivas para mim. Elas não representam o homem que conheço. Ele tem o coração e a mente de um líder. Espero que aceitem seu pedido de desculpas, assim como eu aceitei, e se concentrem nas questões importantes que nossa nação e o mundo enfrentam".[10]

Às 15h40, Trump tuitou: "A mídia e o establishment me querem fora da disputa. NUNCA VOU SAIR DA DISPUTA, NUNCA VOU ABANDONAR MEUS APOIADORES! #MAGA".[11]

Trump se sentou. As preparações para a entrevista da ABC estavam em andamento — era provável que batesse recordes. Giuliani e Christie entregaram uma folha com suas sugestões a Trump.

Ele leu: "Minha linguagem foi inapropriada, inaceitável para um presidente". Era um discurso político — não de Trump, a cara de Giuliani e Christie. O candidato ficou carrancudo.

"Não posso fazer isso", disse ele. "É besteira. É fraco. Vocês são fracos."

Bannon percebeu que ia ganhar. Só precisava ficar de boca fechada.

"Donald, você não entende", disse Christie.

"Donald, Donald, Donald", disse Giuliani. "Você tem de fazer isso." Pense nas mães do subúrbio.

O relógio estava correndo.

Bannon se virou para Conway. "O que você tem que fazer para acabar com isso?"

"Impossível", ela respondeu. "Eles já estão aqui" — a ABC e David Muir.

"O que você tem que fazer para acabar com isso?", Bannon repetiu.

"Minha credibilidade está em jogo. Não dá para acabar com isso. Está em movimento. Vai acontecer", disse Conway.

"Não vai acontecer", disse Bannon. "Ele não vai fazer. Se fizer uma introdução", continuou Bannon, "não pode dar uma entrevista ao vivo. Vão fazer picadinho dele." O caminho da desculpa não era Trump. Se ele fosse questionado depois, voltaria atrás e acabaria por se contradizer.

Eles tentaram reformular o texto.

Trump leu duas linhas.

"Não vou fazer isso."

O vidro da Trump Tower era espesso, mas eles podiam ouvir a multidão de apoiadores na rua — um motim de "deploráveis" que haviam assumido o termo irônico de Hillary Clinton.

"Minha gente!", declarou Trump. "Vou descer. Não se preocupem com o comício. Vou fazer aqui mesmo."

"O senhor não vai descer", insistiu um agente do Serviço Secreto. "Não vai sair."

"Estou indo", disse Trump. Ele se encaminhou para a saída. "Isso é ótimo."

Conway tentou intervir. "O senhor não pode cancelar" a ABC.

"Não me importo. Nunca vou fazer isso. Foi uma ideia idiota. Nunca quis fazer isso."

Bannon estava prestes a entrar com Trump no elevador quando Christie disse: "Espere um segundo".

Ele ficou para trás enquanto Trump descia com Conway, Don Jr. e o Serviço Secreto.

"Você é o maldito problema", disse Christie a Bannon. "Tem sido o problema desde o começo."

"Do que está falando?"

"Você é o facilitador. Joga com os piores instintos dele. Isso tudo acabou, e você será culpado. Toda vez que ele tem instintos terríveis, você joga lenha na fogueira. Vai ser humilhante."

Christie estava encarando Bannon, imponente. Bannon meio que queria dizer: seu gordo de merda, vamos resolver isso agora na porrada.

"Governador", ele respondeu, "o avião sai amanhã." Eles iam a St. Louis para o segundo debate presidencial. "Se estiver nele, está no time."

Lá embaixo, o Serviço Secreto cedeu. Trump poderia sair, mas apenas brevemente. Talvez houvesse armas em todo lugar. Era uma multidão de apoiadores e de manifestantes da oposição.

Às quatro e meia Trump saiu, acenou e apertou mãos por alguns minutos, tendo ao lado o Serviço Secreto e a polícia de Nova York.

Você vai permanecer na disputa?,[12] perguntou um repórter.

"Cem por cento", disse Trump.

Todos os participantes da campanha de Trump se recusaram a aparecer nos programas de entrevista da manhã de domingo, exceto Rudy Giuliani. Priebus, Christie e até mesmo a confiável, casca dura e "nunca diga não" Conway estavam todos agendados.[13] E cancelaram.

Giuliani apareceu em todos os cinco programas, completando o que é chamado de Ginsburg em homenagem a William H. Ginsburg, advogado de Monica Lewinsky, que apareceu em todos os programas dominicais das redes em 1º de fevereiro de 1998.

Giuliani fez, ou tentou fazer, o mesmo discurso em todos: as palavras de Trump tinham sido "repreensíveis, terríveis e horrorosas",[14] e ele pedira desculpas. Trump não era o mesmo homem que fora gravado em 2005. A campanha presidencial "transformacional"[15] fizera dele um homem diferente. Além disso, os discursos de Hillary Clinton para a Goldman Sachs, divulgados com a publicação de e-mails de John Podesta pelo WikiLeaks, revelavam uma conivência em privado com Wall Street que entrava em choque com suas posições públicas liberais. O país veria aquilo de forma muito mais severa.

Bannon, que não tinha o costume de assistir aos programas de entrevistas de domingo, ligou a TV. Foi duro de aguentar. Quando Jake Tapper, da CNN, disse que as palavras de Trump eram uma representação de agressão sexual "realmente ofensiva num nível humano básico",[16] Giuliani teve de reconhecer: "Sim, é verdade".

Giuliani estava exausto, mas provara sua devoção e amizade. Ele havia encarado todas, apoiando-se com frequência e fortemente em seu catolicismo: "Você confessa seus pecados e toma uma firme decisão de não os cometer novamente. E então o padre lhe dá a absolvição e se espera que você seja uma pessoa diferente. Acreditamos neste país que as pessoas podem mudar".[17]

Giuliani chegou ao avião que ia levá-lo para o debate de St. Louis aparentemente desorientado. Sentou-se ao lado de Trump, que estava em sua mesa com os óculos de leitura. Ele olhou para o ex-prefeito.

"Rudy, você é um bebê!", Trump disse em voz alta. "Nunca vi uma defesa pior de mim. Eles tiraram sua fralda na frente de todo mundo. Você é como um bebê que fez cocô. Quando vai virar homem?"

Trump virou para os outros, particularmente para Bannon.

"Por que o colocou nessa? Ele é incapaz de me defender. Preciso de alguém para me defender. Onde está minha gente?"

"Do que você está falando?", perguntou Bannon. "Ele é o único que restou."

"Não quero ouvir isso", respondeu Trump. "Foi um erro. Ele não deveria ter continuado. É fraco. Você é fraco, Rudy. Você perdeu."

Giuliani apenas olhou para cima, com o rosto inexpressivo.

À hora planejada da partida, Chris Christie ainda não aparecera. "Foda-se", disse Bannon, e o avião decolou.

5

Giuliani dissera duas vezes, na CNN e na NBC, que não esperava que Trump atacasse a vida privada de Bill ou de Hillary Clinton no debate daquela noite.[1] Mas Bannon tinha arranjado o que ele achava que seria um tiro mortal bem oportuno.

Quatro das mulheres que afirmavam que Clinton as atacara ou que Hillary tentara desqualificar estariam no debate, explicou Bannon a Trump. Paula Jones, que dissera que Clinton lhe exibira suas partes íntimas e com quem Clinton tinha chegado a um acordo de 850 mil dólares para evitar o processo de assédio sexual; Juanita Broaddrick, que alegava que Clinton a estuprara; Kathleen Willey, que alegava que Clinton a atacara sexualmente na Casa Branca; e Kathy Shelton, que, quando tinha doze anos, alegou que Hillary a caluniara quando defendia seu cliente, acusado de ter estuprado Shelton.

Era uma lista de Oscar do passado de Clinton, que desencadeava lembranças de seus anos eróticos no Arkansas e na Casa Branca.

Antes do debate, disse Bannon, eles sentariam as quatro mulheres a uma mesa com Trump e convocariam os repórteres.

"A porra da mídia acha que vai entrar no final da preparação para o debate. Mas aquelas mulheres vão estar lá. E vamos simplesmente entrar ao vivo. Bum!"

Terra arrasada, do jeito que Bannon gostava.

Ao longo do dia, Trump havia tuitado links para as matérias do Breitbart sobre as acusadoras de Clinton.

"Gosto disso", disse Trump, em pé e com postura imperial. "Gosto disso!"

Pouco antes das sete e meia da noite, os repórteres entraram na sala do St. Louis Four Seasons, onde Trump e as mulheres esperavam.[2] Bannon e Kushner estavam no fundo da sala, sorrindo.

Às 19h26, Trump tuitou: "Juntem-se a mim no #FacebookLive enquanto concluo os preparativos para o debate".[3] Ele transmitia ao vivo os eventos, e a CNN pegava seu feed.

As mulheres cuspiram fogo nos microfones.

"Ações falam mais alto que palavras", disse Juanita Broaddrick. "O sr. Trump pode ter dito alguns palavrões, mas Bill Clinton me estuprou e Hillary Clinton me ameaçou."

Os organizadores do debate impediram as mulheres de se sentarem no camarote VIP da família, bem em frente ao palco, como Bannon havia planejado, então elas entraram por último e ficaram na primeira fila.

No começo, Anderson Cooper, da CNN, um dos moderadores, trouxe à baila a fita do *Access Hollywood* e disse: "Isso é agressão sexual. Você se gabou de ter agredido mulheres sexualmente. Entende isso?".[4]

Trump se desviou do golpe. "Em um mundo com o Estado Islâmico cortando cabeças [...] com guerras e cenas horríveis, horríveis, com tantas coisas ruins acontecendo [...] sim, estou muito envergonhado e odeio isso, mas é uma dessas coisas, conversa de vestiário. Vou detonar o Estado Islâmico."

Pouco tempo depois, ele disse: "Se você olhar para Bill Clinton, é muito pior. No meu caso são palavras, no dele era ação. [...] Nunca houve ninguém na história da política nesta nação que tenha sido tão abusivo com as mulheres".

Então Trump anunciou que Kathy Shelton e Paula Jones estavam na plateia e disse: "Quando Hillary [...] fala sobre palavras que eu disse há onze anos, acho que é vergonhoso e acho que deveria ter vergonha de si mesma".

Martha Raddatz, moderadora da ABC, teve de intervir para pedir ao público que suspendesse o aplauso para que Hillary Clinton pudesse falar.

Bossie, agora subchefe de campanha de Bannon, estava envolvido na administração do dia a dia e em centenas de decisões cotidianas, e rapidamente aprendeu quem tinha a verdadeira autoridade. Ele estava numa reunião com Bannon, Conway e Kushner, na qual uma decisão seria tomada sobre os próximos três anúncios na televisão.

Bossie passava a decisão para a pessoa que cuidava dos anúncios digitais, mas depois via que eles não eram veiculados. "Que merda!", dizia ele. "Eu vim até aqui. Disse o que fazer. Fizemos uma reunião e decidimos."

"Ah, não, não", ouvia depois. "Jared veio e disse: 'Não faça isso'."

Aquele foi um "momento muito importante de iluminação". Se Kushner não aprovasse totalmente, as coisas não seriam feitas. Então, depois das reuniões de decisão, Bossie o abordava para ter certeza de que entendia o que Kushner queria. Sem ter esse título, ele estava dirigindo a campanha, especialmente em questões de dinheiro. Sabia que seu sogro considerava que todo o dinheiro era de Trump e cabia a Kushner autorizar tudo.

O genro de Trump zombou da sugestão de Bannon de que o candidato pusesse 50 milhões de dólares de seu próprio dinheiro na campanha presidencial. "Ele nunca assinará um cheque de 50 milhões", disse Kushner a Bannon em agosto.

"Cara", disse Bannon, "vamos chegar num empate." Eles logo estariam com os mesmos números que Hillary. "Precisamos ir para a TV com alguma coisa." Eles tinham que contribuir para os lances decisivos do jogo. "Vamos precisar de pelo menos 50 milhões. Ele vai ter de fazer o cheque."

Conforme as regras eleitorais e a lei, o candidato pode fazer contribuições pessoais ilimitadas para sua própria campanha.

"Ele nunca fará isso", insistiu Kushner.

"É para ser presidente dos Estados Unidos!"

"Steve, a menos que você possa lhe mostrar que é barbada", que certamente venceria, "e barbada mesmo, de três a cinco pontos na frente, ele nunca fará um cheque desses."

"Você está certo", concordou Bannon.

"Talvez possamos conseguir 25 milhões de dólares dele", disse Kushner. Em seguida, advertiu: "Ele não tem muito dinheiro vivo".

Após o último debate presidencial em Las Vegas, em 19 de outubro, Trump retornara a Nova York. Estavam no esforço final, três semanas antes da eleição.

Bannon, Kushner e Mnuchin, o ex-executivo da Goldman Sachs, apresentaram a Trump um plano para que doasse 25 milhões de dólares à campanha.

"De jeito nenhum", disse o candidato. "Foda-se. Não vou fazer isso." Onde estavam os famosos doadores republicanos? "Onde está a porra do dinheiro? Onde está a grana desses caras? Jared, você deveria estar arrecadando isso. Não vou fazer."

No dia seguinte, eles apresentaram uma nova proposta de 10 milhões a Trump em seu avião. Não seria um empréstimo, mas um adiantamento, contra as doações em dinheiro que estavam vindo de apoiadores, ou "grundoons"* e "hobbits", como Bannon os chamava em tom divertido e desdenhoso. E ele tinha um prazo: precisavam dos 10 milhões naquele dia.

As doações dos apoiadores "continuarão a chegar, ganhando, perdendo ou empatando", disse Bannon. "Mas eu digo que você vai ganhar."

"Você não sabe disso", disparou Trump. "Estamos três pontos abaixo."

Isso mostra a pouca confiança que Trump tinha na vitória, pensou Bannon.

Depois de dois dias de pressão pelos 10 milhões, Trump finalmente disse: "Tudo bem, agora me deixem em paz. Vamos dar 10 milhões".

Steve Mnuchin entregou a Trump dois documentos para assinar. O primeiro era um contrato que descrevia como seria pago à medida que entrasse dinheiro na campanha.

"O que é isso?", Trump perguntou sobre o segundo documento.

"Instruções de transferência." Mnuchin sabia que toda decisão de Trump era provisória e sujeita a rediscussão. Nada nunca acabava.

"Que porra é essa?", perguntou Trump. A ordem de transferência devia ser enviada para alguém da Organização Trump.

Mnuchin disse que não, que precisava ser feito naquele momento.

Trump assinou os dois documentos.

Perguntas sobre dinheiro inflamavam Trump. Quando soube que Christie, que seria o chefe de sua equipe de transição, estava arrecadando dinheiro para a operação, ele o convocou junto com Bannon para ir à Trump Tower.

"Cadê a porra do dinheiro?", perguntou Trump a Christie. "Preciso de dinheiro pra minha campanha. Estou pondo meu dinheiro nela, e você está roubando de mim." Para Trump, tudo era dele.

Christie defendeu seus esforços. Era para a organização da transição necessária no caso de Trump vencer.

O candidato disse então que Mitt Romney passara tempo demais em reuniões de transição quando fora indicado em 2012, de modo que não tivera tempo suficiente para eventos de campanha. "Foi por isso que ele perdeu. Você está me azarando", disse a Christie. "Não quero uma transição. Estou fechando a transição. Eu lhe disse desde o primeiro dia que era apenas um título honorário. Você está me azarando. Não vou gastar um segundo com isso."

---

* Filhote de marmota das tiras de *Pogo*, de Walt Kelly (1913-73), cujas falas não passam de balbucios. [N. T.]

"Espera aí!", interveio Bannon. Uma transição podia fazer sentido.

"Está me azarando", disse Trump. "Não quero."

"Certo, vamos fazer uma coisa", disse Bannon. "Vou fechar a coisa toda. O que acha que o *Morning Joe* vai dizer amanhã? Você tem muita confiança de que vai ser presidente, certo?"

Com relutância, Trump finalmente concordou com uma versão esquelética e enxuta da transição. Christie deixaria de levantar fundos.

"Ele pode ter a transição dele", disse Trump, "mas não quero ter nada a ver com isso."

Duas semanas antes da eleição, em 25 de outubro de 2016, eu estava em Fort Worth, Texas, fazendo uma palestra para cerca de quatrocentos executivos de uma empresa chamada KEY2ACT que fornece um software de gerenciamento de construção e serviços externos. Meu tema era "A era da presidência americana. O que 2016 vai trazer?". O grupo era composto principalmente por brancos e vinha de todo o país.

Pedi que levantassem as mãos. Quantos iam votar em Hillary? De acordo com minha contagem, havia apenas cerca de dez mãos erguidas. Quantos iam votar em Trump? Metade da sala levantou a mão — aproximadamente duzentas pessoas. Era um monte de eleitores de Trump.

Após a fala, o CEO da empresa se aproximou. "Preciso sentar", disse ele, pegando uma cadeira perto de mim. Ele estava respirando pesado. "Estou atônito. Trabalhei com essas pessoas todos os dias por mais de um ano. Eu as conheço. Conheço suas famílias. Se me afirmasse que duzentos iam votar em Trump, eu teria dito que era impossível." Ele disse que esperava uma divisão mais ou menos igual. Mas estava espantado com duzentos. Não ofereceu nenhuma explicação, e eu certamente não tinha uma.

Dez dias antes da eleição, Trump voou para a Carolina do Norte, um estado em que tinha de ganhar. Ele estava perdendo por vários pontos na maioria das pesquisas nacionais. Na pesquisa NBC/*Wall Street Journal*, ficava seis pontos abaixo da adversária.

Bannon conversou com o congressista Mark Meadows, que representava o 11º Distrito. Ele era um protegido do Tea Party e presidente do poderoso Freedom Caucus, com cerca de trinta republicanos conservadores e libertários. Era um grande defensor de Trump. Durante o verão, havia liderado comícios com seu refrão favorito contra Clinton: "Cadeia nela".

De todos os estados decisivos, "este é o que mais me preocupa", Bannon disse a Meadows. A campanha parecia não andar bem.

Meadows discordou. "Os evangélicos estão na rua. Estão tocando campainhas. Estou lhe dizendo, você não precisa voltar à Carolina do Norte. Nós cuidamos disso." A esposa de Meadows e outras mulheres conservadoras fretaram um ônibus depois da divulgação da fita do *Access Hollywood* e viajaram pelo estado instando as mulheres a votar em Trump. Tudo estava seguro e melhorando, disse Meadows.

Ele tinha grandes planos para derrubar o líder republicano Paul Ryan. Entregou a Bannon uma pasta. "Leia isso", disse. "Cerca de 24 horas depois de Trump vencer, questionamos Ryan e ele está acabado. Então assumimos a Câmara dos Deputados. E teremos uma verdadeira revolução."

Bannon ainda estava preocupado, apesar de ter visto alguns aspectos positivos na estratégia Trump/Pence. Eles estavam usando bem o vice, acreditava, principalmente em certo circuito de estados[5] — havia feito pelo menos 23 aparições na Pensilvânia; 25 em Ohio; 22 na Carolina do Norte; quinze em Iowa; treze na Flórida; oito no Michigan; sete em Wisconsin. A orientação era de que fizesse campanha como se estivesse concorrendo a governador desses estados, concentrando-se em questões locais e no que Trump poderia fazer por eles. "E de vez em quando nós o levamos [Pence] para a Jesuslândia", disse Bannon.*

Trump estava atuando essencialmente como supervisor de condado em 41 grandes centros populacionais, disse ele.

Bannon ficou surpreso pelo fato de a campanha de Clinton não usar o presidente Obama estrategicamente. Ele ganhara em Iowa em 2008 e 2012 por seis a dez pontos de vantagem. "Ele nunca vai." Clinton nunca fora a Wisconsin na eleição geral. Ela não falava o suficiente sobre economia.

"Quando vi Clinton ir ao Arizona, eu falei: eles perderam a porra da cabeça", disse Bannon. "O que estão fazendo?"

Historiadores escreverão livros nos próximos anos tentando responder a essa e outras perguntas relacionadas à campanha de 2016. Eu estava planejando escrever um livro sobre o primeiro ou os dois primeiros anos

---

* Região mais conservadora dos Estados Unidos que corresponde basicamente (mas não só) aos estados do Sul e do Meio-Oeste. [N. T.]

do próximo presidente. Parecia provável que seria Hillary Clinton, mas Fort Worth me fez hesitar.

Dois dias antes da eleição, 6 de novembro, estive no *Fox News Sunday* com Chris Wallace.[6] A discussão se voltou para a possibilidade de Trump vencer.

De acordo com a transcrição do programa, eu disse: "Como é possível Trump vencer? O que não percebemos? Em viagens por todo o país, conversando com grupos do Texas à Flórida e Nova York, cheguei à conclusão de que as pessoas não confiam nas pesquisas. E veem a votação como algo muito mais pessoal. Não gostam da ideia: 'Ah, estou em um grupo demográfico, então vou por esse caminho'. Querem decidir por elas mesmas".

Wallace perguntou se eu achava que aquilo significava que as pessoas estavam mentindo para os pesquisadores.

"Acho que isso é bem possível", respondi. Mas não via nenhum sinal e não tinha informações de dentro. Estava longe de entender o que acontecia.

Na véspera da eleição, Trump fez um giro por cinco estados, incluindo a Carolina do Norte. Ele estava exausto.

"Se não vencermos", disse num comício em Raleigh, "considerarei isso o maior desperdício […] de tempo, energia e dinheiro. […] Se não ganharmos, todos nós… honestamente? Todos nós perdemos nosso tempo."[7]

Era uma coisa estranha de se dizer, aparentemente desanimadora, mas a multidão pareceu adorar e a tomou por motivacional.

Um dos últimos comícios de Clinton foi no Independence Hall, na Filadélfia, onde dezenas de milhares de pessoas se reuniram em 7 de novembro. O presidente Obama estava lá. De acordo com o livro de Clinton, ele a abraçou e sussurrou: "Você ganhou essa. Estou muito orgulhoso".[8]

Por volta das cinco da tarde do dia da eleição, Trump recebeu as últimas pesquisas de opinião. Elas eram brutais. Empate em Ohio e Iowa, nove pontos abaixo na Pensilvânia, sete na Carolina do Norte.

"Não havia mais nada que pudéssemos fazer", disse Trump a Bannon. "Demos tudo que tínhamos."

Na noite das eleições, foi extraordinário assistir ao ponteiro da previsão ao vivo no site do *New York Times*, que começou dando a Clinton 85% de chance de ganhar. O mostrador começou a mudar rapidamente em direção a Trump. Um bom sinal para ele foi a Carolina do Norte. O comparecimento de afro-americanos e latinos caíra. O estado foi considerado de

Trump às 23h11.[9] Anunciou-se às 22h36 que ele havia vencido em Ohio, às 22h50 na Flórida, e dois minutos depois da meia-noite em Iowa.[10]

O presidente Obama enviou uma mensagem a Hillary Clinton: ele estava preocupado que outro resultado eleitoral incerto, como na eleição presidencial de 2000, fosse ruim para o país. Se ela ia perder, devia admitir a derrota rapidamente e com elegância.

A AP deu Wisconsin para Trump às 2h29 e declarou-o vencedor.[11]

"Donald, é Hillary." Assim Clinton começou seu telefonema de admissão da derrota pouco depois.

Trump foi falar com a multidão no New York Hilton, a poucos quarteirões da Trump Tower.

"Agora é hora de costurar as feridas da divisão",[12] disse ele em comentários saídos do manual de bom governo. "Prometo aos cidadãos de nossa terra que serei presidente de todos os americanos.

"Como eu disse desde o início, não foi uma campanha, e sim um movimento incrível e grandioso [...] composto de americanos de todas as raças, religiões, origens e crenças. Precisamos recuperar o destino de nosso país e sonhar grande, com coragem e ousadia. Buscaremos um terreno comum, não hostilidade; parceria, não conflito."

Ele agradeceu à sua família, a Conway, Bannon, ao senador republicano pelo Alabama Jeff Sessions ("grande homem"), que o apoiara desde o início, e ao general reformado do Exército e assessor de segurança nacional da campanha Michael Flynn, que havia construído uma relação extraordinariamente próxima com Trump.

O presidente eleito demorou-se em Priebus. "Reince é uma estrela. Mas eu disse: 'Não podem chamar você de estrela a menos que ganhe'. Reince, vem para cá."[13] Ele localizou Priebus na plateia e o convocou para o palco.

Priebus tropeçou na multidão.

"Diga algumas palavras", pediu Trump. "Vai, vamos lá, diga alguma coisa."

"Senhoras e senhores", disse Priebus, "o próximo presidente dos Estados Unidos, Donald Trump."

"Sujeito incrível", disse Trump. Como se entendesse tudo o que o Comitê Nacional Republicano tinha feito por ele — todo o dinheiro, os trabalhadores, os voluntários, a solicitação de votos —, acrescentou: "Nossa parceria com o RNC foi muito importante para o sucesso e para o que fizemos".

E terminou dizendo: "Foram dois anos incríveis. Eu amo este país".

Bannon estava convencido de que Trump se sentia atordoado. "Ele não tinha ideia de que ia ganhar", disse mais tarde. "E não se preparou. Nunca achou que perderia, mas tampouco achava que venceria. Existe uma diferença. E você precisa lembrar: sem preparação e sem equipe de transição."

Pútin ligou da Rússia para lhe dar os parabéns, assim como o presidente Xi Jinping, da China. Muitos outros líderes mundiais ligaram. "Ele finalmente se tocou", lembrou Bannon, "de que a coisa era para valer. Era um cara totalmente despreparado. Hillary Clinton passou toda a sua vida adulta se preparando para aquele momento. Trump não passou um segundo fazendo aquilo."

Depois de algumas horas de sono, Bannon começou a folhear os documentos de transição. Lixo total, pensou. Para secretário de Defesa, sugeriam um grande doador de campanha de New Hampshire. Inacreditável. Havia 4 mil cargos para preencher. Ele percebeu que pelo menos temporariamente teriam de abraçar o establishment. Talvez uma palavra melhor fosse "depenar" — arrancar pessoas que sabiam alguma coisa.

"Quero o diretor executivo dessa coisa", ordenou Bannon, procurando uma conexão com o aparelho de transição que pudesse existir. "Mande o cara ao meu escritório imediatamente." Nem se lembrava do nome dele.

Ligaram para o escritório do diretor. Ele pode vir?, Bannon perguntou.

"Vai ser difícil."

Por quê?

"Ele está nas Bahamas".

"É a ilha dos brinquedos roubados",* disse Bannon. "Como vamos montar a porra de um governo? Nós trocamos de guarda em dez semanas, ao meio-dia. Temos de estar em funcionamento."

Priebus e Bannon iam compartilhar o comando da equipe. Eles elaboraram um arranjo incomum. Bannon seria o "estrategista-chefe" — um título e uma ideia novos. Priebus seria o chefe de gabinete da Casa Branca. O comunicado de imprensa listou Bannon primeiro, com o que Priebus concordou para impedir que Bannon fosse o chefe de gabinete, tradicionalmente listado no topo.[14]

---

* Referência ao desenho animado *Rudolph, a rena do nariz vermelho: Na ilha dos brinquedos roubados*, de 2001. [N. T.]

6

Uma semana depois da eleição, o presidente eleito Trump convidou o general reformado Jack Keane para ir à Trump Tower a fim de ser entrevistado para secretário da Defesa.

"Você é meu número um", disse Trump.

Keane, de 73 anos, frequentador habitual da Fox News e assessor próximo do ex-vice-presidente Dick Cheney, recusou. As dívidas financeiras do tratamento de sua esposa, que havia morrido recentemente, tornavam impossível aceitar o cargo. Numa reunião de uma hora, ele deu a Trump um giro pelo mundo e ofereceu alguns conselhos.

Sr. presidente eleito, disse ele, o Congresso, a opinião pública e seu gabinete estarão envolvidos com sua agenda interna. "Em segurança nacional e política externa, esta é sua faixa. Os problemas do mundo chegam ao número 1600 da Pennsylvania Avenue, você querendo ou não.

"Os erros internos têm um mecanismo de correção. Você pode ter outra chance. Não há outra chance" na segurança nacional. "Quando cometemos erros, eles têm enormes consequências."

Ele achava que o presidente Obama tinha sido tímido demais num mundo perigoso.

"Por nossas ações ou falta delas, podemos desestabilizar parte do mundo e causar enormes problemas", advertiu Keane.

Trump perguntou quem ele recomendaria para secretário de Defesa.

Para fins práticos, Jim Mattis, disse Keane. Tratava-se do general reformado da Marinha, de quatro estrelas, que Obama havia demitido do comando central no Oriente Médio em 2013. Obama o havia feito porque Mattis era considerado linha-dura e ansioso demais para enfrentar o Irã militarmente.

"Mattis é um bom homem, não é?", disse Trump. Tinha ouvido falar do general, cujos apelidos eram "Cachorro Louco" e "Caos".

"Sim, senhor", disse Keane. "Ele é um bom homem." Mattis tem vantagens, acrescentou. "Ele é muito pragmático. Então, se tivermos grandes problemas em nossas mãos, você tem um cara que pode arregaçar as mangas no primeiro dia e resolver. Isso em primeiro lugar. Ele também é muito experiente, em particular na vizinhança mais explosiva do mundo, o Oriente Médio. Também é um combatente veterano muito experiente" tanto no Afeganistão quanto no Iraque. "E altamente respeitado tanto dentro das Forças Armadas quanto fora delas."

"O que não é óbvio é como ele é meticuloso", disse Keane. "E ponderado."

"O que você quer dizer?", perguntou Trump.

"Ele pensa bastante nas coisas. Passa muito tempo considerando um problema." Mattis não era casado e lia o tempo todo. Tinha 7 mil livros em sua biblioteca. Também conhecido como o "Monge Guerreiro", dedicara-se totalmente às forças militares em mais de quatro décadas de serviço. Era determinado, mas calmo. "Tenho muito respeito por ele", disse Keane. "É um homem de coragem e integridade."

De volta ao seu carro, Keane ligou para Mattis. Explicou que Trump o convidara primeiro e ele dissera não. Mattis parecia querer garantias.

"Você não pode fazer isso, Jack?", perguntou.

"Não, não posso", disse Keane. "Jim, você pode fazer isso, não pode?"

"Sim, Jack", respondeu Mattis.

"Eles parecem decididos a chamar um militar para o cargo por causa dos desafios que estão enfrentando."

Mais tarde, em novembro, Trump convidou Mattis, de 66 anos, para ir a Bedminster. A presença tranquila dele era imponente.

Temos que cuidar do Estado Islâmico, enfatizou Trump. O EI crescera a partir dos restos da Al Qaeda no Iraque e expandira-se brutalmente para a Síria com a ambição de criar e governar um califado. Na campanha, Trump prometera derrotá-lo, mas a ameaça estava crescendo.

Mattis olhou diretamente para ele. "Precisamos mudar o que estamos fazendo", disse. "Não pode ser uma guerra de atrito. Tem de ser uma guerra de aniquilação."

Trump adorou o conceito. Perfeito. Ele ofereceu a Mattis o cargo, embora concordassem em não anunciar de imediato.

Bannon considerava Mattis liberal demais nas políticas sociais e um globalista de coração, mas a conexão que havia estabelecido com Trump era central. Mattis era ao mesmo tempo um guerreiro e um consolador. Bannon logo passou a chamá-lo de "secretário da garantia" e "centro moral de gravidade do governo".

Em Bedminster, Bannon tomou providências para que as sessões de fotos dos candidatos entrevistados evocassem algo do escritório do primeiro-ministro britânico quando Trump e visitantes atravessavam a grande porta.

"Vai ser perfeito", disse ele ao presidente eleito. "Vamos pôr a mídia do outro lado da rua. E você vai ver e cumprimentar todos como se fosse o primeiro-ministro britânico."

A fotografia que saiu em muitos jornais mostrava Trump e Mattis na frente da porta — Trump com os dedos juntos no ar, Mattis com sua postura perfeitamente ereta de fuzileiro naval, como o general discreto.

Quando era coronel, Mattis levara os fuzileiros navais para o Afeganistão depois dos ataques terroristas de Onze de Setembro. Capitão da Marinha e SEAL por dezessete anos, Bob Harward comandara a entrada dos SEALs no conflito.

"Ei, quer ir junto?", Mattis perguntara a Harward em 2001. Nos doze anos que se seguiram, Harward cumpriu grandes missões sob o comando de Mattis.

No verão de 2013, Harward, então vice-almirante, foi enviado para a base da Força Aérea de MacDill, na Flórida, para se tornar subcomandante central de Mattis. Ele entrou no alojamento dos oficiais solteiros, trabalhou por um dia e voltou para o quarto. Todos os seus pertences tinham sido retirados. Informaram-lhe que tudo havia sido transferido para a casa do general Mattis.

Ele foi até lá. Entrou na cozinha e encontrou o general dobrando a roupa de baixo de Harward.

"Senhor", disse Harward, "o que diabos está fazendo?"

"Eu lavei minha roupa", disse Mattis. "E resolvi lavar a sua também."

Harward achou que Mattis era o oficial mais educado e humilde com quem já havia servido. Em vez de apresentar Harward como seu subordinado, Mattis dizia: "Quero que conheça meu companheiro de comando".

Quando foi para a reserva e se mudou para o Oriente Médio como CEO da Lockheed Martin nos Emirados Árabes, Harward manteve-se em contato com Mattis.

Mattis preocupava-se com os efeitos do fracasso do governo Obama em deter o Irã.

Mas "se você conhece Jim Mattis", disse Harward, "sabe que ele não é fã de ir à guerra".

O Irã causara uma ferida nos fuzileiros navais que nunca havia cicatrizado nem fora objeto de revide. O país estivera por trás do bombardeio terrorista do quartel deles em Beirute, em 1983. O ataque matara 220 soldados, um dos maiores números de baixas em um único dia na história do Corpo de Fuzileiros Navais. Outros 21 soldados americanos morreram, elevando o número para 241 e fazendo daquele o maior ataque terrorista contra os Estados Unidos antes de Onze de Setembro. Mattis era major e fora oficial do Corpo de Fuzileiros Navais por onze anos.

De acordo com um assessor sênior, como comandante do CentCom de 2010 a 2013, Mattis acreditava que o Irã "continuava sendo a maior ameaça aos interesses dos Estados Unidos no Oriente Médio". Temia que os israelenses atacassem as instalações nucleares iranianas e empurrassem os Estados Unidos para o conflito.

Mattis também acreditava que os Estados Unidos não tinham força militar suficiente na região ou regras robustas de combate. Ele escreveu um memorando ao presidente Obama, através do secretário de Defesa Leon Panetta, reivindicando mais autoridade para responder às provocações iranianas. Temia que os iranianos pudessem minar as águas internacionais, criando um incidente que poderia se intensificar.

Tom Donilon, o assessor de segurança nacional, respondeu a Mattis. Um memorando, logo chamado de "memorando de Donilon", determinava que em nenhuma circunstância Mattis poderia tomar qualquer medida contra o Irã por minar águas internacionais, a menos que a ameaça fosse efetivamente lançada na direção de um navio de guerra americano e representasse um perigo iminente a ele. Foi uma das primeiras ordens que Mattis rescindiu quando se tornou secretário de Defesa.

Mattis continuou levantando essa bandeira. Achava o plano de guerra para o Irã insuficiente. Era muito dependente da aviação. Não havia um plano amplo de forças conjuntas. Tinha cinco opções de ataque — contra pequenos navios iranianos, contra mísseis balísticos, contra outros sistemas de armas e contra uma invasão.

A quinta opção de ataque envolvia destruir o programa nuclear iraniano.

Mattis escreveu um memorando contundente ao chefe de operações navais dizendo que a Marinha estava completamente despreparada para o conflito no golfo Pérsico.

Panetta disse a Mattis que sua posição em relação ao Irã o colocava em sérios problemas com a Casa Branca de Obama. Me dê algo para contrariar essa percepção, ele pediu.

"Sou pago para dar meu melhor conselho militar", respondeu Mattis. "Eles tomam as decisões políticas. Não vou mudar o que penso para acalmar ninguém. Se não tenho a confiança deles, então vou embora."

Ele de fato foi. Mattis foi destituído cinco meses antes do término de seu comando. Quando saiu, em março de 2013, destruiu o que chamou de "um grande livro de inteligência", com quase trinta centímetros de espessura, que continha os principais memorandos, documentos, anotações, resumos e procedimentos escritos. Para alguém que se deleitava com a história, ele preferiu não deixar nada para os outros.

Como parte de seu relatório final, Mattis anexou quinze páginas de estratégia para o Irã, porque não acreditava que o governo Obama tivesse uma. Embora tenha notado que o presidente havia feito várias declarações sobre o país, Mattis observou: "Discursos não são uma política".

Seu esboço de estratégia se concentrava em enfrentar e não tolerar as ações desestabilizadoras do Irã através do Hezbollah, as operações da Força Quds e suas ações no Iraque para minar os Estados Unidos. Estava projetado para restabelecer a credibilidade militar dos americanos. A segunda parte era um plano de combate de longo prazo para moldar a opinião pública iraniana.

Com Mattis defenestrado, ninguém se importou com suas opiniões sobre o Irã. Quando ele foi nomeado secretário, houve uma corrida repentina ao plano e tempo insuficiente para fazer cópias.[1] A questão era: a nomeação de Mattis para secretário de Defesa em uma presidência linha-dura de Trump significaria um provável conflito militar com o Irã?

Por sugestão do ex-secretário de Estado James A. Baker III e do ex-secretário de Defesa Robert Gates, Trump se reuniu com Rex Tillerson, 64 anos, CEO da Exxon na década anterior.

Trump ficou impressionado com a confiança do texano. Era um homem de grande presença. Havia quarenta anos que Tillerson estava na Exxon e não fora contaminado por nenhuma experiência de governo. Ali estava um homem que via o mundo através das lentes da negociação e das viagens constantes pelo mundo, um empresário que negociara contratos de petróleo em toda parte, incluindo negócios de bilhões com a Rússia. Pútin havia concedido a Tillerson a Ordem Russa da Amizade em 2013.

Em dezembro, Trump deu as costas para o mundo político de Washington, mas abraçou o establishment dos negócios e nomeou Tillerson secretário de Estado, o mais alto cargo do governo. Trump disse aos assessores que Tillerson tinha o porte do papel que ele desempenharia no cenário mundial. "Uma escolha inspirada e muito trumpiana", disse Kellyanne Conway na televisão, prometendo "grande impacto."[2]

7

Jared Kushner convidou Gary Cohn, presidente da Goldman Sachs, para falar com seu sogro sobre a economia em 30 de novembro. Foi marcado um encontro na Trump Tower. Cohn era um lendário investidor ousado no prestigioso banco de investimentos. Tinha um ego e uma autoconfiança à altura de Trump. Foi avisado de que o presidente eleito costumava ter reuniões de menos de dez minutos.

No escritório de Trump estavam Bannon, Priebus, Kushner e Steve Mnuchin, ex-banqueiro da Goldman e gestor de hedge funds que havia sido o principal arrecadador de Trump nos últimos seis meses da campanha. Ele fora recompensado com o cargo de secretário do Tesouro, embora a nomeação ainda não tivesse sido anunciada.

A economia americana em geral está em boa forma, disse Cohn a Trump, mas estava pronta para experimentar uma explosão de crescimento caso certas medidas fossem tomadas. Para tanto, era preciso uma reforma tributária e a remoção dos grilhões do excesso de regulamentação.

Cohn sabia que era aquilo que Trump queria ouvir. Então o democrata de Nova York disse algo que ele não queria ouvir. Somos uma economia baseada no comércio, ele começou. Comércio livre, justo e aberto era essencial. Trump fizera campanha contra os acordos de comércio internacional.

Em segundo lugar, os Estados Unidos são um centro de imigração. "Precisamos continuar com as fronteiras abertas", disse Cohn. O quadro do emprego era tão favorável que os Estados Unidos acabariam por ficar sem trabalhadores em breve. A imigração precisava continuar. "Temos muitos trabalhos neste país que os americanos não fazem."

Em seguida, Cohn repetiu o que todos diziam: as taxas de juros subiriam em breve.

Concordo, disse Trump. "Devemos então tomar muito dinheiro emprestado agora e segurar para depois vender e lucrar."

Cohn ficou espantado com a falta de compreensão básica de Trump. Ele tentou explicar: se você, como governo federal, pedir dinheiro emprestado através da emissão de títulos, aumentará o déficit americano.

Como assim?, perguntou Trump. Basta fazer as máquinas rodarem. Imprimir dinheiro.

Não funciona assim, disse Cohn. Temos enormes déficits, e eles são importantes. O governo não mantém o balanço desse modo. "Se você quer fazer a coisa inteligente — e você tem esse poder —, eu emitiria títulos do Tesouro de cinquenta e cem anos."

Com a queda das taxas de juros dos anos anteriores, o Tesouro reduzira a duração dos títulos para dez anos tanto quanto possível. Era a coisa certa a fazer, disse Cohn. Com as taxas aumentando, as companhias de seguros e pensões emprestarão dinheiro ao governo por cinquenta ou cem anos. E seria provável poder fazê-lo a 3,75%. Seria dinheiro muito barato nos cinquenta a cem anos seguintes.

"Nossa!", exclamou Trump. "É uma ótima ideia." Ele se virou para Mnuchin. "Podemos fazer isso?"

"Claro", disse o secretário do Tesouro. "Podemos fazer isso."

"Você concorda com ele?", perguntou Trump.

"Concordo", respondeu Mnuchin.

"Você está trabalhando para mim há seis meses", disse Trump. "Por que nunca me falou sobre isso? Por que ele é a primeira pessoa a me falar isso?"

Não havia nada no mundo que estivesse rendendo 3,75% sem risco, disse Cohn. Haveria uma corrida para aqueles títulos e muitos compradores. O título empresarial de cinquenta anos estava sendo vendido em todo lugar. Os investidores queriam um rendimento alto e sem risco.

Voltando-se para o Federal Reserve, Cohn observou que os Estados Unidos haviam tido uma taxa de juros efetiva de zero durante anos. Havia apenas um caminho a seguir, e as taxas de juros subiriam por dois motivos. A economia estava ficando muito mais forte e taxas mais altas controlariam a inflação.

"Então, se eu estivesse na direção do Fed, aumentaria as taxas", disse ele.

Trump sabia que os presidentes gostavam de taxas baixas para ajudar a economia. Ele disse: "Bem, eu nunca vou escolher você para dirigir o Fed".

"Tudo bem", disse Cohn. "É o pior emprego do país."

Voltando-se para os impostos, Cohn disse: "A carga tributária de 35% sobre as empresas foi ótima para meu negócio na última década. Estamos invertendo as empresas para jurisdições fiscais de 10%, e elas nos pagam honorários enormes". Ele estava falando como presidente da Goldman. Uma inversão se refere à mudança do domicílio legal de uma empresa para um país com baixa tributação, como Irlanda ou Bermudas, na forma de uma nova empresa controladora, mantendo as operações e a administração como subsidiárias no país com maior imposto.

A Goldman havia facilitado a mudança de dezenas de empresas para o exterior. Os líderes e conselhos empresariais tinham uma responsabilidade para com os acionistas de maximizar os lucros e a mudança os ajudava imensamente. Quase todas as empresas farmacêuticas e seguradoras haviam feito aquilo.

Cohn se gabou: "Para onde mais posso levar uma empresa que ganha X nos negócios hoje mas ganhará X amanhã e terá 20% a mais de lucro apenas mudando a localização da sede?".

Argumentando contra o interesse da própria Goldman, Cohn acrescentou: "Não podemos permitir que isso aconteça. Precisamos alinhar nossa carga tributária com a média, que é de 21% ou 22%".

Embora houvesse algumas restrições impostas pelo Congresso, existiam maneiras de contornar as novas leis. "Não podemos permitir que as empresas continuem saindo dos Estados Unidos. Isso é ruim. É errado para os negócios. É errado para os empregos. Estou falando contra meu negócio. Ganhamos uma tonelada de dinheiro."

Trump voltou à impressão de dinheiro. "Vamos simplesmente tomar emprestado", disse ele, apaixonado pela ideia de chefiar o governo federal que tinha a melhor classificação de crédito do mundo, o que possibilitava tomar emprestado com a menor taxa de juros.

Cohn não mencionou um relatório divulgado durante a campanha que dizia que a pontuação de crédito comercial da Organização Trump era de dezenove em cem, abaixo da média nacional de trinta pontos, e que ela poderia ter dificuldade em tomar dinheiro emprestado.[1]

Você não pode imprimir dinheiro, disse Cohn.

"Por que não? Por que não?"

O Congresso tinha um teto de endividamento que estabelecia um limite para quanto dinheiro o governo federal poderia tomar emprestado, e aquilo era legalmente vinculante. Estava claro que Trump não entendia como funcionava o balanço do ciclo da dívida do governo americano.

A inflação provavelmente permaneceria estável. A automação está chegando, disse Cohn — inteligência artificial, máquinas inteligentes, robótica. Vamos administrar a oferta de trabalho de forma mais eficiente agora do que em toda a história da humanidade. Então veja, você está no momento mais precário em termos de perda de empregos. Hoje podemos criar mão de obra com máquinas.

"Se estiver por aqui dentro de oito anos, você vai ter de lidar com a automação do automóvel e do caminhão. Cerca de 25% da população dos Estados Unidos ganha a vida dirigindo um veículo. Pense nisso."

"Do que está falando?", perguntou Trump.

Com o veículo autônomo, que dispensa motorista, milhões de pessoas terão de entrar novamente na força de trabalho em empregos diferentes. Será uma grande mudança e possivelmente uma grande ruptura.

"Quero que você venha trabalhar para mim", disse Trump.

"Fazendo o quê?"

Ele mencionou o cargo de vice-secretário de Defesa.

"Antes de tudo, não quero ser vice-secretário de nada", disse Cohn.

E que tal diretor da inteligência nacional?

Cohn disse que não. Não tinha certeza do que fazia o ocupante daquele cargo. Mais tarde, ficou sabendo que implicava supervisionar a CIA e todas as outras agências de inteligência.

"Você negocia commodities", disse Trump. "Por que não pensa em ser secretário de Energia?"

Nenhum interesse.

Trump tentou convencer Cohn a ser diretor do Gabinete de Administração e Orçamento.

Não. Cohn sabia que era um trabalho horrível.

"Quer saber?", disse Trump no final do que se tornara uma reunião de uma hora. "Contratei o cara errado para secretário do Tesouro. Você deveria ficar no lugar dele. Seria o melhor secretário do Tesouro."

Mnuchin, que estava ali mesmo, não disse nada nem demonstrou nenhuma reação.

"Volte e me diga o que quer", disse Trump. "Seria ótimo ter você na equipe. Seria fantástico."

Cinco minutos mais tarde, enquanto Cohn ainda estava no prédio, ele viu uma notícia na televisão: o presidente eleito Trump tinha escolhido Steve Mnuchin para secretário do Tesouro.[2]

"Isso é loucura", disse Jared. "Mnuchin acabou de divulgar isso. Você o assustou demais na reunião."

Cohn fez a lição de casa e conversou com outros ex-executivos da Goldman que haviam trabalhado no governo. Robert Rubin, que fora chefe do Conselho Econômico Nacional da Casa Branca de Clinton e depois secretário do Tesouro, disse que se Cohn conseguisse o cargo de diretor desse conselho, com a promessa de que seria o principal tsar econômico, então deveria aceitar. Estar na Casa Branca era uma enorme vantagem quando se tinha um acordo com o presidente.

A esposa de Cohn, Lisa, disse que ele precisava aceitar, porque devia muito aos Estados Unidos. "Você é lento, gordo e velho demais para servir ao seu país de outra maneira."

Cohn voltou para ver Trump e expressou seu interesse pelo cargo no Conselho Econômico Nacional, contanto que qualquer assunto econômico passasse por ele. Era a pasta em questões econômicas equivalente ao assessor de segurança nacional em política externa.

"É claro", disse Trump, "como você quiser. Vamos fazer coisas ótimas."

Priebus, que estava na reunião, preocupava-se com as contratações imediatas. Mais tarde, ele disse a Trump: "Vamos contratar o cara, um democrata que votou em Hillary Clinton, para administrar nosso conselho econômico? Por quê? Não deveríamos conversar sobre isso? Tenho certeza de que ele é muito esperto. Não deveríamos conversar antes de oferecer um cargo como esse?".

"Ah", disse Trump, "não precisamos falar sobre isso." O cargo havia sido oferecido e aceito. "Ele vai ser ótimo."

No dia seguinte ao Natal de 2016, telefonei para Michael Flynn, recém-designado assessor de segurança nacional de Trump.[3] Ele estava de férias na Flórida, visitando os netos. Flynn, um controverso general reformado de três estrelas e especialista em inteligência, estivera ao lado de Trump durante a campanha como assessor de política externa. Na Convenção Nacional Republicana, ele liderou entusiasticamente a multidão no refrão "Cadeia nela!", em referência a Hillary Clinton. Mais tarde, se desculpou.

Obama demitiria Flynn do cargo de chefe da Agência de Inteligência da Defesa em 2014 por falhas de gestão. Depois da campanha, Trump ignorou o conselho de Obama a não fazer de Flynn seu assessor de segurança nacional.

Liguei para Flynn para ouvir sua opinião sobre a Rússia. Vários funcionários da inteligência e do Pentágono me disseram que aquele país havia modernizado e melhorado sua capacidade nuclear nos anos anteriores com um novo míssil balístico lançado por submarino e dois novos mísseis balísticos intercontinentais.

"Sim, exatamente", disse Flynn. Também afirmou que nos sete ou oito anos anteriores, sob orientação de Pútin, a Rússia não "superou os Estados Unidos, mas nos enganou".

Flynn contou que começara a conversar com Trump sobre o fortalecimento russo dezoito meses antes, em 2015, quando se conheceram. Disse que eles concordaram que os Estados Unidos haviam aberto mão demais de sua capacidade, além de treinamento, prontidão e modernização.

Segundo Flynn, Pútin havia "atualizado de maneira sistemática" não só suas forças nucleares, mas também suas forças táticas, convencionais e especiais. "Se a Rússia se tornasse um adversário e ficássemos frente a frente com eles, enfrentaríamos a realidade de Pútin usando inovação, tecnologia e gás total."

Ele então falou abertamente sobre a possibilidade de que os Estados Unidos tivessem que começar a testar armas nucleares. O último teste americano fora em 1992. "Vamos ter de decidir se vamos voltar a isso", disse ele. Os testes de computador podiam não ser suficientes, e era importante ver se as armas funcionavam.

"Meu conselho para o chefe foi: teríamos de dedicar tempo, energia e recursos a isso." Flynn disse que o plano de Trump era conversar e agir de forma dura, mandar "um tiro de advertência" para Pútin. E acrescentou: "Vamos nos apoiar no manual de Reagan". Seja agressivo e depois negocie. "Ao mesmo tempo, temos que deixar claro que vamos negociar com a Rússia. Você não pode ter uma única visão daquele país."

Flynn estava sendo amplamente criticado por ter ido à Rússia em 2015 para falar à rede de televisão estatal, tendo recebido 33750 dólares para tal.[4] Ele disse que era uma oportunidade e que se encontrou com Pútin. "Qualquer um iria", insistiu.

Flynn participou de uma sessão de perguntas e respostas em Moscou. Fez um apelo convencional por melhores relações com os Estados Unidos para derrotar o Estado Islâmico, insistindo na importância de definir o inimigo, e não apenas contê-lo, como Obama havia feito. Sobre política externa, me disse: "O presidente eleito vai enfrentar essa merda em toda parte. O mundo está uma bagunça. Há muita limpeza a fazer".

8

Após a eleição, o presidente Obama orientou seus chefes de inteligência a produzir um relatório definitivo e altamente confidencial sobre a interferência dos russos na eleição, com todas as fontes e detalhes. Ele seria entregue à Gangue dos Oito no Congresso e ao presidente eleito Trump.

Uma versão reduzida, não confidencial, com as mesmas conclusões, mas sem identificar as fontes, seria divulgada antes de Obama deixar o cargo em 20 de janeiro.[1]

O diretor de inteligência nacional James Clapper, o diretor da CIA John Brennan, o diretor do FBI James Comey e o diretor da Agência de Segurança Nacional Mike Rogers reuniram-se para preparar a reunião com Trump. Eles sabiam que o presidente eleito veria o relatório como um questionamento de sua vitória, lançando dúvidas sobre a legitimidade de sua eleição, e concordaram que teriam de falar com uma só voz.

"Esta é nossa história e seremos fiéis a ela", disse Clapper, incentivando a solidariedade. Ele seria o principal apresentador. Era essencial que falassem com confiança. Era óbvio que iam cutucar a fera.

Em dezembro, Brennan ligara para Clapper. Ele recebera cópia de um dossiê de 35 páginas, uma série de relatórios do ex-oficial do MI6 britânico Christopher Steele que detalhavam os supostos esforços da Rússia para interferir na eleição presidencial e influenciá-la — promover o caos, prejudicar Hillary Clinton e ajudar Trump. O dossiê também continha alegações escandalosas sobre Trump, prostitutas russas e "chuva dourada".

"Você deveria ler isso", Brennan disse a Clapper. O FBI já tinha uma investigação secreta de contrainteligência em andamento para ver se havia algum conluio entre a campanha de Trump e a Rússia. "Acrescentará substância ao que estamos fazendo." Não era uma prova, mas parecia estar naquela trilha.

Clapper consultou o FBI. Como devemos tratar disso com Trump?

O FBI sabia do documento. Steele compartilhara partes do dossiê com eles, e em 9 de dezembro o senador John McCain havia compartilhado uma cópia com Comey, diretor do FBI.[2]

Andrew McCabe, diretor adjunto do FBI, estava preocupado. Ele pensou que, se não contassem ao presidente eleito a respeito do dossiê quando o informassem sobre o relatório da comunidade de inteligência sobre a Rússia, o FBI pareceria estar de volta aos velhos tempos de J. Edgar Hoover, como se dissesse "temos informações sobre alguém e mantemos isso em segredo". Comey concordou. O legado de Hoover ainda pairava sobre a agência.

Clapper queria ter certeza de que criariam um modelo consistente de meios e métodos enquanto fundiam suas informações em um único relatório. O FBI e a CIA têm padrões diferentes.

O FBI realiza investigações criminais, além de coletar informações. O birô tende a ser mais rigoroso na escolha de suas fontes e na verificação. O que começa como pura investigação de contraespionagem pode se transformar numa investigação criminal, com a informação se tornando prova que deve se sustentar no tribunal.

A missão da CIA é reunir informações e divulgá-las para a Casa Branca e o restante do governo federal. Não precisam ser tão sólidas, porque normalmente não são usadas em um julgamento criminal.

Enquanto o FBI era assombrado por Hoover, a CIA tinha seu próprio fantasma. No período que antecedeu a invasão do Iraque em 2003, a agência cometeu um erro enorme. Devido, em parte, às mentiras contadas por uma fonte fundamental — que tinha o inacreditável codinome "Bola Curva" —, que alegou ter trabalhado num laboratório de armas químicas no Iraque, a CIA concluiu que aquele país tinha armas de destruição em massa. O caso tinha sido um "golaço", de acordo com uma apresentação feita pelo diretor da CIA, George Tenet, ao presidente George W. Bush. A alegada presença foi a principal justificativa para a invasão do Iraque. Nenhuma arma de destruição em massa foi encontrada, resultando num constrangimento agudo para o presidente e a CIA.

Clapper sabia que o erro pairava sobre grande parte do que a CIA fazia e analisava. Um procedimento da agência era submeter as fontes ao detector de mentiras com a maior frequência possível. Embora a aprovação num teste de polígrafo nunca viesse a ser considerada prova completa, tratava--se de um bom parâmetro de veracidade.

As fontes que Steele usou em seu dossiê não foram submetidas ao teste, o que tornava a informação potencialmente suspeita. Mas Brennan disse que as informações eram confirmadas por fontes dele, nas quais tinha muita confiança.

O dossiê circulava entre os jornalistas, e Steele deu entrevistas confidenciais a repórteres. Nada tinha sido publicado.

Na segunda página, o dossiê dizia: "Segundo a Fonte D, onde ele(a) esteve presente, a conduta (pervertida) de TRUMP em Moscou incluiu a contratação da suíte presidencial do Ritz Carlton Hotel, onde sabia que o presidente e a sra. OBAMA (os quais ele odiava) haviam ficado em uma de suas viagens oficiais à Rússia, e a profanação da cama onde tinham dormido, com o uso de algumas prostitutas para realizar um show de 'chuva dourada' (micção) diante dele. O hotel era conhecido por estar sob controle do Serviço Federal de Segurança, com microfones e câmeras ocultas em todos os quartos principais para gravar qualquer coisa que quisessem".[3]

Isso foi projetado para obter "'kompromat' (material comprometedor) sobre ele",[4] de acordo com o dossiê.

Era uma alegação espetacular. Não havia indicação disponível de quem poderia ser a fonte D.

Segundo Comey, uma vez que o FBI tinha o dossiê, deveria mostrá-lo a Trump após sua apresentação principal da avaliação da comunidade de inteligência. Seria um anexo, praticamente uma nota de rodapé.

As 35 páginas foram reduzidas a um resumo de uma página e três quartos que se concentrava na alegação de coordenação entre os russos e a campanha.

A reação de Trump ao crescente coro de notícias sobre a interferência russa na eleição foi de beligerância.

Em 9 de dezembro, ele disse que aqueles que soavam o alarme na comunidade de inteligência eram "os mesmos que disseram que Saddam Hussein tinha armas de destruição em massa".[5] Mais tarde, Trump afirmou à Fox News: "Eles não têm ideia se é Rússia, China ou alguém sentado numa cama em algum lugar".[6] E tuitou: "A menos que você pegue 'hackers' no ato, é muito difícil determinar quem estava hackeando. Por que isso não foi mencionado antes da eleição?".[7]

Em 5 de janeiro, o Comitê dos Serviços Armados do Senado realizou uma audiência sobre o ataque russo. Clapper, que deveria informar Trump no dia seguinte, testemunhou. Irritado com as críticas que Trump estava fazendo à comunidade de inteligência, ele declarou: "Há uma diferença entre ceticismo e depreciação. A confiança pública e a confiança na comunidade de inteligência são cruciais. E recebi muitas expressões de preocupação de colegas estrangeiros sobre [...] a depreciação da comunidade de inteligência americana".[8]

No dia seguinte, Kellyanne Conway disse ao *CBS This Morning*: "Por que a Rússia ia querer que Donald Trump ganhasse a presidência aqui? Donald Trump prometeu modernizar nossa capacidade nuclear".[9]

Numa entrevista por telefone ao *New York Times*, Trump disse: "Isso é uma caça às bruxas política".[10]

Hope Hicks, 28 anos, especialista em relações públicas que havia sido secretária de imprensa de Trump durante a campanha, estava numa pequena sala de conferências no 14º andar da Trump Tower durante a transição, no início de janeiro de 2017. Ela tinha duas qualidades importantes para Trump: lealdade e boa aparência. Havia sido modelo na adolescência e agora, com olhos perfeitamente maquiados e longos cabelos castanhos puxados para um lado, tinha a aparência polida e glamorosa de que Trump gostava. Ela também tinha habilidades reais de relações públicas.

O presidente eleito perguntara-lhe que emprego queria na Casa Branca. Ansiosa por evitar o corpo a corpo diário com a imprensa, ela escolheu o cargo de diretora de comunicações estratégicas para poder administrar as oportunidades de mídia dele, que agora eram evidentemente infinitas. Hicks tinha sido a guardiã das entrevistas dele. Todos queriam Trump, e ela percebeu que ele havia perdido parte de sua influência junto à mídia por ter se superexposto durante a campanha. Explorar aquelas oportunidades exigiria uma calibragem cuidadosa. Como todo mundo, ela sabia que aquilo poderia ser impossível com o presidente eleito.

Hicks estava convencida de que a mídia tinha um "transtorno desafiador de oposição", que é um termo da psicologia clínica aplicado com mais frequência a crianças rebeldes. Ele se caracteriza pela raiva excessiva contra a autoridade, desejo de vingança e ataques de fúria. No que lhe dizia respeito, descrevia bem a imprensa.

Hicks já estava trabalhando numa resposta aos relatos de interferência russa na eleição. A notícia exagerada do que chamou de "suposto hacking pela Rússia" apenas fazia os Estados Unidos parecerem fracos e a Rússia mais influente do que ela achava possível.

Em 6 de janeiro, os chefes de inteligência chegaram à Trump Tower. Comey encontrou Trump pela primeira vez. Em seu livro, Comey faz uma descrição, talvez para demonstrar seu olhar aguçado: "Seu paletó estava aberto e sua gravata era comprida demais, como de costume. Seu rosto parecia levemente cor de laranja, com meias-luas brancas brilhantes sob os olhos, onde eu supunha que colocasse óculos de proteção durante o bronzeamento, e cabelos louro-claros, impressionantemente penteados, que, após uma inspeção cuidadosa, me pareceram ser dele. Lembro-me de me perguntar quanto tempo ele devia levar para fazer aquilo pela manhã. Quando estendeu a mão, lembrei-me de verificar o tamanho dela. Era menor que a minha, mas não de forma incomum".[11]

No relatório da Trump Tower, Clapper resumiu as principais avaliações, o cerne de qualquer investigação de inteligência:

- Há muito tempo que a Rússia tem o desejo de "minar a ordem democrática liberal liderada pelos Estados Unidos", mas na eleição presidencial de 2016 houve "uma escalada significativa em objetividade, nível de atividade e alcance do esforço".[12]
- Pútin "ordenou uma campanha de influência em 2016 tendo por alvo a eleição presidencial dos Estados Unidos [...] para minar a fé do povo no processo democrático americano, denegrir a secretária Clinton e prejudicar sua elegibilidade e potencial presidência. Além disso, avaliamos que Pútin e o governo russo desenvolveram uma clara preferência pelo presidente eleito Trump".
- "Quando pareceu a Moscou que a secretária Clinton provavelmente venceria a eleição, a campanha de influência russa começou a se concentrar mais em minar sua futura presidência."

Foi uma formulação suave. Trump era uma "clara preferência" e o esforço foi mais direcionado para "desacreditar" e "minar" Clinton.[13] Não havia sugestão de que Trump ou seus associados tivessem conspirado ou se coordenado com o esforço russo.

Todas as fontes se encaixavam e contavam uma história consistente de diferentes ângulos, disse Clapper. As fontes humanas eram chamadas de "fontes herdadas" — tinham sido corretas em suas informações e avaliações ao longo dos anos, e pelo menos uma fonte vinha fornecendo informações confiáveis há uma geração.

O que não fora relatado anteriormente: uma fonte estava em tal perigo que a CIA queria tirá-la da Rússia e colocá-la em segurança no exterior ou nos Estados Unidos. Ela se recusou a sair, aparentemente com medo das consequências para sua família se de repente deixasse o país ou desaparecesse.

Clapper não deu os nomes das fontes para Trump, embora ele pudesse ter perguntado.

"Não acredito em fontes humanas", reagiu Trump. "São pessoas que venderam sua alma e seu país." Ele não estava comprando aquela ideia. "Não confio em inteligência humana ou nesses espiões."

A observação fez com que mais tarde Brennan, cuja CIA dependia quase inteiramente de fontes humanas, comentasse: "Acho que não vou falar com os funcionários sobre isso".

Outra coisa que também não fora relatada anteriormente: a CIA acreditava ter pelo menos seis fontes humanas que corroboravam aquela descoberta. Uma pessoa com acesso ao relatório secreto completo me disse que acreditava que apenas dois testemunhos eram sólidos.

Trump perguntou se havia algo mais.

"Bem, há um material adicional delicado", disse Clapper.

Você quer que a gente fique ou faz isso sozinho?, Priebus perguntou a Trump.

Comey sugeriu: "Eu estava pensando em nós dois".

"Só nós dois", concordou Trump.

Embora pudesse interpretar o agente durão do FBI, Comey de certa forma suavizou o resumo que tinha. Ele explicou que havia um dossiê com alegações, o qual estava passando adiante. Já corria lá fora, e ele não queria que o presidente eleito fosse pego de surpresa com o dossiê em ampla circulação. Pelo menos parte dele certamente apareceria na mídia.

O dossiê alegava que Trump estivera com prostitutas num hotel de Moscou em 2013 e que os russos o haviam filmado. Comey não mencionou a alegação de que Trump as fizera urinar umas nas outras na cama que o presidente Obama e sua esposa Michelle haviam usado.

Comey escreveu mais tarde: "Imaginei que detalhes não eram necessários para deixá-lo de sobreaviso. A coisa toda era esquisita o suficiente. Enquanto eu falava, senti uma estranha experiência de estar fora do corpo, como se me visse falando com o novo presidente sobre prostitutas na Rússia".[14]

Trump negou as alegações. Ele parecia um cara que precisava de prostitutas?

Em *A Higher Loyalty* [Uma lealdade maior], Comey escreveu: "O FBI não o estava investigando. Isso era verdade. Não tínhamos uma pasta de contrainteligência aberta a seu respeito. Realmente não nos importávamos se ele tinha brincado com prostitutas em Moscou, desde que os russos não estivessem tentando coagi-lo de alguma forma".[15]

Isto é o que Comey escreveu sobre como transmitiu a mensagem para Trump no final de sua reunião privada: "Quando ele começou a ficar mais defensivo e a conversa oscilou em direção ao desastre, instintivamente tirei a carta da manga: 'Não estamos investigando o senhor'. Isso pareceu acalmá-lo".[16]

A reunião privada durou cinco minutos.

Trump disse mais tarde ao seu advogado que se sentiu intimidado por Comey com a conversa sobre as supostas prostitutas em Moscou. "Tenho problemas suficientes com Melania e namoradas e tudo isso. Não preciso de mais. Não posso deixar Melania ouvir isso."

Após o relatório, Trump divulgou uma declaração chamando-o de "construtivo",[17] mas claramente não foi afetado pelo impacto. Tentativas de "Rússia, China ou alguém sentado numa cama em algum lugar" de interferir não tiveram "absolutamente nenhum efeito sobre o resultado da eleição, inclusive o fato de que não houve adulteração alguma em máquinas de votação".

Quatro dias depois, em 10 de janeiro, o BuzzFeed publicou o dossiê de 35 páginas.[18]

Foi quando li o documento. Na página 27, dizia: "Duas fontes bem informadas de São Petersburgo afirmam que o candidato republicano TRUMP pagou suborno e se engajou em atividades sexuais lá, mas testemunhas-chave silenciaram e as provas são difíceis de obter".

O documento acrescentava que "todas as testemunhas diretas foram recentemente silenciadas, isto é, subornadas ou coagidas a desaparecer".

E deixava claro que aparentemente não havia como provar nada.

Fiquei surpreso, não com as alegações, que podem ser verdadeiras, e sim que os chefes de inteligência, particularmente o diretor do FBI, tivessem apresentado aquilo a Trump.

O núcleo da apresentação deles em 6 de janeiro tinha sido a avaliação da comunidade de inteligência sobre a interferência russa na eleição. Era um relatório que consideravam uma das avaliações mais importantes, bem documentadas e convincentes dos últimos tempos. Em *Facts and Fears* [Fatos e medos], Clapper chamou-o de "um documento marcante — um dos mais importantes já produzidos pela inteligência dos Estados Unidos".[19] A CIA, a NSA, o FBI e as outras agências de inteligência haviam investido muito na coleta de informações. Também haviam se arriscado ao colocar informações tão confidenciais num relatório que poderia vazar ou ter seu conteúdo revelado.

E então, quase como uma reflexão tardia, Comey havia mencionado o dossiê como se dissesse: a propósito, aqui está essa nota de rodapé difamatória, não verificada, sem apoio, com algumas das alegações mais desagradáveis contra você.

Eles queriam que o presidente eleito acreditasse na avaliação formal. Por que poluí-la com o resumo do dossiê? Conheciam o suficiente a respeito de Trump para saber que isso ia irritá-lo. Talvez irritasse qualquer um. Por que acompanhariam um de seus trabalhos mais sérios com o dossiê não verificado?

O conteúdo do dossiê é o tipo de coisa que um repórter ou o FBI pode verificar, tentando rastrear suas origens e até mesmo localizar algumas das fontes para ver se alguma confirmação é possível. É óbvio que o FBI tinha a obrigação de fazer tal esforço — como mais tarde faria.

Mas fazia pouco sentido para mim incluí-lo, mesmo de forma suavizada, num dos relatórios mais importantes que os chefes de inteligência poderiam apresentar a um presidente eleito. Seria como se eu tivesse apurado e escrito um matéria séria e complexa para o *Washington Post* e depois acrescentasse um apêndice de alegações não verificadas. Ah, a propósito, eis uma lista de tarefas a cumprir para aprofundar a reportagem que estamos publicando.

Em *A Higher Loyalty*, publicado um ano depois, Comey escreve longamente sobre suas dúvidas a respeito do dossiê antes de se encontrar com Trump:

"Eu ia permanecer na direção do FBI. Tínhamos a informação, e o homem precisava ser informado. Fazia todo o sentido para mim ir adiante com aquilo. O plano era sensato, se a palavra se aplica ao contexto de uma conversa com o novo presidente sobre prostitutas em Moscou."[20]

Talvez fosse verdade, mas imagine ouvir aquilo do diretor do FBI.

Comey continuou: "Contudo, o plano me deixou profundamente desconfortável. [...] Havia uma chance real de que Donald Trump, político e negociador inflexível, supusesse que eu estava esfregando a coisa das prostitutas na cara dele para encurralá-lo e assim ganhar influência. Ele podia muito bem supor que eu estava dando uma de J. Edgar Hoover, porque é o que Hoover faria no meu lugar. Um esgar de sobrancelha não faz justiça a esta situação; a coisa ia explodir".

Em 15 de janeiro, cinco dias antes da posse, participei do *Fox News Sunday*. Eu disse: "Vivo neste mundo há 45 anos, onde você consegue coisas e pessoas fazem denúncias. Esse documento é lixo. Nunca deveria ter sido apresentado como parte de um relatório de inteligência. Trump tem razão em ficar chateado".[21] Os funcionários da inteligência, "que são ótimos e fizeram um excelente trabalho, cometeram um erro aqui, e quando as pessoas cometem erros devem pedir desculpas". Eu disse que a rota normal para aquele tipo de informação, como em governos passados, era enviá-la ao novo conselho da Casa Branca. Que o advogado do novo presidente lidasse com a batata quente.

Depois, naquela mesma tarde, Trump tuitou: "Obrigado a Bob Woodward, que disse: 'Esse documento é lixo. Nunca deveria ter sido apresentado [...]. Trump tem razão em ficar chateado (bravo)'".[22]

Eu não estava contente por parecer que havia tomado partido, mas achei fortemente que aquele documento, mesmo de forma abreviada, era "lixo" e deveria ter sido tratado de maneira diferente.

O episódio desempenhou um grande papel na deflagração da guerra de Trump contra o mundo da inteligência, especialmente o FBI e Comey.

9

Cinco dias depois de fazer o juramento de posse, em 25 de janeiro, o presidente Trump convidou seus principais assessores e a equipe de segurança nacional para jantar na Casa Branca. Mattis, o novo secretário de Defesa, apresentou planos para uma operação da Equipe Seis dos SEALs contra um velho colaborador da Al Qaeda no Iêmen.

Ele descreveu como várias dúzias de comandos atacariam, na esperança de capturar informações, celulares e laptops, e matar o colaborador, um dos poucos líderes da Al Qaeda ainda vivos.

Seria a primeira operação no Iêmen em dois anos. Ela havia sido considerada e postergada pelo presidente Obama. Os militares queriam uma noite sem lua para os ataques, e em breve haveria uma.

Bannon tinha perguntas sobre problemas maiores no Iêmen. O ex-oficial da Marinha queria saber por que o fluxo de armas para os rebeldes houthis não podia ser cortado e detido por mar. O Irã era o único aliado deles.

"Vocês controlam o ar", disse Bannon. "Vocês têm a Marinha americana e controlam o mar. Por que isso é tão difícil?"

"É uma grande costa", respondeu Mattis.

"Steve", disse Trump impaciente, "é isso que esses caras fazem. Então deixe que façam." Em outras palavras, cale a boca.

Trump assinou a ordem no dia seguinte e o ataque foi realizado antes do amanhecer do domingo, 29 de janeiro. Muita coisa deu errado.[1] Durante um tiroteio de cinquenta minutos, um SEAL foi morto e três foram feridos. Civis, inclusive crianças, morreram também. Uma MV-22 Osprey de 75 milhões fez um pouso forçado, que a desabilitou. Foi preciso destruir a aeronave para impedir que caísse nas mãos do inimigo.

William "Ryan" Owens, 36 anos, chefe de operações especiais de guerra, natural de Peoria, Illinois, foi a primeira vítima de combate na presidência de Trump, que decidiu ir a Dover, Delaware, para a cerimônia da chegada do seu corpo. Ivanka o acompanhou.

Quando chegaram a Dover, o comandante puxou o presidente para um canto. De acordo com o que Trump contou à sua equipe sênior mais tarde, o comandante disse: quero preparar o senhor. Quando entrar, a família vai se aproximar. Será uma experiência sem igual. O senhor é o comandante em chefe. O respeito que demonstrarem pelo senhor, assim como o sofrimento, serão incríveis. O senhor estará lá para confortar a todos. Quando o avião chegar, quando o caixão coberto pela bandeira descer, alguns membros da família vão ficar descontrolados, e muito. Esteja preparado para ouvir coisas inapropriadas, até mesmo grosseiras.

Ninguém disse nada grosseiro, mas o presidente não esqueceu a frieza da situação.

"Aquilo é difícil", disse Trump depois. Ele estava claramente incomodado. E deixou claro que não faria mais viagens a Dover.

Bill Owens, pai do soldado morto, estava em Dover, mas ele e a esposa não quiseram se encontrar com Trump.[2]

"Sinto muito", disse Owens ao capelão. Não quero encontrar o presidente. Não quero fazer uma cena, mas minha consciência não me deixa falar com ele.

Mais tarde, ele disse também: "Nos dois anos anteriores, não havia soldados no solo do Iêmen — tudo eram mísseis e drones —, porque não havia um alvo que valesse uma vida americana. Agora, de repente, tínhamos que fazer uma grande cena".[3]

Em vez de atacar e difamar, como fizera com o casal Khan, pais de um capitão morto no Iraque que apareceram em apoio a Hillary Clinton na convenção democrata de 2016, Trump disse compreender o pai de Owens.

"Consigo entender as pessoas que dizem isso",[4] comentou Trump mais tarde. "Eu me sentiria meio 'Sabe o que é pior? Não há nada pior'."

Vários ex-funcionários do governo Obama disseram que a operação havia sido planejada meses antes, mas distanciaram o ex-presidente dela, dizendo que nunca a aprovara.

Em uma entrevista na Fox na manhã de seu primeiro discurso ao Congresso, Trump disse que o ataque ao Iêmen era algo que seus "muito respeitados" generais "queriam fazer havia muito tempo".[5]

"E eles perderam Ryan", disse o presidente.

Trump convidou Carryn Owens, viúva de Ryan e mãe de três filhos pequenos, para sentar na galeria no discurso ao Congresso pronunciado em 28
de fevereiro. Ela se sentou ao lado de Ivanka.

Para o público do Congresso e 47 milhões de telespectadores, o presidente disse: "Somos abençoados por estar junto com Carryn Owens esta
noite. Ryan morreu como vivia, como um guerreiro e herói, lutando contra o terrorismo e protegendo nossa nação".[6]

Como a operação estava sendo criticada, Trump acrescentou: "Acabei
de falar com o general Mattis, que voltou a confirmar isso, e cito: 'Ryan fez
parte de um ataque bem-sucedido que gerou grande quantidade de informações vitais que levarão a muitas outras vitórias no futuro contra nossos
inimigos'. O legado dele está gravado na eternidade".

Aplausos estrondosos irromperam.

No início, Carryn Owens lutou contra as lágrimas, expirou e balbuciou:
"Eu te amo, querido". Os aplausos continuaram e lágrimas começaram a
correr por seu rosto. Ela se levantou, juntou as mãos em aparente oração,
olhou para cima e disse: "Eu te amo".

Trump falou: "Pois, como a Bíblia nos ensina, não há maior ato de amor
do que dar a vida pelos amigos. Ryan deu a vida por seus amigos, por seu
país e por nossa liberdade. Nunca nos esqueceremos dele".

A ovação do Congresso e do público em pé durou quase dois minutos.

"Ryan está olhando para baixo agora", disse Trump. "Você sabe disso.
E ele está muito feliz porque acho que acabou de quebrar um recorde."

Carryn Owens sorriu e bateu palmas. O presidente saudou-a e abraçou-
-a no corredor após o discurso.

Depois, quando Trump telefonava para as famílias de outros militares que
haviam sido mortos, a equipe da Casa Branca notou como aquilo parecia
difícil e duro para ele.

"Ele não é aquele cara", disse Bannon. "Nunca esteve perto das Forças Armadas. Nunca esteve perto de uma família de militares. Nunca esteve perto da
morte." As mortes de "pais de crianças pequenas" o abalavam particularmente.
"Causavam um grande impacto sobre ele, era visível em cada gesto seu."

Um funcionário que acompanhou vários telefonemas que Trump fez
para as famílias de soldados mortos ficou impressionado com o tempo e a

energia emocional que o presidente dedicava a eles. Trump tinha cópias dos arquivos pessoais dos mortos.

"Estou olhando para a foto dele. Um rapaz tão bonito", disse Trump em uma ligação para membros da família. Onde cresceu? Onde estudou? Por que entrou no serviço?

"Tenho o registro aqui", disse Trump. "Há relatos aqui que mostram o quanto era amado. Ele era um grande líder."

Algumas pessoas do Salão Oval tinham cópias dos registros do serviço militar. Nada do que Trump citou estava lá. Ele estava inventando. Sabia o que as famílias queriam ouvir.

No primeiro mês, a ordem internacional pôde testar se teria um ponto de apoio no governo Trump.

Durante a campanha, Trump menosprezou a Organização do Tratado do Atlântico Norte (Otan), a aliança de 68 anos com a Europa. A Otan é frequentemente considerada o esforço mais bem-sucedido para se contrapor à União Soviética durante a Guerra Fria e um alicerce da unidade ocidental. Seus membros se comprometem a uma defesa coletiva, significando que o ataque a um deles seria considerado um ataque contra todos.

Trump argumentara que a Otan talvez estivesse obsoleta. Muitas de suas críticas tinham a ver com dinheiro. A meta da Otan era que cada país--membro gastasse 2% do seu PIB em defesa. Os Estados Unidos gastavam 3,5%, enquanto a Alemanha gastava apenas 1,2%.

O secretário de Defesa Mattis faria um discurso em Munique em meados de fevereiro, e a política do governo em relação à Otan precisava ser resolvida até então. Trump estava dentro ou fora?

Como cidadão privado, Mattis considerava as ideias de Trump contra a Otan "excêntricas".[7] Grande parte do establishment da política externa, bem como dos aliados europeus, ficou assustada com os comentários do presidente.

Priebus combinou um jantar às 18h30 de quarta-feira, 8 de fevereiro, na Sala Vermelha da residência oficial, para que Trump pudesse ouvir os argumentos de Mattis, do general Joseph Dunford, chefe do estado-maior, e vários outros. Ele também convidou um pilar do establishment republicano de Washington, C. Boyden Gray, de 73 anos, que fora embaixador dos Estados Unidos na União Europeia por dois anos no governo George

H. W. Bush. Ele havia sido conselheiro legal de Bush durante os oito anos em que fora vice-presidente e nos quatro anos de sua presidência.

Quando se sentaram para jantar, Trump queria comentar as notícias do dia. O senador John McCain, exibindo suas credenciais de dissidente, criticara publicamente a invasão militar do Iêmen.[8]

Trump o atacou, sugerindo que McCain tomara o caminho da covardia ao sair do Vietnã como prisioneiro de guerra. Ele disse que McCain, filho do almirante John McCain, o comandante do Pacífico, tinha sido piloto da Marinha durante a Guerra do Vietnã e aceitado uma oferta de liberação antecipada, deixando para trás outros prisioneiros de guerra.

"Não, sr. presidente", disse Mattis rapidamente, "acho que entendeu errado." McCain havia recusado a liberação antecipada e fora brutalmente torturado e mantido por cinco anos no Hilton de Hanói, nome irônico da prisão de guerra de Hoa Lo.

"Ah, tudo bem", disse Trump.

Gray, que servira cinco anos no Corpo de Fuzileiros Navais, ficou espantado que o secretário corrigisse diretamente o presidente e que Trump, que costumava se irritar quando desafiado, fosse tão tolerante.

Foi somente na sobremesa que Priebus disse: "Precisamos tratar da questão da Otan".

O general de divisão reformado Keith Kellogg, chefe do estado-maior do Conselho de Segurança Nacional, estava representando esse conselho. Combatente veterano do Vietnã, com Estrela de Prata e de Bronze, e da primeira Guerra do Golfo, Kellogg começou uma crítica. Repetindo um pouco da linguagem negativa de Trump, ele disse que a Otan estava "obsoleta", tendo sido criada depois da Segunda Guerra Mundial, quando os Estados Unidos eram mais ricos e encaravam uma União Soviética agressiva. Agora, o custo para o país era injusto e desproporcional em relação aos aliados europeus. Os Estados Unidos estavam sendo usados.

"Não seria essa minha opinião, sr. presidente", disse o general Joseph Dunford.

"É mesmo?", interveio Trump. "E qual seria?"

Dunford, o militar de mais alto escalão, fez uma defesa vigorosa da Otan. É uma aliança que não deve ser desfeita e que seria difícil refazer, disse ele. Com nações do Leste Europeu, como a Polônia, sentindo-se ameaçadas pelas invasões de Pútin na Crimeia e no leste da Ucrânia, era importante manter a solidariedade e a união. "É de extrema importância manter a Europa unida do ponto de vista político, estratégico e econômico." Ele concordou que os países-membros deveriam cumprir seu compromisso de entrar com 2% de seu PIB anual.

Acho que os alemães vão cumprir o compromisso de pagar 2% do PIB, e eles são os mais importantes, acrescentou Mattis.

Jared Kushner entrou na conversa. "Como porcentagem do nosso próprio orçamento de defesa, o déficit é muito pequeno", disse ele. "Uma ninharia."

Priebus advertiu que os 2% não eram uma obrigação, mas um acordo recente e que todos os países da Otan se esforçariam para chegar àquela porcentagem até 2024. Não era um pagamento para a Otan, mas um compromisso com os gastos de defesa.

"Mas é um problema político quando seus aliados não pagam seu quinhão", disse Trump. Ele insistia na equidade, voltando sempre ao tema. Por que os Estados Unidos deveriam pagar pela defesa europeia?

Priebus percebeu que o presidente não se importava que fosse uma meta, não uma obrigação. O que lhe importava era que pudesse vender e tentar conquistar a opinião pública.

"Não me importo se é uma meta ou não", disse Trump finalmente. "É o que eles devem fazer."

Boyden Gray salientou que a Europa tinha muitos problemas econômicos. "Não que nós não tenhamos, mas os deles são piores." As economias precisavam crescer mais. "Parte do motivo de não pagarem é porque não estão crescendo rápido o suficiente."

"Está dizendo que eles não podem pagar?", perguntou Trump.

"Não", disse Gray. Mas os Estados Unidos deveriam ajudar a Europa com sua taxa anêmica de crescimento econômico. A cultura empresarial europeia evitava, em grande parte, assumir riscos.

"Qual será o próximo país a sair?", perguntou Trump. Conforme o referendo do Brexit, aprovado pelos eleitores britânicos, o Reino Unido tinha de sair da União Europeia.[9]

"Não acho que haverá outros", respondeu Gray.

Trump concordou.

"Se não houvesse a Otan, seria preciso inventar uma", disse Mattis. "Não há como a Rússia vencer uma guerra enfrentando a Otan."

No final do jantar, Trump parecia convencido. "Pode ficar com sua Otan", disse ele a Mattis. O governo apoiaria a aliança, "mas você passa a ser o coletor do aluguel".

Mattis riu. Depois assentiu com a cabeça.

No discurso que fez em Munique, em 15 de fevereiro, o secretário Mattis encontrou o meio-termo.[10] "Os Estados Unidos cumprirão suas obrigações", disse, mas moderariam seu compromisso se os outros países da Otan não cumprissem as suas. Não obstante, a aliança era um "alicerce fundamental" da política americana.[11]

Numa entrevista coletiva com o secretário-geral da Otan dois meses depois, Trump comentou: "Eu disse que era obsoleta. Não é mais".[12]

Em maio, quando se reuniu com os líderes europeus em Bruxelas, ele criticou os países da Otan por "pagamentos cronicamente insuficientes".[13] Disse que "23 dos 28 países-membros ainda não pagam o que deviam pagar e o que está previsto que deviam pagar por sua defesa".

Trump deixou claro que estava se dirigindo ao público americano. "Isso não é justo para as pessoas e os contribuintes dos Estados Unidos."

10

Que droga!, pensou Priebus enquanto lia uma matéria de 9 de fevereiro, do *Washington Post*, que noticiava que o assessor de segurança nacional Michael Flynn havia discutido sanções contra a Rússia com o embaixador russo antes de Trump assumir o cargo.[1]

Em um de seus últimos atos como presidente, Obama impusera sanções à Rússia, em 29 de dezembro, em retaliação à intromissão na eleição. Ele expulsou 35 supostos espiões russos e mandou fechar dois complexos de propriedade russa em Maryland e Nova York que se acreditava estarem envolvidos em espionagem.

Priebus perguntara a Flynn muitas vezes sobre qualquer discussão. Flynn negara com firmeza ter discutido sanções com o simpático e sociável embaixador Serguei Kislyak.

Duas semanas antes, em 26 de janeiro, a subprocuradora-geral Sally Yates tinha ido à Casa Branca. Ela disse ao assessor jurídico do governo Donald McGahn que interceptações mostravam que Flynn não havia sido sincero sobre os contatos com os russos e estava preocupada que ele pudesse ser alvo de chantagem.

Flynn havia negado ter discutido as sanções pelo menos dez vezes, calculava Priebus.

A reportagem do *Post*, assinada por três experientes repórteres da seção de inteligência e segurança nacional, declarava que "nove funcionários atuais e antigos" eram fontes para sua afirmação categórica.[2] Flynn havia sido entrevistado pelos repórteres e negara as acusações com um categórico "não" duas vezes antes de recuar com uma resposta mais confusa. Seu porta-voz era citado: Flynn "não poderia ter certeza de que o assunto nunca fora discutido".

Priebus foi atrás do assessor jurídico da Casa Branca McGahn, 48 anos, que era especialista em leis de financiamento de campanha e fora durante cinco anos membro da Comissão Eleitoral Federal indicado pelo Partido

Republicano. Priebus perguntou-lhe se poderia obter as transcrições das conversas que Flynn tivera com o embaixador russo.

Sim, respondeu McGahn, é claro. Não demorou para que ele tivesse as transcrições altamente confidenciais de três telefonemas entre Flynn e Kislyak que o FBI havia interceptado durante o monitoramento rotineiro do embaixador russo.

McGahn e Priebus reuniram-se com o vice-presidente Pence na Sala da Situação para conferir as transcrições. Pence apoiara a negação de Flynn publicamente. De acordo com um memorando interno do Gabinete do Conselho da Casa Branca, de seis páginas, Flynn disse que se ele e Kislyak discutiram as sanções, "foi só porque Kislyak levantou a questão. As transcrições revelam que foi Flynn quem levantou a questão. McGahn e Priebus concordam que Flynn tem de ser demitido".[3]

Nas três transcrições, Flynn e o embaixador discutiram as sanções. No último telefonema, feito por Kislyak, o embaixador agradeceu a Flynn pelo conselho sobre as sanções e disse que os russos iam segui-lo.

Aquilo encerrava a história e explicava a reação curiosamente passiva de Pútin às sanções. Normalmente, seria de esperar que o presidente russo retaliasse, expulsando alguns americanos da Rússia. Mas no dia seguinte ao que Obama anunciou as sanções, Pútin anunciou que não ia fazê-lo.

O presidente eleito Trump elogiou Pútin num tuíte: "Grande medida sobre o retardamento (de V. Pútin). Eu sempre soube que ele era muito inteligente!".[4]

A sequência sugeria que Trump talvez soubesse do papel de Flynn. Mas não estava claro o que Flynn havia dito ao presidente sobre suas conversas com Kislyak.

Priebus disse ao presidente que ele teria de demitir Flynn. A autorização de acesso a informações de segurança de Flynn poderia ser retirada. O constrangimento seria significativo.

A renúncia de Flynn foi anunciada em 13 de fevereiro.[5] O principal motivo apresentado publicamente foi que Flynn havia mentido para o vice-presidente Pence. Trump disse a outros funcionários de seu governo que o demitiu porque não estava à altura da função.

Os nove meses seguintes foram difíceis para Flynn. Mais tarde, ele disse a auxiliares que não achava que havia mentido para o FBI quando fora entrevistado quatro dias depois do início do governo Trump. Os agentes do FBI tinham ido falar com ele sobre outros assuntos, e Flynn não achava que fosse um interrogatório formal.

Por que Flynn se declarou culpado? Várias possíveis infrações estavam sendo investigadas, entre elas o fato de não declarar o rendimento que ganhara da Turquia, não relatar contatos no exterior e não se registrar como lobista antes de entrar para o governo Trump.

Flynn disse a seu círculo próximo que suas despesas com advogados eram astronômicas, assim como as de seu filho, que também estava sendo investigado. A declaração de culpa apenas pela acusação de mentir parecia a única saída. Sua declaração afirmava: "Aceito total responsabilidade por minhas ações" e dizia que ele agora tinha "um acordo para cooperar".[6] Dizia não ter cometido "traição", uma clara negação de que havia conspirado com os russos.

No sábado, 25 de fevereiro, depois de cinco semanas no cargo, Mattis convocou uma reunião ao meio-dia na residência do secretário de Defesa no Antigo Observatório Naval, perto do Departamento de Estado. Estavam presentes alguns veteranos da política externa, o general reformado Anthony Zinni, vários ex-embaixadores e alguns funcionários de Mattis. Quase não havia móveis. Todos se sentaram em torno do que parecia uma mesa de jantar de propriedade do governo. Mattis disse que ele tinha aparecido com quatro malas.

"Vocês deveriam ver o SCIF que tenho", disse ele. O Centro de Informações Sigilosas Compartimentadas (SCIF, na sigla em inglês) para discutir com segurança os programas mais sigilosos, altamente secretos e de acesso especial estava no andar de cima. "Nunca preciso sair. Posso fazer todo o trabalho daqui."

O presidente Trump é um bom ouvinte, disse Mattis, desde que você não toque em uma de suas áreas sensíveis, sendo a imigração e a imprensa as duas maiores. Se tocar numa delas, ele pode sair pela tangente e não voltar por muito tempo. "Secretários de Defesa nem sempre escolhem o presidente para o qual trabalham."

Todo mundo riu.

O assunto da reunião era o plano contra o Estado Islâmico que Trump queria de imediato. Fundamentalmente, Mattis disse, estamos fazendo as coisas de trás para a frente. Estamos tentando elaborar uma estratégia contra o EI sem uma estratégia maior e mais ampla para o Oriente Médio. Do ponto de vista ideal, teríamos a estratégia do Oriente Médio e a parte do EI ia se conectar a ela e apoiá-la. Mas o presidente exigia o EI primeiro.

No fim das contas, a estratégia de combate ao EI era uma continuação da estratégia de Obama, mas com bombardeio e outras autonomias concedidas aos comandantes locais.

Mattis estava preocupado com a expansão iraniana. A certa altura, ele mencionou "aqueles mulás idiotas com trapos na cabeça".

Certa manhã de fevereiro, uma equipe de altos funcionários da inteligência foi ao escritório de Priebus na Casa Branca para informá-lo de que devia ficar alerta em relação àqueles que poderiam influenciá-lo indevidamente. É um aviso-padrão para quem dispõe das mais altas autorizações de segurança.

"Antes de sairmos", disse o vice-diretor do FBI Andrew McCabe, erguendo a mão, "preciso de cinco minutos com você sozinho em seu gabinete."

O que diabos é isso?, pensou Priebus. Ele só se lembrava de McCabe porque o encontrara várias semanas antes na Sala da Situação.

Trump armara um escândalo durante a campanha a respeito da esposa de McCabe, Jill, membro do Partido Democrata.[7] Ela recebera 675 288 dólares do comitê de ação política do governador Terry McAuliffe e do Partido Democrata da Virgínia para a campanha malsucedida de 2015 ao Senado.[8] McAuliffe era um dos amigos pessoais e políticos mais próximos de Bill e Hillary Clinton. Havia sido o principal arrecadador de fundos da reeleição dele em 1996.

Trump descrevera o dinheiro como doações de Hillary. Ele não deixou de lado a questão e voltou a falar e tuitar a respeito mais tarde.[9]

Depois do relatório de segurança e de todo mundo ter saído, McCabe fechou a porta do gabinete de Priebus. Isso é muito esquisito, pensou Priebus, de pé ao lado da escrivaninha.

"Você sabe da matéria do *New York Times*?"[10] Priebus sabia até demais. McCabe se referia a uma reportagem de 14 de fevereiro que afirmava: "Registros telefônicos e chamadas interceptadas mostram que os membros da campanha presidencial de Donald J. Trump de 2016 e outros associados dele tiveram repetidos contatos com altas autoridades da inteligência russa no ano anterior às eleições, de acordo com quatro funcionários americanos atuais".

Foi uma das primeiras bombas a explodir sobre as supostas conexões entre Trump e os russos após a renúncia de Flynn.

"É uma besteira total", disse McCabe. "Não é verdade, e queremos que você saiba disso. É muito exagerado."

Ah, meu Deus, pensou Priebus.

"Andrew", disse ele ao vice-diretor do FBI, "estou sendo liquidado."

A história sobre a Rússia e a intromissão eleitoral parecia estar acontecendo 24 horas por dia, sete dias por semana, nos noticiários da TV a cabo, deixando Trump enlouquecido e, portanto, Priebus também.

"É maluquice", Trump dissera a Priebus. "Precisamos deter isso. Temos que acabar com essa história."

McCabe acabara de lhe dar um grande presente. Serei o herói de toda a Casa Branca, pensou Priebus.

"Você pode me ajudar?", perguntou Priebus. "A derrubada da matéria pode se tornar pública?"

"Me ligue em algumas horas", respondeu McCabe. "Vou dar uma assuntada e depois informo. Vou ver o que posso fazer."

Priebus praticamente correu para dar a Trump a boa notícia de que o FBI logo ia derrubar a matéria do *Times*.

Duas horas se passaram e nada de McCabe telefonar. Priebus ligou para ele.

"Desculpe, não consigo", disse McCabe. "Não há nada que eu possa fazer a respeito disso. Tentei, mas, se começarmos a fazer comentários sobre cada matéria, teremos de dar declarações a cada três dias." O FBI não poderia se tornar um centro de confirmação da exatidão das notícias. Se tentasse desmascarar algumas, a falta de comentários passaria a ser vista como uma validação.

"Andrew, você é o único que veio ao meu gabinete para me dizer que se trata de conversa fiada, e agora me diz que não há nada que possa fazer?"

McCabe confirmou.

"Isso é uma loucura", disse Priebus. "O que acha que devo fazer? Sofrer e sangrar?"

"Me dê mais algumas horas."

Nada aconteceu. Nenhuma ligação do FBI. Priebus tentou explicar a Trump, que esperava por uma retratação. Era mais uma razão para o presidente desconfiar do FBI e odiá-lo, uma provocação perniciosa que os deixava mal.

Cerca de uma semana depois, em 24 de fevereiro, a CNN divulgou uma matéria exclusiva: "O FBI recusou a solicitação da Casa Branca de derrubar a recente história Trump/Rússia".[11] Priebus foi posto no papel de tentar manipular o FBI para fins políticos.

A Casa Branca tentou e não conseguiu corrigir a matéria e mostrar que McCabe havia iniciado o assunto.

Quatro meses depois, em 8 de junho, Comey testemunhou em juízo que a reportagem original do *New York Times* sobre os contatos dos assessores de campanha de Trump com altos funcionários da inteligência russa "em geral não era verdadeira".[12]

II

Trump precisava de um novo assessor de segurança nacional e queria agir rápido. Disse que estava sendo massacrado na mídia e estava convencido de que alguém novo ia consertar o desastre causado por Flynn. Outro general, talvez? Bannon acreditava que a principal preocupação de Trump era a mídia. Tudo passava pelo critério "Ele tem a cara do personagem?". Tudo era cinema. Dunford e Mattis o impressionavam como fuzileiros navais porque eram homens de poucas palavras. Iam direto ao ponto.

Bem alto na lista estava o tenente-general do Exército H. R. McMaster — 1,75 metro, olhos verdes, peito largo, ereto como uma vara —, uma rara combinação de herói de guerra e erudito. Tinha escrito *Dereliction of Duty: Lyndon Johnson, Robert McNamara, the Joint Chiefs of Staff, and the Lies That Led to Vietnam* [Negligência do dever: Lyndon Johnson, Robert McNamara, os chefes do estado-maior e as mentiras que levaram ao Vietnã]. Foi uma obra revolucionária que acusava líderes militares de terem deixado de confrontar seus líderes políticos. McMaster era considerado um renegado e um estranho ao clube do Exército, mas ninguém duvidava de sua boa-fé.

O general McMaster ia ter duas horas com Trump. Bannon encontrou com ele em Mar-a-Lago e ofereceu seu conselho de sempre. Não dê uma aula a Trump. Ele não gosta de professores. Não gosta de intelectuais. É um sujeito que "nunca foi a uma sala de aula. Nunca consultou uma apostila. Nunca tomou nota de nada. Nunca assistiu a uma palestra. Na noite anterior à prova final, à meia-noite, chega da fraternidade, prepara um bule de café, pega anotações emprestadas de alguém, memoriza quanto puder, parte às oito da manhã e tira nota para passar. E isso já é bom o bastante. Ele vai ser um bilionário".

Conselho final: "Se apresente de uniforme".

McMaster foi de terno.

"Eu lhe disse para se apresentar de uniforme", disse Bannon.

"Fiz uma consulta", respondeu McMaster, "e disseram que não seria apropriado porque já dei entrada nos meus papéis de reforma." Se fosse escolhido, ele ia servir como assessor de segurança nacional como civil.

"Eu trouxe você aqui porque é um general na ativa", lembrou-lhe Bannon.

O encontro com Trump não foi bem. McMaster falou demais e a entrevista foi curta.

Bannon, que permaneceu na sala durante a entrevista, relatou depois: "McMaster matraqueou durante todos os vinte minutos, apresentando suas teorias sobre o mundo. A porra de um apaniguado de Petraeus". Em 2007, McMaster tinha participado do "grupo de especialistas de Bagdá" que assessorou o general David Petraeus na Guerra do Iraque.

Quando McMaster foi embora, Trump perguntou: "Quem era esse cara? Ele escreveu um livro, não? Falando mal de pessoas. Pensei que você tinha me dito que ele estava no Exército".

"Ele está no Exército."

"E se veste como um vendedor de cerveja", disse o presidente.

Bannon, conhecido por seu terrível guarda-roupa, concordou. Pensou que o terno de McMaster parecia ter custado duzentos dólares, ou apenas cem.

O próximo entrevistado foi John Bolton, ex-embaixador na ONU, de extrema direita. Era pós-graduado *cum laude* em Yale, tinha apoiado a Guerra do Iraque e defendia uma mudança de regime no Irã e na Coreia do Norte. Era colaborador regular da Fox News — só dessa rede, declarara uma renda de 567 mil dólares em 2017. Suas respostas foram boas, mas Trump não gostou de seu grande e vasto bigode. Não parecia ter a cara do personagem.

O tenente-general Robert Caslen, superintendente de West Point, foi o próximo.

Antes de ele entrar, Trump virou para o general Kellogg, chefe de gabinete do Conselho de Segurança Nacional, que estava presente nas entrevistas.

"General, o que acha desse sujeito?"

"Bobby Caslen é o melhor atirador do Exército", disse Kellogg.

Caslen, que tinha orelhas grandes e usava medalhas até os ombros, deu respostas curtas, a maior parte "Sim, senhor" ou "Não, senhor". Parecia com Clint Eastwood. Trump começou a lhe contar histórias, relatando casos de sua campanha.

Bannon achou que Trump estava gostando do sujeito. Pensou que já estava dentro.

Naquela noite Kushner disse que a mídia inteira gostava de McMaster — combatente veterano, intelectual, autor.

"Mas não houve química com Trump", lembrou-lhe Bannon. A química tinha sido com Caslen, mas ele era um general de campo sem experiência em Washington, com exceção de uma curta passagem pelo estado-maior numa posição júnior. "Vamos ficar queimados", observou Bannon.

Eles concordaram que deveria haver outra rodada com McMaster e Bolton no dia seguinte, e em convidar Caslen à Casa Branca mais tarde, para um almoço privado.

Bolton foi. Saiu-se bem, como antes, mas ainda tinha o bigode.

McMaster chegou de uniforme. Estava com melhor aspecto — o cabelo cortado à moda militar. A química foi melhor, mas ainda pouca.

Bannon e Kushner disseram a Bolton e a McMaster que esperassem; tomariam uma decisão nos próximos dias. McMaster ficou em Mar-a-Lago.

"Vocês sabem que estamos sendo massacrados com matérias ruins sobre o caso do Flynn", disse Trump. "Vamos simplesmente tomar uma decisão."

"Não acho que possamos simplesmente tomar uma decisão", disse Bannon. "Caslen e McMaster são dois oficiais do Exército em serviço. Não creio que tenham considerado as armadilhas que há nisso." Eles tiveram de informar seus superiores no Exército. O chefe do estado-maior do Exército, general Mark Milley, disse que Caslen seria a melhor escolha possível. "Eles têm um emprego. Assim, há um processo."

"Não, não, não", disse Trump. "Estamos sendo massacrados. Matérias ruins."

"A mídia ama McMaster", disse Jared.

"Porque ele é uma porra de um liberal", disse Bannon. "Sem ofensa, mas não impressionou tanto assim neste caso. Vocês dois não têm química."

"Sim, mas quer saber?", disse o presidente. "Traga o cara aqui."

Bannon procurou McMaster. "O presidente quer falar com você. Venha."

O que você acha que vai acontecer?, perguntou McMaster.

"Acho que ele pode oferecer o cargo."

"Tenho de falar com algumas pessoas. Não posso dizer ao presidente que aceito. Tenho de contar ao Exército."

"Trate de improvisar", disse Bannon, "vamos achar um jeito." Era o estilo de Trump. Improvisar, agir por impulso. Puro Trump.

"Você quer o emprego?", o presidente perguntou a McMaster.

"Sim, senhor."

"Ele é seu", ele disse, e apertou a mão de McMaster. "Tragam a mídia, tragam as câmeras." Ele queria uma foto com seu mais recente general, que parecia um ator interpretando o papel.

McMaster sentou desajeitadamente no sofá de brocado dourado, ao lado do presidente. Havia um grande vaso também dourado, com rosas, na mesa entre os dois.

"Eu só queria anunciar, e estivemos trabalhando todo o fim de semana muito diligentemente, que o general H. R. McMaster será o assessor de segurança nacional", disse Trump aos repórteres. "É um homem de tremendo talento e com muita experiência."[1]

"Sou grato pela oportunidade", disse McMaster. "Estou ansioso por me juntar à equipe de segurança nacional e fazer tudo o que puder para levar adiante e proteger os interesses do povo americano."

O choque pós-traumático de McMaster quando apertava a mão de Trump era evidente na câmera.

"Tenho de ligar para o chefe do estado-maior do Exército", disse McMaster a Bannon.

"Faça isso", disse Bannon. "Mas você já aceitou o emprego."

A escolha de Trump repercutiu bem. A mídia viu que McMaster era um adulto. Não haveria mais malucos. O presidente se deliciava com as matérias positivas.

McMaster sabia que o maior desafio para a segurança nacional seria a Coreia do Norte. Tinha estado na lista dos casos mais difíceis durante anos.

Seis meses antes, em 9 de setembro de 2016, o presidente Obama havia recebido notícias inquietantes quando entrava no semestre final de seu mandato de oito anos. A Coreia do Norte tinha detonado uma arma nuclear num teste subterrâneo, o quinto em uma década, e o maior deles.

Monitores sísmicos revelaram instantaneamente que as vibrações registradas não tinham sido causadas por um terremoto. O tremor de magnitude 5,3 fora instantâneo, originara-se a menos de 1600 metros de profundidade e fora medido a partir de Punggye-ri, local de teste das quatro explosões nucleares antecedentes. A potência estimada era equivalente a dez quilotons, aproximando-se dos quinze da bomba de Hiroshima, em 1945.

Para desfazer qualquer dúvida, a versão coreana feminina de Walter Cronkite, Ri Chun-hee, 73 anos, apareceu na televisão controlada pelo Estado para anunciar o teste.[1] Ela quase sempre aparecia nos grandes momentos. Vestindo cor-de-rosa e falando numa voz alegre e vibrante, ela disse aos telespectadores que o regime tinha construído uma bomba melhor, maior e mais versátil.

O centro de armamento nuclear da Coreia do Norte disse que a nova bomba poderia ser montada num míssil balístico, uma afirmação perturbadora, mas que foi recebida com sérias dúvidas pelos serviços de inteligência dos Estados Unidos.[2]

Para completar a potencial ameaça, quatro dias antes a Coreia do Norte tinha lançado três mísseis balísticos de médio alcance, que voaram mil quilômetros antes de cair no mar do Japão, o que tornava esse país e a Coreia do Sul alvos possíveis.[3] Os testes sucediam um lançamento único com alcance de mil quilômetros, realizado um mês antes. Não se tratava de mero acaso.

Mesmo com seu imenso desejo de evitar uma guerra, Obama decidiu que chegara o momento de considerar se a ameaça nuclear norte-coreana poderia ser eliminada numa ação militar cirúrgica. Ao mesmo tempo que se preparava para passar a presidência a seu sucessor, ele sabia que precisava encarar a encrenca da Coreia do Norte.

Seu sucessor seria quase certamente Hillary Clinton. Ele não poupou palavras para assegurar a seus assessores que o povo americano faria a coisa certa ao elegê-la.

Desde o início o presidente Obama tinha autorizado vários programas especiais de acesso, as mais secretas e compartimentadas operações realizadas pelos militares e pela inteligência para enfrentar os norte-coreanos. Um programa fazia precisos ciberataques ao comando, ao controle, à telemetria e aos sistemas de orientação antes ou durante um teste de lançamento de míssil norte-coreano. Esses ciberataques de alto risco tinham começado em seu primeiro ano na presidência. O índice de sucesso fora razoável.

Outra operação altamente secreta focou em obter mísseis da Coreia do Norte. Uma terceira permitia aos Estados Unidos detectar o lançamento de um míssil norte-coreano em sete segundos. Pediram-me que não descrevesse os detalhes, para proteger operações de segurança nacional consideradas vitais aos interesses dos Estados Unidos.

A ameaça norte-coreana não diminuiu. Em setembro de 2016, Obama fez uma pergunta delicada a seu Conselho de Segurança Nacional: seria possível lançar um ataque militar preventivo à Coreia do Norte, com o apoio de ciberataques, para eliminar seus programas nuclear e de mísseis?

Aquela tarefa não concluída era particularmente delicada para Obama. Seus predecessores, Bill Clinton e George W. Bush, tinham deixado de intervir em problemas que aumentaram ao longo das décadas. E agora os Estados Unidos tinham perdido a margem de manobra. O reino eremita estava criando uma força nuclear devastadora com potencial de destruição da pátria.

James Clapper, diretor de inteligência nacional de Obama, começou a carreira comandando um posto na Tailândia que atuava na escuta de sinais durante a Guerra do Vietnã. Agora, aos 75 anos, calvo e barbado, com rosto largo e expressivo, ele era o vovô da inteligência americana — rude, direto, franco, experiente.

Clapper fez soar o alarme para Obama, em alto e bom som: o relatório demonstrava que o novo sistema de armas norte-coreano ia funcionar de algum modo. Mas qual ameaça ele representava? À Coreia do Sul? Ao Japão? Aos Estados Unidos? Para quando seria? Será que a Coreia do Norte estava buscando apenas um elemento de barganha?

A avaliação da inteligência demonstrava um nível crescente de esforço, sugerindo fortemente que Kim Jong-un estava montando uma força de combate de armas nucleares, ou ao menos queria dar essa impressão.

Apesar dos cartuns publicados na mídia, que o representavam como louco e instável, relatórios confidenciais da inteligência demonstravam que Kim, então com 33 anos (em 2016), era um líder muito mais eficaz do que seu pai, Kim Jong-il, que governou durante dezessete anos, de 1994 a 2011.

O Kim mais velho tinha lidado com falhas nos testes das armas ordenando a execução dos cientistas e funcionários responsáveis. Foram todos fuzilados. O Kim mais jovem aceitara falhas em testes, aparentemente assimilando a lição pragmática: elas são inevitáveis no caminho para o sucesso. Sob Kim Jong-un, os cientistas foram deixados com vida para aprender com seus erros, e o programa de armas progrediu.

Obama encarregou o Pentágono e as agências de inteligência de examinar se seria possível eliminar todas as armas nucleares da Coreia do Norte e suas respectivas instalações. Poderiam efetivamente acertar o alvo exato? Teriam de atualizar satélites, sinais e inteligência humana. Ainda havia diversas dúvidas.

O Paquistão, que possuía armas nucleares desde 1998, as tinha miniaturizado e colocado em minas e obuses de artilharia. Teria a Coreia do Norte a mesma capacidade? As avaliações da inteligência não foram capazes de responder definitivamente.

A avaliação demonstrava também que um ataque dos Estados Unidos poderia não aniquilar tudo o que a Coreia do Norte possuía. Haveria alvos perdidos por não se saber nada sobre eles, e destruição apenas parcial de outros.

A grande megalópole de Seul era habitada por aproximadamente 10 milhões de pessoas e se estendia até muito perto da zona desmilitarizada, de quatro quilômetros de largura, que separa a Coreia do Norte da Coreia do Sul. A Coreia do Norte tinha milhares de peças de artilharia em cavernas próximas da zona. Nos exercícios militares, os norte-coreanos rolavam as peças para fora, praticavam tiro e as devolviam às cavernas. Poderia um ataque americano dar conta de tantas armas?

Após um mês de estudo, a inteligência dos Estados Unidos e o Pentágono relataram formalmente a Obama que 85% de todas as armas nucleares e instalações de armas nucleares conhecidas poderiam ser atacadas e destruídas, considerando apenas as que tinham sido identificadas. Clapper estava convencido de que o resultado da operação deveria ser perfeito. Uma única arma nuclear norte-coreana detonada em resposta poderia significar dezenas de milhares de baixas na Coreia do Sul.

Um ataque dos Estados Unidos poderia desencadear ainda uma devastadora ação da artilharia da Coreia do Norte, de outras armas convencionais e de uma força terrestre com pelo menos 200 mil homens e muitos voluntários mais.

O Pentágono relatou que o único modo de "localizar e destruir — com certeza absoluta — todos os componentes do programa nuclear da Coreia do Norte" seria uma invasão terrestre. Ela desencadearia uma resposta norte-coreana, provavelmente com arma nuclear.

Para Obama aquilo era impensável. Em seu discurso de aceitação do Prêmio Nobel em 2009, ele disse: "A guerra promete tragédia humana" e "A guerra é em algum nível uma expressão da loucura humana".

Frustrado e exasperado, ele rejeitou o ataque preventivo. Era loucura.

A diplomacia informal entre os Estados Unidos e a Coreia do Norte continuou. Ex-funcionários do governo americano se encontravam com funcionários norte-coreanos em exercício para manter um diálogo aberto. Eram mais frequentemente chamados de encontros Track 1.5. Encontros de governo com governo eram chamados de Track 1. Se de ambos os lados havia ex-funcionários do governo ou pessoas desligadas dele, os encontros eram chamados de Track 2.

"Somos o passado, mas eles não", disse um ex-funcionário dos Estados Unidos profundamente envolvido nas reuniões Track 1.5. Recentemente foi realizado um encontro em Kuala Lumpur, Malásia, com o vice-ministro do Exterior da Coreia do Norte. O ex-negociador para os Estados Unidos Robert Gallucci disse que os norte-coreanos o advertiram nesse encontro de que "sempre serão um Estado com armas nucleares".[4]

Em seguida à eleição de 2016 houve um segundo encontro Track 1.5 com o chefe da divisão de assuntos americanos da Coreia do Norte, realizado em Genebra. "Os norte-coreanos não levam isso a sério", disse um ex-funcionário do governo dos Estados Unidos, porque sabem que os representantes do nosso país não podem propor nada novo. "Mas provavelmente é melhor ter do que não ter" esses encontros.

Trump tinha toda uma história de declarações públicas sobre a Coreia do Norte desde seu comparecimento no programa *Meet the Press*, em outubro de 1999. "Eu negociaria como um louco",[5] disse Trump. Num discurso da campanha de 2016, ele disse: "O presidente Obama assiste impotente enquanto a Coreia do Norte aumenta sua agressividade e expande ainda mais seu alcance nuclear".[6] Em maio de 2016, ele disse à agência Reuters: "Eu não teria problema em falar com" Kim Jong-un.[7] Já como presidente, em 2017, chamou Kim de "espertinho".[8]

Sem dispor de uma opção militar sustentável, Clapper, diretor nacional da inteligência, pensou que os Estados Unidos precisavam ser mais realistas. Em novembro de 2014 ele fora à Coreia do Norte para resgatar dois cidadãos americanos que tinham sido presos. A partir de discussões com funcionários norte-coreanos, Clapper se convencera de que o país não ia abrir mão das armas nucleares. Por que deveria? Em troca de quê? A Coreia do Norte tinha efetivamente conseguido um dissuasor. Era real e poderoso em sua ambiguidade. A inteligência dos Estados Unidos não tinha certeza quanto a seu potencial. Ele argumentara com Obama e o Conselho de Segurança Nacional que a posição dos Estados Unidos, segundo a qual a desnuclearização era condição para as negociações, não estava funcionando e não ia funcionar.

Clapper também disse que compreendia o desejo da Coreia do Norte por um tratado de paz para pôr fim à Guerra da Coreia, que tinha sido formalmente resolvida com um armistício em 1953 — uma trégua entre os comandantes militares envolvidos, não entre as nações em guerra.

Os Estados Unidos precisavam compreender como a Coreia do Norte encarava a situação: tanto os Estados Unidos quanto a Coreia do Sul pareciam prontos, às vezes de forma dramática, para atacar o regime de Kim e acabar com ele.

Apenas uma afirmação feita por Clapper em sua visita de 2014, ele disse, não foi rejeitada pelos norte-coreanos: a de que os Estados Unidos não tinham inimigos permanentes. Veja, ele dissera, tivemos uma guerra com o Japão e com a Alemanha, mas agora somos amigos de ambos. Tivemos uma guerra com o Vietnã, mas agora somos amigos. Clapper tinha visitado o Vietnã havia pouco. Mesmo após uma guerra em escala total, a coexistência pacífica era possível.

Clapper queria que os Estados Unidos tivessem em Pyongyang uma representação de seus interesses. Seria um canal informal no qual outro governo com uma embaixada na capital norte-coreana agiria como intermediário. Não seriam relações diplomáticas plenas, mas aquilo daria aos Estados Unidos uma base, um lugar na capital onde poderiam obter informações, além de levá-las para a Coreia do Norte.

Clapper pregou no deserto. Ninguém concordou. Obama adotou uma linha dura: a Coreia do Norte teria de concordar em abrir mão de suas armas nucleares. Um defensor veemente da redução das armas nucleares no mundo inteiro, Obama queria fazer o relógio andar para trás. Ele condenou o teste nuclear da Coreia do Norte em 9 de setembro num longo pronunciamento público, reiterando a política dos Estados Unidos: "Para ser claro, nosso país não aceita, e nunca aceitará, a Coreia do Norte como um Estado nuclear".[9]

O fato predominante, alegou Clapper, era que ninguém realmente compreendia o que movia Kim Jong-un. "Ninguém sabe qual é sua motivação", disse ele. Aquela era a avaliação de que precisavam, mas não tinham. Os analistas preferiam debater se Kim era um gênio em estratégia, manipulando outros países, inclusive os Estados Unidos, ou um tolo inexperiente e impulsivo.

Enquanto a administração Obama se desdobrava em opções, passou-se a discutir a possibilidade de aumentar os ciberataques à Coreia do Norte. Havia quem considerasse a opção cibernética uma arma secreta capaz de mitigar a ameaça norte-coreana.

Para lançar com eficácia ciberataques mais amplos, a NSA teria de atravessar servidores norte-coreanos na China. Os chineses detectariam aquele ataque e poderiam concluir que era dirigido a eles, o que talvez desencadeasse uma guerra cibernética cataclísmica.

"Não posso prometer que seremos capazes de absorver um contra-ataque cibernético", disse a Obama um membro veterano de seu gabinete. Aquilo era um grande problema. O uso da cibernética poderia desencadear uma série de ataques e contra-ataques capazes de derrubar internet, sistemas financeiros como bancos e cartões de crédito, redes de energia, sistemas noticiosos e outras comunicações, pondo de joelhos a economia americana e até mesmo a mundial.

Os juristas do governo envolvidos na discussão discordaram categoricamente. Era arriscado demais. A situação pouco mudou.

A capacidade cibernética da Coreia do Norte tinha sido poderosamente demonstrada num ataque à Sony Pictures Entertainment em 2014, que visava impedir o lançamento de um filme satírico sobre Kim Jong-un. A comédia *A entrevista* mostrava dois jornalistas indo para a Coreia do Norte a fim de assassinar o jovem ditador.

Investigadores descobriram mais tarde que hackers norte-coreanos tinham ficado durante três meses à espreita dentro das redes da Sony, esperando para atacar. Em 24 de novembro, a Coreia do Norte assumiu o comando dos computadores da Sony. Para maximizar o impacto do choque, as telas exibiam um ameaçador esqueleto vermelho vindo em direção ao espectador, e o texto: "Já advertimos vocês, e isto é só o começo".[10] Os hackers norte-coreanos destruíram 70% ou mais dos computadores da Sony, inclusive laptops.

Empregando milhares de hackers, a Coreia do Norte estava usando regularmente programas cibernéticos para roubar centenas de milhões de dólares de bancos e outros numa escala global.

Dois dias após a eleição, Obama e Trump se encontraram na Casa Branca. A reunião deveria durar vinte minutos, mas estendeu-se por mais de uma hora. A Coreia será seu desafio mais importante, disse Obama ao presidente eleito. É minha maior dor de cabeça. Trump disse mais tarde a sua equipe que Obama o advertira de que a Coreia do Norte seria seu maior pesadelo.

Um analista da inteligência com vasta experiência e que servira na Coreia do Sul disse: "Estou chocado com a administração Obama ter fechado os olhos e agido nessa questão como um macaco surdo, mudo e cego. Agora compreendo por que a equipe de Obama disse a Trump que o maior problema que ele vai enfrentar é o das armas nucleares norte-coreanas. Eles estavam escondendo esse problema".

13

Em fevereiro, o general Dunford foi ao gabinete do senador Lindsey Graham, republicano da Carolina do Sul, para uma conversa privada.

Provavelmente poucos no Senado eram mais dedicados aos assuntos militares do que Graham. Solteiro, o coronel da reserva da Força Aérea parecia sempre em serviço. Tinha construído uma ampla rede bipartidária em Washington. O ex-vice-presidente Joe Biden, que servira 36 anos no Senado, disse que Graham tinha "instintos melhores" que os de qualquer pessoa na câmara alta.[1] Graham, 61 anos, membro veterano do Comitê dos Serviços Armados do Senado, era o melhor amigo e companheiro inseparável do presidente do comitê, o sempre franco senador John McCain.

Quando Dunford chegou ao gabinete, Graham viu que ele estava nitidamente abalado. Trump pedia um novo plano de guerra para um ataque preventivo à Coreia do Norte, confidenciou Dunford.

Os dados da inteligência sobre a Coreia do Norte não eram bons o bastante, ele continuou. "Precisamos de mais inteligência antes de dar ao presidente um plano."

Fuzileiro naval, combatente veterano e ex-comandante do Corpo de Fuzileiros Navais, Dunford tinha comandado o 5º Regimento dos Fuzileiros Navais durante a invasão do Iraque de 2003. Seu apelido era "Joe Lutador", e tinha servido sob o major-general James Mattis. Ele estava claramente abalado com o estilo impulsivo com que Trump tomava decisões. Graham percebeu que Dunford protelava a solicitação de Trump, dado o risco que representava.

Graham teve um relacionamento tenso com Trump durante as primárias. Um dos dezesseis postulantes à nomeação como candidato republicano, ele não conseguiu passar para a segunda rodada. Chamou Trump de "imbecil". Em retaliação, Trump divulgou seu número de celular num comício na Carolina do Sul, inundando o telefone de chamadas de tal maneira que Graham destruiu o aparelho, em episódio registrado num vídeo hilário.[2] Ele apoiou Jeb Bush, opondo-o a Trump: Bush "não tinha tentado avançar numa primária sob suspeição jogando no ventilador uma retórica perigosa".[3]

Priebus instou Graham a restabelecer relações com Trump. Para convencê-lo, disse, entre outras coisas: "Você é muito divertido. Ele precisa de pessoas divertidas a seu redor".

Graham estava batendo duro em Trump, especialmente no caso do primeiro decreto, que bania a entrada de muçulmanos. "Um aluno de terceiro ano escreveu isso no verso de um envelope", ele disse.

Graham e McCain tinham emitido uma declaração em conjunto: "É nosso temor que este decreto se torne uma ferida autoinflingida na luta contra o terrorismo. Ele envia um sinal, intencional ou não, de que os Estados Unidos não querem que muçulmanos venham para cá. Por isso tememos que possa servir mais para ajudar o recrutamento de terroristas do que para aumentar nossa segurança".[4]

Graham agora queria deixar o passado para trás.

Várias semanas mais tarde, em 7 de março, Trump convidou Graham para almoçar na Casa Branca. Graham tinha preparado um pequeno discurso.

Quando entrou no Salão Oval, Trump estava sentado à mesa presidencial. Ele deu um salto, foi rapidamente em direção a Graham e o abraçou forte. "Vamos ser amigos", disse Trump. "Você vai ser meu amigo."

"Sim, senhor", respondeu Graham. "Quero ser seu amigo."

Trump disse que não deveria ter divulgado publicamente o número do celular de Graham.

"Foi o destaque de minha campanha", retrucou Graham.

"Qual é seu novo número?", perguntou Trump. Ele o anotou, riu e perguntou como ocorrera o desentendimento entre eles.

"Era uma disputa", disse Graham. "Você sabe que nunca consegui deslanchar. Não consegui atrair os holofotes. Agora você venceu. Reconheço humildemente ter sido vencido, e aceito sua vitória." Ele sabia que era aquilo que Trump queria ouvir. "Quer que eu o ajude?"

Trump disse que sim.

"Antes de irmos almoçar", disse Graham, "quero me desculpar com você por essa maioria republicana escrota. O Congresso vai acabar ferrando sua presidência. Não temos ideia do que estamos fazendo. Não temos nenhum plano para assistência médica. Estamos em planetas diferentes quando o assunto é a redução de impostos. E você é quem mais perde com isso." A reforma tributária e um substituto para o Obamacare deveriam ter sido feitos anos antes. "Agora você pode fazer isso. Você é um negociador. Esses líderes no Congresso mal sabem como comprar uma casa. Se houve um momento propício para um negociador, é agora. Há um bocado de gente boa, mas a maioria nunca fez um acordo no setor privado. Não chega a cinco o número de pessoas em Capitol Hill que eu deixaria comprar um carro para mim. Eu deixaria você fazer isso. É disso que quero te convencer: me deixe comprar um carro para você."

Eles entraram na sala de jantar contígua. A TV de tela grande estava no canal a cabo da Fox, sem som. McMaster e Priebus se juntaram a eles.

"O que tem em mente?", perguntou Trump.

"A curto prazo, a Coreia do Norte", disse Graham. "Vai chegar o dia em que alguém dirá: 'Sr. presidente, eles estão prestes a ter um míssil. Miniaturizaram uma arma nuclear para instalar nele. Podem atingir nossa pátria. O que quer que façamos?'"

De repente a atenção de todos foi atraída para quatro mísseis norte-coreanos atravessando a gigantesca tela de TV. Apenas alguns dias antes, em 5 de março, a Coreia do Norte os tinha lançado, eles haviam caído no mar do Japão.[5]

Os olhos de Trump se arregalaram, grandes como moedas de dólar.

"É uma filmagem antiga, uma filmagem antiga", disse Graham, tentando acalmar os outros. Ele a tinha visto antes.

"Tenho de fazer algo quanto a isso", disse Trump, apontando para a tela.

"O dia está chegando", disse Graham. "O que vai fazer a respeito disso?"

"O que acha que eu deveria fazer?", ele perguntou.

"Você pode aceitar o fato de que conseguiram ter um míssil e dizer a eles e à China que, se o usarem alguma vez, será o fim da Coreia do Norte", disse Graham. "E ter um sistema antimíssil de alta precisão. Esse é o cenário um. O cenário dois é dizer à China que não vamos deixar que tenham um míssil que possa atingir nossa pátria. E, se você não quiser cuidar disso, cuido eu."

"O que você faria?", perguntou o presidente.

Teria de ser a segunda opção, disse Graham. Você não pode permitir que eles tenham essa capacidade. A primeira é arriscada demais.

O presidente se inclinou para McMaster. "O que você acha?"

"Acho que ele tem razão", disse o assessor de segurança nacional.

"Se essa ameaça chegar a amadurecer", disse Graham, "não deixe que nós [o Congresso] só fiquemos sentados à margem vituperando e xingando. Se tiver uma prova, no dia em que eles vierem e lhe disserem isso, convoque a liderança do Congresso e diga: Talvez aqui eu tenha de usar a força. Me deixem explicar por que quero que apoiem uma autorização para usar a força contra a Coreia do Norte. Se tivermos uma votação favorável e você tiver essa autorização no bolso, isso pode evitar ter de usá-la."

"Isso seria uma provocação", disse Priebus.

"A intenção é essa", replicou Graham. "Só faria isso como último recurso."

"Deixaria todos preocupados e nervosos", disse Priebus.

"Estou cagando se vou deixar alguém nervoso", disse Trump.

"Você não vai querer que a Coreia do Norte, uma potência nuclear, obtenha um míssil que poderia atingir os Estados Unidos durante seu mandato", disse Graham.

Trump disse que estivera pensando naquilo.

"Se de repente derem um salto", disse Graham, "e conseguirem um míssil capaz de atingir os Estados Unidos, você terá de bater firme neles. Com a autorização do Congresso, vai ter alguma coisa no bolso." Seria um passo intermediário e daria a Trump uma alavancagem.

"Eles pensam que se conseguirem ter um míssil com uma arma nuclear estarão seguros e não terão problemas. Você deveria convencê-los de que, se tentarem ter um míssil com uma arma nuclear, será o fim deles."

McMaster disse que os dados da inteligência sobre a Coreia do Norte estavam incompletos.

"Liguem para mim antes de atirar", disse Graham.

Graham queria o máximo bipartidarismo possível. Queria trazer os democratas. Queria dar a Trump um roteiro para negociar com o Congresso. "Você tem de conquistar alguns democratas", disse Graham ao presidente. "A boa notícia é que isso sai barato." Ele disse que Trump precisava conhecer republicanos e democratas capazes de exercer influência. "Use seu passado e seu talento como negociador. Você tem de oferecer alguma coisa a essas pessoas. Faz dez anos que venho fazendo isso com republicanos e democratas."

Ia haver discordâncias? Sim, ele disse. Bons amigos discordam o tempo todo. "Em Washington, o que importa é sempre o que vem em seguida. Depois que algo não dá certo, você tem de seguir em frente."

O presidente teve de parar um pouco com o Twitter. Na semana anterior, no dia 4 de março, ele tinha postado quatro tuítes acusando Obama de ter instalado uma escuta na Trump Tower.[6]

Você levou um soco direto no queixo, desfechado por você mesmo, disse Graham referindo-se à ampla reação negativa aos tuítes. "Eles estão loucos para pegar você. Não os ajude."

"É no Twitter que eu opero", disse o presidente.

"Tudo bem em tuitar para obter vantagem. Mas não para ficar em desvantagem. Eles estão sempre tentando arrastar você para o atoleiro deles. Tem de ser disciplinado o bastante para não morder a isca."

Trump ligou para Graham no dia seguinte, para agradecer a conversa.

"Convide John McCain e sua mulher, Cindy, para jantar", disse Graham. "Ele é um bom sujeito. Vocês precisam se entender, e John pode te ajudar em uma porção de coisas."

Em 2015, Trump tinha feito um de seus mais cruéis e impensados comentários sobre McCain. "Ele não é um herói de guerra. Ele é um herói de guerra por ter sido capturado. Gosto de pessoas que não foram capturadas."[7]

Graham sabia que McCain odiava Trump. Sabia que em Washington era preciso lidar com pessoas que te odiavam. Mas não comunicou aquele detalhe ao presidente.

"Minha principal tarefa é manter John McCain calmo", observou Graham. O líder da maioria no Senado, Mitch McConnell, "morria de medo de John McCain. Porque ele não conhece limites. Vai detonar nossa liderança assim como vai detonar a liderança deles. E eu vou também, às vezes, mas de forma mais calculada. A de John é puramente John. Ele é o melhor homem do mundo. E adora a atenção da imprensa, como eu. Seja como for, é um cara muito mais simpático do que eu".

O jantar com McCain e Cindy foi marcado para abril. Graham compareceu. Cindy McCain tinha dedicado sua vida a combater o tráfico humano, e Graham sugeriu que Trump fizesse dela sua embaixadora para a causa.

Durante o jantar na Sala Azul, Trump tirou do bolso uma carta. Ele a leu para Cindy McCain linha por linha, prolongando as palavras.

Eu gostaria muito que você fosse minha embaixadora em assuntos de tráfico humano, leu, observando que ela havia dedicado sua vida a causas de direitos humanos.

"Eu ficaria honrada", ela disse, com lágrimas nos olhos.

McCain estava visivelmente tocado. Como presidente do Comitê dos Serviços Armados, agradeceu ao presidente por ter prometido reconstruir o setor militar.

O que quer que façamos para ajudar?, perguntou McCain.

"Quero apenas ter a chance de conhecer você", ele disse com muita ênfase. "Eu o admiro. É um homem muito firme. Um bom homem."

Era o mais perto que ele poderia chegar de "Sinto muito".

McCain pareceu tocado. "Está difícil lá fora", ele disse. "Queremos ajudar."

E quanto à Coreia do Norte?, perguntou Trump.

"Todo mundo fez merda nessa história", disse McCain. Democratas, republicanos — os três últimos presidentes durante 24 anos, George W. Bush, Barack Obama e Bill Clinton.

"Eis aí a decisão a se tomar, sr. presidente", disse Graham, repetindo o que já tinha dito a ele. Uma estratégia de contenção. Permitir que a Coreia do Norte tenha seu míssil avançado com uma arma nuclear, apostando que possa ser derrubado ou que serão dissuadidos a nunca o disparar, ou dizer à China que os Estados Unidos vão impedir que a Coreia do Norte adquira essa capacidade.

O que você acha?, Trump perguntou a McCain.

"Muito complicado", disse ele. "Eles podem matar 1 milhão de pessoas em Seul com artilharia convencional. É o que torna a questão tão difícil."

Graham apresentou uma visão belicista: "Se vão morrer 1 milhão de pessoas, que morram lá, não aqui".

"Esta é uma visão muito fria", exclamou Trump. Ele disse que acreditava que a China gostava dele. Parece que disse aquilo quase dez vezes, o que lhe proporcionava uma grande vantagem.

Durante uma reunião no Salão Oval, na primavera, a discussão se voltou para a controvérsia na Coreia do Sul e a questão da implantação do sistema antimíssil Terminal de Defesa Aérea para Grandes Altitudes (THAAD, na sigla em inglês), que se tornara um tópico da eleição presidencial sul-coreana.[8] O sistema ajudaria a proteger a Coreia do Sul de um ataque com mísseis da Coreia de Norte. Mais crucial ainda: poderia ser usado para ajudar a proteger os Estados Unidos.

"Eles já pagaram por isso?", perguntou Trump.

"Eles não pagaram por isso", disse McMaster. "Nós pagamos."

"Isso não pode estar certo", disse Trump. Ele queria uma explicação, e McMaster foi buscar respostas no Pentágono.

"Na verdade, é um acordo muito bom para nós", disse McMaster quando voltou, naquela tarde. "Eles nos cederam terra num arrendamento de 99 anos sem cobrar. Mas pagamos pelo sistema, pela instalação e pelas operações."

Trump ficou agitado. "Quero ver para onde isso está indo", disse. Finalmente chegaram alguns mapas que mostravam o local. Parte das terras incluía um antigo campo de golfe.

"Isso é um terreno de merda", disse o antigo negociador de campos de golfe e bens imobiliários. "É um acordo terrível. Quem o negociou? Quem foi o gênio? Recue. Não quero o terreno."

O grande sistema antimíssil poderia custar 10 bilhões de dólares em dez anos e nem estava nos Estados Unidos, disse Trump. "Acabe com essa porra, tire isso daí e ponha em Portland!"

Trump ainda se sentia ultrajado com o déficit comercial de 18 bilhões de dólares com a Coreia do Sul e queria cair fora do Korus, que chamava de um "horrível" acordo comercial.

As crescentes tensões em torno do THAAD já eram ruins o bastante. A Coreia do Sul era um aliado decisivo e um parceiro comercial. Trump se reuniu com McMaster e Mattis. Os dois disseram que, em vista da crise com a Coreia do Norte, não era o momento de questionar o acordo.

"É exatamente o momento", disse Trump. "Se eles querem proteção, é nesse momento que devemos renegociar o acordo. Temos uma vantagem."

Trump disse mais tarde à Reuters que o custo inicial do THAAD estava estimado em 1 bilhão de dólares. "Informei à Coreia do Sul que seria apropriado que pagassem", disse ele. "É um sistema de 1 bilhão de dólares. É fenomenal, derruba os mísseis direto do céu."[9]

No dia 30 de abril, McMaster ligou para o chefe da segurança nacional da Coreia do Sul. Ele contou a Chris Wallace na Fox News: "O que eu disse a nosso colega sul-coreano foi que até qualquer renegociação os acordos estão em vigor, e vamos manter nossa palavra".[10]

Como primeiro passo, o ministro do Comércio sul-coreano concordou mais tarde em renegociar o Korus.[11]

Em fevereiro, Derek Harvey, um ex-coronel do Exército e um dos principais analistas de inteligência do governo dos Estados Unidos, foi nomeado diretor para o Oriente Médio no Conselho de Segurança Nacional. Era uma posição cobiçada, em uma região que pegava fogo.

Harvey, uma lenda viva de fala mansa, atuou na inteligência como se fosse um detetive — peneirando milhares de páginas de relatórios de interrogatórios, comunicações interceptadas, relatos de batalhas, documentos de inimigos e dados de inteligência em estado bruto, além de buscar fontes não tradicionais, como líderes tribais.

Isso às vezes resultava num pensamento não ortodoxo. Em alguns círculos se referiam a ele como "a granada" devido à capacidade de detonar a sabedoria convencional.

Antes dos ataques terroristas de Onze de Setembro, Harvey tinha escrito um trabalho que concluía que Osama bin Laden e a Al Qaeda representavam uma ameaça estratégica para os Estados Unidos. Foi quase o único a prever a persistência e o poder das insurgências no Iraque e no Afeganistão após a invasão americana. Seu argumento era, frequentemente, que certas ideias agressivas e ambiciosas eram "factíveis, mas não vendáveis", querendo dizer que o sistema não ia adotá-las ou sustentá-las, como a de manter dezenas de milhares de tropas no Afeganistão durante anos.

Harvey foi ver Jared Kushner, que tinha um pequeno gabinete adjacente ao Salão Oval.

Kushner se recostou, cruzou as pernas e ouviu atentamente o argumento dele.

A preocupação número um de Harvey era o Hezbollah, a organização terrorista apoiada pelo Irã. Dados confidenciais da inteligência demonstravam que tinha mais de 48 mil militantes em tempo integral no Líbano, onde representava uma ameaça à existência do Estado judaico. Também tinha 8 mil em forças expedicionárias na Síria, no Iêmen e em unidades de comando por toda a região. Além de pessoas por todo o mundo — de trinta a cinquenta em cada lugar, incluindo Colômbia, Venezuela, África do Sul, Moçambique e Quênia.

O Hezbollah tinha uma quantidade espantosa de foguetes — 150 mil. Na guerra de 2006 com Israel possuía apenas 4500.

Comandantes da Guarda Revolucionária Iraniana estavam integrados na estrutura do Hezbollah. O país pagava as faturas da organização — a assombrosa quantia de 1 bilhão de dólares por ano. Aquilo não incluía o que o grupo ganhava com lavagem de dinheiro, tráfico humano, comércio de ópio e cocaína e venda de presas de marfim de Moçambique.

O Hezbollah era dominante no Líbano, um Estado dentro de outro, sempre disposto a usar violência. Nada de importante acontecia no país sem sua concordância. Tinha o compromisso declarado de destruir Israel.

Era um agente perfeito, a serviço do Irã, para pressionar e enfrentar Israel, cujas bases aéreas poderiam ser atacadas maciçamente com foguetes. Os sistemas de defesa de Israel, a Cúpula de Ferro, o Estilingue de Davi e os mísseis Arrow seriam inadequados.

Harvey alegou que havia potencial para uma guerra catastrófica, com imensas consequências humanitárias, econômicas e estratégicas. Um conflito iraniano-israelense ia arrastar os Estados Unidos e anular todos os esforços para a estabilidade na região.

Tinham dado a Trump uma versão resumida do relatório sobre o Hezbollah. O diretor de inteligência nacional, Dan Coats, e o diretor da CIA, Mike Pompeo, deram suporte no relatório presidencial diário no Salão Oval. Mattis, McMaster e o secretário de Estado Tillerson apoiaram o relatório como sendo fato consumado.

Harvey achou que os outros não tinham percebido em que medida o equilíbrio de poder fundamental tinha mudado. Outra guerra árabe-israelense abalaria Israel como nenhum ataque jamais conseguira. Uma invasão em grande escala poderia impactar de forma significativa sua capacidade de combate.

Harvey ressaltou isso para Kushner com veemência: a nova administração Trump estava despreparada para o que poderia acontecer. Ele pressionou para dar seguimento aos avanços entre Trump e o primeiro-ministro israelense Benjamin Netanyahu, obtidos em seu encontro em fevereiro, quanto à importância de um diálogo estratégico para se ter uma nova visão e confrontar as novas realidades no tabuleiro. Ele queria melhorar o relacionamento que acreditava ter se deteriorado nos oito anos da administração Obama.

No verão, o embaixador israelense em Washington e seu assessor de segurança nacional convidaram Harvey para ir a Israel.

McMaster disse que Harvey não poderia ir, sem explicar o motivo.

No início de julho, Harvey marcou uma reunião com funcionários seniores do Mossad e da inteligência militar e representantes da Força Aérea e do Exército israelenses. Furioso, McMaster não o deixou seguir adiante.[1]

A grande pergunta era: teria Harvey descoberto a próxima bomba-relógio — o Hezbollah — na miríade de problemas de política exterior que se apresentavam aos Estados Unidos e a Trump?

Pouco tempo depois Harvey voltou a se encontrar com Kushner.

"O que acha de Trump ir a Riad na primeira viagem presidencial?", perguntou Kushner.

"Isso casa perfeitamente com o que estamos tentando fazer", disse Harvey. "Reafirma nosso apoio aos sauditas e nossos objetivos estratégicos na região. Nossa posição se deteriorou demais durante a gestão Obama."

Harvey acreditava que Obama tinha passado tempo demais apaziguando o Irã com o acordo nuclear, deixando de lado as relações com os sauditas e com Israel. A primeira viagem presidencial para a Arábia Saudita poderia sinalizar que a administração Trump tinha outras prioridades. Para Harvey, também interessava que a primeira viagem do presidente fosse para sua região. Todos os outros membros seniores do Conselho de Segurança Nacional iam reivindicar que fosse para a deles.

Uma reunião de cúpula na Arábia Saudita também beneficiaria Israel. Sauditas e israelenses, ambos inimigos de longa data do Irã, tinham aberto um importante canal de relações não oficiais entre si.

Harvey seguiu à risca a sugestão de Kushner, que não era só mais um entre os assessores seniores do presidente. O genro tinha o beneplácito do presidente, talvez até seu incentivo.

A conexão de Harvey com a inteligência israelense era tão boa quanto a de qualquer funcionário da inteligência americana, e ele sabia que Kushner tinha estabelecido suas próprias relações. Netanyahu era um amigo de longa data da família de Kushner.

O genro de Trump disse a Harvey que dispunha de importante e confiável informação segundo a qual o melhor contato na Arábia Saudita era o segundo príncipe na linha sucessória, o carismático Mohammed bin Salman, com 31 anos, conhecido como MBS. Filho do rei saudita, ele também era o ministro da Defesa, posição crucial e trampolim para se ter influência no reino. MBS tinha visão e energia. Era charmoso e falava de ousadas reformas modernizantes.

Quando McMaster soube da ideia de Kushner para uma cúpula saudita, perguntou nervoso a Harvey: "Quem está instigando isso? De onde isso vem?".

Harvey não tinha certeza do papel do presidente naquilo.

McMaster claramente não gostou da abordagem não oficial, mas não havia muito o que pudesse fazer.

Harvey teve uma série de reuniões com agências de inteligência, inclusive a CIA. A mensagem foi para que Kushner tomasse cuidado. O verdadeiro homem forte era o herdeiro Mohammed bin Nayef, com 57 anos, conhecido como MBN. Ele era sobrinho do rei, com o crédito de ter desmantelado a Al Qaeda no reino como ministro do Interior. Demonstrar favoritismo pelo mais jovem poderia causar atrito na família real.

Após décadas de contatos no Oriente Médio, Harvey acreditou que Kushner tinha razão — MBS era o futuro. Mas achava que uma mudança que transformasse a Arábia Saudita era o único caminho para a sobrevivência do reino. Tendo Kushner como patrono, Harvey dispunha de autoridade incomum para começar o planejamento. Ele procurou a secretaria da Defesa, do Tesouro, e o Conselho de Economia Nacional da Casa Branca. Os riscos, acreditava, eram substanciais, mas enxergava um lado altamente positivo.

Em março, McMaster presidiu uma reunião de diretores sobre a possibilidade de uma reunião de cúpula na Arábia Saudita.

"Pela minha experiência na Exxon", disse o secretário de Estado Tillerson, com um gesto de dispensa, "os sauditas são bons em falar. Você acha que está dançando com eles durante as negociações. Quando chega a hora de assinar, a coisa emperra." Um envolvimento com MBS deveria implicar certo ceticismo. Os Estados Unidos poderiam trabalhar duro por uma reunião de cúpula para não dar em nada no fim.

"É uma ponte longa demais", disse Mattis. Organizar vendas de armas e outros projetos que seriam benéficos para a economia dos Estados Unidos, resultados necessários e desejáveis de uma reunião de cúpula dessa natureza, levaria muito tempo. "Seria melhor esperar até o ano que vem. Uma administração nova deveria ser mais cuidadosa e prudente."

O secretário de Energia Rick Perry disse que haveria muita coisa a fazer num intervalo de tempo muito curto.

Ninguém apoiou a ideia de uma reunião de cúpula em dois meses, como Kushner propunha.

Ele estava sentado à mesa no lado oposto ao de McMaster.

"Entendo que isso seja muito ambicioso", disse o genro do presidente. "Entendo as preocupações. Mas penso que temos aqui uma oportunidade real. Temos de reconhecê-la. Entendo que tenhamos de ser cuidadosos. Precisamos trabalhar nisso diligentemente, como se fosse acontecer. Se parecer que não conseguiremos chegar lá, teremos muito tempo para mudar o plano. Mas esta é uma oportunidade que está aí para ser agarrada."

Ninguém disse não. Harvey sabia que eles não poderiam fazê-lo de fato, e continuou a planejar como se fosse acontecer. Estabeleceu alguns parâmetros iniciais, decidindo que teriam de ter um acordo antecipado de mais de 100 bilhões de dólares em contratos de equipamento militar.

A execução foi entregue a Harvey. MBS enviou a Washington uma equipe de trinta pessoas e Harvey providenciou inúmeras salas de reunião no Eisenhower Office Building. Foram criados grupos de trabalho com americanos e sauditas para tratar de terrorismo e seu financiamento, extremismo violento e campanhas de informação. O Pentágono fez reuniões sobre parcerias em contratos e em segurança.

Harvey não queria pedir demais aos sauditas, os quais, ele sabia, não tinham bolsos tão fundos quanto geralmente se pensava. Os preços do petróleo tinham caído, reduzindo sua receita.

McMaster prosseguia pouco entusiasmado. Precisamos continuar nisso porque é a vontade de Kushner, ele disse a Harvey. Mas não há muito apoio. Vamos fazer as coisas sem muita vontade, no automático, e depois, em algum ponto, pôr um fim nisso.

Kushner disse que, se os Estados Unidos iam permanecer envolvidos na região, precisavam ajudar os sauditas e os israelenses a ter sucesso. O presidente não ia continuar pagando a conta pela defesa no Oriente Médio quando os principais beneficiários eram os países da região, de acordo com Kushner.

Sua preocupação era a crescente influência iraniana e operações subversivas na região, especialmente o Hezbollah, que ameaçava Israel.

Faça os sauditas comprarem mais, disse Kushner. Se comprarem sistemas de armas, isso ajudará a economia dos Estados Unidos e a criação de empregos. Eles comprariam um grande estoque de munição, dez anos de manutenção e contratos de suporte.

A equipe de sauditas voltou a Washington para uma segunda visita. Durante pelo menos quatro dias seguidos todos tiveram reuniões que iam até uma da manhã.

Kushner tinha reuniões diárias em seu gabinete com figuras-chave.

Às vezes os sauditas não ofereciam o bastante para os contratos ou a aquisição de armamentos.

"Vou fazer uma ligação", dizia Kushner a Harvey. Ele telefonava diretamente para MBS e os sauditas aumentavam suas compras de armas.

Quando parecia que estavam perto de um acordo, Kushner convidou MBS para vir aos Estados Unidos e o trouxe à Casa Branca, onde almoçou com Trump no dia 14 de março na Sala de Jantar do Estado.[2] Estavam presentes Pence, Priebus, Bannon, McMaster e Kushner. Aquilo violou o protocolo, incomodando altos funcionários do Estado e da CIA. Almoço na Casa Branca com o presidente para um príncipe de segundo escalão não era coisa que se fizesse.

Tillerson e Mattis continuaram a expressar suas dúvidas. É difícil demais, trabalhoso demais, há perguntas demais quanto aos contratos.

Trump finalmente deu sinal verde e a viagem para a Arábia Saudita e Israel foi anunciada na quinta-feira, dia 4 de maio.[3]

O presidente esteve na Arábia Saudita de 20 a 21 de maio e foi recebido suntuosamente. Ele anunciou a compra saudita de 110 bilhões de dólares em equipamentos de defesa e um pacote de várias centenas de bilhões em outros contratos — com certeza um número exagerado.[4]

Harvey acreditava que a reunião de cúpula tinha redefinido os relacionamentos de maneira significativa, enviando uma mensagem estratégica para o Irã, o principal adversário. Os sauditas, os países do Conselho de Cooperação do Golfo (Bahrein, Kuwait, Omã, Qatar e Emirados Árabes Unidos, além da Arábia Saudita) e Israel estavam unidos. A postura em cima do muro de Obama tinha acabado.

No mês seguinte o rei saudita Salman, de 81 anos, nomeou MBS, 31 anos, o novo herdeiro e o próximo a liderar o reino talvez nas muitas décadas por vir.[5]

15

Trump foi um dos mais ferrenhos inimigos da Guerra do Afeganistão, que durou mais de dezesseis anos e foi a mais longa da história americana. Ele se opôs de forma enfática, chegando até a ridicularizar o conflito. A partir de 2011, quatro anos antes de sua entrada na corrida presidencial, ele lançou uma série de retumbantes ataques no Twitter.[1]

Em março de 2012, escreveu: "O Afeganistão é um desastre total. Não sabemos o que estamos fazendo. Além de todas as outras coisas, eles estão nos roubando descaradamente".[2]

Em 2013, os tuítes recrudesceram. Em janeiro, foi: "Vamos sair do Afeganistão. Nossas tropas estão sendo mortas pelos afegãos que nós treinamos, e estamos desperdiçando bilhões lá. Absurdo! Reconstruam os Estados Unidos".[3] Em março: "Precisamos sair do Afeganistão imediatamente. Chega de vidas desperdiçadas. Se temos de intervir, que seja de forma dura e rápida. Antes vamos reconstruir os Estados Unidos".[4] Em abril: "Nosso governo é tão patético que alguns dos bilhões desperdiçados no Afeganistão vão parar nas mãos dos terroristas".[5] E em novembro: "Não permita que nossos líderes idiotas assinem um acordo que vai nos manter no Afeganistão até 2024, com todos os custos arcados pelo nosso país. TORNE A AMÉRICA GRANDE DE NOVO!".[6]

E em dezembro de 2015, Trump tuitou: "Um atentado a bomba suicida acabou de matar tropas dos Estados Unidos no Afeganistão. Quando nossos líderes vão ficar mais firmes e espertos? Estamos sendo massacrados!".[7]

Como todos os presidentes, Trump estava convivendo com os negócios inacabados de seus predecessores. Nos mandatos presidenciais do século XXI, nada ilustrava aquilo mais claramente do que o Afeganistão. A guerra — que começou após os ataques terroristas de Onze de Setembro, quando o Afeganistão era o santuário de Osama bin Laden e da Al Qaeda — era um matagal de grandes expectativas, reveses e mal-entendidos, e um comprometimento maciço de dinheiro, soldados e vidas.

Sob os presidentes Bush e Obama, dissensões e discussões quanto ao número de soldados tinham dominado os debates públicos e internos do Conselho de Segurança Nacional e gerado expectativas de progresso ou solução. A cobertura da mídia focava no número de soldados e em narrativas cronológicas. O número de soldados envolvidos tinha se tornado a expressão do andamento da guerra.

Durante a presidência de Obama, esse número foi uma montanha-russa, atingindo um pico de 100 mil e caindo para 8400 quando houve uma expectativa precipitada, depois abandonada, de que a missão de combater os insurgentes talibãs estaria chegando ao fim. Internamente, contudo, os especialistas sabiam que era uma expectativa vã.

O coordenador na Casa Branca, o tenente-general Douglas Lute, rotulou a guerra como "um castelo de cartas" numa reunião em 2010, logo após Obama ter acrescentado mais 30 mil soldados.[8]

O dr. Peter Lavoy, vice-assessor do secretário de Defesa para assuntos de segurança na Ásia e no Pacífico, era, com sua fala mansa, uma autoridade em questões no sul da Ásia, Paquistão e Afeganistão. Lavoy era desconhecido do público, mas crucial para o funcionamento do mundo da defesa e da inteligência. Era ao mesmo tempo um acadêmico e um homem de ação. Acreditava que a obsessão pelo número de soldados tinha sido o calcanhar de aquiles da política da administração Obama no Afeganistão.

"Há literalmente milhares de subtribos no Afeganistão", disse Lavoy. "Cada uma com seus ressentimentos. Se o Talibã deixasse de existir ainda haveria uma insurgência no Afeganistão." A vitória era improvável. Não se definira o que seria "vencer".

H. R. McMaster percebeu que bateria de frente com o presidente Trump sobre a guerra do Afeganistão. Ele conhecia o país. De 2010 a 2012, tinha servido como vice do comandante de planejamento (J5) no quartel-general do comando da guerra em Cabul.

Durante a Guerra do Golfo de 1991, na Operação Tempestade no Deserto, apenas sete anos depois de se formar em West Point como capitão do Exército, McMaster comandou nove tanques numa batalha em que foram destruídos 28 tanques da Guarda Republicana Iraquiana. Ele não sofreu perdas na batalha, que durou 23 minutos, e foi condecorado com uma Estrela de Prata.

Na Guerra do Iraque, como coronel, comandou 5300 soldados do 3º Regimento de Cavalaria Blindada, empregando com sucesso táticas de contrainsurgência para proteção da população a fim de recuperar a cidade de Tal Afar, em 2005. O presidente Bush citou a operação publicamente como modelo, que justificava "a esperança de um Iraque livre".[9]

No livro de McMaster publicado em 1997, *Dereliction of Duty*, ele chamou os chefes do estado-maior que supervisionaram a Guerra do Vietnã de "cinco homens silenciosos", que tinham deixado de estabelecer uma conexão essencial com líderes civis para que pudessem expressar suas ideias. *Dereliction of Duty* foi um manual prático para evitar outro Vietnã.

A ironia era que Trump agora estava dizendo que o Afeganistão era um Vietnã, um atoleiro sem propósito claro quanto à segurança nacional, o maior exemplo da incoerência da política americana. A tarefa de McMaster era alinhar as recomendações dos militares para o Afeganistão com o objetivo do presidente, que era cair fora.

O trabalho da equipe do Conselho de Segurança Nacional continuou. Nos dias 1º e 10 de março de 2017, Fernando Lujan, tenente-coronel dos Rangers e membro da equipe do Conselho de Segurança Nacional para o Afeganistão, presidiu as primeiras reuniões. Elas incluíram representantes do Departamento de Estado, do Pentágono e das agências de inteligência.

Remanescente da administração anterior, Lujan sabia que a política para o Afeganistão sob Obama tinha sido simples: evitar a catástrofe. Havia muitas incertezas e as possibilidades de calamidade eram imensas. Ele atribuiu à polícia afegã, por exemplo, que era crucial para a estabilidade no longo prazo, uma nota entre D– e F.

Na primeira reunião, o funcionário do Departamento de Estado preparou minuciosamente o debate apresentando uma série de perguntas fundamentais. Por que achamos necessária uma base de contraterrorismo no Afeganistão para impedir outro ataque? Qual a justificativa para isso? Qual a natureza da ameaça terrorista que emana do Afeganistão? Para que milhares de soldados e especialistas em inteligência dos Estados Unidos quando temos drones e tudo o mais? Nossa presença continuada, ele observou, pode causar mais instabilidade não apenas entre os insurgentes, mas em protagonistas regionais, como o Paquistão.

Lujan disse que os Estados Unidos não desejavam estabelecer uma presença permanente quando invadiram o Afeganistão em 2001. Então, como reformular aquilo após dezesseis anos?

Não, não, não, disse o representante dos militares. A presença dos Estados Unidos não devia ser permanente.

O que levou à pergunta: quando tudo aquilo ia terminar? Seria possível um acordo político? Ele deveria ser um fim ou um meio? Como um acordo seria possível se o Talibã rejeitava a presença dos Estados Unidos no Afeganistão? Um acordo seria uma maneira de vender envolvimento a longo prazo?

Se um acordo político se tornasse a prioridade máxima, seria possível algum engajamento. O presidente Trump estaria disposto a fazer aquilo?

Seria tudo isso uma cortina de fumaça para que os Estados Unidos continuassem a fazer o que queriam? Seria necessário que houvesse um governo democrático ou estável no Afeganistão? Até onde os Estados Unidos estavam comprometidos com um real acordo político?

Outro representante do Departamento de Estado observou que a legitimidade do governo central tinha baixo nível de aceitação pelo povo afegão, o pior em dez anos, segundo uma pesquisa realizada no país. Também observou que a economia ilegal, o ópio e a mineração clandestina tinham o mesmo tamanho da economia regular, e que uma porção significativa estava sob controle de insurgentes talibãs.

Após o Onze de Setembro, a CIA e os militares tinham pagado a comandantes militares afegãos para que perseguissem os talibãs. Parte do dinheiro foi usada contra a oposição política. Agora os Estados Unidos estavam gastando cerca de 50 bilhões de dólares por ano no Afeganistão. Será que o governo, que era profundamente corrupto, estava tomando dinheiro dos Estados Unidos e de seus aliados para se financiar? Estaria o alto nível de assistência eliminando o incentivo do governo afegão para desenvolver reformas reais e a vontade política de assumir os lucros do ópio e da mineração? O dinheiro americano era um veneno no sistema afegão.

Uma questão maior assomava: os Estados Unidos deveriam jogar para ganhar ou meramente para não perder no Afeganistão?

Depois de uma reunião, eles se muniram de quadros brancos e se dividiram em três grupos para tentar definir o problema e estabelecer objetivos estratégicos vitais. Comum a todos os três era o objetivo de evitar mais ataques ao país.

Apresentaram perguntas adicionais. De que tipo de governo o Afeganistão precisava? E de que tipo de estabilidade os Estados Unidos precisavam para evitar mais ataques terroristas?

Inicialmente, em reuniões com representantes do Pentágono, do Departamento de Estado e das agências de inteligência, McMaster apresentou seus quatro cenários, ou objetivos: 1. Alcançar estabilidade política que inclua um acordo político com o Talibã; 2. Pressionar por ações institucionais do governo afegão para conter o Talibã; 3. Aumentar a pressão sobre o vizinho Paquistão, que faz jogo duplo — nominalmente aliado dos Estados Unidos, mas também apoiando terroristas e o Talibã; 4. Manter o apoio internacional dos 39 países aliados dos Estados Unidos numa coalizão.

Em busca de um meio-termo para mais soldados, McMaster considerou uma proposta para acrescentar alguns milhares, talvez de 3 mil a 5 mil, a fim de evitar outro ataque terrorista. Uma proposta da equipe sugeria que se pensasse em acrescentar posteriormente dezenas de milhares de soldados.

Numa reunião do Comitê de Diretores — assim chamado porque, diferentemente de uma reunião do Conselho de Segurança Nacional, se reuniam sem o presidente — o procurador-geral Sessions explodiu com todos, inclusive McMaster, por causa da ideia de enviar mais soldados.

Vocês estão levando o presidente exatamente para aquilo em que não acredita, um lugar aonde não quer ir, disse Sessions. Estamos perdendo vidas demais no Afeganistão. Não acredito que não estejam percebendo. Esta não é a posição do presidente.

Priebus disse: Vocês não conviveram o bastante com o presidente para conhecer sua filosofia básica sobre política exterior. Para o presidente, disse ele, "por quê" é a parte mais importante. Por que estamos aqui? Por que estamos fazendo isso? O que querem que aconteça? E o que exatamente estamos tentando realizar?

Aquela era a pergunta que Peter Lavoy estivera fazendo na administração Obama. Nem Priebus nem Lavoy receberam uma resposta satisfatória.

O consenso entre os diretores foi de um acréscimo de 4 mil soldados.

"Alguém disse ao presidente", perguntou Priebus, "que a opção que estão adotando significa basicamente que vamos ficar no Afeganistão por décadas? Se o fizerem, ele vai pirar. Quem vai falar com ele sobre esses detalhes?"

Silêncio.

Posteriormente, Priebus convocou uma reunião com as figuras-chave.

"Vejam", ele disse, "temos um problema. Não estamos conectados ao presidente nas questões mais básicas. Por que vocês querem estar lá? Qual é o propósito? Qual é o valor fundamental que faz com que arrisquemos a vida de americanos? Vocês têm de resolver essas questões básicas antes de especular sobre o número de soldados que vamos ter no Afeganistão. Estão dez passos à frente de si mesmos."

Não seria suficiente McMaster declarar que o objetivo era evitar outro ataque terrorista. A questão era simples: como vários milhares de soldados adicionais iam ajudar?

Havia quatro missões a ser cumpridas no Afeganistão: treinar e assessorar o Exército e a polícia afegãos; apoio logístico; contraterrorismo; missões de inteligência. McMaster teria de conceber uma estratégia que evitasse uma escalada ou a aparência de uma. Não poderia desafiar direta ou ostensivamente o desejo declarado de Trump de cair fora, mas deveria promover mansamente uma nova abordagem que logo seria chamada de "manter o curso".

Em 28 de março, McMaster propôs o que se tornou conhecido na equipe do Conselho de Segurança Nacional como os 4Rs: reforço, realinhamento, reconciliação e regionalização. Eram os componentes da estratégia para o Afeganistão que ele estava propondo, e se encaixavam perfeitamente no conceito dos quatro cenários. Reforço significava mais equipamento e treinamento; realinhamento significava dirigir financiamento para áreas sob o controle do governo afegão e não para áreas mantidas pelo Talibã; reconciliação significava tentar fazer com que o governo afegão fosse inclusivo, realizasse eleições e trabalhasse com pessoas influentes e poderosas; e regionalização significava que os Estados Unidos trabalhariam com atores regionais, como a Índia.

Em maio, o plano proposto tinha se fixado no meio-termo de acrescentar entre 3 mil e 5 mil soldados. Alguns viriam "por fora", ou seja, não fariam parte da contagem pública oficial.

O plano seria centrado no contraterrorismo. Um batalhão da aviação estaria disponível para ajudar o Exército afegão quando estivesse envolvido num combate mais sério com o Talibã. As regras para entrar em ação estavam sendo alteradas — antes, os soldados dos Estados Unidos só podiam usar a força se estivessem ameaçados; agora poderiam fazê-lo também quando houvesse ameaça aos soldados afegãos.

Mais ou menos na mesma época, o senador Lindsey Graham pressionava Trump por mais soldados. Eles tiveram três conversas sobre o Afeganistão em maio.

"Você quer ter em seu currículo a responsabilidade pelo retorno do Afeganistão à escuridão e por um segundo Onze de Setembro vindo exatamente do mesmo lugar que o primeiro?", perguntou Graham. Era a reprodução de seu argumento a Trump sobre a Coreia do Norte.

"Bem", perguntou Trump, "como isso vai acabar?"

"Isso nunca acaba", disse Graham. "É o bem contra o mal. O bem contra o mal não acaba nunca. É igualzinho aos nazistas. Agora é o islã radical. Um dia será outra coisa. Nossa meta é assegurar que a pátria nunca seja atacada a partir do Afeganistão. Encare as milhares de tropas extras como uma apólice de seguro contra outro Onze de Setembro. Ouça seus generais." Graham adotou uma metáfora da qual sabia que Trump ia gostar. "O general Obama foi terrível. O general Biden foi terrível. A general Susan Rice foi horrorosa. E a general Valerie Jarrett...", mas "o general Trump não vai ser melhor. O general Graham não é melhor. Ouça seus generais ou os demita."

A certa altura, o vice-presidente Pence ligou para Graham para dizer: "Você tem de dizer a ele como isso acaba". Nunca acaba, repetiu Graham.

Graham estava ciente da luta interna na Casa Branca. O general Kellogg, chefe de gabinete do Conselho de Segurança Nacional, fechava com Bannon em defesa da saída do Afeganistão. Ou seja, Kellogg estava em guerra com McMaster, seu chefe.

Graham viu as histórias que Bannon ou outra pessoa vazava para a imprensa, chamando tudo de "guerra de McMaster". Ele ligou imediatamente para Trump.

"É a guerra de Trump, meu amigo", disse Graham ao presidente. "Ninguém na história vai se lembrar de McMaster ou de Bannon. Vão se lembrar de você."

Na visão de Bannon, a velha ordem ia fazer o que sempre fizera — manter o curso ou recuar em desgraça. Ele queria achar um modo de amenizar o risco do pior, provendo cobertura para Trump.

Num artigo no *Wall Street Journal* de 31 de maio, Erik Prince, o fundador da controversa empresa militar privada Blackwater, declarou: "O Afeganistão é um dispendioso desastre para os Estados Unidos".[10] Ele propôs a criação de um "vice-reinado" para conduzir todos os esforços militares no Afeganistão e a substituição de todos os comandos, menos um pequeno comando especial de operações de militares dos Estados Unidos, por "soluções privadas mais baratas", empresas de segurança que assumiriam compromissos longos para treinar as forças de segurança afegãs. "Os Estados

Unidos deveriam reajustar esse percurso de mais de quinze anos de construção da nação e focar em bater duro nos talibãs e outros terroristas, até que queiram negociar. Enquanto não sentirem pressão real e perceberem que o poderio americano é permanente, vão vencer."

Aquilo não foi muito longe, pois significava que empreiteiros privados como Prince, irmão da secretária de Educação Betsy DeVos, ganhariam muito dinheiro.

Bannon perguntou ao diretor da CIA Mike Pompeo se podia achar uma solução intermediária. Pompeo concordou em ir ao Afeganistão na primeira semana de agosto.

Durante anos, a CIA tinha mantido um exército ultrassecreto e oculto de 3 mil homens no Afeganistão.[11] As Equipes de Perseguição Contraterrorista eram formadas por afegãos pagos, treinados e controlados pela CIA. Eram os melhores combatentes afegãos, *crème de la crème*. Eles matavam ou capturavam insurgentes talibãs e frequentemente penetravam em áreas tribais para eliminá-los. Cruzavam fronteiras para realizar operações perigosas e altamente controversas no vizinho Paquistão. Poderia a força paramilitar da CIA ser expandida, tornando desnecessário o aumento das tropas? Poderiam a força paramilitar da CIA e vários milhares de forças especiais do Exército fazer o trabalho de modo que a grande força terrestre regular dos Estados Unidos pudesse sair?

Mattis ligou para o senador Graham. Uma proposta estava se configurando, explicou. Os militares estariam coordenados com a CIA. "A CIA tinha alguns alvos de grande valor que queria atingir." Havia quatro operações: "Duas de cada lado da fronteira entre o Afeganistão e o Paquistão".

Quando McMaster tentou vender uma versão enxuta de conceitos tais como os "cenários" ou os 4Rs, Trump foi cruelmente desdenhoso. Ele tinha uma pergunta: "Que porra estamos fazendo lá?". Mas ele deu uma ideia para Mattis e Bannon. "Quero falar com alguns soldados, combatentes de verdade, que não sejam oficiais." Ele queria opiniões pé no chão sobre o Afeganistão.

Mattis revirou os olhos.

Bannon, sempre em busca de algo que servisse a seus propósitos, lembrou-se da quase mística devoção do presidente Lincoln, como comandante em chefe do Exército, a ouvir os soldados.

Em 18 de julho, Trump almoçou na Casa Branca com três soldados e um aviador que tinham servido no Afeganistão.[12] Trump, Pence e McMaster se sentaram de um lado da larga e brilhante mesa no Salão Roosevelt; do outro lado, sentaram-se os quatro jovens de uniforme de gala, parecendo desconfortáveis enquanto as câmeras documentavam sua visita.

O presidente disse: "Quero descobrir por que estivemos lá durante dezessete anos, como as coisas vão indo e o que deveríamos fazer. Temos muitas ideias de uma porção de gente, mas quero ouvir o que diz quem esteve lá, no campo".

Depois, Trump resumiu suas opiniões para Bannon. "Foi unânime. Temos de achar um jeito de sair de lá. Totalmente corrupto. Pessoas que não merecem que se lute por elas… A Otan não faz nada. É um estorvo. Não deixe ninguém lhe dizer como são importantes. É tudo lorota."

O Conselho de Segurança Nacional se reuniu na Sala da Situação às dez horas da manhã seguinte, 19 de julho, para informar Trump sobre a estratégia no Afeganistão e no Paquistão.[13]

McMaster passou a parte inicial da reunião identificando objetivos e contextualizando questões para discussão. Trump parecia entediado e aparentemente desligado. Após cerca de cinco minutos, ele interrompeu. "Tenho escutado essa besteira sobre o Afeganistão durante dezessete anos, sem resultado", disse, antes que McMaster terminasse de apresentar os tópicos. Tivemos um monte de estratégias inconsistentes, de curto prazo. Não podemos continuar com a velha estratégia.

Ele mencionou seu encontro com os soldados no dia anterior. A melhor informação que obtive foi desses soldados das fileiras, não dos generais, disse Trump. "Não me importo com vocês, caras", disse a Mattis, Dunford e McMaster.

Estamos perdendo feio no Afeganistão. É um desastre. Nossos aliados não estão ajudando. Soldados fantasmas, que são pagos e não estão a serviço, nos exploram.

A Otan é um desastre e um desperdício, ele disse. Os soldados tinham contado que a equipe da Otan era totalmente disfuncional.

"O Paquistão não está ajudando. Não é realmente um amigo", apesar da ajuda de 1,3 bilhão de dólares por ano que os Estados Unidos lhe davam. Trump disse que se recusava a enviar qualquer ajuda adicional.

Os líderes afegãos eram corruptos e ganhavam dinheiro às custas dos Estados Unidos, Trump insistiu. Os campos de papoula, em grande parte em território talibã, estão fora de controle.

"Os soldados poderiam conduzir as coisas muito melhor do que vocês", disse o presidente a seus generais e ao assessor. "Poderiam fazer um trabalho melhor. Não sei que porra estamos fazendo."

Foram 25 minutos de descompostura nos generais e altos funcionários.

"Veja, não se pode pensar no Afeganistão isoladamente", disse Tillerson. "É preciso pensar num contexto regional. Nunca fizemos esse tipo de abordagem multilateral do Afeganistão e da região."

"E quantas mortes?", perguntou Trump. "Quantos membros amputados? Quanto tempo vamos ficar lá?" Sua argumentação antiguerra, praticamente tirada de uma música do Bob Dylan, refletia os desejos de sua base política, cujas famílias estavam super-representadas nas forças militares.

"A maneira mais rápida de sair é perder a guerra", disse Mattis.

Trump mudou de assunto. O primeiro-ministro Modi, da Índia, é meu amigo, disse. Gosto muito dele. Modi contou que os Estados Unidos não obtiveram nada no Afeganistão. Nada. O país tem uma riqueza maciça em minerais. Não levamos nada, como fazem outros, como a China. Os Estados Unidos precisam dos minerais valiosos do Afeganistão em troca de qualquer apoio. "Não vou fazer um acordo sobre nada até que obtenhamos minerais." E os Estados Unidos têm de parar com os pagamentos ao Paquistão até eles cooperarem.

Mattis descreveu seu arcabouço estratégico e suas metas para não proliferação nuclear. Precisamos de uma estratégia de transição até sermos capazes de empoderar os afegãos, disse ele.

"Por que não podemos pagar mercenários para que façam o trabalho por nós?", perguntou Trump.

"Precisamos saber se o comandante em chefe está ou não completamente conosco", disse Mattis. "Não podemos continuar travando uma guerra meia-boca." Para que os militares tivessem sucesso, Mattis precisava que Trump aderisse a uma estratégia única.

"Estou cansado de ouvir que temos de fazer isso ou aquilo para proteger nossa pátria ou garantir nossa segurança nacional", disse Trump.

O registro oficial completo e por escrito da reunião diz simplesmente que Trump "endossou" o uso de uma "variedade de instrumentos" para pressionar o Paquistão a abandonar seu apoio encoberto ao Talibã. O documento declarava o contrário do que ele dissera: que os Estados Unidos continuariam engajados com o Paquistão onde houvesse interesses comuns e que a assistência civil ao país ia continuar enquanto a assistência militar ficaria condicionada a um comportamento melhor. Retórica e operacionalmente seria uma estratégia nova e mais dura.

Mais tarde, no mesmo dia, os que tinham participado da reunião se amontoaram no gabinete de Priebus para discutir a estratégia no Afeganistão e no sul da Ásia.[14] McMaster trabalhou para enquadrar as coisas de modo a demonstrar que tinha ouvido as opiniões do presidente e estava tentando agir de acordo com a orientação geral da maneira mais responsável possível. Tentou ser otimista. Mas estava claro que ele, Mattis e Tillerson estavam chegando ao limite.

Naquela noite, Priebus foi o anfitrião de uma reunião estratégica durante o jantar. Bannon parecia pautar a discussão.[15] Priebus, Bannon e Stephen Miller, um jovem assessor político e escritor de discursos linha-dura que fora diretor de comunicações de Jeff Sessions, reclamaram do processo em ação no Conselho de Segurança Nacional. McMaster parecia não querer implementar o ponto de vista do presidente e estava tentando convencê-lo a adotar o seu. Bannon queria substituir McMaster por Kellogg, o chefe de gabinete do Conselho de Segurança Nacional, cuja visão de mundo se alinhava mais estreitamente com a do presidente e com a sua própria.

Graham disse a Trump que Ashraf Ghani, presidente do Afeganistão, permitiria que tivesse quantas tropas antiterror ele quisesse, além de bases da CIA onde desejasse. Era o melhor posto de escuta e a melhor plataforma no mundo para atacar o terrorismo internacional. "Eles aceitariam 100 mil tropas", disse Graham, exagerando. "Você deveria dar pulos de alegria por ter um parceiro no contraterrorismo no Afeganistão, que vai impedir o próximo Onze de Setembro."

"Isso não é construir uma nação", disse Trump.

"Não estamos indo lá para vender a democracia jeffersoniana", disse Graham. Sua preocupação era a crescente e interminável tensão entre o Paquistão e a Índia. "O Paquistão está gastando muito dinheiro para produzir mais armas nucleares. Isso está saindo de controle."

Graham tinha visitado o Afeganistão fazia pouco e saíra de lá deprimido. "Não temos um plano de ação diplomático no Afeganistão." Não havia um representante especial, função que tinha sido preenchida por Richard Holbrooke na primeira parte da administração Obama. "Não temos nem mesmo um embaixador." Até onde ele sabia, no Departamento de Estado havia apenas uma pessoa para o sul da Ásia.

"Vamos fracassar no aspecto político", disse ele. Um acordo de paz com o Talibã era a única saída. "Os paquistaneses vão trapacear, negociar com os dois lados até verem o Talibã perder."

Trump tinha uma solução. Graham desejaria ser embaixador no Paquistão?

"Não, não quero ser embaixador no Paquistão", ele disse.

Deixaram as coisas naquele pé.

Na Casa Branca, Trump começou a repetir uma frase que tinha ouvido na reunião: "A maneira como vamos vencer é criando uma insurgência para combater a insurgência do Talibã".

Trump amou a ideia de uma operação de renegados, uma campanha que, o establishment tinha certeza, ninguém poderia vencer. O presidente disse: "Como aqueles caras da década de 1980, combatendo os russos a cavalo". Perfeito.

Bannon acrescentou combustível ao fogo dos desertores criticando o fraco Exército afegão. "Gastamos 1 trilhão de dólares para pegar os melhores combatentes do mundo", disse ele, "e fazer deles o pior exército que há."

Trump adorou aquilo também. Bannon tinha pressionado até onde achava que podia. Eles estavam tentando fazer política com uma série de clichês.

Graham tinha mais uma advertência para Trump.

"Tire todos de lá, porque 8600 [soldados] não vão funcionar, e aceite as consequências", ele advertiu, referindo-se ao número que havia então no Afeganistão. "E eis aí as consequências: o Afeganistão se torna um Iraque com esteroides. Há mais terroristas internacionais no Afeganistão do que jamais houve no Iraque. A deterioração será rápida e a projeção do terrorismo oriundo do Afeganistão vai crescer exponencialmente. E o próximo Onze de Setembro virá de onde veio o primeiro. A questão é: você vai seguir o caminho de Obama, que é acabar com a guerra e pôr todos nós em risco, ou vai seguir o caminho da estabilização do Afeganistão?"

"Você deve estar brincando comigo", tinha dito Priebus ao secretário de Estado Tillerson numa ligação telefônica no início de março. O controvertido acordo com o Irã negociado por Obama tinha de ser revisto a cada noventa dias. Eles agora tinham dois dias para renová-lo ou rejeitá-lo, disse Tillerson. Em fevereiro, Trump o chamara de "um dos piores acordos que já vi".[1] Como candidato, em 2016, ele tinha dito: "Minha prioridade número um é desmantelar o desastroso acordo com o Irã".[2]

Tillerson queria renovar por uma questão tanto de praticidade quanto de princípio. O fato central era que o Irã estava cumprindo o acordo nos termos em que Obama tinha negociado. Ele começou a falar sobre renovação.

"O presidente não vai entrar nessa", disse Priebus. "Você precisa pensar numa declaração melhor. Essa, suave, pragmática, não vai funcionar. Precisamos de uma linguagem que represente a posição do presidente Trump. Ele não vai gostar. Em segundo lugar, se ler isso, vai literalmente explodir."

Quando Priebus relatou a Trump qual era a proposta de Tillerson, o presidente retrucou: "Você não vai me enfiar isso goela abaixo!".

Priebus serviu de intermediário diplomático, indo e vindo entre o presidente e o secretário de Estado.

"Eles não estão transgredindo o acordo", disse Tillerson. A comunidade de inteligência e os aliados que eram signatários do acordo concordavam que o Irã não o estava transgredindo.

"Esses argumentos não vão funcionar" com o presidente, disse Priebus. Tillerson se manteve firme. "Então temos um problema", disse Priebus. Ele achou conveniente lembrar a Tillerson: "É o presidente quem toma decisões aqui". E tratou de se livrar da saia justa: "Não estou tentando dificultar as coisas para você".

Tillerson foi ver o presidente. "Este é um dos meus princípios-base", disse Trump. "Não sou a favor deste acordo. É o pior que já fizemos, e aqui estamos, o renovando." Como seria apenas por noventa dias, ele poderia continuar. "É a última vez. Não volte a mim tentando renovar essa coisa de novo. Não haverá mais renovação. É um acordo de merda."

Mattis encontrou um modo diplomático e mais tranquilo de concordar com Tillerson. "Bem, sr. presidente", ele disse, "me parece que eles tecnicamente estão cumprindo o acordo."

Priebus assistiu àquilo admirado. Mattis não era submisso, mas certamente sabia como lidar com Trump.

Tillerson tinha de enviar uma carta para o porta-voz Paul Ryan em 18 de abril. Trump não gostou do primeiro rascunho. Instruiu que incluísse que o Irã era um "importante patrocinador do terror" e que o Conselho de Segurança Nacional ia rever se manteria a suspensão das sanções econômicas, que era parte do acordo.[3]

Quando a carta foi divulgada pela primeira vez, os comentaristas de televisão desancaram Trump. Assistir àquilo o deixou ainda mais aborrecido. Ele ordenou a Tillerson que marcasse uma entrevista coletiva para denunciar tanto o acordo, que acabara de ser renovado, quanto o Irã. Era algo insólito, desferir um ataque pouco depois da renovação de um acordo que fora um marco na diplomacia.

Numa apresentação de cinco minutos, Tillerson leu uma lista que fora preparada com todas as queixas contra o Irã: testes de mísseis balísticos, "o maior patrocinador de terrorismo no mundo", ameaças a Israel, violações de direitos humanos, ciberataques, detenção arbitrária de estrangeiros, inclusive de cidadãos americanos, assédio a navios da Marinha dos Estados Unidos, prisão ou execução de opositores políticos, "chegando ao baixo e doloroso ponto de executar adolescentes", e apoio ao "brutal regime de Assad na Síria".[4]

O acordo com o Irã, disse Tillerson, "não atinge o objetivo de um país não nuclear. Apenas posterga seu objetivo de se tornar um Estado nuclear".

Obama tinha definido o acordo como "não vinculante", e não um tratado que exigisse a ratificação do Senado. "Talvez", disse Priebus a Trump, "possamos declará-lo um documento que precisa ser enviado ao Senado para aprovação. Algo que tire isso de nossas mãos. Entregue ao Senado e diga: aprovem isso por dois terços e declarem que é um tratado."

Trump pareceu interessado, mas logo compreendeu que estaria abrindo mão de sua autoridade ao enviá-lo ao Senado. Ele concordou que estavam momentaneamente emperrados com aquilo. Mas só momentaneamente.

Priebus, Tillerson e McMaster asseguraram que estavam "calendarizando" — como se diz na Casa Branca — para quando chegasse o momento da próxima renovação de noventa dias.

"Eles estão transgredindo o acordo", disse Trump numa reunião antes da data-limite de 17 de julho, "e vocês têm de conceber o argumento que vamos usar para declarar isso."

Um dia Tillerson foi à sala de jantar adjacente ao Salão Oval para encontrar Trump e Priebus e explicar novamente que não havia transgressão.

"Eles estão transgredindo", insistiu Trump, "e vocês devem demonstrar por qual motivo o acordo está morto e enterrado." Ele sugeriu que considerassem reabrir os termos do acordo. "E que talvez quiséssemos renegociar."

"Você tem a autoridade", disse Tillerson exasperado. "Você é o presidente. Apenas me diga o que quer que eu faça. Você dá as cartas. Farei o que disser."

Estava perigosamente próximo de quebrar os protocolos de como agir diante de um presidente.

O diretor da CIA, Pompeo, não discordava dos argumentos de Tillerson quanto ao Irã e quanto à realidade do acordo, mas, como Mattis, tinha um modo mais moderado de lidar com aquilo junto ao presidente. "Bem, entendo que é assim que funciona tecnicamente, sr. presidente."

Mattis ainda considerava o Irã a principal influência desestabilizadora na região. No privado, podia ser bem linha-dura, mas tinha suavizado o discurso. Faça com que recuem, sacaneie os caras, crave a cunha entre russos e iranianos, mas sem guerra.

A Rússia tinha advertido Mattis privadamente de que se houvesse uma guerra no Báltico não hesitaria em usar armas nucleares táticas contra a Otan. Mattis, com a concordância de Dunford, começou a dizer que a Rússia era uma ameaça à existência dos Estados Unidos.

Mattis tinha desenvolvido um estreito relacionamento com Tillerson. Tentavam almoçar juntos na maioria das semanas. A casa de Mattis ficava perto do Departamento de Estado, e várias vezes ele disse a seu pessoal: "Vou fazer uma caminhada e dar um oi a ele".

McMaster considerava Mattis e Tillerson "uma dupla", e se via fora de sua órbita, que era exatamente o que eles queriam.

Para complicar as coisas, Tillerson tinha atritos com a Casa Branca quanto à contratação de pessoal para o Departamento de Estado. Priebus convocou uma reunião com ele e meia dúzia de membros da equipe no pátio em frente ao escritório do chefe de gabinete. A certa altura Tillerson tinha se oposto terminantemente a uma pessoa sugerida pela Casa Branca para um cargo sênior e contratado quem ele queria.

Johnny DeStefano, o diretor de equipe da Casa Branca, objetou. Tillerson explodiu. "Ninguém vai me dizer quem contratar e não contratar. Quando assumi este cargo me disseram que ia escolher meu pessoal."

"É você quem vai escolher seu pessoal", disse Priebus, intervindo. "Mas o problema é que você é lento demais. Em primeiro lugar, estamos atolados porque não há pessoas onde deveria haver. Em segundo lugar, isso está nos fazendo parecer idiotas. Você precisa contratar essas pessoas até o final de julho, ou vou ter de começar a procurar gente."

Tillerson logo se envolveu em outra rusga, dessa vez no Salão Oval e diante do presidente. Ele fez pouco do assessor político Stephen Miller, um dos favoritos de Trump, acusando-o de não saber do que estava falando. "O que você já fez na vida?", ele perguntou a Miller num tom condescendente.

O secretário de imprensa da Casa Branca, Sean Spicer, comandante da reserva da Marinha, tentou várias vezes persuadir Mattis a participar dos talk shows dominicais, em nome da administração. A resposta era sempre não.

"Sean", disse finalmente Mattis, "meu trabalho era matar gente. Se me chamar novamente, vou mandar você pra porra do Afeganistão. Estamos entendidos?"

"Nunca mais vou assinar uma dessas recertificações", disse Trump. "Não consigo acreditar que estou assinando esta. Não tem como você me fazer assinar outra."

McMaster assinou posteriormente e divulgou uma estratégia de 27 páginas em relação ao Irã, com duas linhas de ação. A primeira era engajamento, o que na realidade era uma campanha de subversão para influenciar a população do Irã. A segunda era confrontação, devido a suas ações maléficas.

17

Durante a campanha presidencial, Trump tinha atacado os acordos comerciais dos Estados Unidos quase tão duramente quanto atacava Hillary Clinton. No seu entender, os acordos comerciais dos Estados Unidos permitiam que mercadorias estrangeiras mais baratas inundassem o país, o que tirava empregos de trabalhadores americanos.

Num comício em junho de 2016 num ferro-velho na Pensilvânia, ele disse que a perda de empregos era um "desastre fabricado pela política" e "consequência de um tipo de liderança que cultua o globalismo em detrimento do americanismo". O resultado era que "nossos políticos tiram do povo seus meios de ganhar a vida e de sustentar suas famílias [...] transferindo nossos empregos, nossa riqueza e nossas fábricas para o México e para além-mar". Ele fulminou Clinton "e seus amigos nas finanças globais que queriam amedrontar a América e fazê-la pensar pequeno".[1]

Quase todos os economistas discordaram de Trump, mas ele achou um acadêmico que detestava o livre mercado tanto quanto ele. Trump o levou para a Casa Branca, como diretor da política de comércio e indústria e como diretor do Conselho Nacional de Comércio. Peter Navarro, 67 anos, era ph.D. em economia em Harvard. "Esta é a visão do presidente", disse Navarro em público. "Minha função como economista é tentar prover a análise subjacente que confirme sua intuição. E sua intuição está sempre correta quanto a essas questões."[2]

Gary Cohn estava convencido de que déficits comerciais eram irrelevantes e podiam ser uma coisa boa, permitindo que os americanos comprassem mercadorias mais baratas. Mercadorias de México, Canadá e China estavam inundando o país porque tinham preços competitivos. Os americanos que gastavam menos com esses bens importados tinham mais para gastar em outros produtos, serviços e poupanças. Era a eficiência dos mercados globais.

Cohn e Navarro entraram em choque. Numa reunião do Salão Oval com Trump e Navarro, Cohn disse que 99,9999% dos economistas no mundo concordavam com ele. E era basicamente verdade. Navarro estava virtualmente sozinho.

Navarro confrontou Cohn, dizendo que ele era um idiota do establishment de Wall Street.

O cerne do argumento de Navarro era que os déficits comerciais dos Estados Unidos eram causados pelas altas tarifas impostas por países estrangeiros como a China, pela manipulação de moedas, por roubo de propriedade intelectual, por lugares de trabalho com condições desumanas e por controles ambientais frouxos.

O Tratado Norte-Americano de Livre-Comércio (Nafta) tinha sugado o sangue da indústria americana exatamente como Trump previra, disse Navarro, tornando o México uma usina industrial, enquanto levava os trabalhadores americanos à pobreza. Operários da indústria siderúrgica americana estavam sendo demitidos, e o preço do aço estava caindo. Trump devia impor tarifas ao aço importado.

O presidente disse que concordava.

"Se vocês calassem a merda da boca e ouvissem", disse Cohn a Trump e Navarro, deixando de lado a deferência por um momento, "poderiam aprender alguma coisa."

A Goldman Sachs, para Cohn, sempre tivera a ver com pesquisa, dados e fatos. Toda vez que entra numa reunião, você precisa ter informações mais documentadas e consistentes do que qualquer outra pessoa na sala.

"O problema", continuou Cohn, "é que Peter chega aqui e diz todas essas coisas sem quaisquer fatos que as sustentem. Eu tenho os fatos." Ele havia enviado a Trump um trabalho solidamente pesquisado sobre economia de serviços. Sabia que o presidente não o lera e provavelmente nunca leria. Trump detestava dever de casa.

Presidente, disse Cohn, tentando resumir, "o senhor tem uma visão da América de Norman Rockwell".* A economia dos Estados Unidos não é mais a mesma. Hoje, "mais de 80% de nosso produto interno bruto está

---

* Pintor e ilustrador popular que retratava cenas típicas da vida americana em pequenas cidades. [N. T.]

no setor de serviços". Cohn sabia que eram 84%, mas não queria ser tido como alguém que arredondava números para cima. O estilo Goldman era arredondar cuidadosamente para baixo.

"Pense nisso, senhor. No que é caminhar hoje por uma rua em Manhattan, comparado com caminhar pela mesma rua vinte ou trinta anos atrás." Ele buscou na memória um cruzamento familiar. Vinte anos antes, as quatro esquinas tinham sido ocupadas por Gap, Banana Republic, J.P. Morgan e um varejista local.

"Banana Republic e Gap não existem mais, ou são sombras de si mesmas. O varejista local não existe. J.P. Morgan ainda existe. Agora é uma Starbucks, uma manicure e o J.P. Morgan. São todos serviços. Quando se caminha hoje pela Madison Avenue, ou pela Terceira Avenida, ou pela Segunda, o que se vê são lavanderias, restaurantes, Starbucks, manicures. Não temos mais lojinhas de bairro. Não temos mais lojas de roupa. Pense para quem o senhor aluga espaço na Trump Tower."

"Tenho o maior banco chinês como um de meus principais inquilinos", disse Trump.

"Quem é seu principal varejista na Trump Tower?"

"Starbucks", respondeu Trump. "E um restaurante no subsolo. Ah, e mais dois restaurantes no subsolo."

"Exatamente", disse Cohn. "Ou seja, seu espaço de varejo hoje é para serviços. Não são pessoas vendendo sapatos, móveis, equipamentos ou eletrodomésticos. Essa é a América de hoje. Se somos mais de 80% serviços, se gastamos cada vez menos em mercadorias, temos mais renda disponível para gastar ou para fazer uma coisa milagrosa chamada poupança."

Cohn descobriu que quase tinha de gritar para se fazer ouvir. "Veja", ele disse, "a única ocasião em que nosso déficit comercial diminui" é em tempos de crise financeira como a de 2008. "O déficit comercial diminui porque nossa economia está se contraindo. Se quer que nosso déficit comercial diminua, podemos fazer isso acontecer. É só acabar com a economia!"

Por outro lado, disse Cohn, a seu modo — sem tarifas, cotas, protecionismo ou guerras comerciais —, "fazendo as coisas certas, nosso déficit comercial vai aumentar".

Quando o déficit comercial passou a aumentar mês a mês, Cohn foi até Trump, cada vez mais agitado.

"Eu disse que isso ia acontecer", Cohn reiterou. "É um bom sinal."

"Fui a regiões da Pensilvânia", disse o presidente, "que costumavam ser grandes centros do aço e agora são cidades desoladas. Ninguém tem emprego ou trabalho lá."

"Isso pode ser verdade", disse Cohn, "mas lembre que cem anos atrás havia cidades que fabricavam carruagens. Todo mundo acabou sem emprego. Elas tiveram de se reinventar. Em estados como o Colorado, a taxa de desemprego é de 2,6, porque eles vivem se reinventando."

Trump não gostou dos argumentos e não ficou convencido. "Não tem nada a ver com isso", disse.

Cohn recorreu a Lawrence B. Lindsey, um economista de Harvard que ocupara seu cargo no mandato de George W. Bush. Lindsey perguntou sem rodeios: Por que o senhor está perdendo tempo pensando em nosso déficit comercial? Devia estar considerando a economia como um todo. Se podemos comprar produtos baratos no exterior e ter um desempenho de excelência em outras áreas, como serviços e produtos altamente tecnológicos, o foco deveria ser este. O mercado global trouxe imensos benefícios aos americanos.

"Por que não fabricamos coisas em casa?", perguntou Trump. "Somos um país industrial."

Claro que os Estados Unidos fabricavam coisas, mas a realidade não batia com a visão na mente de Trump. O presidente se agarrava a uma versão desatualizada dos Estados Unidos — locomotivas, fábricas com imensas chaminés fumegantes, operários atarefados em linhas de montagem.

Cohn reuniu todos os dados disponíveis para demonstrar que os trabalhadores americanos não tinham como aspiração trabalhar em fábricas de montagem.

Todo mês, ele levava para Trump a mais recente pesquisa de aberturas de emprego e rotatividade no trabalho, feita pelo Departamento de Estatísticas do Trabalho.[3] Dava-se conta de que era tolice insistir naquilo, porque todo mês era basicamente a mesma coisa, mas não se importava.

"Posso mostrar isso ao senhor?" Cohn espalhava as páginas com dados diante do presidente. "Veja, o maior abandono de empregos — pessoas deixam o trabalho voluntariamente — foi na indústria."

"Não consigo entender", disse Trump.

Cohn tentou explicar: "Posso escolher entre ficar sentado num belo escritório com ar-condicionado e uma escrivaninha ou ficar em pé oito horas por dia. O que o senhor faria pela mesma remuneração?".

Cohn acrescentou: "Ninguém quer ficar diante de uma fornalha acesa numa temperatura de mais de mil graus. Ninguém quer entrar em minas de carvão e ficar com o pulmão preto. Pelo mesmo salário, ou mais ou menos o mesmo, todos optam por outra coisa".

Trump não estava acreditando.

Várias vezes Cohn perguntou ao presidente: "Por que o senhor pensa assim?".

"Simplesmente penso", respondeu Trump. "Penso assim há trinta anos."

"Não quer dizer que esteja certo", disse Cohn. "Durante quinze anos achei que poderia jogar futebol americano profissionalmente. Não quer dizer que era verdade."

O secretário de gabinete Rob Porter tinha sido contratado por Priebus. Chegou com boas recomendações de pessoas que tinham ocupado o cargo em outras presidências republicanas.[4] Priebus exigira de Porter quase um juramento de sangue. "É ótimo você ter estudado em Harvard e Oxford; é um cara inteligente, por quem todos põem a mão no fogo. Mas o que realmente me importa é que seja leal a mim."

Porter fora contemporâneo de Jared Kushner em Harvard, que assistira a aulas ministradas pelo pai dele, Roger Porter, que servira nas equipes do presidente Ford, do primeiro Bush e de Reagan. Jared e Porter se encontraram durante a transição por cerca de duas horas. A primeira hora também pareceu um teste de lealdade.

Trump tinha bons instintos e era um gênio político, disse Kushner, mas ia demorar até se acostumar com Porter. "Você vai ter de aprender a lidar com ele. A se relacionar com ele."

Embora não tivesse apoiado Trump durante a campanha de 2016, Porter aceitou o emprego. No dia da posse, ainda não tinha encontrado Trump. Durante o discurso, ficou sentado atrás do púlpito e se contraiu todo quando Trump invocou a "carnificina americana". Ele saiu quando faltava um terço do discurso para dedicar-se a suas obrigações antes de conhecer o novo presidente.

"Sou Rob Porter, sr. presidente. Seu secretário de gabinete." Ficou claro que Trump não tinha ideia do que era aquilo ou de quem era Porter. Jared disse a ele que Porter ia estruturar e pôr ordem em sua vida.

Trump olhou para os dois como se dissesse: "Do que estão falando? Vocês não vão fazer nada disso. Ninguém vai". Mas foi embora sem dizer nada, em busca de uma tela de TV.

O primeiro papel oficial assinado por Trump foi uma lei que autorizava James Mattis, general reformado da Marinha, a se tornar o secretário da Defesa. Mattis tinha se reformado havia menos tempo que os sete anos legalmente necessários para que lhe fosse permitido servir como secretário da Defesa.

Outro assunto foi a retirada dos Estados Unidos da Parceria Transpacífica (TPP, na sigla em inglês), um acordo regional de livre-comércio do mandato de Obama que reduzia tarifas e provia um fórum para resolver questões de propriedade intelectual e conflitos de trabalho entre os Estados Unidos e outras onze nações, incluindo Japão, Canadá e diversos países do sudeste da Ásia.

Durante a transição, muitas pessoas disseram a Trump que ele não teria de fazer aquilo no primeiro dia. Que era um pouco mais complicado. Que teria de ser discutido.

"De forma alguma, não tem como", disse Trump. "Isso estava na campanha. Não vamos recuar. Vamos assinar. Prepare o documento."

Ele assinou os documentos para a retirada formal em 23 de janeiro, primeiro dia útil completo de sua presidência.

"A agenda de comércio de Trump continua refém de forças políticas dentro da Casa Branca", escreveu Peter Navarro, assessor da Casa Branca que chefiava o Conselho Nacional de Comércio, num memorando confidencial de duas páginas endereçado ao presidente e ao chefe de gabinete Priebus em 27 de março de 2017.

Navarro, que concordava com a noção de Trump de que déficits comerciais tinham muita importância, estava furioso. Ele não tinha sido capaz de fazer progresso algum nos primeiros dois meses da presidência de Trump. "É impossível levar à sua mesa uma questão comercial para ser considerada em tempo hábil", escreveu Navarro.

Ele descarregou em cima de Rob Porter. "Qualquer proposta de ação para o comércio que passe pelo secretário de gabinete tende a se diluir, atrasar ou ficar pelo caminho."

Cohn "formou uma grande base de poder na Casa Branca e seus dois principais assessores para o comércio... são talentosos operadores políticos fundamentalmente contrários à agenda comercial de Trump. O que a imprensa não contou é que o secretário do Tesouro Mnuchin é parte da 'Ala de Wall Street' de Cohn, que tem bloqueado ou postergado eficazmente toda proposta de ação no comércio".

Navarro identificou quem estava combatendo "os ventos contrários" de Cohn: Bannon, Stephen Miller, o secretário de Comércio Wilbur Ross e ele próprio.

"Sr. presidente, está ciente de que sob pressão do grupo de Cohn fui rebaixado desde o dia um de assessor para vice, não recebi uma equipe para o comércio, fiquei quase três semanas sem escritório e não tive acesso direto ao Salão Oval?"

Usando uma analogia que com certeza seria compreendida por Trump, ele disse: "Na terminologia do golfe, só recebi um taco de ferro nº 5 e um putter, e a ordem de fazer o par no comércio, uma tarefa impossível". Navarro propôs que se desse a ele e ao Conselho Nacional de Comércio mais poder, pessoal e acesso. Incluiu alguns artigos de jornal que criticavam Cohn e relatavam o aumento de seu poder.

Navarro passou o memorando a Porter para que fosse entregue a Trump e a Priebus. O secretário de gabinete estava tentando se apresentar como o intermediário honesto, mas ele tinha ensinado economia em Oxford e estava convencido de que a visão de Navarro era desatualizada e insustentável. Para Porter, Navarro era um membro da Sociedade da Terra Plana na questão dos déficits comerciais, assim como o próprio presidente.

Porter e Cohn tinham formado uma aliança. O secretário de gabinete era, definitivamente, um membro da "Ala de Wall Street".

Ao mesmo tempo, Porter via claramente que Navarro representava o sentimento de Trump em relação ao comércio. Se entregasse o memorando, poderia intensificar a disputa na questão da política comercial e acabar gerando um grande confronto.

Porter mostrou o memorando a Priebus.

"É uma ideia terrível", disse Porter. "Não vou passar isto. Vou guardar na minha mesa, com meus arquivos. Não vai a lugar nenhum."

Priebus não discordou.

Porter tornou a conversar com ele sobre comércio. "Temos de fazer alguma coisa quanto a isso", disse. "Está uma confusão absoluta e completa." Ele se referia à disputa entre as duplas Cohn/Mnuchin e Navarro/Ross. "É um rolo, um caso de cada um por si."

"Bem", disse Priebus, "o que acha que deveríamos fazer?"

"Alguém tem de coordenar o comércio."

"E quem seria?", perguntou Priebus.

"Numa administração normal, o Conselho Econômico Nacional e Gary Cohn", disse Porter. Sua função seria reunir todos os pontos de vista, todos os dados, integrá-los e, se possível, apresentar ao presidente opções, tomar uma decisão e desenvolver um plano de implementação.

Priebus entendia aquilo.

"Gary Cohn não pode fazer isso", disse Porter, "porque ele se identifica como globalista. Peter Navarro e Wilbur Ross nunca deixarão que ele seja agente e coordenador de coisa alguma, nunca vão respeitar o cara." De qualquer maneira, "ele não quer fazer isso".

"Bem", disse Priebus, adotando o hábito gerencial de Trump de pegar quem estivesse mais à mão no recinto, "por que *você* não faz?"

E assim Porter, o secretário de 39 anos sem experiência anterior no setor executivo, tornou-se coordenador de política comercial e assumiu o comando de um dos mais importantes pilares da presidência de Trump.

Porter começou a presidir reuniões sobre comércio toda terça-feira, às 9h30, no Salão Roosevelt. Convidava todas as partes interessadas. Priebus deu sua bênção, mas não anunciou nada. Apenas aconteceu. Logo estavam comparecendo meia dúzia de secretários do gabinete e membros seniores da equipe.

Trump descobriu depois sobre as reuniões, porque conversava muito sobre comércio com Porter. Ele tinha desenvolvido um relacionamento bastante próximo com o presidente, e havia passado tempo o bastante com ele para que todos os outros pensassem que sua autoridade para presidir a coordenação do comércio tinha vindo de Trump.

Enquanto isso, Robert Lighthizer, um advogado de Washington que fora vice do Departamento de Comércio de Reagan, foi confirmado em 11 de maio como representante de comércio dos Estados Unidos. Ele era a pessoa que supostamente estaria encarregada das questões relativas ao tema.

Em 17 de julho, Lighthizer e Navarro levaram um grande cartaz para mostrar a Trump no Salão Oval, uma coleção de boxes e setas em cores brilhantes intitulada "Cronologia da agenda comercial". Era uma visão de uma agenda protecionista de Trump com quinze datas projetadas para recomeçar negociações ou tomar medidas quanto ao acordo comercial Korus, com a Coreia do Sul, e o Nafta, e deslanchar investigações e ações relativas a alumínio, aço e peças automotivas. Propunha a imposição de tarifas para importação de aço em menos de dois meses, após o Dia do Trabalho.

Navarro e Lighthizer começaram a apresentação. Trump pareceu muito interessado.

Porter chegou alguns minutos depois e logo começou a discordar veementemente, reclamando que o processo adotado por Lighthizer e Navarro era irregular. Desde 22 de março, quando explicitara as regras num memorando de três páginas, Priebus tinha exigido documentação formal para reuniões e decisões presidenciais. O memorando dizia, em negrito: **"Decisões não são finais — e portanto não devem ser implementadas — até que o secretário de gabinete preencha um memorando com elas e ele tenha sido analisado e assinado pelo presidente"**. Sabendo como funcionava a Casa Branca de Trump, o memorando também dizia, em negrito: **"Decisões improvisadas serão estritamente provisórias"**.

Porter disse que várias das medidas propostas no cartaz exigiam autorização do Congresso. "O senhor não tem autoridade para isso", ele avisou.

Não houve uma tentativa de coordenar os argumentos. "Peter e Bob representam um ponto de vista", disse Porter. "O senhor precisa ter o ponto de vista do Comércio [Wilbur Ross]. Precisa ter o ponto de vista do Tesouro [Mnuchin]. Precisa ter o ponto de vista do Conselho Econômico Nacional [Cohn]. Precisamos avaliar e ter um processo."

Por um momento, mas apenas por um momento, as questões comerciais davam lugar a um processo. Nada avançou.

18

Na primavera, Bannon viu que a constante desordem na Casa Branca não estava ajudando ninguém. "Você é o responsável", disse a Priebus. "Tudo que eu fizer vai passar por você. Não vou fazer mais nada por conta própria." Um chefe que não assumia o comando tinha se tornado disruptivo demais até mesmo para o disruptor diplomado e solitário Steve Bannon.

Era uma grande concessão que Jared e Ivanka não fariam. Na opinião de Priebus eles constituíam um departamento próprio e hermético. Não conseguia incluí-los em nenhum programa ordenado. O arranjo estava fazendo mal a todos. A ele. A eles.

"Não acha que eles deveriam estar aqui?", Trump perguntou em várias ocasiões.

Não, não deveriam, respondia Priebus toda vez. Mas nada acontecia. Ele acreditava que não fazia sentido expulsar a filha e o genro de Trump da Casa Branca. Ninguém podia despedir a família. Aquilo não ia acontecer.

O presidente chegou ao ponto de dizer algumas vezes: "Jared e Ivanka são democratas moderados de Nova York". Era mais uma descrição do que uma reclamação.

Bannon estava convencido de que Jared tinha vazado uma história para o jornal britânico *Daily Mail* sobre Trump ter explodido com ele e Priebus, impedindo-os de viajar no Força Aérea Um, o avião presidencial, para a Flórida.[1] Não era verdade que tivessem sido excluídos. Ambos tinham desistido de viajar naquele dia. "Você armou uma merda de uma situação contra mim", Bannon disse a Kushner. "Sujou Reince com essa história. Sei que foi você."

Kushner negou veementemente e pareceu ofendido com a acusação. Ele estava convencido de que Bannon tinha vazado uma história para o *New York Times* sobre sua reunião em dezembro de 2016 com o embaixador russo, jogando combustível nas alegações de que a campanha de Trump tivesse tramado um conluio com a Rússia.[2]

Durante uma reunião no escritório de Priebus, Bannon e Ivanka bateram de frente.

"Você é uma merda de uma funcionária!", Bannon finalmente gritou para Ivanka. "Não é mais do que isso!" Ela tinha de trabalhar subordinada ao chefe de gabinete como todos os outros, insistiu Bannon. Era preciso haver alguma ordem. "Você fica andando por aí e agindo como se estivesse no comando, mas não está. É parte da equipe!"

"Não sou uma funcionária!", ela gritou. "Nunca serei. Sou a primeira-filha" — ela realmente usava esse título — "e nunca vou ser uma funcionária!"

A divisão se ampliou.

Bossie, subchefe da campanha de Trump, ainda mantinha contato estreito com Bannon, apesar de não ter sido indicado para um cargo na Casa Branca. Bannon estava conduzindo um ataque frontal contra Kushner, e Bossie lhe deu alguns conselhos.

"Steve", disse Bossie, "um de vocês é o pai dos netos dele, o outro não é. Se ponha no lugar do presidente. Do lado de qual dos dois você ficaria?"

Priebus tinha seus problemas com Bannon, mas Bannon tinha entrado na linha e era dez vezes mais unificador que Jared e Ivanka.

Priebus ainda encontrava dificuldade para fazer McMaster se entender com Trump. Quando o assessor de segurança nacional chegava ao Salão Oval para reuniões agendadas, o presidente dizia com frequência: "Você de novo? Acabei de te ver". Para Trump, o estilo McMaster de se reportar ao chefe não fazia sentido. Era o oposto do que esperava em quase todos os aspectos. McMaster era um homem da ordem e da disciplina, da hierarquia e do pensamento linear. Trump ia de A a G e depois pulava para de L a Z. Ou voltava para D ou S. McMaster era incapaz de ir de A a C sem passar por B.

Priebus descobriu que McMaster também era um tanto cabeça quente. O primeiro-ministro da Índia, Narendra Modi, que tinha sido cortejado assiduamente por Obama, ia fazer uma visita aos Estados Unidos em junho para conhecer Trump. A Índia era o contrapeso para o Paquistão, que estava causando à nova administração tantos problemas quanto causara às anteriores, ao proteger o terrorismo. Modi queria ir a Camp David para jantar e estabelecer uma ligação com Trump.

É carta fora do baralho, disse Priebus a McMaster. "Vai ser apenas um jantar. É isso que o presidente quer."

"Que porra é essa?", explodiu McMaster. "É a Índia, cara. É a porra da Índia." Ele compreendia a importância estratégica do país, inimigo jurado do Paquistão. Uma aproximação e relações firmes eram essenciais.

O evento com Modi acabou sendo um coquetel de recepção simples e despojado.[3] O jantar de trabalho foi na Casa Branca.

Donald Trump, muito emocionado, ligou para seu secretário de Defesa, James Mattis, no Pentágono, na manhã de terça-feira, 4 de abril. Era o terceiro mês de sua presidência. Fotos e vídeos de um ataque com gás sarin aos rebeldes sírios inundavam a Casa Branca.

Fora um ataque horrível, brutal, que matara dezenas de pessoas. Entre os mortos havia mulheres e crianças — incluindo bebês, lindos bebês. Sufocando, a boca espumando, os pais atingidos pela dor e pelo desespero. Tinha sido obra do ditador sírio Bashar al-Assad, atacando seu próprio povo.

"Vamos matar a porra desse cara!", disse o presidente. "Vamos entrar lá. Vamos matar esses filhos da puta."

As forças militares podiam lançar um ataque aéreo ultrassecreto à liderança da Síria.

Trump soava como se tivesse sido atacado pessoalmente. A Síria tinha prometido não usar armas químicas — aparentemente uma alusão ao acordo em que o presidente Assad aceitara destruir todas as armas químicas.

Sim, disse Mattis, ele ia tratar daquilo imediatamente.

Desligou o telefone.

"Não vamos fazer nada disso", disse a um assessor de alto escalão. "Vamos ser muito mais comedidos."

Eles iam desenvolver opções para ataques aéreos convencionais nos três níveis-padrão: pequeno, médio e grande.

Mattis viu que a administração tinha sido presenteada com uma rara oportunidade, uma oportunidade de ouro, para fazer alguma coisa sem fazer demais — mas certamente mais do que Obama.

Em 2012, Obama tinha anunciado que o uso de armas químicas por Assad seria o limite. No ano seguinte, Assad matou 1400 civis com armas químicas. Obama instruiu os militares a preparar um plano de ataque, mas ficou indeciso. Queria evitar outro conflito armado e outro atoleiro.

Foi Vladímir Pútin, entre todos, quem o resgatou. O líder russo intermediou um acordo sob o qual Assad concordaria em destruir todas as armas químicas. Assombrosas 1300 toneladas delas foram removidas da Síria.

Obama desfrutou do sucesso. Em 2014, disse: "Fizemos uma importante conquista em nosso esforço contínuo para conter a disseminação de armas de destruição em massa, ao eliminar o estoque declarado de armas químicas da Síria".[4] O secretário de Estado John Kerry foi além: "Eliminamos 100% das armas químicas".[5]

Relatos confidenciais da inteligência discordavam. Em 2016, Clapper disse publicamente: "A Síria não declarou todos os elementos de seu programa de armas químicas".[6]

Enquanto a guerra civil no país prosseguia, foi atribuído a Obama um fracasso estratégico. O conflito tinha deixado mais de 400 mil mortos e milhões de refugiados.

Após o ataque químico, McMaster e seu chefe para o Oriente Médio no Conselho de Segurança Nacional, Derek Harvey, entraram em ação na Casa Branca para desenvolver opções.

Bannon tinha ciência do que estava em progresso. Era impossível não perceber. Quando Trump pegava fogo, todos em sua órbita sentiam o calor. Bannon confrontou Harvey num corredor da Casa Branca.

"Que porra vocês estão fazendo?", perguntou.

"Desenvolvendo opções para o presidente", respondeu Harvey. "Ele pediu, e é assim que o processo funciona."

O processo era exatamente o que Bannon detestava. Ele o via como inclinado para uma ação militar, um endurecimento, com um *momentum* e um conceito próprios: os Estados Unidos como a polícia do mundo. "Faça alguma coisa" tinha se tornado o mantra; "conserte isso". Eles nem mesmo haviam respondido à pergunta de Trump sobre o que exatamente os Estados Unidos estavam fazendo com sua grande presença no Oriente Médio.

Bannon viu a mão de Ivanka naquilo. Ela sabia melhor do que ninguém como lidar com o pai. Havia levado para a casa dele fotos dos bebês sofrendo ou mortos. O ataque a gás fora um verdadeiro horror, Bannon compreendia, mas uma resposta militar era exatamente o que Trump não deveria querer.

Em agudo contraste, Derek Harvey estava cansado de gerenciar a política de segurança nacional para chegar a resultados inconclusivos. A Síria era um caso de estudo clássico de palavras e meias medidas pouco eficazes. Agora havia uma oportunidade de maximizar uma resposta militar.

A opção mediana era um ataque a um aeródromo com cerca de sessenta mísseis Tomahawk.

"Temos aqui a oportunidade de fazer mais", argumentou Harvey para McMaster, "e temos de pensar em atingir múltiplos aeródromos." Aquilo poderia ter um impacto real. "Eliminar o poder aéreo deles, que é um multiplicador de poder para o regime. Estamos tentando configurar o estágio final e pôr mais pressão no regime para que se engaje politicamente."

Harvey disse que eles deveriam "aniquilar a força aérea deles, não 15% ou 20%. Vamos eliminar 80% dela". Aquilo significaria usar duzentos Tomahawk, mais do que o triplo dos sessenta da opção média.

"Derek, eu sei", disse McMaster, "mas temos de lidar com a realidade de Mattis", que "está me repreendendo pela direção que estamos tomando aqui."

Mattis queria ser cuidadoso. Ação, em qualquer formato, era arriscado. Havia russos trabalhando nos aeródromos sírios; matem russos e terão um cenário totalmente novo, um confronto ou uma catástrofe.

Foi marcada uma reunião do Conselho de Segurança Nacional para discutir opções. Bannon se valeu de seus privilégios de livre acesso e foi sozinho falar com Trump no Salão Oval. Disse ao presidente que parte do processo de evitar guerras e compromissos exteriores desnecessários era não responder com mísseis, como estavam propondo seus assessores.

Entre na história e trate de se fazer ouvir, disse Trump.

Numa declaração pública em 4 de abril, o presidente atacou tanto Assad quanto Obama. "Esses atos hediondos do regime de Bashar al-Assad são uma consequência da fraqueza da administração anterior. O presidente Obama disse em 2012 que ia estabelecer um limite contra o uso de armas químicas, e depois não fez nada."[7]

Na reunião do Conselho de Segurança Nacional, foram apresentadas as três opções: quente, morna e fria. A maior era um ataque com duzentos mísseis a todos os aeródromos sírios; a mediana era de sessenta mísseis; e a menor era de quase nenhum, ou de absolutamente nenhum.

A lista de alvos potenciais era grande. Em 2013, quando Obama tinha ameaçado atacar com mísseis, aprovara uma lista de alvos que incluíam um complexo do governo que abrigava o programa de armas químicas. Ele não integrava a lista atual porque Mattis e o Pentágono queriam manter o ataque o mais estrito possível.

Mattis o tinha redimensionado para atingir um só aeródromo com sessenta mísseis. Um complexo residencial no aeródromo também foi retirado da lista devido à probabilidade de que houvesse lá membros das famílias dos funcionários.

"Se esse é o padrão", argumentou Bannon, "me deixem tirar algumas fotos da África subsaariana. Me deixem tirar algumas fotos do que está acontecendo aqui embaixo, na Guatemala e na Nicarágua. Se esse é o padrão para uma porra de um ataque com mísseis, vamos para todos os lugares. Vamos fazer tudo." Ele achava que tinha o presidente a seu lado.

"Vai ser mais uma picadinha", continuou Bannon. Se vão atacar, façam algo dramático, acrescentou, sarcástico. "Isto é muito Clinton", disse, lançando o maior dos insultos. "Vocês vão soltar um par de mísseis numa pista que estará totalmente de volta e operacional em um ou dois dias."

Mas então os defensores da opção mediana conquistaram o presidente. Bannon achou aquilo insidioso. O argumento deles era de que não estavam planejando o início de uma guerra. Era uma operação com uma mensagem, projetada para evitar uma.

Na sexta-feira, Trump voou para Mar-a-Lago e à noite convocou uma reunião do Conselho de Segurança Nacional num Centro de Informações Sigilosas Compartimentadas, um local secreto e protegido contra escuta. Estavam presentes catorze pessoas — incluindo Tillerson, Priebus, McMaster, Kushner, Bannon, Cohn e Dina Powell, vice-conselheira de segurança nacional para estratégia. Mattis participava por teleconferência. A opção mediana de sessenta mísseis lançados do mar estava sobre a mesa. Os alvos eram aviões sírios em terra, abrigos reforçados para aviões, instalações de estocagem de petróleo e outros materiais, casamatas para fornecimento de munição, sistemas de defesa antiaérea e radar.

Trump tinha recuado de seu desejo inicial de matar Assad. Estava focado em detalhes, o que era incomum. Tinha uma série de perguntas sobre riscos. O que acontece se um míssil ou mais se desvia do curso? O que acontece se atingirmos uma escola? Qual é a possibilidade de matar civis?

Mattis transmitiu segurança e certeza. Eram os melhores navios e os melhores homens.

Trump pediu para falar em linhas protegidas com os capitães dos dois navios, o USS *Porter* e o USS *Ross*, ambos destróieres providos de mísseis teleguiados. Ele disse aos comandantes: Vou em frente com este ataque hoje à noite. Vocês são os melhores na programação dos mísseis?

Os dois capitães asseguraram que sim. Trump então deu uma volta na sala e perguntou a cada um qual era sua opinião. O que você acha? Se alguém aqui discorda quero ouvir agora, não depois.

Houve concordância e até mesmo forte apoio.

A inteligência mostrava, convincentemente, que os russos estariam em apenas um dos conjuntos do aeródromo. A hora do ataque — 4h40 na Síria — provia uma virtual garantia de que eles não estariam trabalhando perto de um avião. Cerca de quinze minutos antes do impacto dos Tomahawk um alerta foi enviado para os russos no aeródromo. O homem que atendeu o telefone parecia estar embriagado.

Trump deu o sinal verde para sua primeira ação militar significativa. Cinquenta e nove Tomahawk atingiram seus alvos; um caiu no Mediterrâneo logo após o lançamento.

Trump foi jantar com o presidente chinês Xi Jinping, que estava visitando Mar-a-Lago por conta de uma reunião de cúpula para discutir comércio e Coreia do Norte. Quando estava sendo servida a sobremesa, Trump disse a Xi: "Estamos em pleno processo de bombardear a Síria por causa do ataque com gás".

"Repita, por favor", pediu Xi por intermédio do intérprete. Trump repetiu. "Quantos mísseis?", perguntou Xi.

Trump disse 59.

"Cinquenta e nove?", repetiu Xi.

Trump confirmou.

"Certo", disse Xi. "Compreendo. Ótimo, ele mereceu."

E com aquilo o jantar terminou.

Depois, Bannon chamou Harvey de "belicista. Você e H. R. estão tentando começar uma guerra".

Por volta de meia-noite, Trump ligou para o senador Lindsey Graham.

"Acordei você?", perguntou o presidente.

"Sim", disse Graham.

"Desculpe."

"Não, estou contente que tenha ligado, sr. presidente."

"Aposto que é o cara mais feliz do mundo agora."

"Feliz não é a palavra correta. Estou orgulhoso do meu presidente." Graham poderia ouvir um alfinete cair. "O que fez deveria ter sido feito há muito tempo."

"Uns cem países telefonaram", disse Trump.

Graham pensou: Provavelmente uns dez.

"Estão todos me ligando, me dando tapinhas nas costas. Sabe o que o presidente chinês disse? Quando contei para ele na sobremesa que tínhamos acabado de lançar 59 mísseis em Assad? 'Ótimo, ele mereceu!'"

Um golpe no modelo de Bannon, pensou Graham.

"Obama", disse Trump, "é um babaca e um fraco. Nunca faria isso."

"E a omissão dele custou a vida de 400 mil pessoas", disse Graham, mencionando o número de mortos de toda a guerra na Síria.

Trump continuou, falando das crianças — queimadas, com a pele descascando, lesões horripilantes, mortas.

"Posso lhe mostrar fotos assim de todo o Oriente Médio", disse Graham. Ele parecia não saber que estava ecoando Bannon quanto às atrocidades contra direitos humanos no mundo inteiro. "Você fez a coisa certa, não porque ele matou essas crianças, ou pela maneira como o fez. Ele foi um cara de pau, dizendo a todo mundo: fodam-se. E você disse: não, foda-se você!"

Graham conhecia o linguajar de Trump, e juntou um "foda-se" a outro muito maior. "É isso que está dizendo a ele: foda-se. E vai ter de prestar atenção no que vem a seguir. O que vai fazer se eles consertarem os danos àquela base e recomeçarem a lançar ataques e a despejar bombas em crianças? Precisa estar preparado para isso. Porque é um soco na cara."[8]

O problema não era tanto e apenas o das armas químicas, disse Graham, mas o bombardeio de civis. Não se podia permitir aquilo, com arma nenhuma.

"Se você não fizer", pressionou Graham, "tudo o que ganhou será perdido. Porque ele vai dizer: está bem, foda-se, vou matar de outra maneira. É isso que Assad vai dizer a você. Isso é um teste. Fazer uma vez e considerar resolvido não é a resposta correta. O sacana tem de saber que, se decolar daquela base aérea e bombardear um bando de crianças com bombas, você vai liquidá-lo."

Sempre que um comandante em chefe começa a atirar, mesmo que apenas 59 Tomahawk, a opinião política e a pública tendem a se alinhar ativamente em volta dele. Aquela não foi uma exceção. Trump foi quase universalmente louvado por sua rápida e decisiva resposta.

Na manhã seguinte, o senador John McCain apareceu no *Morning Joe*, noticiário do canal a cabo MSNBC. "O sinal que foi enviado na noite passada, como você diz, foi muito, muito importante."[9]

O anfitrião Joe Scarborough disse que fora importante não só para a Rússia e para Assad, mas também para a China e a Coreia do Norte. "E para nossos amigos", acrescentou McCain. "Uma porção de países árabes querem ser nossos parceiros se acharem que podem contar conosco."

Scarborough observou que os sunitas tinham sentido pouca disposição da gestão de Obama para defendê-los. "O que houve esta noite muda isso?"

"Começa a mudar", disse David Ignatius, colunista do *Washington Post*, que participava do painel que comentava o ataque. "Eles querem ver mais."

McCain elogiou a equipe de segurança nacional de Trump e elogiou o presidente por ter lhe dado ouvidos. "O que é mais encorajador para mim é que ele respeita Mattis. Ele respeita McMaster."

Alguns dos maiores elogios foram de especialistas em política exterior surpresos. Anne-Marie Slaughter, que tinha sido diretora da poderosa equipe de Planejamento Político no Departamento de Estado durante os primeiros dois anos de Hillary Clinton como secretária de Estado na gestão Obama, tuitou: "Donald Trump fez a coisa certa na Síria. Finalmente!! Após anos em que torcemos as mãos inutilmente diante de atrocidades hediondas".[10]

Nos dias e semanas que se seguiram, Trump disse com frequência a seus assessores na Casa Branca que não achava que o ataque à base aérea tinha sido suficiente. Os Estados Unidos não deviam fazer mais do que aquilo? Ele brincava com a ideia de ordenar um ataque a Assad sem uma liderança identificada.

Tinha sido informado ou lera alguns trabalhos sobre o que agentes químicos faziam ao corpo humano. "Vocês se dão conta de como é?", perguntou a certa altura. Ele formava uma imagem visual. Os pulmões se enchem. Você sufoca, sua boca espuma. Baba, cegueira, paralisia. Vômito, urina e defecação incontroláveis. Dor excruciante em todo o corpo, especialmente cólicas abdominais. Convulsões. Os órgãos ficam desconectados do cérebro. Depois de dez minutos de tortura, morte. Crianças. Bebês.

Ele queria opções. E elas eram abundantes. As forças militares dos Estados Unidos tinham todas as forças letais imagináveis. O que poderia fazer?, ele queria saber.

O secretário Mattis estava alarmado com a ideia de que Trump pudesse ordenar um segundo ataque e trabalhou para enterrar e desencorajar outra ação militar na Síria.

Após algumas semanas, a indignação de Trump amainou e ele se voltou para outros assuntos.

McMaster reclamou com Jared que lhe faltava autoridade para levar adiante as decisões. Como a maioria dos secretários de Estado e de Defesa, Tillerson e Mattis não queriam um assessor de segurança nacional que fosse muito forte.

Numa ocasião, após o ataque à Síria, o presidente quis alguma informação sobre provocações recentes da Rússia e do Irã na Síria. Os Estados Unidos tinham matado alguns soldados do Hezbollah patrocinados pelo Irã na estrada a leste de Palmira e derrubado um drone armado iraniano. Trump tinha algumas perguntas para McMaster. O que acontece se americanos forem mortos? O que vamos fazer? Quais são as opções?

McMaster ligou para Tillerson e para Mattis. Não houve resposta. Ele convocou Harvey e o atacou duramente. Palavrões voaram. Esta tarefa é sua, traga aqui seu pessoal.

Nove horas se passaram, e ainda não chegara resposta de Tillerson ou de Mattis.

O estado-maior do Pentágono foi à Casa Branca para informar Harvey. O Departamento da Defesa tinha algumas opções de ataque, mas nenhum estudo sobre o que poderia acontecer se americanos fossem mortos em Tanf, cidade fronteiriça da Síria onde operavam as forças dos Estados Unidos. Ou se um navio americano fosse atingido por uma mina.

Para McMaster e Harvey aquilo era inacreditável. Não havia respostas à mão. Mas Trump logo esqueceu as perguntas.

19

"Quero um decreto determinando a retirada dos Estados Unidos do Nafta" — o Tratado Norte-Americano de Livre-Comércio — "e quero isso na minha mesa até sexta-feira", ordenou o presidente Trump.

Reunidos com ele no Salão Oval, na terça-feira, 25 de abril, estavam o vice-presidente Pence, o secretário de Comércio Ross, Kushner, Porter e Navarro. O presidente queria anunciar aquilo em seu centésimo dia no cargo.

Quando ninguém rejeitou a ideia nem fez objeções, Porter, que vinha presidindo as reuniões sobre comércio nas manhãs de terça-feira, observou que aquilo não poderia ser feito mediante um decreto-lei, e sim por um aviso-prévio de 180 dias, como era requerido no acordo de comércio.

"Existe aqui um problema enorme de timing", disse a Trump e aos outros, "porque não importa quão rápido renegocie o Nafta, sob as regras da Agência para Promoção do Comércio, isso vai levar tempo." Um acordo renegociado teria de ser aprovado pelo Congresso, o que levaria mais de 180 dias.

Porter era a pessoa mais jovem e mais inexperiente no recinto. "Não queremos um hiato", ele continuou, "um período no qual não tenhamos nenhum acordo. Temos um problema de timing. Não podemos dar partida no relógio de 180 dias a nosso bel-prazer."

Os outros ficaram em silêncio, parecendo incentivar Trump. Porter estava apavorado com o fato de o presidente cogitar uma retirada antecipada do Nafta. O acordo tinha sido o fundamento da segurança econômica e nacional da América do Norte durante mais de duas décadas. Suspendia barreiras tarifárias entre os Estados Unidos, o Canadá e o México. O comércio anual entre os três era de mais de 1 trilhão de dólares. O comércio dos Estados Unidos, separadamente, com o Canadá e com o México era quase tão grande quanto o comércio com a China, seu maior parceiro comercial.

"Precisamos de um processo que garanta que estamos fazendo isso da maneira correta, que pensamos em todos os detalhes." Porter fez um gesto em direção a Pence, Ross, Kushner e Navarro. "É ótimo que essas pessoas estejam aqui, mas Gary Cohn não está. Steve Mnuchin não está. Compreendo que queira agir rápido", mas temos de ir mais devagar.

"Não me importo com nada disso", disse Trump. "Quero isso na minha mesa até sexta-feira."

Porter foi ver McMaster para arregimentar seu apoio. McMaster não estava muito envolvido na discussão sobre comércio, mas disse concordar que a retirada do Nafta seria um pesadelo para a segurança nacional, e um pesadelo desnecessário. Ia irritar os aliados. Estou com você, ele prometeu.

Foi convocada uma reunião de emergência para o dia seguinte, no Salão Roosevelt, com os secretários da área e os assessores seniores.[1] O pavio tinha sido aceso. Aparentemente só tinham um ou dois dias antes de Trump assinar.

Enquanto Navarro pressionava pela retirada, o secretário de segurança interna John Kelly e outros disseram que passar a ideia de uma ameaça da saída dos Estados Unidos seria uma boa bandeira, mas efetivamente realizá-la seria catastrófico. Os Estados Unidos estariam dando um tiro no pé. Os efeitos seriam enormes. Ia perturbar os mercados financeiros e levar a retaliações imediatas. Parceiros de comércio em todo o mundo iam se perguntar o que viria em seguida.

Depois que a reunião se dispersou, a caminho do Salão Oval para repassar os documentos que Trump queria prontos, Porter deteve o secretário de Agricultura Sonny Perdue, que tinha acabado de assumir o cargo. Ele era um ex-governador republicano da Geórgia, o primeiro do partido desde a Reconstrução.

"Sonny", disse Porter, "por que você não vem também?" Wilbur Ross se juntou a eles no Salão Oval.

"O Nafta foi uma enorme dádiva para os interesses agrícolas americanos", disse Perdue a Trump. "Exportamos 39 bilhões por ano para o México e o Canadá. Sem isso, não teríamos mercado para esses produtos. As pessoas que mais vão perder se nos retirarmos do Nafta são sua base, seus apoiadores."

Perdue mostrou a Trump um mapa dos Estados Unidos que indicava os estados e condados nos quais as perdas na agricultura e na indústria seriam mais duras. Muitos tinham votado em Trump.

"Não é apenas sua base", disse Perdue, "é a sua base em estados que são importantes e oscilam em eleições presidenciais. O senhor simplesmente não pode fazer isso."

"Tá", disse Trump, "mas eles estão nos ferrando. Temos de fazer alguma coisa."

O presidente decidiu que deveriam amplificar publicamente a retórica da ameaça, mas sem enviar o aviso de 180 dias.

Jared comunicou a Porter: "O presidente concordou em não se retirar por enquanto".

Porter sabia que tudo com Trump era provisório, mas estava surpreso por terem chegado tão próximo do limite. E ainda não tinha terminado.

Peter Navarro entrou sorrateiramente no Salão Oval para uma reunião ad hoc não agendada com o presidente.

"A única coisa que fizemos foi nos retirarmos do TPP", disse o presidente, referindo-se à Parceria Transpacífica. "Por que não fizemos nada mais quanto ao comércio?"

"O processo na secretaria de gabinete está segurando tudo", disse Navarro.

"Madeleine." Trump falava com sua assistente, Madeleine Westerhout. "Chame Rob aqui agora mesmo."

Porter subiu correndo as escadas para o Salão Oval.

"Por que está adiando essa porra?", Trump disse a Porter. "Por que não estamos terminando isso? Faça seu trabalho. Vamos. Você está me enrolando. Quero fazer isso."

O presidente estava falando sério. Porter rascunhou uma carta de notificação prévia de 180 dias a ser assinada por Trump, dizendo que os Estados Unidos iam se retirar do Nafta.

Porter estava cada vez mais convencido de que aquilo poderia desencadear uma crise econômica e nas relações exteriores com o Canadá e o México. Foi ver Cohn.

"Posso impedir", disse Cohn. "Vou simplesmente tirar o documento da mesa dele antes de ir embora." Ele de fato tirou. "Se quiser mesmo assinar, vai precisar de outro."

"Vamos fazer com que ande devagar também", prometeu Porter.

Cohn sabia que o presidente poderia facilmente mandar preparar outra cópia, mas se o documento não estivesse ali na sua frente, ele provavelmente ia esquecê-lo. Se estivesse fora de vista, estaria fora da mente.

Porter concordou. A memória de Trump precisava de um gatilho — algo sobre a mesa, que tivesse lido no jornal ou visto na televisão. Ou de Peter

Navarro se esgueirando novamente para o Salão Oval. Sem alguém ou algo que a ativasse, poderiam passar horas, dias ou até mesmo semanas até ele pensar: Espere aí, se vamos nos retirar, por que não o fizemos ainda? Sem um gatilho, talvez aquilo nunca acontecesse.

Sonny Perdue fez uma apresentação na Sala da Situação, no dia 4 de maio, sobre o papel da agricultura no comércio.[2] Dados confidenciais da inteligência mostravam que, se os Estados Unidos impusessem novas tarifas sobre produtos chineses, o outro país retaliaria com suas próprias tarifas.

Os chineses sabiam como infligir sofrimento e dor na economia e na política. Os Estados Unidos estavam no jardim de infância e eles, no ph.D. A China sabia quais distritos congressionais produziam quais produtos, como a soja. Sabiam que distritos com votos oscilantes seriam importantes para manter o controle da Casa Branca. Podiam atribuir tarifas aos produtos desses distritos, ou em nível estadual. O país poderia visar o bourbon do Kentucky de McConell e os laticínios da Wisconsin de Paul Ryan.

Vários dias depois, Wilbur Ross apresentou sua visão sobre os déficits comerciais. Ecoando o presidente, disse que déficits comerciais são a estrela guia e, no caso, eram a marca de nossa instabilidade e fraqueza econômicas. O presidente estava focado em déficits comerciais, lembrou a todos, então eles também deveriam focar nisso.

Porter despiu a carapuça de intermediário honesto. "Déficits comerciais não têm importância", disse ele, "ao menos com países individuais. É um modo de pensar absurdo." Foi provavelmente o tom mais desrespeitoso que usara com um membro do governo. "A política comercial, especialmente os acordos comerciais que negociamos, não é um impulsor primário de nosso déficit comercial." Esse déficit depende de condições econômicas, de qual país pode produzir várias mercadorias com mais eficiência e menos custo, das taxas de poupança e dos valores das moedas. Todas as políticas protecionistas não são de nosso interesse econômico.

"Bem", disparou Ross em resposta, "eu ganhei bilhões de dólares e trabalhei em Wall Street. Sei como esses mercados trabalham. Você não entende de oferta e demanda." Se os Estados Unidos aplicarem tarifas sobre a China e eles retaliarem, podemos comprar produtos de outros países.

Na primavera de 2017, Ross negociou um acordo com a China segundo o qual os Estados Unidos importariam frango e exportariam carne bovina. Ele o chamou de "uma realização hercúlea". Mas houve sérias críticas ao acordo. A manchete do *New York Times* dizia: "A China cede pouca coisa aos Estados Unidos na primeira rodada das negociações comerciais".[3]

Numa reunião na Casa Branca, o presidente acabou com Ross. "Não posso acreditar que você tenha feito este acordo. Por que não conversou com ninguém? Você não me falou sobre isso. Foi lá e fez por conta própria. É um acordo terrível. Fomos sacaneados. Wilbur, achei que estivesse familiarizado com isso." Como banqueiro de investimentos representando acionistas de cassinos zangados com Trump em 1990, Ross obtivera um acordo com Trump que reconhecia o valor do nome famoso dele e lhe permitira evitar a falência.

"Pensei que você era um matador", disse Trump a Ross, que tinha 79 anos. "Quando estava em Wall Street, fez alguns desses acordos. Mas seu melhor momento já passou. Já não é mais um grande negociador. Não sei o que é, mas perdeu isso. Não confio em você. Não quero que faça mais negociações." Bob Lighthizer cuidaria do Nafta e de outros acordos comerciais.

Ross tentou defender o acordo — os Estados Unidos exportariam mais carne bovina —, mas Trump já não estava em sintonia.

O presidente fez uma reunião para tratar de tarifas sobre aço — uma de suas obsessões — no Salão Oval, em 8 de junho.[4] Gary Cohn, Wilbur Ross, Porter e o secretário da Defesa apertaram-se em seus assentos em torno da mesa do presidente.

"Estamos prontos para seguir em frente", disse Ross. "Quero apresentar este parecer." Ele estava recomendando cotações com valores de tarifas especiais para a China. Seria imposta uma tarifa altamente proibitiva se a China aumentasse seu atual nível de exportação de aço para os Estados Unidos.

Porter citou uma série de problemas legais. O Departamento de Comércio não tinha consultado o Departamento de Defesa, como exigia a lei, para determinar se as importações representavam uma ameaça à segurança nacional.

"Consultamos, sim", disse Ross. "Fizemos isso."

"Nunca fui consultado sobre nada relacionado", disse Mattis.

"Está tudo certo", replicou Ross. Ele tinha falado com o assistente do secretário da Defesa, que cuidava daquelas questões. Tinha alguns e-mails documentando aquilo.

"Bem", disse Mattis, "você nunca falou comigo."

Porter interveio para ressaltar que a lei dizia que o secretário da Defesa teria de ser consultado, e não qualquer um no departamento.

Aquelas sutilezas burocráticas deixavam Trump louco. "Wilbur, fale com Jim! Resolva logo isso", disse ele. "Estou cansado de lidar com isso. E termine logo, porque quero fazer isso."

Porter viu o caso como uma maneira requintada de empurrar com a barriga durante várias semanas, se não mais. Mattis deu sua contribuição para a procrastinação, dizendo mais tarde a Ross que precisava de uma análise antes de poder dar sua opinião.

No entanto, a análise que o Departamento de Defesa fez posteriormente para Mattis demonstrava que o "uso de aço pelas forças militares dos Estados Unidos representa menos de 0,5% do total da demanda de aço dos Estados Unidos" e que a Defesa poderia "adquirir o aço necessário para corresponder às necessidades da defesa nacional".

O presidente Donald J. Trump, a primeira-dama Melania Trump
e seu filho Barron, na Casa Branca, em 17 de abril de 2017.

Depois que a fita do *Access Hollywood* foi divulgada, em outubro de 2016, Mike
Pence, vice de Trump, fez uma declaração dura, de modo que alguns acreditaram
que estava se preparando para assumir o posto de candidato presidencial
republicano, tendo Condoleezza Rice, ex-secretária de Estado, como vice.

Trump nomeou Rex Tillerson, ex-CEO da ExxonMobil, seu secretário de Estado em dezembro de 2016, tendo dito a assessores que ele tinha a cara do papel que ia interpretar no cenário mundial. Tillerson havia passado quarenta anos na Exxon e não possuía experiência no governo. "Uma escolha inspirada e muito trumpiana", a gerente de campanha Kellyanne Conway disse à TV, prometendo "grande impacto". Tillerson e Trump tinham embates regulares. Ele chamou o presidente de "idiota" e depois foi demitido, em 13 de março de 2018.

O general reformado da Marinha e secretário de Defesa James Mattis ajudou Gary Cohn, principal assessor econômico da Casa Branca, e o secretário de gabinete Rob Porter a defender perante Trump a necessidade de permanecer em um acordo comercial crucial com a Coreia do Sul. "Sr. presidente", ele disse, "Kim Jong-un é a mais imediata ameaça à segurança nacional. Precisamos da Coreia do Sul como aliada. Talvez não pareça que o comércio tem relação com isso, mas é importantíssimo. Não estamos fazendo isso pela Coreia do Sul. Vamos ajudar o país porque isso nos ajuda."

O general Joseph Dunford, chefe do estado-maior, argumentou a favor da Otan e contra romper o acordo comercial com a Coreia do Sul. Quando Trump pediu por um novo plano de guerra para um ataque militar contra a Coreia do Norte, Dunford ficou abalado. "Precisamos de mais inteligência antes de dar ao presidente um plano", ele disse.

Mike Pompeo, diretor da CIA, ex-congressista republicano, se tornou um dos queridinhos de Trump. A princípio, Pompeo procurou encontrar um meio-termo para a guerra no Afeganistão. A força paramilitar da CIA poderia ser expandida, tornando desnecessário um aumento grande no número de soldados? Persuadido pela ala mais antiga da agência de que deveria evitar se comprometer demais com o Afeganistão, Pompeo disse ao presidente que a CIA não era uma alternativa viável às forças convencionais no Afeganistão. Mais tarde, ele foi nomeado substituto de Tillerson como secretário de Estado.

Trump achou que o procurador-geral Jeff Sessions havia falhado com ele ao se dar por impedido na investigação de Mueller sobre a interferência russa na eleição presidencial americana de 2016. "Jeff não é o tipo do cara que esteja disposto a ficar do meu lado nos bons e nos maus momentos", o presidente disse. Ele era um "idiota", um "traidor" e um "retardado mental" por tê-lo feito. "Como é que me convenceram a escolher esse cara para procurador-geral?", Trump perguntou. "Ele não podia nem ser advogado de província lá no Alabama. O que está fazendo como procurador-geral?"

Reince Priebus, primeiro chefe de gabinete de Trump, acreditava que a Casa Branca não estava trabalhando em questões-chave como saúde e reforma tributária, e que a política exterior não era coerente e muitas vezes se contradizia. A Casa Branca de Trump não consistia em uma equipe de rivais, mas de predadores, Priebus concluiu. "Quando você põe uma cobra, um rato, um falcão, um coelho, um tubarão e uma foca num zoológico sem paredes, as coisas começam a ficar vis e sangrentas. É isso que acontece." Em julho de 2017, Priebus foi substituído por John Kelly, então secretário de segurança interna.

John Kelly, secretário de segurança interna e general reformado da Marinha, criticou privadamente a desordem e o caos da Casa Branca. Ele disse ao presidente que acreditava que podia consertar as coisas, mas foi pego de surpresa com o anúncio pelo Twitter de Trump que o havia nomeado seu novo chefe de gabinete, em julho de 2017. Kelly logo foi deixado de lado pelo presidente, embora tivesse sido mantido no cargo.

O general reformado Michael Flynn renunciou ao cargo de principal assessor de segurança nacional em 13 de fevereiro de 2017, depois de ter mentido sobre suas conversas com o embaixador russo Serguei Kislyak. Mais tarde, Flynn se declarou culpado de mentir ao FBI, mas negou enfaticamente que houvesse cometido traição.

O tenente-general do Exército H. R. McMaster, segundo assessor de segurança nacional de Trump, considerava Mattis, secretário de Defesa, e Tillerson, secretário de Estado, "uma dupla", e se via fora de sua órbita. Ele acreditava que os outros dois haviam concluído que o presidente e a Casa Branca estavam loucos. Pretendiam implementar e até mesmo formular políticas por conta própria, sem a interferência ou o envolvimento de McMaster e muito menos de Trump. "É mais leal com o presidente", McMaster disse, "tentar convencê-lo a dar um jeito de driblá-lo."

Trump entrou em confronto com seu assessor de segurança nacional, H. R. McMaster, seu chefe de gabinete, o general reformado John Kelly, e seu secretário de Estado, Rex Tillerson. Em contraste, seu vice, Mike Pence, era mais discreto e evitava conflitos.

Gary Cohn, chefe do Conselho Econômico Nacional, formou uma aliança com Rob Porter, secretário de gabinete, e às vezes também com Jim Mattis, secretário de Defesa, para controlar alguns dos impulsos mais perigosos do presidente. "Não se trata de fazer algo pelo país", Cohn disse. "Mas de impedir que ele faça."

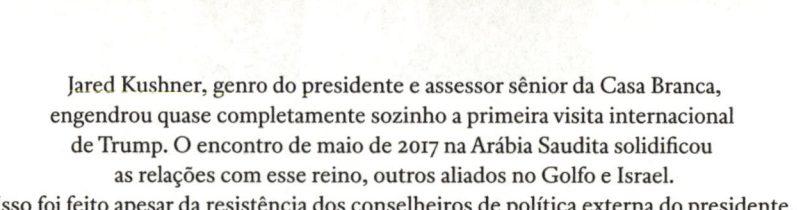

Jared Kushner, genro do presidente e assessor sênior da Casa Branca,
engendrou quase completamente sozinho a primeira visita internacional
de Trump. O encontro de maio de 2017 na Arábia Saudita solidificou
as relações com esse reino, outros aliados no Golfo e Israel.
Isso foi feito apesar da resistência dos conselheiros de política externa do presidente.

Steve Bannon se tornou diretor executivo da campanha de Trump em agosto de 2016.
Ele tinha três temas para ela: "Número um, vamos impedir a imigração ilegal e começar
a limitar a imigração legal para recuperar nossa soberania. Número dois, você vai trazer
empregos de volta ao país. E número três, vamos sair das guerras injustas no exterior".

Ivanka Trump, a filha de 36 anos do presidente, era uma assessora sênior de cuja influência outros na Casa Branca se ressentiam e à qual resistiam. Steve Bannon, estrategista-chefe, discutiu com ela aos gritos. "Você é uma merda de uma funcionária!", ele afirmou. "Não é mais do que isso! Você fica andando por aí e agindo como se estivesse no comando, mas não está. É parte da equipe!" Ivanka respondeu: "Não sou uma funcionária! Nunca serei. Sou a primeira-filha".

Kellyanne Conway se tornou gerente de campanha de Trump em agosto de 2016 e cunhou a frase "o eleitor escondido de Trump [...] Não há um único eleitor de Hillary escondido em todo o país. Eles estão todos à mostra".

Hope Hicks foi secretária de imprensa de Trump durante a campanha e se tornou diretora de comunicações estratégicas da Casa Branca. Como muitos outros, ela tentou e falhou em controlar os tuítes do presidente. "Politicamente isso não ajuda em nada", disse a ele. "Você não pode sair atirando para tudo quanto é lado no Twitter. Esses comentários estão te matando. É um tiro no pé. Um erro tremendo." Na foto, Hicks aparece com Sarah Huckabee Sanders, secretária de imprensa.

Como secretário de gabinete, Rob Porter tratava com Trump de decretos e outros
documentos presidenciais importantes. Em aliança com Gary Cohn, ele tentou
refrear os impulsos mais perigosos do presidente na economia e na política externa.
Porter disse a um colega: "Um terço do meu trabalho era tentar reagir às ideias perigosas
que ele tinha, e lhe dar motivos para acreditar que talvez não fossem tão boas".

Peter Navarro, com 67 anos e ph.D. em economia em Harvard, recebeu um posto de Trump na Casa Branca. Tanto o presidente quanto Navarro eram defensores apaixonados de que os déficits comerciais prejudicavam a economia americana. Navarro era um dos poucos que concordavam com Trump quanto à sobretaxação do alumínio e do aço.

O senador Lindsey Graham pressionou Trump a ser mais linha-dura na Coreia do Norte. "Você não vai querer que a Coreia do Norte, uma potência nuclear, obtenha um míssil que poderia atingir os Estados Unidos durante seu mandato", ele disse ao presidente. "Se de repente derem um salto e conseguirem um míssil capaz de atingir os Estados Unidos, você terá de bater firme neles."

James Comey, diretor do FBI, foi demitido por Trump em maio de 2017. "Não tentem me dissuadir disso", o presidente disse a Don McGahn, assessor da Casa Branca, e Reince Priebus, chefe de gabinete. "Porque tomei minha decisão. Então nem tentem." Ele acreditava que Comey era um exibicionista e estava fora de controle. Trump usou as alegações de que ele havia lidado mal com as investigações sobre os e-mails de Hillary Clinton como desculpa para mandá-lo embora.

Robert Mueller, ex-diretor do FBI, foi nomeado procurador especial para investigar a interferência russa nas eleições americanas e qualquer ligação com a campanha de Trump. O presidente o havia rejeitado como substituto de Comey na direção do FBI. "Ele estava bem aqui e eu não o contratei para o FBI", Trump disse. "Claro que ele quer se livrar de mim."

John Dowd entrou para a equipe de advogados de Trump em maio de 2017.
Ele convenceu o presidente a não testemunhar na investigação de Mueller, mas
se demitiu em março de 2018, quando Trump mudou de ideia e o advogado
não conseguiu dissuadi-lo. "Como seu advogado, como um oficial da lei, não
posso ficar sentado ao seu lado e fazer você responder a essas perguntas quando
sei muito bem que não é realmente capaz disso", Dowd disse a Trump.

Don McGahn, assessor da Casa Branca, queria que o presidente usasse seu privilégio executivo na investigação de Mueller e resistisse a entregar documentos. John Dowd, advogado de Trump, discordou e cooperou com Mueller com o intuito de acelerar a investigação. Ele disse a Trump que "mel ajudaria muito mais do que vinagre".

Os presidentes Trump e Xi Jinping com as primeiras-damas Melania e Peng Liyuan. Trump acreditava que o apoio da China às sanções à Coreia do Norte era resultado de seu relacionamento pessoal com Xi. "Não é ótimo que eu seja amigo dele quando todos vocês dizem que eu devia me opor ao cara?", o presidente americano disse, apesar dos alertas de que o líder chinês o estava usando. "Se eu não tivesse esse bom relacionamento com o presidente Xi, eles jamais teriam feito isso. Eu consigo que eles façam coisas que, se não fosse por isso, não fariam."

Kim Jong-un, 34 anos, líder norte-coreano, foi mais efetivo quanto às armas nucleares e ao programa de mísseis de seu país que Kim Jong-il, de acordo com a inteligência americana. O jovem Kim aceitou que testes de armas e mísseis inevitavelmente envolviam fracasso, em vez de ordenar que cientistas e militares fossem executados após tentativas malsucedidas, como seu pai fazia. Trump acreditava que o conflito crescente entre Estados Unidos e Coreia do Norte era um embate de personalidades. "É tudo uma questão de líder contra líder. Homem contra homem. Eu contra Kim."

20

Trump disse que gostaria de ter demitido Comey no início do mandato e que agora o queria fora de fato.

Bannon discordou e apresentou seu argumento, sozinho com Trump no Salão Oval: "Setenta e cinco por cento dos agentes odeiam Comey. Não há dúvida. No momento em que você o demitir ele vai virar a porra do J. Edgar Hoover. No dia em que o despedir, será o maior mártir na história americana. Uma arma contra você. Vão nomear a porra de um procurador especial. Você pode demitir Comey. Não pode demitir o FBI. No minuto em que o demitir, o FBI, como instituição, vai ter de destruir você, e eles vão fazer isso".

Bannon pensava que Trump não compreendia o poder das instituições permanentes — FBI, CIA, o Pentágono e o estamento militar mais amplo. Tampouco compreendia a amplitude dos poderes de um procurador especial, que podia ser encarregado de investigar tudo o que um presidente tocasse.

"Não tentem me dissuadir disso", ele disse a McGahn e Priebus, "porque tomei minha decisão. Então nem tentem." Comey é um exibicionista e está fora de controle.

No início de maio, Trump sentiu que Comey estava vulnerável devido a seu recente testemunho na intricada investigação dos e-mails privados de Clinton. Ele ditou uma carta listando os motivos para demitir Comey.

McGahn lhe disse que o subprocurador-geral, Rod Rosenstein, estava vindo para uma reunião. Uma das coisas que Rosenstein queria discutir era Comey, e aparentemente Rosenstein também queria se livrar dele, disse McGahn.

McGahn explicou que ali havia um processo — o subprocurador-geral supervisionava o FBI. Vamos ouvir tudo o que Rosenstein tem a dizer. Era uma tática de procrastinação que a equipe da Casa Branca usava cada vez mais. Vamos deixar isso esfriar, vamos conversar com Rod e voltar a você com um plano.

Rosenstein disse a Trump que achava que Comey devia ser demitido. Não foi um problema ele escrever um memorando explicando os motivos. Ele levara um memorando de três páginas para a Casa Branca.[1] O assunto: RESTAURAÇÃO

DA CONFIANÇA PÚBLICA NO FBI. Declarava que, em 5 de julho, Comey "anunciou suas próprias conclusões sobre a mais delicada investigação criminal da nação", dos e-mails de Hillary Clinton, antecipando a decisão do promotor e oferecendo "informação depreciativa" ao chamar o comportamento de Clinton de "extremamente descuidado". Depois, onze dias antes da eleição, ele anunciou que estava reabrindo a investigação sobre Clinton porque acreditava que era uma questão de "falar" ou "ocultar". Aquilo distorceu a questão, disse Rosenstein. Ele citou cinco ex-procuradores-gerais ou subprocuradores-gerais que concordavam que Comey tinha violado as regras.

Está feito, disse o presidente. Ele mesmo não poderia ter explicado melhor. Enviou a Comey uma carta breve informando que estava "demitido e removido do cargo, com efeitos imediatos a partir daquele instante".

O plano para adiar a demissão tinha saído pela culatra, acelerando o processo. O memorando de Rosenstein não teve nada a ver com a decisão, Priebus sabia. O presidente já estava convencido.

Bannon acreditava, "cem por cento", que o motivo para demitir Comey foi o FBI estar investigando registros financeiros de Jared. Era pura especulação. Ivanka tinha reclamado do FBI com o pai.

À medida que transcorriam os meses, Priebus viu que o fato de Trump estar planejando ou dizendo que ia demitir alguém não significava que fosse acontecer. Um de seus ditos favoritos passou a ser: "Nada está morto por aqui até estar enterrado".

Parecia, naquele momento, que Comey estava morto, mas ele e sua história não tinham sido enterrados.

Trump estava assistindo nos canais a cabo a toda a cobertura da demissão, em 9 de maio, do diretor do FBI. Não estava indo bem. Ele tinha turvado as águas e caído em contradição em 11 de maio, quando afirmou a Lester Holt, da NBC, que teria demitido Comey independentemente das recomendações que recebesse do subprocurador-geral Rosenstein e do procurador-geral Sessions.[2] Numa longa resposta a Holt, cheia de divagações, Trump tinha declarado, aparentemente apresentando alguns de seus motivos: "Eu disse a mim mesmo, você sabe, essa coisa da Rússia, com Trump e a Rússia, é uma história fabricada".

A resposta parecia estar em grande desacordo com sua carta a Comey, que justificava o ato a partir do memorando de Rosenstein e suas críticas ao modo como conduzira a investigação dos e-mails de Hillary Clinton.

Na noite de terça-feira, 16 de maio, Michael Schmidt, do *New York Times*, publicou uma bomba.[3] Comey tinha escrito memorandos de suas conversas com Trump. Ele escrevera que, numa reunião no Salão Oval em 14 de fevereiro, quando ainda era diretor do FBI, o presidente tinha lhe feito perguntas sobre a investigação de Flynn e dito: "Espero que você possa encontrar uma forma de deixar isso pra lá, deixar Flynn pra lá. Ele é um bom sujeito. Espero que possa deixar isso pra lá".

Trump não saía da frente da TV, grudado na cobertura. Naquela noite, na CNN, David Gergen, uma voz da experiência e da razão, que tinha servido na Casa Branca como assessor dos presidentes Richard Nixon e Bill Clinton durante as investigações para impeachment, soou o alarme.

"Penso que estamos em território de impeachment", disse Gergen. "O que estamos vendo é uma presidência que começa a desmoronar."[4]

Porter viu que Trump ficava à beira de perder o controle a cada menção de impeachment. O presidente manifestava indignação por Comey ter, aparentemente, virado o jogo.

No dia seguinte, quarta-feira, 17 de maio, Trump estava no Salão Oval quando soube que Rosenstein tinha nomeado, de todas as pessoas, Robert Mueller, que dirigira o FBI durante doze anos, procurador especial para investigar a interferência russa nas eleições e qualquer possível ligação com a campanha presidencial de Trump.

O humor do presidente despencou da noite para o dia. O dia seguinte, 18 de maio, foi o pior. Uma raiva incontrolável explodiu. Ele estava visivelmente agitado, num grau que ninguém em seu círculo íntimo tinha visto. Foi uma experiência angustiante. "Quase não conseguimos dar conta", disse Porter a um colega.

Normalmente Trump se sentava à mesa presidencial ou em sua sala de jantar privada. Mas naquele dia ficou de pé a maior parte do tempo, indo e vindo tempestuosamente entre as duas salas.

O presidente recorreu a seu salva-vidas — o noticiário a cabo. Assistiu a duas horas de Fox News, depois à maior parte da cobertura da MSNBC e da CNN, que tinha gravado.

Ele se enfurecia com a TV, enquanto seus assessores de primeiro escalão entravam e saíam — Priebus, Kushner, McGahn, Cohn, Hicks e Porter. Por que Mueller foi escolhido? "Ele estava bem aqui e eu não o contratei para o FBI", trovejou. "Claro que ele quer se livrar de mim."

"Todo mundo está tentando me pegar", disse o presidente. "Não é justo. Agora estão dizendo que vou sofrer impeachment." Quais são os poderes de um procurador especial?, ele perguntou.

Um procurador especial tem virtualmente poder ilimitado para investigar qualquer possível crime, disse Porter. Foi o caso de Watergate, Irã-Contras e do escândalo Clinton/Monica Lewinsky.

"Agora eu tenho essa pessoa", disse Trump amargamente, "que não tem de prestar contas e que pode investigar qualquer coisa, mesmo que não tenha relação alguma? Vão passar anos vasculhando minha vida e minhas finanças."

Trump não conseguia focar em mais quase nada. Reuniões eram canceladas e eventualmente partes do dia eram desperdiçadas.

Porter nunca o tinha visto tão visivelmente perturbado. Sabia que Trump era um narcisista que encarava tudo em termos do impacto que teria nele. Mas aquelas horas de fúria lembraram a Porter o que tinha lido sobre os últimos dias de Nixon no cargo — rezando, chutando o tapete, falando com os quadros de antigos presidentes nas paredes. O comportamento de Trump estava no terreno da paranoia.

"Eles querem me pegar", disse Trump. "É uma injustiça. Não está certo. Como pôde acontecer? É tudo culpa de Jeff Sessions. Tem motivação política. Rod Rosenstein não sabe o que está fazendo. É um democrata. É de Maryland."

Enquanto andava de um lado para outro, Trump disse: "Rosenstein foi uma das pessoas que defenderam a demissão de Comey e me escreveu aquela carta. Como é possível que supervisione a investigação?".

Bob Mueller estava envolvido em conflitos de interesse que o deveriam impedir de liderar uma procuradoria especial que o investigasse. "Ele foi membro de um dos meus clubes de golfe" — o Trump National Golf Club, em Sterling, Virgínia. Houve uma discordância quanto a pagamentos e Mueller saiu do clube. A firma de advocacia dele tinha representado o genro de Trump.

"Estou sendo esmurrado", disse Trump. "Tenho de esmurrar de volta. Para que seja uma luta justa, tenho de lutar."

Indo e vindo na maior parte do dia, o presidente alternava momentos em que assistia a TV na sala de jantar e depois ia para o Salão Oval, exaltado, fazendo perguntas e dando voz à sua raiva por ter perdido o controle da investigação.

"Sou o presidente", disse Trump. "Posso demitir quem eu quiser. Eles não podem me investigar por ter demitido Comey. O cara merecia ser demitido! Todos o odiavam. Ele era horrível."

Marc Kasowitz, o experiente advogado grisalho que representava Trump havia décadas em divórcios e falências, chamou John Dowd, 76, um dos mais reconhecidos defensores de acusados de crime do colarinho branco, a seu escritório em Nova York às quatro da tarde de 25 de maio de 2017.

"Precisamos que você represente o presidente em Washington", disse Kasowitz. Eles queriam que defendesse Trump na investigação sobre a Rússia que o procurador especial Robert Mueller estava iniciando. Vários advogados de renome haviam recusado a tarefa, alegando conflitos ou a dificuldade de lidar com Trump. Mas Dowd, um ex-procurador com uma longa lista de clientes famosos, agarrou imediatamente a oportunidade de usar o caso de maior repercussão no país para encerrar com chave de ouro uma carreira de 47 anos.

"Meu Deus", ele respondeu. "Isso é incrível. Terei prazer em representar o presidente."

"Não vai ser brincadeira."

"Acho que consigo imaginar", Dowd disse.

Dowd era o típico boa-praça, mas também era um investigador determinado. Trabalhara como advogado do Corpo de Fuzileiros Navais nos anos 1960 e processara a máfia como chefe da força-tarefa contra o crime organizado montada pelo Departamento de Justiça nos anos 1970. Nos anos 1980, trabalhara como procurador especial do presidente da liga de beisebol. Realizara várias investigações, sendo a de maior destaque a que levou ao banimento de Pete Rose dos Cincinnati Reds por apostar em jogos de beisebol. Depois, como advogado de defesa, representou gente de Wall Street e da política, incluindo o senador John McCain na investigação de desvios éticos conhecida como Keating Five. Dowd havia sido sócio do renomado escritório de advocacia Akin Grump e agora estava aposentado.

Ele fez uma reunião por telefone com Trump e Kasowitz, depois conversou várias vezes com o presidente. A investigação de Mueller, disse Trump, era um problema para ele e para sua presidência. Não tinha feito nada de errado. "John, essa história é um fardo enorme. Está interferindo principalmente na política externa. É constrangedor estar no meio de uma negociação e o sujeito, o premiê ou o primeiro-ministro do outro lado dizer: 'Ei, Donald, você vai continuar na presidência?'. É um soco no estômago."

Dowd disse que não ia cobrar por hora. Ia estabelecer um preço fechado. Eles concordaram em 100 mil dólares por mês, mais ou menos metade do que ele cobrava normalmente. Trump disse que Dowd devia mandar a nota para seu escritório em Nova York e que seria pago no dia seguinte. (E realmente foi.)

O presidente estava indignado com a investigação de Mueller. Listou suas reclamações para Dowd.

Primeiro: ele foi pego de surpresa pela decisão do procurador-geral Sessions, em 2 de março, de se declarar impedido de participar de qualquer investigação sobre interferência russa na eleição.[1] Esperava proteção política de seu procurador-geral, mas estava desprotegido.

Segundo: Trump contou como ficou sabendo, em 17 de maio, da decisão de Rod Rosenstein, subprocurador-geral, de nomear Mueller como procurador especial. Foi absolutamente revoltante. O presidente estava no Salão Oval com Sessions quando um dos advogados da Casa Branca foi contar a notícia. Sessions disse: "Eu não sabia disso". Trump perguntou ao procurador-geral: "Ele não trabalha para você?". O afastamento de Sessions deixou Rosenstein encarregado das investigações sobre a Rússia.

Pior, disse Trump, ele tinha falado com Mueller um dia antes para que voltasse a ser diretor do FBI, e Mueller recusara. De repente, estava encarregado da investigação. "O Departamento de Justiça armou duas ciladas para mim."

Terceiro: o presidente disse que depois de demitir Comey, ele deu início a uma série de depoimentos e vazamentos para dizer que Trump pedira que abandonasse a investigação de Flynn. "Eu não fiz nada", Trump disse a Dowd. "É mentira. Comey é um mentiroso de merda."

Kasowitz acrescentou que ele e um de seus sócios tinham investigado para ver se havia algo ligando Trump à interferência russa. Após um mês inteiro de trabalho, a conclusão inicial foi de que não havia.

O modo como Trump enumerava seus desmentidos sugeriu a Dowd que sua indignação era verdadeira. O que não queria dizer que era inocente, claro. O presidente disse que o responsável pela demissão foi o próprio diretor do FBI, que não se cercou de bons assessores e advogados.

Dowd examinou o documento de uma página de 17 de maio em que Rosenstein designava Mueller.[2] O documento não apenas autorizava uma investigação sobre a Rússia como instruía Mueller a investigar "quaisquer assuntos que tenham surgido ou venham a surgir a partir da investigação". Dowd jamais havia visto alguém no Departamento de Justiça com tamanha autoridade.

O presidente expressou sua desconfiança. A equipe de procuradores de Mueller tinha muitos democratas.

Dowd concordou que podia haver motivação política. "É uma confusão do caralho feita por um bando de idiotas", ele disse a Trump.

Dowd acredita que defender um cliente significa ser seu advogado e amigo. Trump começou a ligar para ele toda hora, todo dia. Apesar do estilo extrovertido e direto do presidente, Dowd via que ele estava muito solitário.

O advogado discutiu os fatos conhecidos com os assessores jurídicos de Trump e revisou o material para encontrar possíveis vulnerabilidades. Com base numa análise preliminar dos indícios conhecidos, não viu nada que desse sustentação a acusações de conluio com os russos ou de obstrução da Justiça.

Talvez as provas mais preocupantes fossem o memorando e o testemunho do ex-diretor do FBI indicando que Trump havia pedido que pegasse leve com o general Flynn depois de sua demissão.[3] Segundo Comey, Trump disse: "Espero que você possa encontrar uma forma de deixar isso pra lá, deixar Flynn pra lá. Ele é um bom sujeito. Espero que possa deixar isso pra lá". Comey disse acreditar que o presidente estava pedindo que abandonasse a investigação.

Trump negou ter dito aquilo ou qualquer coisa parecida.

O que você disse?, Dowd perguntou.

"Bom, eu não disse aquilo". Trump afirmou que Comey sugeriu que o presidente fosse à sede do FBI falar com os agentes. "E eu perguntei quando ele queria. Ele disse que ia voltar a falar comigo. Mas nunca comentei nada sobre Flynn. Quer dizer, do meu ponto de vista, o caso Flynn estava acabado."

Dowd prosseguiu com sua própria investigação, recebendo informações sobre os depoimentos de todas as testemunhas conhecidas e revisando documentos.

Ele queria estabelecer uma relação com Mueller, que era seu conhecido. Anos antes Dowd o encontrou num desfile da Marinha.

"O que anda fazendo?", Mueller, que era então diretor do FBI, perguntou.

"Advogando para o deputado Don Young."

"Aquele canalha?", Mueller respondeu. "Como pode fazer isso?"

"Nosso sistema é assim", Dowd respondeu, ofendido por ouvir o diretor do FBI falando daquele jeito. Young nunca fora denunciado, apesar de ter recebido uma repreensão do Comitê de Ética do Congresso. Em breve o deputado ia se tornar o membro mais antigo do Congresso.

Mueller ainda não tinha requisitado nenhum documento específico, mas logo começaria a fazê-lo. O advogado da Casa Branca, Don McGahn, não queria entregar nada. Queria que o presidente fizesse uso de seus privilégios, como o privilégio executivo.

Dowd discordava. Se não havia nada a esconder, talvez a cooperação de Trump ajudasse o procurador a ver as coisas do seu modo. Ele disse a Trump que "mel ajudaria muito mais do que vinagre".

"Tenho amigos me dizendo que a gente devia mandar esse pessoal tomar no cu", o presidente disse num telefonema. "Não confio nesses caras." Dowd argumentou que a cooperação ia acelerar o caso, e Trump acabou concordando com a abordagem dele.

Dowd recomendou a contratação de Ty Cobb, um advogado experiente de Washington conhecido pelo bigode branco e curvo (Dowd o chamava de "Coronel Sanders", numa referência ao ícone do KFC) para integrar a equipe da Casa Branca. Cobb ficaria encarregado da entrega de documentos para Mueller e sua equipe. Dowd não podia fazer aquilo porque era advogado pessoal de Trump, e os documentos eram da Casa Branca. Na verdade, Cobb foi contratado para que o conselho de McGahn sobre recusar a entrega de documentos fosse esquecido.

Dowd enfatizou para o presidente: "Quero construir um relacionamento de comprometimento [com Mueller] e sem segredos. E isso é possível".

Dowd foi à primeira reunião com Mueller e seu braço direito, James "Jim" Quarles, um veterano que participara da equipe especial de procuradores de Watergate quarenta anos antes, no escritório dele, em 16 de junho, às 13h.

"Não vamos abrir mão da objeção à sua indicação", Dowd disse, "e ao modo como você chegou aqui." A ordem de Rosenstein era ampla demais e ninguém no Departamento de Justiça tinha autoridade para investigar qualquer assunto com que deparasse. "O documento com sua designação vai ser cassado. Mas não vamos declarar guerra."

Mueller não respondeu. Ele era um mestre do silêncio.

"O presidente me autorizou a dizer que vai cooperar", Dowd disse. As palavras dele foram: "Diga ao Bob que tenho respeito por ele. Vou cooperar".

Mueller pareceu aliviado.

"Do que você precisa?", Dowd perguntou. "Vamos arranjar para você. Mas vamos acabar logo com essa investigação." A posição do presidente é de que não há nada a esconder. Ele não está feliz com a investigação, para dizer o mínimo, mas quer evitar uma batalha prolongada. "Mas gostaríamos que o tratamento fosse recíproco. Ou seja, de um compromisso mútuo."

"John", Mueller disse, levantando-se, "os melhores casos são aqueles em que um compromisso total entre as partes é possível."

"O motivo para estarmos cooperando é acabar logo com isso", Dowd disse. "Não vamos fazer uso de nenhum privilégio. Isso contraria a orientação de Don McGahn, mas é como o presidente quer. Ele quer que você veja tudo, fale com todo mundo."

Ty Cobb tinha bolado um jeito de manter a reivindicação do privilégio executivo relativo a depoimentos e documentos e contorná-la ao mesmo tempo. Ele disse a Mueller: "Bob, nós vamos entregar. Não vamos abrir mão do privilégio. Depois que tiver visto tudo, se achar que precisa usar, é só avisar que renunciamos ao privilégio. Quanto ao balancete que tem nos seus arquivos, vai precisar devolver junto com o privilégio".

Mueller pareceu empolgado com a ideia de ver todos os documentos. Vamos fazer isso só verbalmente, disseram Mueller e Quarles. Não tem por que criar uma montanha de documentação.

Dowd disse que não via problemas. Nenhum registro escrito.

"John", Mueller disse, "você me conhece. Não sou de enrolar." Dowd, veterano em investigações especiais, sabia que aquelas coisas podiam se prolongar indefinidamente. A duração das investigações muitas vezes era o real problema. Mueller disse: "Jim vai ser o responsável pela investigação, mas podem me ligar quando quiserem que eu recebo vocês".

"Ótimo", disse Dowd, "o mesmo vale para nós. Se precisarem de alguma coisa é só me ligar. A gente arranja o que for preciso e responde qualquer dúvida ou ajuda a conseguir testemunhas."

A acusação que estava sendo construída, segundo relatavam o *New York Times* e o *Washington Post*, precisava ser examinada a sério. Em relação ao suposto conluio, as questões incluíam a viagem de Trump a Moscou em 2013; até onde ele poderia ter conhecimento dos esforços de Paul Manafort, seu ex-coordenador de campanha, e Michael Cohen, seu advogado por muitos anos, para fazer negócios na Rússia durante a campanha; e o quanto poderia saber sobre outros assessores, como a suposta participação de Roger Stone no hackeamento de e-mails de Hillary Clinton.

Em uma célebre coletiva de imprensa na campanha de 2016, em 27 de julho, Trump convidou os russos a publicar os e-mails que o advogado de Hillary apagara por ter determinado que não eram relevantes para a investigação do FBI.[4]

"Rússia, se vocês estiverem me ouvindo", disse o candidato Trump, "espero que consigam encontrar os 30 mil e-mails que faltam. Acho que serão regiamente recompensados pela nossa imprensa."

Mais tarde ele escreveu no Twitter: "Caso a Rússia ou qualquer outro país ou pessoa tenha os 30 mil e-mails ilegalmente deletados de Hillary Clinton, talvez pudesse compartilhar com o FBI!".[5] No dia seguinte, ele disse: "É evidente que estou sendo sarcástico".[6]

Dowd achava que a declaração e o pedido à Rússia, fossem ou não sarcásticos, dificilmente sugeriam um subterfúgio oculto para trabalhar com os russos, o que parecia ser o foco da investigação de Mueller.

O problema principal poderiam ser as alegações de obstrução de justiça por incitar Comey a deixar de lado a investigação sobre Flynn e depois demitir Comey. Porém, Dowd acreditava que o artigo segundo da Constituição, que determinava as atribuições do presidente, claramente incluía a possibilidade de demitir o diretor do FBI.

A visão de Mueller sobre isso seria fundamental na análise da conduta de Trump. A chave era compreender a intenção de Trump. Havia um motivo "venal", como exigia a lei, em suas ações para retardar a justiça?

Na maior parte dos casos não é fácil provar isso, e em geral os procuradores precisam de indícios de que a pessoa pediu que alguém mentisse para os investigadores, destruiu documentos ou mandou pagar alguém em troca de ações ilegais, como a compra do silêncio de testemunhas feita por Nixon no Watergate.

As milhares de horas de gravações secretas de Nixon tornaram a sua estratégia de obstrução de Justiça muito clara.

Dowd não havia encontrado nenhuma fita ou qualquer testemunha prejudicial a Trump além de Comey.

Ele tinha trabalhado como procurador. Conhecia a cultura. Procuradores gostam de fazer denúncias, especialmente quando há grande interesse do público.

Dentro da Casa Branca, era evidente que a investigação de Mueller irritava Trump. Os que passavam mais tempo no Salão Oval achavam que aquilo consumia uma quantidade excessiva da energia emocional do presidente. Roubava sua atenção. Trump tinha dificuldade para separar as coisas. Sua frustração com Mueller, Jeff Sessions e Rod Rosenstein consumia seus dias.

Mesmo em reuniões sobre assuntos políticos que eram obsessões de Trump, como as tarifas chinesas, ele falava sobre a investigação. Muitas vezes era sobre algo que tinha visto na TV. "Que caminho isso está tomando?", ele perguntava. "Como acha que eu devia reagir?"

Quem participava das reuniões e não fazia parte da equipe jurídica não queria dar ideias.

Trump raramente perdia a chance de dizer que aquilo era injusto e que se tratava de uma "caça às bruxas".

Aquilo estava enlouquecendo o presidente, na opinião de Porter. Havia momentos de maior e menor intensidade, mas em algumas horas Trump era consumido por aquilo e não conseguia prestar atenção em seu trabalho e na presidência. Ele achava que era injusto, que não tinha feito nada de errado. Havia gente investigando seus atos aparentemente com poderes ilimitados.

Trump estava preocupado com a possibilidade de grampos que poderiam ter sido autorizados com base na Lei de Vigilância de Inteligência Estrangeira (FISA, na sigla em inglês). Porter disse a outras pessoas que Trump estava "muito incomodado com a possibilidade de grampos com base na FISA durante a campanha [...] uma espécie de sensação de ter sido violado. E que existisse alguém com esse poder sobre ele em uma situação em que não era o macho alfa".

Trump tinha mais uma objeção a Mueller. "Não tenho como ser presidente", ele disse. "É como se eu estivesse com as mãos atadas porque não posso fazer nada que pareça favorável à Rússia ou a Pútin por causa do Mueller."

Os que trabalhavam na Casa Branca e os que viajavam frequentemente com Trump perceberam que ele e Melania pareciam ter algum afeto genuíno um pelo outro apesar das especulações da mídia. Mas ela agia de modo independente. Às vezes jantavam e passavam tempo juntos, mas suas vidas pareciam nunca se fundir.

A principal preocupação de Melania era com o filho deles, Barron. "Ela é obcecada por Barron", disse uma pessoa. "É seu foco absoluto."

Trump deu conselhos privados para um amigo que admitiu agir mal com algumas mulheres. O verdadeiro poder é o medo. O que conta é a força. Jamais demonstre fraqueza. Você tem que ser sempre forte. Nunca se deixe intimidar. Não existe escolha.

"Você tem que negar, negar, negar e reagir a essas mulheres", ele disse. "Se admitir alguma coisa e alguma culpa, está morto. Você cometeu um erro tremendo. Não saiu com tudo para desafiar essas mulheres. Demonstrou fraqueza. Tem que ser forte. Tem que ser agressivo. Tem que reagir com força. Tem que negar tudo o que dizem de você. Nunca admita."

Trump debateu tarifas por meses. Ele queria impor uma tarifa de 25% sobre importações automotivas. "Quero uma ordem executiva", disse.

Porter disse que ele não tinha autoridade legal para fazer aquilo.

"Muito bem, vamos à Justiça. Mas não estou nem aí. Vamos fazer e pronto!"

Em outra ocasião, o presidente disse a Porter: "Desça agora mesmo para o gabinete. Escreva isso. Me dê minhas tarifas!".

Um dia, no Salão Oval, Cohn levou os números mais recentes sobre emprego para Trump e Pence.

"Tenho os números mais perfeitos sobre emprego que vocês vão ver na vida", Cohn disse.

"Tudo por causa das minhas tarifas", Trump disse. "Está funcionando."

Ele ainda não tinha imposto nenhuma tarifa, mas achava que seria uma boa ideia e sabia que Cohn discordava.

"Você é um filho da puta", Cohn disse, meio de brincadeira, dando um tapinha de leve no braço de Trump.

Cohn olhou para um agente do serviço secreto. "Acabei de bater no presidente. Se quiser atirar em mim, vá em frente."

Ele escreveu uma piada para Trump usar no jantar do Gridiron: "Tivemos avanços enormes com o muro. Todos os projetos estão prontos. A escavação foi feita. A parte de engenharia está pronta. A única dificuldade é que ainda não sabemos como esticar a palavra 'Trump' por 2 mil quilômetros".

Trump não a usou.

Porter observou que sempre que alguém desafiava Trump — num debate político, no tribunal, na arena pública — o instinto natural dele parecia ser de que, se não empregasse força, fracassaria.

Ele já nem sabia mais quantas vezes o presidente desabafara sobre Sessions. A raiva nunca passava. Sessions declarar-se impedido era uma ferida que não fechava.

Jeff Sessions, Trump teria dito segundo uma das várias versões, era um fracasso abjeto. Não era leal. Se tivesse colhões, se tivesse sido forte, simplesmente teria dito: não vou me declarar impedido. Sou o procurador-geral. Posso fazer o que quiser.

22

No mundo da inteligência e das Forças Armadas existe aquilo que o presidente Obama certa vez me disse serem "nossos segredos profundos".[1] São assuntos tão confidenciais, envolvendo fontes e métodos, que apenas um punhado de pessoas, incluindo o presidente e pessoas em postos-chave das Forças Armadas e dos serviços de inteligência, sabe deles.

Depois dos ataques terroristas de Onze de Setembro, as organizações americanas dedicadas à espionagem aumentaram consideravelmente de tamanho, tornando a vigilância secreta um estilo de vida.

Perto do fim de maio de 2017, fiquei sabendo de um desses "segredos profundos". A Coreia do Norte estava acelerando seus programas de mísseis e de armas nucleares de maneira assustadora, e "em bem menos de um ano" o país teria mísseis balísticos com ogivas nucleares que talvez fossem capazes de atingir a área continental dos Estados Unidos. Anteriormente os serviços de inteligência haviam demonstrado que a Coreia do Norte levaria pelo menos mais dois anos para ter tal capacidade, talvez mais. A nova informação era um raro terremoto no mundo da inteligência, mas não chegou a ir muito longe. Precisava ser protegida a todo custo.

Em resposta, um plano de guerra preliminar altamente confidencial do Pentágono incitava os Estados Unidos a enviar sinais de reação que poriam o país em pé de guerra: reforçar a situação na península coreana com dois ou três porta-aviões; manter uma quantidade maior de submarinos de ataque da Marinha americana na região (capazes de disparar bombardeios de mísseis Tomahawk); acrescentar mais um esquadrão de caças F-22 e mais bombardeiros invisíveis B-2. Talvez até retirar os dependentes e parentes dos 28 mil militares americanos estacionados na Coreia do Sul. Acrescentar forças terrestres, adensar os sistemas antimísseis, dispersar as tropas para reduzir a vulnerabilidade, reforçar a infraestrutura para ajudar a suportar ataques de artilharia.

Comecei a investigar se a Coreia do Norte estava a "bem menos de um ano" de ter mísseis balísticos intercontinentais. Nos níveis mais altos do Pentágono, me disseram que "Não existe nada parecido com isso", o que nocauteou a informação que eu tinha.

Nos altos escalões da comunidade de inteligência, me disseram que "não há nenhuma novidade" e "nenhuma mudança significativa" na avaliação levando em conta um período de mais de dois anos. Não havia motivo para alarme.

Falei com uma pessoa com amplo e total acesso a esse tipo de informações da área de inteligência. As negativas absolutas foram repetidas enfática e categoricamente. E aí aconteceu uma coisa que jamais tinha me acontecido em 46 anos como repórter. A pessoa disse: "Se eu estiver errado, vou te pedir desculpas".

Definitivamente não tinha precedentes. Mas o significado não era claro. Já me aconteceu de autoridades mentirem na cara dura sobre assuntos muito confidenciais. Questionados mais tarde, disseram que parecera melhor dissimular. Por que concordar em falar ou se encontrar comigo? Normalmente respondiam que o silêncio poderia ser interpretado como uma confirmação. É o que acontece no mundo real da reportagem sobre assuntos realmente confidenciais. Alguém dizer que pediria desculpas caso estivesse errado jamais havia me acontecido.

Decidi não procurar a pessoa para receber o pedido de desculpas, mas em breve eu ganharia esse direito.

Pouco mais de um mês depois, em 3 de julho, a Coreia do Norte testou seu primeiro míssil balístico intercontinental, um Hwasong-14.[2] Ele viajou por meros 930 quilômetros e ficou no ar por apenas 37 minutos, mas as informações da inteligência mostraram que com uma trajetória mais plana poderia chegar ao continente americano. Era para aquilo que minha fonte havia me alertado dois meses antes.

Trump recebeu as informações naquela noite. No dia seguinte, 4 de julho, ele realizou uma celebração do Dia da Independência na Casa Branca. Naquela tarde, McMaster presidiu uma reunião de emergência na Sala da Situação. Trump não estava presente.[3]

Pompeo, diretor da CIA, disse que havia confirmação do míssil. Ele tinha sido disparado de um veículo de oito eixos importado da China. Lá se ia a esperança de que a China pudesse exercer alguma influência para restringir as ações norte-coreanas.

Tillerson disse que não tinha conseguido entrar em contato com os chineses, mas que havia pedido uma reunião de emergência do Conselho de Segurança da ONU. "Precisamos trabalhar com a Rússia para conseguir o apoio deles e manter o foco nos países que não estão respeitando as sanções atuais", ele disse. "Isso tem que ser discutido no G20, principalmente com Japão e Coreia do Sul."

Tillerson disse estar preocupado com a decisão do governo de ter a China como alvo de tarifas nas importações de aço num momento em que o país precisava de ajuda para encurralar a Coreia do Norte. Ele também estava preocupado com as reações de alguns aliados, como Japão, Coreia do Sul e União Europeia, às tarifas do aço determinadas por Trump.

A embaixadora na ONU Nikki Haley disse: "A China vem nos evitando, mas acabou concordando com uma reunião de emergência no Conselho de Segurança amanhã". Os Estados Unidos precisavam identificar mais empresas que faziam negócios com a Coreia do Norte para impor novas sanções.

"Precisamos de uma declaração convincente na imprensa para conquistar aliados", Mattis disse. "Não queremos que achem que existe qualquer rusga entre nós e a Coreia do Sul." Ele expôs planos militares de contingência, incluindo possíveis ataques à Coreia do Norte — o espectro completo, de ações pontuais a um ataque total, até mesmo à liderança do país. Os Estados Unidos não tinham todos os navios e outros ativos de que poderiam precisar na região. O país não estava pronto para todas as contingências e levaria algum tempo para isso.

"Nossa primeira opção deviam ser sanções determinadas pela ONU", Mnuchin disse. "Caso contrário podemos ter mais uma dúzia de sanções primárias à nossa disposição."

Mike Rogers, diretor da NSA, resumiu a postura defensiva dos Estados Unidos na questão da segurança cibernética. Ele não falou sobre a capacidade do país de fazer ataques cibernéticos.

"Realmente deveríamos pensar sobre a quantidade de dados técnicos que compartilhamos com a China e com a Rússia", alertou o diretor nacional de inteligência, Dan Coats, "no que diz respeito ao que conseguimos de informações sobre o míssil e outras coisas." A inteligência americana tinha um quadro bastante completo e precisava protegê-lo.

"Logo vamos descobrir se a China está do nosso lado como prometeu", disse Tillerson. Se os Estados Unidos estavam prontos para proibir que seus cidadãos viajassem para a Coreia do Norte, seria possível pedir que outros países fizessem o mesmo.

"O grande desafio vai ser a perda de inteligência humana", disse Pompeo, em alusão ao possível impacto sobre as fontes da CIA.

"Espero que a gente vá devagar", disse Mattis. Ele conhecia os detalhes dos Programas de Acesso Especial. "Essa perda de inteligência humana seria um problema importante."

"A continuidade das viagens traz o risco de nossos cidadãos serem feitos reféns", Tillerson disse, sem discordar de Pompeo e Mattis em relação à importância das fontes humanas.

O consenso era de que sem ações ousadas os Estados Unidos corriam o risco de ser vistos como tíbios e fracos dentro de um cenário em que ia se tornar normal ter a Coreia do Norte equipada com mísseis balísticos intercontinentais.

O lançamento do míssil pela Coreia do Norte desencadeou uma crise completa: Kim Jong-un agora tinha capacidade de lançar mísseis intercontinentais que podiam chegar aos Estados Unidos a partir de bases móveis. A inteligência americana tinha indícios incontestáveis de que os chineses haviam fornecido o veículo de oito eixos que era um componente-chave dos sistemas complexos de mísseis. A CIA corria o risco de perder fontes importantes caso os Estados Unidos impusessem restrições a viagens. E se o presidente decidisse determinar algum tipo de resposta militar significativa, os ativos não estariam disponíveis de imediato.

Mais tarde fiquei sabendo que a pessoa com quem falei em maio achava que a informação era tão confidencial que decidira que era melhor mentir.

Menos de dois meses depois, em 3 de setembro, a Coreia do Norte realizou um teste subterrâneo de sua mais poderosa arma nuclear. Foi seu sexto teste do gênero. A bomba era pelo menos dezessete vezes mais poderosa do que aquela que destruiu Hiroshima em 1945.[4]

Durante a campanha, em 10 de fevereiro de 2016, Trump disse no programa *CBS This Morning* que convenceria a China a "sumir com Kim de um jeito ou de outro, bem rápido". Ele chamou Kim de "um sujeito malvado, que não deve ser subestimado".[5]

Uma ordem executiva assinada pelo presidente Ronald Reagan em 1981 determinava que "Nenhuma pessoa que trabalhe para o governo americano ou aja em seu nome deve participar de assassinatos ou conspirar para que isso ocorra". Porém advogados do governo haviam concluído que um ataque militar ao quartel-general de um líder nacional durante hostilidades não seria uma violação à proibição de assassinatos.

Uma das primeiras aplicações do ataque ao quartel-general de um líder ocorreu durante o governo Clinton. O ataque militar não é muito lembrado porque aconteceu em meio ao debate no Congresso sobre o impeachment do presidente. Em dezembro de 1998, Clinton determinou um ataque militar no Iraque.

A operação Raposa no Deserto incluiu 650 ataques com bombardeiros ou mísseis a pouco menos de cem alvos durante três dias. A operação foi anunciada como uma punição ao Iraque por não permitir que inspetores dos Estados Unidos procurassem armas de destruição em massa.

A Raposa no Deserto não foi explicitamente projetada para matar o líder iraquiano Saddam Hussein, mas metade dos alvos eram palácios dele ou outros locais que poderia usar e que eram protegidos por unidades especiais de inteligência e da Guarda Republicana. Saddam não foi atingido, embora muita gente no governo, particularmente o secretário da Defesa, William Cohen, esperasse que fosse ser seu fim.

Depois da invasão de 2003 ao Iraque, o presidente George W. Bush e autoridades de Segurança Nacional voltaram a cogitar se era possível matar Saddam por meio de uma ação secreta.

Autoridades da CIA que faziam parte do desmoralizado Grupo de Operações Iraquianas — chamado muitas vezes dentro da agência e por seus próprios membros de "Casa dos Brinquedos Quebrados" — responderam com um dramático não. Seria difícil demais; Saddam era muito bem protegido. As organizações de segurança e inteligência existiam para mantê-lo vivo e no poder. O Grupo de Operações Iraquianas afirmou que uma invasão militar seria o único modo de tirar o ditador do poder.

Na véspera da invasão americana ao Iraque, fontes humanas da CIA, com o codinome ROCKSTARS, relatavam com segurança cada vez maior que Saddam estava na Fazenda Dora, um complexo a sudoeste de Bagdá às margens do rio Tigre. Ao ser informado de que Saddam estava escondido em um bunker, Bush determinou um ataque com bombas capazes de explodir lugares daquele tipo. Horas mais tarde, o diretor da CIA, George Tenet, ligou para a Sala da Situação. "Diga para o presidente que pegamos o filho da puta." Não era verdade.

Dias depois, o chefe da base da CIA no norte do Iraque visitou a Fazenda Dora, que lembrava as ruínas de um mercado de pulgas. Não achou bunker nenhum, só uma despensa subterrânea para armazenamento de comida. Uma coisa estava clara: Saddam escapara ou nunca estivera lá. Ele foi capturado nove meses depois, quando forças americanas encontraram o ditador escondido em um buraco debaixo de um casebre.[6]

Nos anos seguintes a CIA passou por um período de intensa reflexão. As autoridades da agência se faziam a pergunta crucial após a ação: imagine que Saddam tivesse sido morto numa ação sigilosa ou num ataque militar, será que isso teria tornado desnecessárias a invasão e a longa guerra? O custo em vidas incluía mais de 100 mil iraquianos numa conta conservadora e 4530 americanos. O custo para os Estados Unidos foi de pelo menos 800 bilhões de dólares e provavelmente chegou a 1 trilhão. Qual foi o tamanho da instabilidade que a guerra causou no Oriente Médio e até onde deu poder ao Irã? O Oriente Médio e a história mundial pareciam girar em torno da Guerra do Iraque havia anos.

O autoexame teve seu auge anos mais tarde, quando John Brennan foi diretor da CIA, entre 2013 e o início de 2017. Brennan, que carregava a CIA em cada célula do corpo e tinha modos suaves, confiantes e austeros, possuía vasta experiência na agência, e os registros mostravam que em geral ele estava certo. Na TV, raramente sorria.

Brennan foi o responsável por repassar diariamente as informações para o presidente Clinton, ao chefe da CIA na Arábia Saudita e ao assistente executivo e chefe de equipe da CIA durante a gestão do diretor Tenet. Como chefe do contraterrorismo no primeiro mandato de Obama, desenvolveu um forte relacionamento com o presidente, que o recompensou fazendo dele diretor da CIA no segundo mandato. Brennan era conhecido como "Homem-Resposta". Ele lia os relatórios de inteligência com profundidade, muitas vezes pedindo para ver os relatórios dos agentes e a versão bruta do material interceptado.

Consciente do "erro" cometido no Iraque, Brennan concluiu que a CIA não tinha feito seu trabalho. A Casa dos Brinquedos Quebrados evitou assumir sua responsabilidade, insistindo em dizer: "Vocês precisam de soldados! Precisam de soldados!". Aquela não era a função da CIA. A energia seria mais bem utilizada se a agência tivesse se concentrado em saber quais opções era possível oferecer. Dada a magnitude do erro, Brennan concluiu que o problema de Saddam podia ser resolvido com aquilo que chamou de "assassinato indireto".

Por isso, à medida que o problema norte-coreano começou a ficar maior durante a presidência de Obama, Brennan desenvolveu um argumento agressivo. A CIA não devia tentar uma mudança de regime, e sim uma "mudança de homem", eliminando o líder Kim Jong-un. Brennan concluiu que o Grupo de Operações Iraquianas na fase pré-invasão de 2002-3 não tivera coragem, conhecimento ou imaginação. Portanto, o grupo equivalente para a Coreia do Norte dentro da diretoria de operações da CIA começou a trabalhar. O "assassinato indireto" ou a "mudança de homem" era uma possibilidade? Era uma opção que valia a pena examinar.

O grupo da CIA para a Coreia do Norte bolou a Estimativa de Inteligência da Península (PIE, na sigla em inglês), que emitiria alertas de que a Coreia do Norte daria início a um ataque. O plano de contingência ultrassecreto do Pentágono para que os Estados Unidos fossem à guerra, em resposta a um ataque, tinha como alvo a mudança de regime na Coreia do Norte e foi batizado de OPLAN 5027.

Um documento detalhava quais eram os alvos e as missões das forças de ar, mar e terra. Era um plano de grandes proporções que tinha por objetivo vencer a guerra, e um dos documentos mais secretos do governo americano.

O cronograma de distribuição das forças (TIPFID, na sigla em inglês) mostrava que seriam necessários pelo menos trinta dias para reunir todas.

Uma opção mais simples e muito mais arriscada incluía ataques a alvos das lideranças norte-coreanas, especificamente Kim Jong-un, num plano de guerra muito mais sofisticado, o OPLAN 5015.

A Aeronáutica tinha várias opções de ataques a lideranças, incluindo enviar um bombardeiro invisível que entraria e sairia da Coreia do Norte antes que os inimigos pudessem fazer algo a respeito. Exigiria conhecimento "com grande clareza", nas palavras de um general, para executar um ataque pontual contra as lideranças.

Entre 17 e 19 de outubro de 2017, a Aeronáutica americana fez uma elaborada série de ataques simulados nos montes Ozark, no Missouri.[7] A região tem topografia semelhante à da Coreia do Norte.

O sistema de comunicações criptografadas entre os bombardeiros e os tanques, o Sistema Aéreo de Alerta e Controle, não estava funcionando, e as comunicações dos pilotos foram ouvidas pelos habitantes locais que monitoravam as frequências militares.

Uma comunicação se referia a um "possível ponto de realocação da liderança da RPDC [República Popular Democrática da Coreia]". Em outra, o piloto se referia a "um posto de comando possível ponto de realocação da liderança da RPDC".

Um dos exercícios de bombardeio aéreo ocorreu a apenas 150 metros de altura, o que é muito arriscado e projetado para obter a maior destruição subterrânea possível. Em outro exercício relatado, o bombardeiro carregou uma artilharia massiva de penetração (MOP, na sigla em inglês), o tipo usado anteriormente no Afeganistão em abril de 2017. Nos exercícios simulados as coordenadas no mapa destacavam um hangar no aeroporto de Jefferson City. Os pilotos também discutiam o tempo dos detonadores das bombas para maximizar o impacto nos alvos.

Não há como negar que o exercício era um preparativo levado a sério, mas àquela altura era apenas um entre os vários planos de contingência disponíveis.

McMaster imprimia um tom bélico em relação à Coreia do Norte, defendendo internamente na Casa Branca que, caso Trump fosse atacar, o melhor era fazê-lo sem demora, antes que a Coreia do Norte aprimorasse seus mísseis e armas atômicas. Ou antes que a quantidade deles aumentasse. O tempo tornaria a ameaça mais grave. Aos que estavam menos inclinados por tal opção, McMaster perguntava: "Quer apostar uma nuvem de cogumelo em cima de Los Angeles?".

A pergunta ecoava o comentário de Condoleezza Rice, conselheira de segurança nacional de Bush, antes da invasão ao Iraque, dizendo que não havia como ter certeza de quanto tempo levaria para que Saddam obtivesse armas nucleares. Ela acrescentara: "Mas não queremos que a prova de que ele conseguiu seja uma nuvem de cogumelo".[8]

O general Kelly, secretário de segurança interna e general de quatro estrelas reformado da Marinha, ficou furioso ao saber que a Casa Branca trabalhava com uma solução diplomática para os "sonhadores" — uma questão central do debate sobre imigração. Os "sonhadores" são pessoas que entraram ilegalmente nos Estados Unidos quando crianças junto com os pais.

Com a lei de 2012 da Ação Protelada para Entrada na Infância (DACA, na sigla em inglês), o presidente Obama protegeu 800 mil sonhadores contra a deportação e deu a eles a possibilidade de conseguir vistos de trabalho, na esperança de retirá-los da economia informal e lhes dar uma identidade americana.

Kelly, um linha-dura na questão da imigração, deveria estar encarregado daqueles assuntos. Porém Jared Kushner trabalhava paralelamente numa solução diplomática. Ele vinha convidando o senador Dick Durbin, democrata de Illinois que era o número dois na liderança de seu partido, e Lindsey Graham para ir a seu gabinete discutir um acordo. Graham mais tarde perguntou a Kelly: "Jared não contou que a gente está trabalhando nisso faz meses? Que constrangedor".

Kelly ligou para Bannon. "Se o genro vai cuidar disso, então que cuide. Eu não preciso. Tenho que falar com o presidente. Não vou mais fazer isso. Não vou ficar lá para ser traído e humilhado num assunto sobre o qual deveria estar informado."

Bannon achava que o governo estava alinhado com a postura mais dura em relação à imigração — exceto pelo próprio Trump. "Ele sempre pegou leve com a DACA. Acredita nessa história da esquerda. São os melhores da turma. Todos bolsistas Rhodes. Porque esses anos todos Ivanka disse isso a ele."

Kelly desabafou com Priebus, que, assim como Bannon, receava que ele pudesse pedir demissão.

"Arranje um tempo na agenda para Kelly", Bannon propôs. "Deixe que vá falar com o chefe e mostrar o que Jared está fazendo. Porque isso é típico do Jared, ficar fazendo as coisas pelas costas dos outros."

Priebus não marcou a conversa.

"Ponha o cara na porra da agenda", Bannon insistiu.

Priebus continuou adiando. Aquilo ia expor a desorganização da Casa Branca.

"Do que está falando?", Bannon perguntou. Era risível! Claro que Priebus não tinha controle sobre Jared. E as pessoas sempre agiam pelas costas umas das outras.

Tanto Bannon quanto Priebus disseram a Kelly: Deixe que cuidamos disso. Falar com o presidente só vai causar constrangimento desnecessário. Vamos cuidar para que isso não aconteça de novo e você esteja sempre informado.

Kelly, que continuava até então jogando para a equipe, não forçou a situação. Quando mencionou o assunto de maneira oblíqua na presença do presidente, Trump não respondeu.

Lindsey Graham entrou no gabinete de Bannon. "Ei, vou fazer uma proposta. Você quer o muro?" Trump podia ter o financiamento para o muro desde que cedesse na questão dos sonhadores.

"Pare", Bannon disse. Um acordo na questão dos sonhadores significava anistia. "Nunca vamos dar anistia a ninguém. Por mim vocês podem construir dez muros. Não basta. O problema é a migração em cadeia."

A migração em cadeia, formalmente chamada de política de reunificação familiar, permitia que um único imigrante legalizado levasse parentes para os Estados Unidos — pais, filhos, cônjuge e, em alguns casos, irmãos.[9] Os membros da família ganhavam um caminho para obter residência legal permanente ou cidadania americana. Eles podiam ser seguidos por essa "cadeia".

Dois terços (68%) dos residentes permanentes legais tinham entrado nos Estados Unidos usando a política de reunificação familiar ou cadeia migratória em 2016.[10] Aquilo estava no centro da visão que Trump e Bannon tinham sobre a imigração. Bannon queria uma nova política, mais restritiva. Graham e ele não chegaram nem perto de um acordo.

Ivanka e Jared convidaram Stephen Miller, linha-dura na questão da imigração, para jantar em sua casa com Durbin e Graham.

"Só escute", Bannon disse a Miller. "Só vá lá e ouça. Não discuta com eles. Só ouça tudo o que disserem."

Miller relatou que Ivanka e Jared achavam que haviam convencido Trump a fazer uma espécie de acordo que incluía o financiamento do muro em troca da anistia para 1,8 milhão de sonhadores. Bannon achava que a migração em cadeia na verdade tornava aquele número duas ou três vezes maior, representando de 3 milhões a 5 milhões de novos imigrantes. "Não podem achar que somos burros a esse ponto."

Havia dias em que Bannon ficava com a impressão de que o senador Graham tinha se mudado para a Casa Branca. Ele ouviu o discurso de Graham sobre os sonhadores pelo menos três vezes. Bannon achava que ele queria substituir McConnell como líder da maioria.

Bannon estava no auge de sua guerra com McConnell e via Graham como seu maior aliado. Os dois falavam ao telefone praticamente todo dia. Bannon acreditava que todo mundo detestava McConnell e queria se livrar dele porque era controlador demais.

Graham de fato falou em achar um substituto para McConnell. "A gente tem que encontrar alguém para o lugar dele." Mas negou que quisesse ocupar a liderança.

Bannon achava que Graham era o melhor negociador para os republicanos, mas ele era parte do establishment. Graham não gostava da agenda nacionalista de Bannon, e sempre dizia: "Bannon, essa história de Estados Unidos em primeiro lugar é uma bobagem. Isso é tudo bobagem".

Ao melhor estilo Trump na Casa Branca, Bannon estava disposto a montar qualquer cavalo que fosse para atingir seus objetivos. Ele chamou o procurador-geral Sessions. O problema deles na imigração era Trump. "Ele vai ouvir Jared e Ivanka. E Graham é o melhor vendedor que há por aqui. Ele adora o cara. Consegue vender qualquer coisa para o presidente. Ele tem Durbin. Vão ser ótimos com ele. A gente está com um puta de um problema."

Bannon falou com Kris Kobach, secretário de Estado do Kansas, um dos maiores oponentes dos sonhadores e herói da direita. A ideia de Kobach era que ele e outros procuradores-gerais entrassem com ações afirmando que a DACA era inconstitucional. Bannon e Sessions criaram um plano para não defender a lei. "Acabou", Bannon disse. "A DACA acabou. A única coisa que Trump precisava dizer ao Congresso era: Olha só, eu trabalho na Pennsylvania Avenue número 1600. Se tiverem alguma ideia venham falar comigo." O presidente só precisava ficar neutro.

23

Enquanto Trump fazia planos para se retirar do Acordo de Paris sobre mudanças climáticas, Priebus chegava ao limite com Ivanka. A filha de 35 anos do presidente, assessora sênior da Casa Branca, transitava livremente pela Ala Oeste. Ela tinha dado início a uma verdadeira operação sigilosa em defesa do Acordo de Paris, um tratado internacional não obrigatório para enfrentar a mudança climática por meio da redução voluntária de emissões de gases de efeito estufa assinado em 2015 e que envolvia 195 países.

Obama se comprometeu a reduzir as emissões a níveis 25% inferiores aos de 2005. Aquele número seria atingido em 2025. Ele havia se comprometido a dar 3 bilhões de dólares para ajudar países subdesenvolvidos em um Fundo Verde do Clima.

Apenas 1 bilhão havia sido pago, e Obama transferira metade disso três dias antes de encerrar seu mandato.

Ivanka desejava intensamente que o pai mantivesse a adesão ao acordo ambiental. Quinze minutos depois de Priebus iniciar uma reunião em seu gabinete com um punhado de assessores da área econômica e do Conselho Econômico Nacional, Ivanka entrou. Ela sentava e muitas vezes não dizia nada.

Quem é essa pessoa?, Priebus se perguntava, espantado. O que ela está fazendo?

Parecia impossível controlar a Casa Branca. Às vezes parecia que a presença de Ivanka — horas por dia, dias a fio — era contínua. Jared tinha o mesmo direito de usucapião na Casa Branca. Eles pareciam um bando de corneteiros, andando de um lado para outro, observando, interagindo como parentes e assessores do presidente. Ivanka plantava sementes de dúvida sobre as políticas e entregava reportagens ao pai.

Quando Priebus expressava seu descontentamento, Trump invariavelmente brincava: "Eles são democratas". Eram gente de Nova York infectada pelo liberalismo de suas raízes urbanas. O presidente não fazia nenhum esforço genuíno para conter os palpites deles. Priebus achava que tinha comandado um Comitê Nacional Republicano sistemático e com uma organização muito sólida. A Casa Branca de Trump parecia planejada para virar de ponta-cabeça qualquer ordem ou rotina.

A certa altura Priebus enviou um memorando para o presidente revisar e assinar, que decidia pela retirada do Acordo de Paris.

Ivanka disse para o pai: "Mark Zuckerberg quer falar com você". Ela tinha arranjado um telefonema entre ele e o fundador e CEO do Facebook. Zuckerberg era um franco defensor das políticas de contenção da mudança climática. A certa altura, Ivanka colocou uma mensagem pessoal do ex-vice-presidente Al Gore, um dos maiores defensores do Acordo de Paris, em meio à papelada na mesa do presidente.

O presidente falou com Gore, que disse a outras pessoas acreditar que Trump realmente parecia poder manter a adesão ao Acordo.

Ivanka e Jared entregaram ao presidente uma reportagem com destaque nas aspas de uma fonte anônima da Casa Branca. Sabe quem é esse? É Steve Bannon, eles disseram. Numa Casa Branca lotada de gente que vazava informações, as táticas certamente fizeram com que Trump, aos poucos, passasse a desconfiar de Bannon.

Porter percebeu a presença de Scott Pruitt, administrador da Agência de Proteção Ambiental (EPA), no saguão da Casa Branca em 5 de abril. Ele foi o xerpa que guiou Pruitt durante sua confirmação no Senado, que terminou com uma votação apertada, por 52 a 46. Pruitt tinha sido procurador-geral de Oklahoma por seis anos, onde travara uma guerra contra as normas da EPA.

Eles jogaram conversa fora. Quando Pruitt foi até o Salão Oval, Porter o seguiu. Pruitt não estava na agenda regular. Era evidente que era uma reunião não agendada. Aquilo ficou claro quando Bannon apareceu no Salão Oval.

"Precisamos sair do Acordo de Paris", Pruitt disse, entregando uma folha para o presidente ler que decidia pela saída do acordo. Precisamos sair, ele insistiu. "Foi um compromisso de campanha."

"Sim, sim, sim", Bannon disse várias vezes. "A gente tem que fazer isso agora."

Faça este discurso, Pruitt disse. Essa poderia ser a sua declaração para a imprensa. Talvez seja o caso de ler esse texto para repórteres no Salão Oval e fazer com que o secretário de imprensa publique como declaração escrita.

Porter ficou surpreso. Como chefe de gabinete ele sabia que não tinha havido qualquer tramitação. Ninguém fora consultado. Não houvera análise legal. Pruitt e Bannon tinham entrado sorrateiramente no Salão Oval e queriam uma decisão instantânea sobre o mais importante tema ambiental internacional do nosso tempo.

Porter sabia que o papel sobre a mesa do presidente era incendiário. Trump podia pegá-lo, decidir ler em voz alta para os jornalistas ou levar para o secretário de imprensa Sean Spicer e dizer: publique isso. Quando teve oportunidade, Porter pegou o esboço de declaração de Pruitt da mesa de Trump.

Mais tarde ele disse a Bannon e a Pruitt que os dois não podiam simplesmente ir entrando no Salão Oval daquele jeito. Era uma imensa infração ao protocolo. Era inaceitável.

Gary Cohn convocou o primeiro escalão para uma reunião na Sala da Situação em 27 de abril.[1] O Conselho Econômico Nacional de Cohn havia mandado um memorando de seis páginas para os órgãos responsáveis, apenas para uso oficial, propondo duas opções. A primeira era sair do Acordo de Paris. A segunda era: "Permanecer no Acordo de Paris, mas adotar uma meta que não prejudique a economia e adie futuros compromissos e contribuições financeiras".

"Quero pedir primeiro que o advogado da Casa Branca", disse Cohn, abrindo a reunião, "nos ajude a compreender algumas questões legais."

Mas Don McGahn não estava lá. Seu representante, Greg Katsas, falou sobre questões técnicas até que ele chegasse.

"Ótimo, McGahn está aqui", Cohn disse. "Explique as questões legais pra gente."

McGahn era a favor da saída, embora ainda não tivesse mostrado suas cartas. "Bom", ele disse. "Vamos enfrentar ações judiciais. E, se não sairmos do acordo, isso realmente vai colocar em risco parte da reversão das normas que provavelmente vão ser feitas na EPA.

"O Acordo de Paris foi um dos fatores que a gestão Obama usou como base legal para justificar a relação custo-benefício do Plano de Energia Limpa." Ele estava falando de uma norma de 460 páginas da era Obama que reduzia a quantidade de dióxido de carbono emitida por usinas de energia que, segundo a estimativa da EPA, salvaria 4,5 mil vidas por ano. Pruitt já se movimentava para acabar com aquela política.

"Então a não ser que a gente saia do Acordo de Paris, todos os casos desse tipo vão correr risco", McGahn disse. Ele era favorável a uma saída imediata.

"Você não sabe do que está falando", Tillerson disse. "O assessor jurídico do Departamento de Estado, que foi o órgão que negociou o acordo, para começo de conversa, e que tem experiência que precisa ser levada em conta, diz que não podemos simplesmente anunciar que estamos saindo."

O documento de adesão claramente dizia que os "Estados Unidos não podem anunciar oficialmente uma retirada do Acordo de Paris antes de novembro de 2019", o que ainda levaria mais dois anos e meio.

Mas a segunda opção — permanecer no acordo sem fazer nada que prejudicasse a economia e adiando futuras contribuições financeiras — colocaria os Estados Unidos em boas condições para se defender de ações legais, disse Tillerson.

O secretário de Estado ficou sozinho. Pruitt foi veemente na defesa da retirada. Priebus, que via os benefícios políticos, também era a favor. Bannon via aquilo como mais um acordo globalizante que atrapalhava os Estados Unidos.

No fim, Cohn disse que eles evidentemente precisavam resolver as questões legais. "Mas acho que estamos começando a conseguir um consenso." Ele tinha razão. O Acordo de Paris estava morto.

McMaster e Porter se encontraram antes de uma reunião com o presidente, marcada para as dez da manhã, no dia 1º de junho, no Salão Oval, que trataria do Acordo de Paris. Trump tinha agendado um anúncio para aquele dia. Temos que fazer uma última tentativa, os dois concordaram.

Sair do acordo vai prejudicar nossas relações com muitos países, McMaster disse. Ele estava sendo inundado por telefonemas de colegas estrangeiros. "Vocês não estão pensando em fazer isso de verdade, estão?" Ou mais explicitamente: "Por favor, não façam isso".

Porter tinha feito um esboço do que o presidente poderia dizer. "Os Estados Unidos vão se retirar dos termos do Acordo do Clima de Paris", ele leu. "A partir de hoje os Estados Unidos não vão aderir a nenhum encargo financeiro ou econômico imposto pelo Acordo de Paris, incluindo a contribuição determinada pelo próprio país."

Tecnicamente, se retirar dos "termos" mantinha os Estados Unidos no acordo. "Isso vai parecer duro o suficiente", Porter disse para McMaster. "Ele vai gostar da recompensa política que vai trazer. Isso cumpre a promessa de campanha. E vai deixar a base empolgada."

Era basicamente a opção dois da reunião do gabinete — permanecer no Acordo de Paris. Porter achou que tinha encontrado um meio de minimizar os danos.

Ele e McMaster apresentaram o texto para o presidente. Os dois falaram até cansar, mas ficou claro que tinham perdido a batalha.

Não, não, não, Trump dizia. Ele ia se retirar completamente. "Esse é o único jeito de me manter fiel à minha base."

Enquanto trabalhava no esboço do discurso, Trump endureceu ainda mais a linguagem.

Numa aparição no fim daquela tarde no Roseiral com direito a banda marcial, o presidente elogiou o mercado de ações e os esforços dos Estados Unidos para combater o terrorismo.[2]

"Nessas e em muitas outras questões, estamos cumprindo nossos compromissos. E não quero que nada fique no nosso caminho." E então, chegando ao ponto principal, disse: "Portanto, para cumprir meu solene dever de proteger os Estados Unidos e seus cidadãos, os Estados Unidos vão se retirar do Acordo de Paris. Como alguém que se importa profundamente com o meio ambiente, que é o meu caso, não posso ficar tranquilo apoiando um acordo que pune os Estados Unidos — como este faz —, o líder mundial em proteção ambiental, sem impor obrigações significativas para os principais poluidores do mundo. Fui eleito para representar os cidadãos de Pittsburgh, não de Paris."

Em 15 de junho de 2017, o *Washington Post* publicou uma reportagem assinada por três de seus principais jornalistas que cobriam o Departamento de Justiça e o FBI com o título "Procurador especial investiga negócios de Jared Kushner".[3] Mueller queria uma quantidade cada vez maior de documentos. Kushner havia contratado Abbe Lowell, um renomado advogado de defesa criminal de Washington. Priebus previa que Jared ia ter problemas por causa de investimentos em que havia se envolvido. Ele decidiu pôr mais lenha na fogueira e jogar pesado. Disse a Trump que Jared não devia estar num cargo oficial na Casa Branca. Havia um motivo para a existência das leis contrárias ao nepotismo. A investigação de Mueller estava indo a fundo nas finanças de Jared. E logo ia passar às finanças do presidente, se é que ainda não havia acontecido.

Normalmente, Trump ignoraria ou deixaria para lá. Daquela vez ele fez uma pausa e refletiu. Olhou para seu chefe de gabinete. A resposta foi chocante, muito diferente do normal.

"Você tem razão", o presidente disse.

Priebus continuou dizendo a Trump que, sendo seu genro, Jared não devia ter um cargo e um gabinete na Casa Branca.[4] Mas a sugestão ia ricochetear e colocá-lo numa situação difícil com Jared, que queria ficar. O genro de Trump continuava sendo uma missão que Priebus não conseguia cumprir.

Tendo falhado em seus esforços para controlar ou diminuir os tuítes do presidente, Priebus buscou um modo de ter impacto prático. Como os tuítes muitas vezes tinham origem no hábito obsessivo do presidente de assistir TV, ele tentou encontrar meios de desligá-la. Mas a TV era a atividade-padrão do presidente. Os domingos à noite eram o pior momento. Trump voltava para a Casa Branca depois de passar o fim de semana num de seus resorts jogando golfe bem a tempo de acompanhar os programas sobre política nas suas redes inimigas, a MSNBC e a CNN.

O presidente e a primeira-dama tinham quartos separados na residência oficial. Trump tinha uma TV gigante que ficava ligada a maior parte do tempo, a que ele assistia sozinho com o controle remoto, um TiVo e sua conta de Twitter. Priebus chamava o quarto presidencial de "oficina do diabo", e os inícios de manhã e as perigosas noites de domingo de "hora da bruxaria".

Não havia muito que pudesse fazer quanto às manhãs, mas tinha algum controle sobre a agenda de fim de semana. Priebus começou a adiar o horário de volta de Trump para a Casa Branca aos domingos. O presidente passou a chegar à Casa Branca pouco antes das 21h, quando a MSNBC e a CNN em geral já tinham passado para uma programação mais leve, que não tinham as controvérsias políticas como foco imediato, ou o inevitável papel que Trump desempenhava nelas.

Bannon percebeu que as apresentações do Conselho de Segurança Nacional sobre Afeganistão, Irã, China, Rússia e Coreia do Norte não tinham impacto sobre Trump. Sem um princípio organizacional, aquilo era demais para a capacidade de atenção dele.

Ele chamou Sally Donnelly, uma conselheira-chave próxima do secretário Mattis. "Sally, você precisa falar com seu chefe. O problema é o seguinte." Num dia, o foco era a Líbia, no outro podia ser a Síria. "Conheço esse cara. Ele está frustrado. É tudo muito desconexo. Fora o que estamos fazendo com os sauditas, é tudo muito confuso. Tem uma coisa que eu queria falar com o Mattis, e vou fazer um diagrama para ele." Bannon tinha inventado aquilo que ele chamou de "estratégia dos Estados Unidos".

Às oito da manhã de um sábado de junho, Bannon chegou ao Pentágono. Tomou café com Donnelly e o chefe de gabinete de Mattis, o almirante reformado Kevin Sweeney. Depois eles se reuniram com Mattis em torno de uma pequena mesa na sala do secretário.

"O meu problema é o seguinte", Bannon disse. "Vocês não pensaram no Pacífico. Não pensaram na China. Não têm nada aprofundado. Estão presos demais ao CentCom" — o comando central que cobria o Oriente Médio e o sul da Ásia.

Como Mattis tinha sido comandante do CentCom entre 2010 e 2013, Bannon achava que ele havia levado aquela mentalidade para o cargo de secretário de Defesa. Lembrou a Mattis que os líderes políticos e os intelectuais chineses estavam divididos com relação à sua visão dos Estados Unidos. Um grupo os via como um parceiro, um igual, um país co-hegemônico. O outro, os falcões, os via como uma potência menor e os tratava como tal.

Mattis respondeu. Aniquilar o Estado Islâmico fora a tarefa que o presidente Trump lhe designara.

"Vou fazer um acordo com você", Bannon propôs. Caso Mattis desse apoio à contenção da China, recuaria na pressão para os Estados Unidos saírem do Afeganistão.

O Afeganistão era um dos pontos do plano chinês Um Cinturão, uma Estrada, que pretendia expandir a rede comercial do país para a Europa.

"Steve", Mattis disse, "eu meio que sou um desses caras do comércio global. Acho que essa coisa do comércio é bem boa."

Bannon ficou chocado. Trump tinha razão. Os generais não entendiam nada de negócios e economia. Nunca tinham se importado de fato com o custo das coisas.

24

No fim de semana de 8 e 9 de julho, o *New York Times* publicou duas reportagens sobre uma reunião até então desconhecida na Trump Tower durante
a campanha.[1] Don Trump Jr., Manafort e Kushner tinham se encontrado
com um advogado russo que, entre outras coisas, oferecera informações
difamatórias sobre Hillary Clinton. Houve os desmentidos, as correções e
a confusão de sempre entre os participantes. Era uma reportagem impor-
tantíssima, que sugeria — mas não comprovava — algum tipo de subterfúgio e cooperação clandestina com os russos.

O presidente estava fora de si e ligou para Dowd para reclamar dos vazamentos e da imprensa.

"Sr. presidente, isso é bobagem", Dowd disse a ele. E daí? Falar mal
dos outros era comum em campanhas e em Washington. Tinha até um
nome — "pesquisa sobre a oposição" ou "reportagem investigativa". Parecia que metade de Washington era paga para tal. Havia algo de errado naquilo? Não. Dowd sabia que equipes de pesquisa sobre a oposição e repórteres investigativos aceitariam informações de qualquer um, até mesmo
de governos estrangeiros. A postura da mídia era revoltante. Estava tra-
tando aquilo como se fosse o crime do século. O *New York Times* e o *Washington Post* achavam que eram a procuradoria especial e que determinavam
o que era legal e o que era ilegal. As reportagens eram absolutamente vazias, Dowd concluiu.

Em 17 de julho Trump tuitou: "A maioria dos políticos teria ido a uma
reunião como a que Don Jr. foi para conseguir informações sobre um opo-
nente. Isso é política!".[2]

Dowd estava determinado a não se deixar distrair pelas notícias nos jornais. Ele queria provas cabais. McGahn ditava religiosamente todas as reuniões ou discussões com o presidente à sua assistente executiva, Annie

Donaldson. Ela tinha dezessete horas de anotações relativas a questões que estavam sendo investigadas por Mueller e sua equipe.

Dowd deu a Mueller as anotações e as de outros sete advogados. Não ocultou nada. Ele disse a Mueller: "Bob, se quiser saber o que se passou na cabeça do presidente, leia as anotações da Annie".

Tudo foi feito com a bênção do presidente. Dowd dizia a ele: essas são as categorias de documentos. Vamos entregar isso a ele. "Constitucionalmente, ele não tem direito" a documentos e depoimentos, "mas, só por respeito aos procuradores, já que o senhor é o chefe, vamos deixar que ele faça isso. Não vamos brigar." Dowd concluiu que o presidente parecia não estar com medo. Ele jamais dissera não.

Dowd disse a Mueller: "Foi isso que eu disse ao presidente, então não me vá criar problema. E a gente vai fazer você sair bem na foto. E você vai fazer a gente sair bem na foto. Mas você tem que acabar logo com isso".

Mueller recebeu 1,4 milhão de páginas de documentos da campanha de Trump e 20 mil páginas da Casa Branca. Dowd achava que nenhum documento tinha sido destruído. No total, 37 testemunhas deram depoimento voluntário à equipe de Mueller.

McGahn, Priebus e a equipe do vice-presidente fizeram um resumo de seis páginas do caso Flynn a partir de suas lembranças da época.[3] Dowd considerava que aquela era a bíblia do caso e a entregou a Mueller. Ele achava que ninguém, além de Flynn, tinha mentido para os investigadores, e que Mueller não precisava pressionar nem apertar quem fosse.

Quando estava enviando registros de campanha para a comissão parlamentar de inquérito, Dowd disse a Quarles, braço direito de Mueller: "Estamos mandando cópias para o Congresso. E se eu simplesmente entregar uma cópia para vocês?".

Quarles aceitou. Dowd achou que eles trabalhavam bem juntos. Podiam se encontrar e conversar, ao passo que Mueller era tão rígido que chegava a parecer feito de mármore.

Em 20 de julho, a Bloomberg revelou o que aparentemente era uma bomba: Mueller estava investigando as finanças do presidente, incluindo "compras de apartamentos em prédios de Trump por russos [...] o Miss Universo 2013 em Moscou e a venda de uma mansão de Trump na Flórida em 2008 para um oligarca russo".[4]

Dowd ligou para Quarles para perguntar sobre a reportagem.

"Bom", Quarles disse, "Bob nunca comenta."

"Meu caro, não é bem assim", Dowd respondeu irritado. "Estou te ajudando, agora você tem que me ajudar." Como os dois sabiam, "um desmentido da Casa Branca não serve para nada". Dowd continuou: "O acordo era que se vocês acrescentarem alguma coisa à investigação, vocês primeiro avisam a gente".

"Exato."

"Porque vocês disseram o que estava sendo investigado", Dowd disse. "E de vez em quando vocês acrescentam alguma coisa e a gente coloca isso numa lista. Não ouvi falar sobre imóveis na Flórida nem sobre a venda dessa casa." Dowd disse que sabia de alguns assuntos que estavam sendo investigados em Nova York que tinham a ver com Michael Cohen, advogado de Trump, e Felix Sater, que tentaram construir uma Trump Tower em Moscou. "Sabe, Jimmy?", Dowd acrescentou. "Quando você me faz uma pergunta, eu conto tudo. Então preciso de uma explicação melhor."

"John, preciso te dizer", Quarles começou. "Tenho 99% de certeza de que não é a gente."

"Entendi", Dowd disse. Ele imediatamente ligou para o presidente, sabendo que, quando aquele tipo de notícia era publicado, não conseguia se concentrar em mais nada. Trump estava indignado.

"Eles não estão investigando isso", Dowd disse, tentando tranquilizá-lo. Mas Trump não estava nem um pouco convencido e parecia inconsolável.

Quatro dias depois, Dowd encontrou Quarles em um banco de pedra em frente ao Patriot Plaza, onde ficava o gabinete de Mueller.

"Bob e eu estamos te devendo uma", Quarles disse. "Ele mandou dizer pra você não acreditar no que lê nos jornais."

"Entendi", Dowd respondeu.

"Estamos realmente constrangidos", Quarles disse.

"Por quê?"

"Você entregou mais do que tinha prometido, e agradecemos muito. Estamos avançando. E trabalhando para acabar logo com isso. Tem muita coisa ainda para organizar, mas tudo veio bem claro. A gente não precisou sair caçando documentos. Vocês não afogaram a gente em papelada."

Dowd conhecia a história de uma pessoa que era alvo de uma investigação tributária e que disse ao FBI que a resposta para o pedido deles estava em algum lugar dentro de dois galpões. Os agentes passaram anos procurando.

"Vamos concordar em continuar fazendo as coisas assim", Dowd disse. "Não quero brincar de gato e rato. Você não está na minha situação. Eu trabalho para um cara que quer saber das coisas ontem." E o instinto de Trump dizia "que isso é tudo bobagem". Dowd acrescentou que verificou e a Organização Trump negou estar sendo investigada separadamente. A empresa não havia recebido nenhum pedido de documento nem de depoimento — os passos preliminares que eram padrão. "E disseram: até onde a gente sabe, é bobagem." Todos os projetos da organização tinham oito ou nove anos. Não havia problemas. Qualquer coisa que Mueller quisesse ver possuía registro público em algum lugar.

Dowd disse isso ao presidente. "Eu sei, porra!", Trump respondeu.

O advogado continuou com Quarles. "Às vezes tenho que fazer isso por telefone e você tem que me dar uma orientação. Não estou pedindo para me beneficiar nem para entregar o jogo. Só diga se a gente vai levar uma pancada ou não. Ou se tem que me pedir alguma coisa. Não está no seu radar."

"Concordo", Quarles disse.

Dowd tomou cuidado para não mudar de assunto, não perguntar sobre possíveis investigações relativas às finanças de Jared. O cliente dele era Trump, e era fundamental se concentrar no cliente.

Em julho, a Frente Parlamentar da Liberdade, um bloco de trinta deputados conservadores de peso, ameaçou não votar pela aprovação do orçamento a não ser que o presidente Trump instituísse algum tipo de proibição para o pagamento de cirurgias de mudança de sexo e tratamentos hormonais para transgêneros que estivessem servindo às Forças Armadas.

No governo Obama, foi decidido que militares transgênero que revelassem sua condição não seriam banidos, embora novos recrutas só fossem ser admitidos a partir de 1º de julho. Em 30 de junho, um dia antes do prazo, Mattis assinou um memorando adiando a implantação em seis meses para analisar "a disposição e a letalidade das tropas".

Durante a campanha, Trump havia se declarado um defensor dos direitos LGBT. Agora ele dizia a Bannon: "Que merda é essa? Eles entram aqui e vão arrancando fora" — uma referência vulgar à cirurgia de transgenitalização. Alguém disse a ele que cada cirurgia custava 250 mil dólares, um valor exagerado. "De jeito nenhum", ele disse.

Cirurgias de troca de sexo podem ser caras, mas também são raras. Num estudo encomendado pelo Pentágono, a RAND Corporation "descobriu que apenas poucas centenas de um total de 6,6 mil militares transgênero procuravam tratamento médico por ano. E que esses custos não ultrapassam 8 milhões de dólares por ano".[5]

O processo interagências tinha trabalhado no processo. Os procuradores-gerais dos departamentos e agências haviam feito avaliações. A comissão de representantes havia se reunido, e houvera várias reuniões de comissões de diretores. Não se chegou a um consenso, mas foram apresentadas algumas opções.

Na manhã de 26 de julho, Priebus, Bannon e vários advogados falaram com o presidente por viva-voz. Ele só chegaria ao Salão Oval mais de uma hora depois.

Sr. presidente, Priebus disse, sabemos que logo vai descer, mas queríamos informar sobre um memorando decisório que trata dos transgêneros nas Forças Armadas.

Havia quatro opções. A número um era manter a política de Obama que permitia que pessoas transgênero servissem abertamente; a número dois era emitir uma diretriz para o secretário Mattis deixando margem para que ele decidisse; a número três era uma ordem presidencial para acabar com o programa, mas bolar um plano para os transgêneros que já estivessem nas Forças Armadas; e a número quatro era banir todos os transgêneros do serviço militar. A probabilidade de ações judiciais subia à medida que eles se aproximavam da opção quatro, Priebus explicou. "Quando o senhor descer, queremos explicar melhor", Priebus disse.

"Eu desço às dez", o presidente disse. "Por que não vão me ver quando eu chegar? Aí a gente decide."

Priebus achou que eles estavam conseguindo ser metódicos em pelo menos um assunto controverso.

Às 8h55, o celular dele recebeu uma notificação de um tuíte presidencial. "Após consultar meus generais e especialistas em assuntos militares, estejam por favor informados de que o governo dos Estados Unidos não aceitará ou permitirá..."[6]

Em mais dois tuítes, às 9h04 e 9h08, Trump completou seu anúncio: "... que pessoas transgênero sirvam em qualquer cargo nas Forças Armadas americanas. Nossas Forças Armadas precisam se concentrar numa vitória decisiva e esmagadora e não podem sofrer com o fardo de enormes custos médicos e com os problemas que os transgêneros trariam. Obrigado".[7]

"O que achou do meu tuíte?", o presidente perguntou a Priebus mais tarde.

"Acho que teria sido melhor se tivéssemos um memorando, se tivéssemos avisado Mattis", Priebus respondeu.

Mattis não ficou feliz nem com a decisão de Trump de dar a notícia via Twitter nem com o efeito que ela teria sobre militares transgênero que estavam na ativa e cumprindo missões. De férias no noroeste do Pacífico, ele foi pego de surpresa.

A confusão continuou na imprensa, com um porta-voz do Pentágono chamando o tuíte de Trump de "nova orientação".[8]

A porta-voz de Trump, Sarah Huckabee Sanders, disse que "a equipe de segurança nacional do presidente" foi consultada e que ele havia tomado a decisão no dia anterior e "informado" Mattis imediatamente.[9] Várias autoridades da Casa Branca disseram à imprensa que Mattis foi consultado antes do anúncio e que sabia que Trump cogitava aquela decisão.[10]

Bannon sabia que os generais, embora fossem linha-dura em questões de defesa, tinham se tornado progressistas em temas sociais. "O Corpo de Fuzileiros Navais é uma instituição progressista", Bannon disse. "Principalmente Dunford, Kelly e Mattis. Eles são mais progressistas do que Gary Cohn e Kushner."

O comandante da Guarda Costeira disse publicamente que não ia "faltar com lealdade" com os transgêneros que estavam a seu serviço.[11]

Dunford enviou uma carta aos chefes da ativa: "Não haverá modificações na atual política até que a diretriz do presidente seja recebida pelo secretário de Defesa e que este emita orientações de implantação".[12] Em resumo, tuítes não são ordens. "Enquanto isso, continuaremos a tratar todo o nosso pessoal com respeito [...] todos permaneceremos concentrados em cumprir com as missões que nos foram designadas."

Sally Donnelly, assessora de Mattis, ligou para Bannon. "Estamos com um problema com o chefe", ela disse. "Não podemos apoiar essa decisão dos transgêneros. Não está certo. Eles são cidadãos americanos."

"Esses caras estão entrando nas Forças Armadas para conseguir a cirurgia completa", Bannon disse. "Acha que a gente tem que pagar por isso?"

Mattis ia tentar reverter a decisão, ela disse.

"Você vai ter que fazer esse sacrifício pela gente", Bannon disse. Mattis ia ter que se conformar.

A Casa Branca acabou emitindo orientações formais para o Pentágono.[13] Mattis anunciou que ia estudar o tema. Enquanto isso, os militares transgênero continuaram a servir. O caso chegou à Justiça e quatro tribunais federais concederam liminares contra a proibição. Em 1º de janeiro de 2018, o Pentágono passou a aceitar recrutas transgênero conforme exigiram os tribunais.

25

Em 2 de junho, Marc Kasowitz, advogado de Trump de longa data, entrou no Salão Oval. Trump estava despachando com Porter, que cuidadosamente apresentava cada papel que o presidente precisava assinar fazendo uma breve explicação.

Uau, Kasowitz disse. Esse seu Porter é uma contratação e tanto. Harvard, depois direito e bolsa Rhodes.

Trump trabalhava com Porter desde a posse.

"Seu currículo é melhor do que o do Neil Gorsuch!", disse o presidente. A indicação e a nomeação de Gorsuch para a Suprema Corte provavelmente fora a conquista mais importante de Trump como presidente. Ele mencionava Gorsuch sempre que listava as realizações de sua gestão. "Para quem você trabalha?", Trump perguntou depois que Kasowitz saiu.

"Acho que trabalho para...", Porter começou.

"A quem você responde?"

"Acho que respondo ao Reince, mas na verdade trabalho para o senhor."

"Sei, sei, sei", Trump disse. Ele conhecia os fluxogramas e odiava aquilo. "Esqueça Reince. Ele parece um ratinho. Fica só correndo pra lá e pra cá. Nem precisa prestar atenção nele. Venha falar direto comigo. Não precisa passar por ele."

Naquele dia mudou a relação entre Trump e Porter. O chefe de gabinete dele era praticamente um clone de Neil Gorsuch.

A maldade de Trump com o chefe de gabinete chocou Porter.

Priebus, Porter e outros continuaram tentando convencer Trump a usar menos o Twitter.

"É meu megafone", Trump respondeu. "É assim que falo com as pessoas sem nenhum filtro. Elimino o ruído. Elimino as notícias falsas. É o único jeito que tenho de me comunicar. Tenho dezenas de milhões de seguidores. É mais gente do que a audiência do jornal da TV a cabo. Eu faço um discurso, sai na CNN e ninguém vê, ninguém dá a mínima. Escrevo um tuíte e é meu megafone para o mundo."

"Enlouquecendo" foi o termo que Priebus usou para descrever Trump no início da manhã de 29 de junho, uma quinta-feira. O presidente escrevera dois tuítes antes das seis da manhã tendo como alvo o programa *Morning Joe*, do canal a cabo MSNBC, apresentado pelo ex-deputado republicano Joe Scarborough e por Mika Brzezinski.[1]

Os dois tinham sido amistosos com Trump no início da campanha presidencial, chegando a apoiá-lo, e Trump fora ao programa regularmente durante as primárias, mas agora faziam críticas constantes. O tuíte de Trump dizia: "Como pode Mika Maluca de Q.I. baixo e Joe Psicótico terem ido a Mar-a-Lago três noites consecutivas perto do Ano-Novo e terem insistido em ficar comigo? Ela estava com um sangramento feio por causa de uma plástica no rosto".

Perto das 10h15 Trump estava no Salão Oval lendo o jornal quando Priebus entrou.

"Sei o que você vai dizer", Trump falou quando Priebus entrou pela porta. "Não é presidencial. E sabe o que mais? Sei disso. Mas precisei fazer mesmo assim."

Priebus sabia que não devia perguntar por quê.

Hope Hicks, que agora era diretora de comunicação estratégica, ficou horrorizada. Ela tentou tomar a frente no caso dos tuítes sobre Mika.

"Politicamente isso não ajuda em nada", disse ao presidente. "Você não pode sair atirando para tudo quanto é lado no Twitter. Esses comentários estão te matando. É um tiro no pé. Um erro tremendo."

Os tuítes sobre Mika foram seguidos por uma onda significativa de protestos de pessoas-chave no Partido Republicano, que representavam votos necessários para revogar e substituir o Obamacare e outras leis.[2] A senadora Susan Collins, do Maine, disse: "Isso tem que acabar". A senadora Lisa Murkowski, do Alaska: "Pare com isso!". O ataque pessoal de Trump, que já se encontrava em uma situação delicada com as mulheres, incentivava comparações com coisas que ele fizera no passado.

Como medida extrema, Hicks, Porter, Gary Cohn e o diretor de mídias sociais da Casa Branca Dan Scavino propuseram a criação de um comitê. Eles iam sugerir alguns tuítes que achavam que agradariam Trump. Caso o presidente tivesse uma ideia para um, poderia anotar ou chamar um deles que o texto seria avaliado. Os fatos estavam corretos? Havia erros de grafia? Aquilo fazia sentido? Servia aos objetivos do presidente?

"Acho que vocês têm razão", Trump disse várias vezes. "A gente podia fazer isso." Mas depois ele ignorava a maior parte das críticas ou das avaliações e fazia o que queria.

Quando Trump e o líder norte-coreano Kim Jong-un subiram o tom da retórica, o presidente americano foi alertado: "O Twitter pode levar o país a uma guerra".

"É meu megafone", repetiu Trump. "Não vamos chamar de Twitter. Vamos chamar de mídia social." Embora a Casa Branca tivesse contas de Facebook e Instagram, Trump não as usava. Ele criou uma fixação pelo Twitter. "É assim que eu sou. É assim que me comunico. Foi isso que me elegeu. É o motivo do meu sucesso."

Os tuítes não eram um detalhe da presidência, mas um ponto central. Trump mandava fazer impressões dos que recebiam 200 mil curtidas ou mais. Ele os estudava para descobrir temas comuns aos de maior sucesso. Parecia que queria se tornar mais estratégico, descobrir se o sucesso estava ligado ao tema, à linguagem ou simplesmente à surpresa de que o presidente estivesse palpitando. Os tuítes mais eficazes muitas vezes eram os mais chocantes.

Mais tarde, quando o Twitter anunciou que cada post poderia ter o dobro do tamanho, passando de 140 para 280 caracteres, Trump disse a Porter achar que a decisão fazia certo sentido. Agora ele poderia detalhar seus pensamentos e aprofundá-los.

"É uma boa coisa", Trump disse, "mas não deixa de ser uma pena, porque eu era o Ernest Hemingway dos 140 caracteres."

No encontro do G20 em Hamburgo, na Alemanha, no início de julho, Trump queria falar com o primeiro-ministro australiano Malcolm Turnbull. Violando as regras de segurança, ele o convidou para seu Centro de Informações Sigilosas Compartimentadas. Só as pessoas com os mais altos níveis de permissão eram autorizadas a entrar no SCIF. Era uma regra que não comportava exceções e que tinha como objetivo impedir que alguém plantasse equipamentos de escuta. O centro, uma ampla sala de aço, teve de ser destruído depois da reunião.

O relacionamento entre os líderes foi difícil desde a primeira semana de governo, quando os dois conversaram por telefone. Trump queria abandonar um acordo entre os países que dizia ser "idiota" e que ia "me matar", assinado na gestão de Obama.[3] Pelo acordo, determinados refugiados teriam permissão para entrar nos Estados Unidos. A transcrição do telefonema deles de 28 de janeiro de 2017 vazou. Trump disse: "São tempos cheios de maldade [...]. Será que eles vão se transformar no sujeito que explodiu a bomba em Boston?".[4]

Quando foi se encontrar com Trump na Alemanha, Turnbull sabia do debate dentro da Casa Branca sobre a possibilidade de impor tarifas ao aço importado pelos Estados Unidos.

"Se um dia você for impor tarifas", Turnbull disse, "tem que isentar o aço australiano. Fazemos um aço especial. Somos o único país que produz isso no mundo. Você tem que deixar a gente de fora. Vocês têm um superávit comercial de 40 bilhões com a gente. Somos aliados militares dos Estados Unidos. Entramos em todas as batalhas com vocês."

"Claro", Trump disse, "vamos deixar vocês de fora. Faz todo sentido. Vocês são ótimos. Temos um grande superávit com vocês" — o santo graal.

Gary Cohn, que estava na reunião, ficou satisfeito. Turnbull já tinha sido sócio da Goldman Sachs e trabalhara para Cohn quando ele a presidira.

Na volta da cúpula do G20, Trump estava editando com Porter um discurso que ia fazer. Externando seus pensamentos em caligrafia limpa e legível, o presidente escreveu: "COMÉRCIO É RUIM".[5]

Embora jamais tenha dito isso em um discurso, Trump finalmente havia encontrado a frase que resumia do modo mais genuíno seu protecionismo, isolacionismo e fervoroso nacionalismo.

Quase oito meses depois, em 23 de fevereiro de 2018, Turnbull chegou à Casa Branca para se encontrar com o presidente.

Na sessão preparatória no Salão Oval, Cohn lembrou a Trump o que ele havia prometido.

"Sr. presidente", disse, "a primeira coisa de que ele vai falar é a tarifa do aço. E vai lembrar que o senhor deixou a Austrália de fora."

"Não lembro", Trump disse, sentado atrás da mesa.

"Bom", Cohn disse, "o senhor teve uma conversa com ele..."

"Vou negar", Trump respondeu. "Nunca tive essa conversa com ele."

"Muito bem, só lembrando que este tema vai surgir."

Cohn via aquilo acontecer havia mais de um ano — Trump negava as coisas quando precisava ou quando achava conveniente. "Ele é um mentiroso profissional", disse a um amigo.

Durante o almoço, Turnbull cuidadosamente deu um jeito de falar da conversa que os dois haviam tido no G20 no verão anterior.

Lembra quando estivemos em Hamburgo?

Sim, Trump disse.

Quando você me levou ao seu centro de segurança?

"Ah, sim, eu me lembro disso", Trump respondeu. "O pessoal da segurança ficou muito puto. Não acreditaram que tinha acontecido."

Lembra o que a gente conversou?

Trump fez que sim com a cabeça.

Falamos sobre um aço especial que só a Austrália produz.

Trump fez uma versão de um sim.

"E do superávit de 40 bilhões."

Sim, aquilo Trump sem dúvida sabia.

E você concordou em me deixar de fora da tarifa do aço?

"Ah, sim", Trump respondeu, "acho que lembro."

Cohn riu.

Mais tarde o aço australiano foi isentado, assim como o de outros países. Até junho de 2018, a isenção australiana foi mantida.

McMaster foi a um bar com Dina Powell, uma assistente-sênior de sua equipe, e com Porter em 15 de julho.

"A dupla", McMaster disse, referindo-se a Tillerson e Mattis, estava tornando sua situação difícil e cada vez mais insustentável.

Na opinião de McMaster, Mattis e Tillerson haviam concluído que o presidente e a Casa Branca tinham enlouquecido. Por isso, os dois tentavam implementar e até formular políticas por conta própria sem interferência ou envolvimento de McMaster, e menos ainda do presidente.

Na semana anterior, disse McMaster, Tillerson tinha ido à Ásia e assinado um importante memorando de entendimento com o ministro das Relações Exteriores do Catar sobre contraterrorismo e combate ao financiamento do terrorismo.[1]

McMaster disse que não foi informado de nada. O secretário de Estado não o consultou nem sequer o informou sobre o assunto. Ele soube pela imprensa! Em uma coletiva no Catar, Tillerson disse que o acordo "é o resultado de semanas de intensas discussões" entre os dois governos, portanto vinha sendo trabalhado havia algum tempo.[2]

Porter disse que Tillerson não fez o processo tramitar na Casa Branca nem envolveu o presidente. Claramente estava agindo por conta própria.

"É mais leal com o presidente", McMaster disse, "tentar convencê-lo, e não dar um jeito de driblá-lo." Ele disse que cumpria ordens diretas quando o presidente deixava claro o que queria e que, como oficial das Forças Armadas, se sentia profundamente obrigado a fazê-lo. Tillerson não sentia o mesmo.

"Tillerson é um cretino", McMaster disse. "Se acha mais esperto que todo mundo. E que pode fazer as coisas do jeito dele."

Em sua longa luta para levar ordem ao caos, Priebus fez com que cada um dos principais integrantes do gabinete falasse regularmente com ele.[3] Tillerson foi à sua sala às 17h15 da terça-feira, 18 de julho.

McMaster não tinha sido convidado, mas decidiu participar da reunião mesmo assim. Ele se sentou à mesa. A presença do assessor de segurança nacional era ameaçadora e elétrica.

Me conte, Priebus pediu a Tillerson, como vão as coisas. Você está no caminho para atingir os objetivos principais da sua pasta? Como está a relação entre o Departamento de Estado e a Casa Branca? Entre você e o presidente?

"Vocês aqui na Casa Branca são desorganizados", Tillerson disse, dando início a uma enxurrada de críticas. "O presidente não toma decisões. Não sabe tomar. Não se decide. Ele toma uma decisão e muda de ideia dois dias depois."

McMaster rompeu seu silêncio e falou enfurecido com o secretário de Estado.

"Você não trabalha com a Casa Branca", McMaster disse. "Nunca me consulta, nunca consulta ninguém do Conselho de Segurança Nacional. Você ignora a gente o tempo todo." Ele citou exemplos de quando tentou marcar encontros ou reuniões ou tomar café da manhã com Tillerson. "Está agindo por conta própria" e fala diretamente com o presidente, Mattis, Priebus ou Porter. "Mas nunca com o Conselho de Segurança Nacional". E "é para isso que a gente está aqui". Depois ele fez sua acusação mais dramática: "Você está propositadamente tentando minar o processo de segurança nacional".

"Isso não é verdade", Tillerson rebateu. "Estou sempre disponível. Falo com você o tempo todo. Tivemos uma reunião por telefone ontem. Falamos por telefone de manhã três vezes por semana. Do que está falando? Eu trabalhei com você. Trabalho com qualquer um."

Tillerson continuou: "Também preciso ser secretário de Estado. Às vezes estou viajando. Às vezes estou num fuso horário diferente. Nem sempre consigo atender seus telefonemas".

McMaster disse que poderia falar com os secretários-assistentes do Departamento de Estado caso Tillerson tivesse nomeado alguém.

"Não tenho secretários-assistentes", Tillerson disse, friamente, "porque não escolhi ninguém. Não gosto do pessoal que tenho, não confio neles, não trabalho com eles. Então você pode falar com quem quiser. Isso não muda nada pra mim." O resto do Departamento de Estado não importava; se você não falasse com ele, não valia nada.

Depois da reunião, Tillerson, ainda furioso, desceu para o gabinete de Porter. "A Casa Branca é um desastre", ele disse. "Vários dos caras do andar de cima não têm a menor ideia do que está acontecendo."

Tillerson disse que Johnny DeStefano, diretor de recursos humanos de 39 anos, era incapaz de escolher a pessoa certa para um cargo no Departamento de Estado mesmo se ela estivesse debaixo de seu nariz. DeStefano tinha trabalhado no Congresso e não sabia nada de política externa. "Você não ia acreditar no cara que ele me mandou para uma entrevista" para ser secretário-assistente do Departamento de Estado. "Foi uma piada. Não sei em qual universo possível alguém podia imaginar que aquele sujeito era qualificado para a vaga."

Priebus disse mais tarde para Porter: "Ah, minha nossa, quanta irritação! A impressão é que Rex está chateado com um monte de coisas. Ele é meio rabugento".

Porter achava que McMaster tinha toda razão, embora fizesse reuniões e encontros tediosos e nem sempre necessários. Mas a discussão entre Tillerson e McMaster era uma amostra da disfunção generalizada.

Na quarta-feira, 19 de julho de 2017, Trump deu uma rara entrevista ao *New York Times* e iniciou um ataque chocante a Jeff Sessions.[4]

Ele disse que jamais teria nomeado Sessions se soubesse o que ele faria com a investigação sobre a Rússia. "Sessions jamais devia ter se dado por impedido, e se fosse fazer isso devia ter me dito antes de aceitar o posto, que eu teria escolhido outra pessoa. Como você aceita um posto e depois se dá por impedido? Se ele tivesse feito isso antes de aceitar o cargo, eu teria dito: 'Obrigado, Jeff, mas não vou escolher você'. É extremamente injusto — e estou usando uma palavra leve — com o presidente."

Trump ainda estava irritado com Sessions três dias depois, na manhã de sábado, 22 de julho, quando embarcou no *Marine One* para ir a Norfolk, na Virgínia. Ele discursou na cerimônia de encomenda do USS *Gerald R. Ford* (CVN 78), um navio de guerra de 13 bilhões de dólares.

Trump e Priebus estavam conversando. Trump disse que sempre admirou o procurador-geral de Obama, Eric Holder. Embora discordasse das políticas da gestão anterior, obviamente, Holder ficara por oito anos do lado de Obama independente do que aconteceu e das controvérsias surgidas. Nunca se dera por impedido nem evitara o tiroteio político. Holder estava disposto a apanhar para proteger seu presidente.

"Jeff não é o tipo de cara que esteja disposto a ficar do meu lado nos bons e nos maus momentos", ele disse.

Sessions, Trump continuou, podia ter evitado se dar por impedido na investigação sobre a Rússia dizendo que não tivera nada a ver com as operações do dia a dia da campanha. Ele estivera no avião da campanha e participara de comícios, mas nunca tivera nada a ver com estratégia — nunca participara do corpo a corpo, das cartas de convencimento nem das operações digitais.

Trump também estava descontente com os depoimentos que Sessions dera a várias comissões do Congresso falando sobre encontros ou discussões com os russos.

"Faça o cara se demitir", Trump disse a Priebus.

Stephen Miller, ex-funcionário de Sessions e grande apoiador dele, disse mais tarde a Priebus: "Estamos com um problemão. Se você não conseguir a demissão, o presidente vai achar que é fraco. Se conseguir, você vai fazer parte de uma calamidade que só vai piorar as coisas".

Priebus falou várias vezes com Sessions. O procurador-geral não queria renunciar ao cargo. Se o presidente não quer você no cargo, Priebus disse, você não deve ficar.

Não, ele não ia embora.

Trump acabou concordando em esperar. O presidente disse que não queria uma renúncia imediata porque preferia esperar os talk shows de domingo, o dia seguinte.

Dois dias depois Trump continuou com sua artilharia contra Sessions, chamando-o de "nosso sitiado P.G." no Twitter.[5]

Numa entrevista para o *Wall Street Journal*, ele desdenhou do apoio de Sessions durante a campanha presidencial.[6] "Quando dizem que declarou apoio a mim, eu estava no Alabama. Eram 40 mil pessoas. Ele era senador pelo estado. Venci ali por uma margem enorme, números impressionantes. Ganhei em vários estados com números impressionantes. Mas ele era senador. Ele olha para 40 mil pessoas e provavelmente diz: 'O que eu tenho a perder?'. Então declarou apoio a mim. Não tem nenhuma grande lealdade nesse apoio."

Bannon pediu a Sessions que fosse à Casa Branca. O procurador-geral sentou numa cadeira no lugar que Bannon chamava de sua sala de guerra, com as paredes forradas de lousas que listavam promessas de campanha de Trump. Sessions era baixinho e nervoso, mas agradável.

"Olhe", Bannon disse, "você esteve lá o tempo todo" durante a campanha. "Sabia que isso aqui era um caos, completamente desorganizado."

Sessions não tinha como contestar aquilo.

Bannon falou daquela que talvez fosse a lembrança mais agradável da vida política deles — o dia em que Trump conquistara a presidência, em 9 de novembro. A vitória não poderia ter sido mais doce.

"Tem alguma dúvida de que, no dia da eleição, quando anunciaram o resultado, foi a mão de Deus?", Bannon perguntou, mergulhando numa crença religiosa compartilhada por ambos. "Alguma dúvida de que a providência divina trabalhou para que Trump ganhasse?"

"Não", Sessions disse.

"Está falando sério?"

Sessions confirmou.

"Foi a mão de Deus, certo? Você estava lá e eu também. A gente sabe que não poderia ter acontecido sem a mão de Deus."

"Verdade."

"Ótimo", Bannon disse. "Você não vai renunciar nunca, vai?"

"Não vou renunciar nunca." Trump ia ter que demiti-lo.

"Promete que nunca vai renunciar?"

"Prometo."

"Porque a coisa vai piorar."

"O que quer dizer?", Sessions perguntou.

"É tudo jogo de cena."

"Do que está falando?"

"Jared vai depor." O genro de Trump ia depor na Comissão de Inteligência do Senado na segunda-feira e na Comissão de Inteligência da Câmara na terça. "Eles acharam que não tinham cobertura suficiente."

"Ele não ia fazer isso comigo", Sessions disse.

"Ele faria isso com você sem piscar. Está fazendo isso com você! Preste atenção e veja! Quando Jared terminar de depor, se acharem que o depoimento foi bom, ele vai parar de tuitar."

Em 24 de julho, Kushner emitiu uma nota cuidadosamente redigida por advogados antes de depor no Congresso.[7] "Não participei de nenhum conluio nem sei de qualquer pessoa que tenha participado de conluio com qualquer governo estrangeiro. Não tive contatos inadequados. Não usei recursos financeiros russos para financiar minhas atividades empresariais na iniciativa privada."

Os ataques de Trump a Sessions diminuíram por um tempo. Era tudo um show, mero diversionismo. Mas o presidente realmente achava que Sessions tinha falhado com ele, e portanto era um diversionismo cheio de convicção.

Os ataques de Trump a Sessions acordaram os republicanos no Senado. Graham disse que Sessions "acredita no Estado de direito".[8] Outros republicanos defenderam o ex-colega e disseram que não seria fácil arranjar alguém para substituí-lo e que fosse aprovado pelo Senado. O subprocurador-geral Rod Rosenstein podia renunciar. Aquilo podia criar um efeito cascata numa situação à la Watergate, lembrando o Massacre de Sábado à Noite, em 1973, quando Nixon demitiu o procurador especial e tanto o procurador-geral quanto seu subordinado acabaram renunciando. Priebus temia que aquilo fizesse o caso de Comey parecer brincadeira de criança.

Trump submeteu Sessions a uma série de humilhações numa reunião no Salão Oval, chamando-o de "idiota". Apesar da promessa a Bannon, Sessions enviou uma carta de renúncia. Priebus convenceu o presidente a não aceitá-la.[9]

Ter se dado por impedido tornou o procurador-geral um "traidor", Trump disse a Porter. O presidente tirava sarro do sotaque sulista dele. "O sujeito é um retardado mental. É um sulista burro." Trump chegou a fazer uma imitação do sotaque sulista, arremedando o modo como Sessions confundiu tudo na sua audiência de nomeação, negando ter falado com o embaixador russo.

"Como é que me convenceram a escolher esse cara para procurador-geral?", Trump perguntou a Porter. "Ele não podia nem ser advogado de província lá no Alabama. O que está fazendo como procurador-geral?"

Trump não parava. Ele disse a Porter: "Se ia se dar por impedido nesse caso, por que aceitou ser procurador-geral? Foi a pior traição possível. Como pôde fazer isso?".

Porter tinha uma resposta, que apresentou da maneira mais gentil possível. "Há uma série de regras e orientações bem estabelecidas que definem quando você precisa se dar por impedido. E ele obedeceu a essas regras. Não foi uma decisão política pessoal. Não foi algo que ele quis fazer. Ele consultou os especialistas do Departamento de Justiça, que disseram que ele se encaixava nos critérios para se dar por impedido, então foi o que ele fez."

"Bom", Trump disse, zangado, "ele nunca devia ter aceitado o cargo. É o procurador-geral. Pode tomar essas decisões por conta própria. Não tem que escutar seus funcionários. Se ele era um advogado tão esperto assim e sabia que ia ter que se dar por impedido, devia ter me dito. Eu jamais escolheria alguém assim para o cargo. Mas ele é burro. Provavelmente nem sabia."

27

Priebus convocou uma reunião com todos os membros de alto escalão do governo às oito da manhã de 20 de julho para tratar de imigração.[1] Stephen Miller fez uma apresentação. Para alguns, pareceu uma lista de questões — o muro na divisa com o México, proteção da fronteira, a política de liberar os imigrantes ilegais enquanto esperam julgamento, o sorteio de vistos de permanência, as cidades-santuário, a Lei Kate — que aumentaria as sanções para quem tentasse entrar novamente de maneira ilegal nos Estados Unidos depois de ter sido deportado — e a imigração em cadeia.

Precisamos escolher as questões em que temos mais chances de ganhar, Miller disse, aquelas que são problemáticas para os democratas. Depois precisamos convencer o Senado a votar questões difíceis, como acabar com o financiamento de cidades-santuário.

Kushner discordava veementemente da estratégia de Miller. Precisamos nos concentrar em questões que unam os dois partidos em coisas construtivas, e inclusive achar coisas que possamos ceder aos democratas — "algumas prioridades nossas, algumas deles". Ele queria "um caminho que fizesse as coisas andarem para a frente para que consigamos de fato fazer algo".

Priebus discordava de Kushner. "Conheço o Congresso. Sei o que vai ser bom quando se trata dessas questões de grande simbolismo." Um executivo da área imobiliária de Nova York como Jared não entendia muito de política.

Jared contestou. "Sei como fazer as coisas acontecerem e sei ser construtivo, sei como pegar pessoas que não concordam e fazer com que cheguem a um acordo."

Kushner disse que a maior parte das discussões legislativas na Casa Branca envolviam os acólitos de Priebus do Comitê Nacional Republicano, do antigo gabinete de Sessions quando senador ou do time de conservadores de Pence. Nenhum deles tinha experiência em negociar acordos entre os dois partidos ou em conseguir consensos. Quem estava controlando a agenda legislativa eram extremistas e gente que tentava obter vantagem política.

Mattis e Gary Cohn tiveram várias conversas discretas sobre O Grande Problema. O presidente não entendia a importância dos aliados estrangeiros, o valor da diplomacia ou o relacionamento entre as parcerias nas áreas militar, econômica e de inteligência com os governos estrangeiros.

Eles se encontraram para almoçar no Pentágono para bolar um plano de ação.

Uma das causas do problema era a crença ardorosa do presidente de que os déficits comerciais anuais de mais ou menos 500 bilhões de dólares prejudicavam a economia americana. Ele estava numa cruzada para impor tarifas e cotas de importação apesar de todo o esforço de Cohn para mostrar os benefícios do livre-comércio.

Como era possível convencer e, falando francamente entre eles, educar o presidente? Cohn e Mattis perceberam que não estavam nem perto de convencer Trump. As reuniões ao estilo *Feitiço do tempo* sobre comércio exterior continuavam acontecendo, e a irritação só crescia.

"Vamos trazer o presidente para o Tanque", Mattis propôs. O Tanque é a sala segura de reuniões do estado-maior americano. Aquilo poderia fazer Trump se concentrar.

"Ótima ideia", Cohn disse. "Vamos fazer uma reunião com ele fora da Casa Branca." Nada de imprensa; nada de TVs; nada de Madeleine Westerhout, a assistente pessoal de Trump, que ficava ao lado do Salão Oval. Ele não teria nem como olhar pela janela, porque não havia nenhuma no Tanque.

Tirar o presidente de seu ambiente natural podia funcionar. A ideia vinha direto dos manuais de gestão corporativa — um retiro ou uma reunião fora da empresa. Eles o levariam para o Tanque com os principais membros das equipes de segurança nacional e de economia para discutir relações estratégicas mundiais.

Mattis e Cohn concordaram. Juntos, iam lutar com Trump nessas áreas. Guerras comerciais e perturbações nos mercados globais podiam complicar e minar a precária estabilidade mundial. A ameaça podia respingar nas comunidades militar e de inteligência.

Mattis não conseguia entender por que os Estados Unidos iam querer brigar com aliados, fosse a Otan, amigos no Oriente Médio, o Japão e especialmente a Coreia do Sul.

Pouco antes das dez da manhã de 20 de julho, uma quinta-feira abafada e sem nuvens de verão seis meses depois de sua posse, Donald Trump atravessou o rio Potomac em direção ao Pentágono.

O Tanque tinha seu apelo. Trump o adorou. Às vezes chamado de Sala Dourada por causa do carpete e das cortinas, é um local bem decorado e solene, basicamente um retiro privado e de alta segurança que reflete décadas de história.

Mattis e Cohn organizaram as apresentações como se fossem em parte uma aula de história e em parte um confronto geoestratégico. Também se tratava de um esforço tardio para falar de uma questão iminente: como aquele governo estabelecia suas políticas prioritárias e se mantinha fiel a elas?

McMaster não participou porque tinha um compromisso familiar.

Mapas que mostravam os compromissos americanos ao redor do mundo — bases militares, soldados, armas nucleares, postos diplomáticos, portos, ativos de inteligência, tratados e até mesmo acordos comerciais — enchiam duas grandes telas nas paredes, contando a história dos Estados Unidos no mundo. Até mesmo países em que possuíam portos e direito de sobrevoo foram exibidos, assim como pontos onde havia radares e outras instalações-chave de vigilância.

"O grande presente que recebemos da maior das gerações", Mattis começou dizendo, "é a ordem democrática internacional baseada em regras." Tal arquitetura global trazia segurança, estabilidade e prosperidade.

Bannon se sentou ao lado da mesa, como se fosse um integrante do baixo clero, num lugar de onde conseguia ver diretamente o presidente. Ele conhecia muito bem aquela visão globalizante. Na visão dele, era uma espécie de fetiche. Sua obsessão continuava sendo os Estados Unidos em primeiro lugar.

Isso vai ser divertido, Bannon pensou, enquanto Mattis defendia sua visão de que os princípios de organização do passado continuavam sendo funcionais e necessários.

Ali estava o ponto — o coração do problema, Bannon pensou.

O secretário Rex Tillerson falou em seguida.

"Foi isso que manteve a paz por setenta anos", disse o ex-empresário de petróleo do Texas.

Para Bannon, aquilo era mais do mesmo, a antiga ordem mundial: compromissos caros e ilimitados, promessas feitas e cumpridas.

Trump sacudia a cabeça, discordando, embora não dissesse nada.

Cohn foi o próximo a falar. Defendeu o livre-comércio. México. Canadá. Japão. Europa. Coreia do Sul. Apresentou dados de importação e exportação.

Exportamos uma quantidade enorme de produtos agrícolas, cerca de 130 bilhões de dólares por ano, ele observou. Precisamos que esses países comprem nossos produtos agrícolas. Toda a área central dos Estados Unidos era basicamente de fazendeiros, ele disse.

A maioria votava em Trump.

Os negócios da indústria bélica americana no exterior chegaram a 75,9 bilhões de dólares no ano fiscal de 2017. Não é por acaso que temos diversas aeronaves militares no mesmo aeroporto de Cingapura, onde eles compram muitos aviões da Boeing, Cohn disse. Não é por acaso que temos imensas operações de inteligência com sede em Cingapura. Não é por acaso que nossa frota naval entra e sai de Cingapura para se reabastecer de combustível e suprimentos.

Os déficits comerciais fazem a economia americana crescer, Cohn afirmou.

"Não quero ouvir isso", Trump disse. "É tudo bobagem!"

O secretário do Tesouro, Mnuchin, outro veterano da Goldman, falou sobre a importância de aliados na área de segurança e parceiros comerciais.

Trump se virou para olhar para Bannon. Depois olhou de novo. Bannon entendeu aquilo como um sinal.

"Esperem um momento", Bannon disse para todo mundo, levantando. "Vamos falar sério."

Ele escolheu um dos acordos internacionais mais controversos que ligava os Estados Unidos àquela ordem global. "O presidente quer romper o acordo com o Irã e vocês estão protelando isso. É um acordo terrível. Ele quer rompê-lo para poder renegociar." Trump não ia simplesmente abandoná-lo, como prometera na campanha.

"Uma das coisas que ele quer fazer é" impor sanções ao Irã, disse o estrategista-chefe. "Algum desses grandes aliados de vocês na União Europeia" vai apoiar o presidente? Toda essa conversa sobre eles serem nossos parceiros… "Conseguem me dizer um deles que vá apoiar nossas sanções?"

Mnuchin tentou responder sobre a importância dos aliados.

"Me digam uma pessoa", Bannon disse. "Um país. Uma empresa. Quem vai apoiar as sanções?"

Ninguém respondeu.

"É disso que estou falando", Trump disse. "Ele acabou de falar o que penso. Vocês falam desse pessoal como se fossem nossos aliados. Não tem um único aliado aí. Respondam à pergunta do Steve. Quem vai apoiar a gente?"

Tillerson disse: "Até onde a gente saiba, eles não estão violando nada". Todas as agências de inteligência concordavam com aquilo. Era o ponto crítico. Como poderiam impor sanções se não havia violação do acordo?

"Todos estão ganhando dinheiro",[2] Trump disse, observando que a União Europeia estava fazendo comércio e grandes acordos com o Irã. "E ninguém vai apoiar a gente."

Trump começou a falar do Afeganistão. Tinha passado por meia dúzia de reuniões recentes sobre o assunto com o Conselho de Segurança Nacional, além de outras menores. "Quando é que a gente vai começar a ganhar alguma guerra? Temos todos esses gráficos. Quando é que a gente vai começar a ganhar alguma guerra? Por que estão tentando me enfiar isso goela abaixo?"

O presidente atacou o comandante no Afeganistão, o general John Nicholson, que não estava presente. "Acho que ele não sabe como ganhar. Não sei se é um vencedor. Nunca venceu."

Trump ainda não havia se decidido sobre uma estratégia para o Afeganistão, e o assunto continuava em debate.

"Vocês deviam estar matando gente. Não é preciso uma estratégia para matar gente."

O general Dunford, chefe do estado-maior, saiu em defesa de Nicholson.

"Sr. presidente", Dunford disse, muito educado, num tom muito tranquilo, "não existem ordens de vitória. Não foi essa a missão que ele recebeu." Na presidência de Obama, que retirou a maior parte dos soldados — passando de um pico de 100 mil para 8,4 mil — a estratégia era conseguir um empate.

Mattis e Dunford estavam propondo novas regras de combate para os militares americanos no Afeganistão, permitindo que fossem mais agressivos e letais ao acabar com restrições impostas pela era Obama aos comandantes locais. As táticas deixariam de ser anunciadas ao inimigo. Os recentes sucessos contra o Estado Islâmico demonstravam a importância das mudanças.

Trump lembrou que o general Nicholson havia autorizado o uso da bomba de 10 mil quilos, a GBU-43/B, também conhecida como "mãe de todas as bombas" (Moab, na sigla em inglês).[3] "Ele jogou aquela bomba gigante em cima deles."

Sim, Dunford disse, aquela decisão foi tomada pelo comandante de campo, não por Washington.

Mattis tentou intervir educadamente: "Sr. presidente, sr. presidente...".

"Cachorro Louco, Cachorro Louco", Trump respondeu, usando o apelido de Mattis na Marinha. "Eles estão se aproveitando de nós. E o que estamos fazendo?" Trump questionava seus generais da maneira mais dura possível sem gritar. "E que tal uma vitória? O motivo de estarmos nessa situação foi vocês terem recomendado essas atividades."

A tensão aumentava, e em breve eles tinham voltado ao Irã.

"Eles estão cumprindo o acordo", Tillerson disse. "O acordo é esse. Eles estão cumprindo. Você pode não gostar." O secretário de Estado sabia explicar de um modo lógico os detalhes técnicos do cumprimento do acordo.

"Isso é política tradicional", Trump disse. Eles estavam dizendo que todas aquelas coisas se encaixavam e faziam sentido juntas — os acordos comerciais com a China e com o México, o acordo nuclear com o Irã, as bases militares, a ajuda a outros países. Trump disse "não" a tudo o que apresentaram.

"A gente não pode fazer isso", Trump disse. "Foi o que causou essa situação."

"Quando ele diz para estabelecer sanções", Bannon disse, falando com Mnuchin. "Esses grandes parceiros, o que eles vão fazer em relação às sanções?"

Mnuchin deu uma resposta que pareceu evasiva.

"Não, pare", Bannon pressionou. "Eles estão com a gente ou não?"

"Nunca vão apoiar isso", Mnuchin disse.

"Acho que não preciso falar mais nada", Bannon disse. "São esses aí os aliados de vocês."

"As empresas europeias", Trump disse, apontando um dedo para Mnuchin, "são uns trastes inúteis." A Siemens, a Peugeot, a Volkswagen e outras companhias bem conhecidas estavam investindo ativamente no Irã.

Trump continuou: "Rex, você é fraco. Quero romper o acordo".

O presidente passou a um de seus temas prediletos: queria impor tarifas nas importações de aço, alumínio e automóveis. Queria saber por que Mnuchin não declarava que a China estava manipulando o câmbio, como ele queria.

Mnuchin explicou que a China havia manipulado o câmbio muitos anos antes, mas já não o fazia.

"O que você quer dizer?", Trump falou. "Encontre os argumentos. Simplesmente faça isso. Declare que estão manipulando o câmbio."

Mnuchin explicou que a lei americana era específica sobre o que era necessário para comprovar que alguém estava manipulando o câmbio e que não havia argumentos no caso da China.

"Está tudo errado" nos nossos acordos comerciais, Trump disse. "Somos prejudicados em todos eles." Os outros países estão ganhando dinheiro. "Olhe tudo o que eles têm lá. Estamos pagando por isso." Tais países eram "protetorados", ele declarou.

"Na verdade, isso é bom para a nossa economia", Cohn disse de novo.

"Não quero ouvir isso", Trump respondeu. "É tudo bobagem."

À medida que a reunião ia chegando ao fim, Tillerson se recostou na poltrona. Ele parecia estar falando com o presidente, mas não olhava nos olhos dele. Em vez disso, olhava para Mattis.

"É o seu acordo", o secretário de Estado disse. "É o seu acordo."

Era um recuo à texana — como se ele estivesse dizendo: vou obedecer e executar esse plano, mas ele é seu.

"Gastamos 3,5 bilhões de dólares por ano para manter soldados na Coreia do Sul", Trump disse, zangado. A Coreia do Sul não conseguia sequer decidir se queria o sistema antimísseis THAAD ou não! E se eles iam ou não pagar por ele!

Alguns sul-coreanos acreditavam que poderia causar uma guerra com a Coreia do Norte e protestaram contra a instalação, dizendo que beneficiava os Estados Unidos e o Japão.

"Esqueçam esse troço!", Trump disse. "Não ligo a mínima."

"Os sul-coreanos dão uma montanha de subsídios pra gente", Cohn disse, desafiando diretamente o presidente. O acordo comercial era bom para a economia americana, ele voltou a dizer. "Compramos as TVs mais sensacionais do mundo por 245 dólares. O que significa que as pessoas estão gastando menos dinheiro em TVs e mais dinheiro em outros produtos americanos."

Se os Estados Unidos retirassem suas forças militares, seria necessário enviar mais porta-aviões da Marinha para aquela parte do mundo para que o país se sentisse confortável. Aquilo poderia custar dez vezes mais, Cohn afirmou.

E havia as informações ultraconfidenciais de inteligência que os Estados Unidos obtinham por meio dos Programas de Acesso Especial que a Coreia do Sul permitia que os americanos mantivessem. Trump parecia não compreender o valor e a necessidade daquilo.

"São 3,5 bilhões de dólares, 28 mil soldados", o presidente disse. Estava realmente furioso. "Não sei por que eles estão lá. Vamos trazer todo mundo de volta!"

"Do que o senhor precisaria na região para dormir bem à noite?", perguntou Cohn.

"Eu não ia precisar de porra nenhuma", o presidente disse. "Ia dormir como um bebê."

Priebus disse que a reunião estava encerrada. Mattis parecia muito abatido. Trump levantou e saiu.

Parecia que Tillerson tinha murchado completamente. Ele não podia tolerar o ataque de Trump aos generais. O presidente falava como se as Forças Armadas americanas fossem um exército mercenário que pudesse ser contratado. Se um país não pagasse por seus serviços, ele não queria estar lá. Como se os americanos não tivessem interesse em criar e manter uma ordem mundial pacífica, como se o princípio organizador deles fosse o dinheiro.

"Você está bem?", Cohn perguntou.

"Ele é um idiota de merda", Tillerson disse para todo mundo ouvir.

Trump saiu da reunião com Priebus, Bannon e Kushner pouco antes de 12h45.[4] Passou alguns momentos cumprimentando militares da ativa que estavam alinhados no corredor.

"A reunião foi ótima", disse aos repórteres. "Muito boa."

Ele foi em direção à limusine presidencial.

"Que bom que você decidiu falar alguma coisa", Trump disse a Bannon. "Eu estava precisando de apoio."

"Você estava indo muito bem", Bannon disse.

O secretário do Tesouro, Mnuchin, foi atrás deles. Ele queria deixar claro que estava com Trump quanto aos aliados europeus. "Não sei se são aliados ou não", ele disse. "Estou com você."

No carro, Trump descreveu seus assessores: "Eles não sabem nada de negócios. Só querem proteger todo mundo, e a gente paga por isso".

O presidente disse que os sul-coreanos, nossos aliados, não vão fazer um novo acordo comercial conosco. "E querem que a gente proteja eles daquele maluco ao norte."

Cohn concluiu que Trump, na verdade, estava piorando. Ele tinha sido mais controlável nos primeiros meses, quando era novato.

Para Priebus, foi a pior das muitas reuniões terríveis que já tinham acontecido. Seis meses depois da posse, dava para ver claramente que tinham um problema fundamental de estabelecimento de objetivos. Para onde estavam indo?

O ambiente de desconfiança na sala era denso e corrosivo. A atmosfera, primitiva; supostamente todos estavam do mesmo lado, mas pareciam armados para a batalha, especialmente o presidente.

Era aquela a sensação de viver em meio à loucura, Priebus concluiu.

Um funcionário sênior da Casa Branca que falou na época com pessoas que participaram da reunião registrou o seguinte resumo: "O presidente deu uma bronca e insultou o grupo inteiro falando que não sabiam nada sobre segurança nacional. Parece claro que muitos dos assessores seniores do presidente, especialmente os da área de segurança nacional, estão extremamente preocupados com a natureza errática dele, com sua ignorância relativa, com sua incapacidade de aprender e com os pontos de vista dele, que consideram perigosos".[5]

28

Depois da reunião no Tanque, Tillerson, que tem a mais alta patente de escoteiro dos Estados Unidos, foi participar de um jamboree na Virgínia Ocidental e assistir ao casamento do filho no Texas. Ele pensava em renunciar.

"Escute", Priebus disse mais tarde num telefonema, "você não pode renunciar agora. Isso é ridículo. Venha falar comigo no meu gabinete."

Tillerson foi. "Não gosto do modo como o presidente fala com esses generais. Eles não merecem isso. Não posso ficar sentado ouvindo. O presidente não passa de um idiota."

A hostilidade aberta surpreendeu Priebus. A verdadeira mágoa de Tillerson, Priebus percebeu, também tinha a ver com o modo como ele era tratado pelo presidente. Em várias reuniões na Sala da Situação, Tillerson quase literalmente bufava, dando mostras visíveis de estar mais do que apenas incomodado, mal mascarando aquela fala na reunião sobre o presidente ser um idiota.

Priebus sugeriu que Tillerson baixasse o tom. "Você não pode faltar com o respeito. Não pode falar assim com o presidente. Precisa achar um jeito de se comunicar, dizendo as mesmas coisas sem ser ofensivo."

Priebus admirava a abordagem de Mattis — evitar o confronto, demonstrar respeito e deferência, agir de modo inteligente no trabalho, viajar o máximo possível, dar um jeito de sair de Washington sempre que podia.

Tillerson voltou ao assunto dos generais. "Não posso ficar aqui sentado ouvindo o presidente desancar esses generais. Simplesmente não tolero isso. Não é certo."

Mais tarde Priebus disse a Trump que falou com Tillerson sobre a falta de respeito. Ele não mencionou o comentário sobre o presidente ser um "idiota".

Trump ouviu em silêncio, o que era incomum, sem discordar. Priebus achou que o orgulho do presidente impedia que ele admitisse a hostilidade de Tillerson. Como chefe do Executivo, não devia permitir que seu secretário de Estado agisse de modo visivelmente insubordinado.

Às vezes o processo do Conselho de Segurança Nacional funcionava. Uma Comissão de Coordenação de Política Pública, que ficava um nível abaixo da Câmara dos Deputados, coletava e reunia informações que vinham do estado-maior, de civis do Departamento de Defesa, do Departamento de Estado, das agências de inteligência, do Tesouro e do Departamento de Administração e Orçamento. Um documento de estratégia com trinta páginas era esboçado, com anexos. Discordâncias eram resolvidas. Depois o documento era enviado para a comissão, onde representantes de diversos departamentos podiam fazer modificações. Quando todos concordavam com um esqueleto, quando se decidia pelo caminho a ser seguido, convocava-se uma reunião da Comissão de Ministros, presidida por McMaster, da qual participavam membros do primeiro escalão.

Tillerson tinha o posto mais alto, por isso falava primeiro nas reuniões. Ele entrava e dizia: Eu não vi o documento do Conselho de Segurança Nacional. É uma questão difícil. Precisamos colocá-la em perspectiva. O que penso é o seguinte.

Ele distribuía um conjunto de slides. Em vez de mandá-los antes da reunião para que os outros lessem antecipadamente, explicava todos na reunião, às vezes demorando cinco minutos em cada um. Os membros do Conselho de Segurança Nacional eram uma plateia cativa. As reuniões de primeiro escalão normalmente eram programadas para durar 1h15, por isso às vezes Tillerson era a única voz, e certamente a voz principal.

Ele queria levar todo mundo a concordar com a definição que dava aos problemas e depois voltar e retrabalhar a estratégia.

As intervenções de Tillerson — o desejo dele de reiniciar todo o processo interagências com base na sua avaliação de qual caminho cada política precisava seguir — foram feitas de uma ou outra forma em estratégias relativas a Irã, Iraque, Líbano e Hezbollah, Síria, China, Coreia do Norte e à luta contra o Estado Islâmico.

Alguns participantes das reuniões do primeiro escalão, tanto os que ficavam à mesa quanto os que ficavam nas cadeiras em volta, por vezes se impressionavam com a reformulação. Outros achavam que as apresentações dele eram convencionais. Tillerson defendia maior integração econômica, coordenação da ajuda para o desenvolvimento e necessidade de tratar dos fatores que motivavam a violência, além do uso ativo da diplomacia.

O que muitas vezes faltava ou ficava para depois era um plano de execução determinando quem faria o que e quem responderia pelas ações. Os objetivos finais eram vagos e não especificados. O resultado frequentemente eram semanas ou meses de atraso.

Mais ou menos na mesma época de julho, Trump estava num pequeno avião, também chamado Força Aérea Um, voltando de Bedminster. Ele foi para a pequena área destinada à equipe onde estavam sentados Ivanka, Jared, McMaster e Porter.

O Iraque, o Afeganistão e a Síria, as três principais zonas de guerra, eram atoleiros, e ele estava cansado daquilo, disse num tom de censura. "Continuamos gastando uma fortuna com esses países!", afirmou. "Devíamos simplesmente declarar vitória, acabar as guerras e trazer os soldados de volta."

McMaster parecia abatido. Depois de seis meses como comandante em chefe, Trump queria acabar com todas as operações e bater em retirada.

Depois que o presidente saiu, Jared e Ivanka pareciam preocupados. Disseram que queriam ajudar McMaster. Quando voltarmos, disseram, por que não senta com Porter e bola uma estratégia, um jeito de retirar parte dos soldados e manter outra? Ache um jeito de falar com o presidente.

Em 25 de julho, o presidente voltou a censurar McMaster. Trump disse que não se interessava por aliados. Não queria militares americanos na Coreia do Sul mesmo depois de ser lembrado da diferença de detectar o lançamento de um míssil intercontinental em sete segundos ou em quinze minutos, a partir do Alasca.

Na colunata do lado de fora do Salão Oval, McMaster falou com Cohn e Porter.

McMaster disse que às 6h03 Trump havia tuitado: "Tentativas ucranianas de sabotar a campanha de Trump — 'trabalhando em silêncio para ajudar Clinton'. E onde está a investigação do P.G. [procurador-geral]?".[1]

Evidentemente aquilo era propaganda dos russos, McMaster disse. Ele e os especialistas do Conselho de Segurança Nacional tinham chegado àquela conclusão. Mas o presidente resolvera botar a boca no trombone.

McMaster disse que não sabia mais quanto tempo ia aguentar no cargo.

Mais tarde naquele dia, no Salão Oval, ele estava com um documento importante dando ordens relativas à Líbia que queria que o presidente assinasse.

Não vou assinar isso, Trump disse. Os Estados Unidos deviam estar recebendo petróleo. Os generais se concentram menos no que deviam fazer para que o país ganhe dinheiro. Não entendem quais deviam ser nossos objetivos e fazem os Estados Unidos tomarem todo tipo de decisão errada.

Antes de o presidente subir para a residência oficial ao fim de cada dia, Porter entregava a ele um livro com informações relevantes, documentos, memorandos e a agenda do dia seguinte.

Pela manhã, ele descia para o Salão Oval às 10h, 11h ou até 11h30.

"Qual é a agenda do dia?", perguntava, tendo dado uma olhada no livro ou nem isso. Ele dizia acreditar que o improviso era seu ponto forte. Sabia ler as situações. Sabia ler o que estava acontecendo numa sala. Ou sabia ler o momento, como durante a campanha presidencial.

Trump gostava de fazer as coisas por impulso, Porter concluiu, seguir seu instinto. Ele agia como se uma preparação excessiva fosse diminuir suas habilidades de improvisador. Não queria que pensamentos prévios o desviassem do caminho. Como se a existência de um planejamento acabasse com seu poder, seu sexto sentido.

Os assuntos de que o presidente trataria de manhã normalmente tinham a ver com o que vira na televisão, especialmente na Fox News, ou com alguma coisa publicada nos jornais, que lia com mais atenção do que o público em geral imaginava.

Ao longo do dia Trump pedia opiniões para qualquer um que estivesse por perto — de membros do ministério até funcionários da segurança. Era sua forma de saber o que as pessoas pensavam.

Certa vez perguntou a Johnny McEntee, seu faz-tudo de 27 anos, se devia mandar mais soldados para o Afeganistão.

"Para mim não faz o menor sentido", McEntee disse.

Quando Trump fazia perguntas a outras pessoas na Casa Branca, elas normalmente evitavam responder. "Acho que você devia perguntar ao H. R., ele é o especialista."

"Não, não, não", Trump disse uma vez, "quero saber o que você acha."

"Só sei o que leio nos jornais."

Isso não bastava para o presidente. "Não, quero saber a sua opinião."

Toda presidência age pensando na plateia, mas a plateia central de Trump muitas vezes era ele mesmo. Ele vivia avaliando a si mesmo. Na maioria das vezes as avaliações eram apaixonadamente positivas. Estava sempre com a cabeça nos jornais.

O trabalho na Casa Branca frequentemente tinha menos a ver com a arte da negociação e mais a ver com estragá-la. O estrago muitas vezes estava bem diante de seus olhos, um comício de Trump em loop contínuo. Não havia como não olhar.

Na política externa, o ponto eram as relações pessoais, Trump explicava àqueles que passavam mais tempo com ele no Salão Oval. "Tenho muito boas relações com Xi", ele disse sobre o presidente chinês. "Temos uma química bem boa. Xi gosta de mim. Estendeu um tapete vermelho quando visitei Beijing." Em novembro de 2017, ele tinha dito publicamente: "Considero Xi um amigo. Ele também me considera um".[2]

H. R. McMaster tentou explicar que Xi estava usando o presidente. A China estava numa ofensiva econômica, planejando se tornar a primeira potência mundial.

Trump disse que entendia aquilo, mas todos os problemas eram suplantados por seu bom relacionamento com Xi.

Nos últimos quatro meses de 2017, o Conselho de Segurança da ONU votou por três vezes a imposição de sanções econômicas mais duras à Coreia do Norte. Em 22 de dezembro, o resultado da votação foi quinze a zero, incluindo a China.[3] As sanções implicavam a redução da quantidade de petróleo que a Coreia do Norte podia importar em 89%. Trump ficou bastante satisfeito.

"Isso aconteceu porque desenvolvi uma relação realmente boa com o presidente Xi", ele disse. "E porque ele me respeita e eu o respeito. Não é ótimo que eu seja amigo dele quando todos vocês dizem que eu devia me opor ao cara? Se eu não tivesse esse bom relacionamento com o presidente Xi, eles jamais teriam feito isso." Era a química, a confiança. "Eu consigo que eles façam coisas que, se não fosse por isso, não fariam."

Em temas nos quais mantinha as mesmas opiniões havia décadas, argumentar era inútil. Um dos frequentadores com mais experiência na Casa Branca em 2017 e 2018 disse: "Em alguns pontos ele já chegou a uma conclusão e nada que você diga vai ter a menor importância. Tanto faz os argumentos que use. Ele não vai nem ouvir".

A certa altura Trump disse que tinha decidido impor tarifas.

"Ótimo", Cohn disse. "O mercado de ações vai cair mil ou 2 mil pontos amanhã, mas o senhor vai ficar feliz, certo?"

"Não, não, reunião encerrada! Não vamos fazer nada."

"Seu maior temor é se transformar em Herbert Hoover", Cohn disse.

A discussão sobre comércio internacional se repetia. Mesmos argumentos, mesmos pontos, mesmas certezas — dos dois lados. Depois de mais uma semana, ou mais um mês, teriam a mesma discussão.

Trump dizia repetidas vezes que ia romper acordos comerciais e impor tarifas. Várias vezes falava "Vamos fazer", e pedia um documento para assinar.

"Temos que fazer com que ele pare de pensar no Korus", Porter disse a Cohn.

"Temos que fazer com que ele pare de pensar no Nafta", Cohn concordou.

Pelo menos duas vezes, Porter escreveu esboços seguindo ordens do presidente. E pelo menos duas vezes Cohn ou Porter tiraram o documento da mesa dele. Em outras vezes, simplesmente protelaram.

Trump parecia não se lembrar da própria decisão, já que não fazia perguntas. Ele não tinha nenhuma lista — na cabeça ou em outro lugar — de tarefas.

Em 12 de julho de 2017, quinze ex-presidentes do conselho econômico, o poderoso grupo formal de economistas da área acadêmica que aconselhavam a presidência, enviaram uma carta a Trump pedindo que ele não "desse início ao processo de impor tarifas no aço" porque prejudicaria as relações com aliados fundamentais e traria "prejuízos reais para a economia americana".

Entre os signatários da carta estava um elenco estelar de republicanos e democratas — os ex-presidentes do Banco Central americano Alan Greenspan e Ben Bernanke, Laura Tyson, principal conselheira econômica do governo Clinton, e o vencedor do Prêmio Nobel Joseph Stiglitz.

Na parte de cima do documento, num bilhete escrito à mão para Trump, Ross rabiscou sua discordância: "Caro sr. presidente, vale ressaltar que foi o conselho que integra esta lista de pessoas que levou aos nossos déficits [comerciais]. Não podemos adotar as políticas deles. Respeitosamente, Wilbur".

Os últimos dez dias de julho de 2017 deixaram cicatrizes. Na quinta-feira, 27 de julho, Trump contratou Anthony Scaramucci, um ousado banqueiro de investimentos e outro egresso da Goldman Sachs, como diretor de comunicações, contrariando fortes objeções de Priebus.

Scaramucci fez uma espécie de volta olímpica para comemorar a indicação dando entrevistas, e disse publicamente que Priebus logo receberia um pedido para se demitir. "Reince é um esquizofrênico, um paranoico", comentou.[4]

No início da sexta-feira, 28 de julho, a promessa de Trump de revogar e substituir o Obamacare fracassou no Congresso. O presidente pôs a culpa em Priebus. Ele deveria conhecer o Congresso e ter um bom relacionamento com os líderes republicanos. Não importava quanto Priebus tentasse explicar, Trump não aceitava sua versão. "Você não conseguiu os votos."

Naquele dia, Trump voou para Long Island para fazer um discurso. Priebus foi com ele. Os dois tiveram uma conversa na cabine privativa na parte da frente do Força Aérea Um.

Priebus havia oferecido sua renúncia na noite anterior. Ele já não aguentava mais e sabia que tinha perdido sua utilidade para Trump.

O presidente estava imaginando quem seria um bom substituto e disse que tinha falado com John Kelly, secretário de Defesa Nacional e general de quatro estrelas reformado da Marinha. O que acha do Kelly?, Trump perguntou.

O general Kelly seria ótimo, Priebus disse.

Trump concordou e disse achar que Kelly seria a pessoa certa, mas que não tinha oferecido o cargo a ele.

Priebus estava preocupado com a imagem que sua saída passaria. Podemos fazer isso este fim de semana, ele disse, ou podemos mandar um release para a imprensa. Ou fazer na segunda. Como o senhor quiser. "Estou pronto para fazer como o senhor quiser."

"Talvez a gente faça no fim de semana", Trump disse. O que você vai fazer?

Priebus queria voltar para seu antigo escritório de advocacia.

Trump deu um abraço forte nele. "A gente vai resolver", ele disse. "Você é o cara."

O Força Aérea Um pousou. Priebus desceu a rampa. Havia pingos de chuva na sua SUV preta, onde Stephen Miller e Dan Scavino esperavam por ele. Estava levando a situação da melhor forma possível.

Priebus recebeu um alerta de um tuíte presidencial. Procurou as últimas postagens de @realdonaldtrump: "Fico feliz de anunciar que acabo de nomear o general/secretário John F. Kelly como chefe de gabinete. Ele é um grande americano...".[5]

"Inacreditável!", pensou Priebus. "Isso é sério?"

Ele tinha acabado de falar com Trump sobre aguardar.

Ninguém esperava o tuíte de Trump. Quando o viram, Miller e Scavino desceram da SUV de Priebus e entraram em outro carro, deixando o ex-chefe de gabinete sozinho.

Enquanto fechava a porta do carro, Priebus pensou se Trump podia ter rascunhado um tuíte e enviado por acidente. Não, não foi o que aconteceu. A conversa na cabine foi só mais uma mentira.

Naquela noite o general Kelly foi se encontrar com Priebus. Eles tinham estado juntos nas trincheiras, mas privadamente Kelly criticava a desordem e o caos da Casa Branca de Trump. Kelly disse ao presidente que acreditava ser capaz de colocar o lugar em ordem.

"Reince", Kelly disse, "eu jamais faria isso com você. Só me ofereceram o cargo depois do tuíte publicado. Eu teria te dito."

Não fazia sentido, Priebus percebeu, a menos que você entendesse o modo como Trump tomava decisões. "O presidente tem zero habilidade psicológica para qualquer tipo de empatia ou piedade."

Pego de surpresa, Kelly ficou em silêncio por várias horas. Precisou telefonar para a esposa e explicar que não tivera escolha senão aceitar depois de receber uma oferta para um dos trabalhos mais importantes do planeta via Twitter.

Kelly afirmou numa declaração naquele dia: "Tive a felicidade de servir ao meu país por mais de 45 anos, primeiro como fuzileiro naval e depois como secretário do Departamento de Segurança Nacional. Fico honrado com o convite para trabalhar como chefe de gabinete do presidente dos Estados Unidos".[6]

Em certo sentido, Priebus jamais superou o modo como sua saída aconteceu. Caso você não sinta empatia nem piedade por nada nem ninguém, esse episódio não parece anormal, foi sua conclusão. Por isso Trump pôde ligar para ele dois dias depois e dizer: Reince, meu caro, como estão as coisas? Como você está? O presidente não achava que existisse um problema entre eles, de modo que o telefonema não lhe parecia estranho.

Como regra geral, nas relações com Trump, quanto maior a proximidade, maior a queda. Você começava com cem pontos. Era impossível subir daí. Priebus começara com isso, mas eles foram sumindo. Estar perto de Trump, especialmente no papel de chefe de gabinete, significava perder pontos. Significava pagar um preço.

A parte mais importante do mundo de Trump era o círculo logo a seguir ao centro do alvo — as pessoas que Trump pensava que talvez devesse ter contratado, ou aqueles que tinham trabalhado para ele e que mandara embora e que agora pensava: Talvez eu não devesse ter feito isso. Eram pessoas que tinham estado lá ou que deveriam ter estado lá, ou parceiros ou conhecidos que não deviam nada para ele e que estavam por perto mas nunca levavam a culpa por nada. Era aquele círculo um pouco mais externo que tinha o maior poder, e não as pessoas que estavam do lado de dentro. Não era Kelly nem Priebus nem Bannon.

Meses depois de sua saída da Casa Branca, Priebus fez uma avaliação final: ele achava que tinha estado cercado na Casa Branca de assassinos por natureza de alta patente que não eram obrigados a entregar nenhum produto de seu trabalho regularmente — um plano, um discurso, o esboço de uma estratégia, um orçamento, um cronograma diário e semanal. Eram intrusos que ficavam perambulando pela Casa Branca, um bando de criadores do caos.

Havia Ivanka, uma charmosa caçadora que entrava e saía de reuniões, se envolvia e deixava de se envolver com os assuntos do presidente. Jared tinha os mesmos direitos. O portfólio deles não trazia qualquer experiência.

Kellyanne Conway tinha permissão, ou se dava, para falar praticamente à vontade na TV ou em entrevistas, muitas vezes sem combinar nada com os departamentos de comunicação e de imprensa que Priebus supostamente coordenava.

E havia Bannon, que pegara uma sala estratégica na Casa Branca, perto do Salão Oval, e que enchera as paredes com lousas que listavam as promessas de campanha de Trump. Ele era um estrategista numa operação que não tinha qualquer estratégia. Entrava em discussões com seu modo incendiário sempre que a agenda nacionalista-populista estivesse ameaçada, ou de modo aleatório, ou quando precisava de algo para fazer.

Trump não passou no teste de Lincoln. Não reuniu à mesa uma equipe de rivais ou concorrentes políticos, foi a conclusão de Priebus. "Ele coloca predadores naturais à mesa", afirmou mais tarde. "Não apenas rivais — predadores."

Havia gente sem qualquer experiência em governo, uma característica surpreendentemente comum. Gente que passara a vida imersa em opiniões políticas e em debates sobre políticas públicas, ou que era jovem demais.

Em alguns aspectos, aqueles quatro — Ivanka, Jared, Conway e Bannon — tinham o mesmo modus operandi. "Eles entram na Casa Branca. Você não abaixa sua arma", Priebus disse. "Eu não abaixo a minha." As discussões deles não tinham como objetivo convencer; assim como no caso do presidente, o objetivo era vencer — arrasar, destruir e humilhar.

"Se você põe predadores naturais à mesa", Priebus disse, "as coisas não andam." Assim a Casa Branca não estava no controle de questões fundamentais como planos de saúde e reforma tributária. A política externa não era coerente e muitas vezes se contradizia.

"Por quê?", perguntou Priebus. "Porque quando você põe uma cobra, um rato, um falcão, um coelho, um tubarão e uma foca num zoológico sem paredes, as coisas começam a ficar vis e sangrentas. É isso o que acontece."

29

Num fim de semana em meados de agosto, sétimo mês da presidência de Donald Trump, centenas de supremacistas brancos entraram em conflito violento com manifestantes em Charlottesville, na Virgínia, destacando de maneira poderosa, mais uma vez, a divisão racial dos Estados Unidos.

No campus da Universidade da Virgínia, numa caminhada sombria com tochas na noite quente de 11 de agosto, ecoando a Alemanha dos anos 1930, cerca de 250 nacionalistas brancos cantavam "Judeus não vão nos substituir" e o slogan nazista "Sangue e solo".

No dia seguinte, após conflitos entre brancos nacionalistas que protestavam contra a retirada da estátua do general confederado Robert E. Lee e os que se manifestavam a favor, um dos nacionalistas brancos jogou seu carro contra uma multidão de manifestantes, matando uma mulher e ferindo outras dezenove pessoas. As imagens de homens brancos raivosos com tochas vestindo polo e calça cáqui e o vídeo de um veículo violentamente espalhando pedestres se tornaram um grande espetáculo na televisão e no noticiário.

No sábado, dia 12 de agosto, Trump assistia à Fox News em seu campo de golfe em Bedminster. Às 13h, na Fox, a porta-voz da polícia da Virgínia descreveu o confronto: "Na multidão, de todos os lados, pessoas atiraram garrafas. Arremessaram latas de refrigerante com cimento dentro. Jogaram bolas de tinta. Estavam brigando. Rompendo fileiras e atacando uns aos outros. Lançando produtos químicos e bombas de fumaça na multidão".[1]

Às 13h19, Trump tuitou um pedido de calma. "TODOS devemos permanecer unidos e condenar tudo aquilo que o ódio representa. Não há lugar para esse tipo de violência nos Estados Unidos. Vamos nos unir!"[2]

Mais tarde, numa cerimônia de rotina de assinatura de lei, o presidente tinha em mãos um discurso que condenava a situação e terminava com a palavra "violência".[3] Trump disse: "Condenamos nos mais duros termos essa demonstração escandalosa de ódio, intolerância e violência". Mas ele abandonou o roteiro e acrescentou: "De vários lados. De vários lados. Isto está acontecendo há bastante tempo em nosso país. Nem Donald Trump. Nem Barack Obama. Isto acontece há tempos". Então ele retomou o discurso: "Não há lugar para isso nos Estados Unidos".

Trump havia tocado em um ponto sensível com "vários lados", sugerindo uma equivalência entre os neonazistas e aqueles que se opunham à supremacia branca. Uma crítica mordaz ao presidente se espalhou pelo espectro político, incluindo muitos líderes do Partido Republicano.

"É muito importante para a nação ouvir o @POTUS descrever os eventos em #Charlottesville como eles aconteceram, um ataque terrorista de #supremacistasbrancos", tuitou o senador Marco Rubio.[4]

"Sr. presidente, todos devemos chamar o mal pelo nome", tuitou Cory Gardner, um senador republicano do Colorado. "Aquelas pessoas eram supremacistas brancos, e foi terrorismo doméstico."[5]

"Meu irmão não perdeu a vida lutando contra Hitler para que as ideias nazistas sejam divulgadas sem contestação no nosso país", tuitou o senador Orrin Hatch, normalmente um confiável aliado de Trump.[6]

Em um comunicado, o senador John McCain chamou Charlottesville de "um confronto entre nossos melhores anjos e piores demônios. Supremacistas brancos e neonazistas são, por definição, contrários ao patriotismo americano e aos ideais que nos definem".[7]

O presidente da Câmara, Paul Ryan, tuitou: "a supremacia branca é um flagelo. Esse ódio e seu terrorismo devem ser confrontados e derrotados".[8] Mitt Romney tuitou: "Preconceito racial, seguido de ódio, de um discurso repugnante, uma manifestação repulsiva, então assassinato; não é supremacia, é barbárie".[9]

O senador republicano Lindsey Graham apareceu no *Fox News Sunday* e disse que o presidente precisava "corrigir o registro. Esses grupos parecem acreditar que têm em Donald Trump um amigo na Casa Branca" e "recomendo que o presidente dissuada esses grupos de que ele é seu amigo".[10]

O vice-presidente Pence acrescentou: "Não toleramos o ódio e a violência dos supremacistas brancos, dos neonazistas ou da KKK. Esses grupos perigosos e marginais não têm lugar na vida pública e no debate americanos, e nós os condenamos da forma mais enfática possível".[11]

A cobertura da imprensa se concentrou na clara relutância de Trump em condenar os supremacistas brancos. Alguns perceberam que ele havia desperdiçado uma oportunidade de espantar a suspeita de que guardava simpatia por eles.

Kelly organizou uma reunião da equipe sênior via teleconferência segura às oito da manhã de segunda, dia 14 de agosto. Ele estava em Bedminster, mas a maior parte da equipe sênior estava na Casa Branca. Havia algo de errado com o áudio do equipamento da teleconferência, e o início da chamada foi adiado.

"Foda-se!", Kelly disse depois de cerca de trinta segundos. "Não vamos fazer isso." Ele saiu da sala, causando um burburinho considerável sobre seu temperamento explosivo e seu pavio curto.

No dia seguinte houve outra falha.

"Dane-se", Kelly disse. "Foda-se. Tirem as pessoas da linha. Vamos fazer a reunião apenas com quem está aqui."

Rob Porter estava em Bedminster com Trump e se juntou a um esforço coordenado para limpar a bagunça com um novo discurso sobre Charlottesville. Os redatores de discurso da Casa Branca fizeram um esboço e Porter tinha o texto para Trump no dia seguinte, segunda, 14 de agosto. A intenção era mostrar o presidente como uma força construtiva e pacificadora.

Porter entregou o rascunho a Trump no voo de volta para Washington no Força Aérea Um. Os dois trabalharam no texto. O presidente não gostou do tom. Ele não queria passar a impressão de ter capitulado ao politicamente correto.

Porter e Sarah Huckabee Sanders, agora secretária de imprensa, concordaram que precisavam se unir para levar Trump a fazer outro discurso.

"Acho que é muito importante", Sanders disse ao presidente, "que o senhor possa falar diretamente aos cidadãos americanos, não pelo filtro da mídia, para não ser mal interpretado. E também para o pessoal da CNN, da MSNBC ou quem quer que seja não sugerir que o senhor disse ou queria dizer algo diferente do que de fato falou. O senhor precisa ser muito claro. E a melhor forma de fazer isso é sem o filtro da mídia… Tem que ser muito preciso, muito direto. Dessa forma será capaz de falar sem que a mídia o distorça."

Trump defendeu o que havia dito. "Nenhum lado tem o monopólio do ódio ou da intolerância. Nenhum grupo é responsável ou algo assim. Com a mídia, você nunca vai ter um tratamento justo. Eles criticam tudo o que você diz, tudo o que você faz."

"Você precisa consertar isso", argumentou Porter. "Não quer ser visto como está sendo visto agora. Precisa unir o país." Aquela era uma obrigação moral.

"Não há um lado positivo em não condenar diretamente os neonazistas e os que são motivados pelo ódio racial. Há uma fratura imensa no país." Porter investiu pesado no ego do presidente e no desejo de estar no centro das atenções. Disse que o presidente poderia ser uma espécie de médico do país, um consolador.

"Os Estados Unidos dependem de você para curar as feridas e apontar para o futuro", Porter disse. O presidente podia inspirar e elevar os ânimos. Trump podia fazer com que a história passasse a ser sobre ele, o redentor.

Ele não disse não, mas tampouco disse sim.

De volta à Casa Branca, a Ala Oeste passava por reformas. Trump e Porter foram para a residência oficial. Porter abriu o rascunho do discurso no laptop. Nenhuma impressora estava disponível. Então o presidente e Porter trabalharam direto no computador. Trump, que não usa o teclado, sentou atrás de sua mesa. Porter, ao lado dele, rolou o texto na tela e os dois o editaram e reescreveram.

Em determinado momento, Trump disse: "Não estou convencido disso".

O rascunho era um ataque ao racismo e se referia à necessidade de amor e cura.

"Não sei se parece certo", o presidente disse. Parecia fraco. Ele não queria se desculpar. "Não me parece certo."

Porter podia ver diante de si dois Trumps — dois impulsos. Ele estava claramente dividido. Não ia ceder ao politicamente correto, mas precisava unir as pessoas. Quando viu aquilo, não questionou mais a linguagem.

"Certo", o presidente disse enquanto Porter repassava o texto, fazendo mudanças que Trump aprovava. "Certo", disse finalmente. "Vamos fazer isso."

Porter podia ver o conflito interno. Como alguém que não escondia suas emoções e opiniões, estava claro que Trump não estava feliz. Porém, não estava chateado. Não estava bravo. Porter mandou a versão final aprovada de doze parágrafos para ser posta no teleponto. Trump leria o discurso na Sala de Recepção Diplomática.

Logo após as 12h30 Trump foi até o púlpito posicionado diante de uma bandeira americana e da bandeira presidencial.[12] Segurou firme o suporte, com as duas mãos. Franziu a testa. Parecia sombrio. Disse que estava em Washington para se encontrar com sua equipe de economia para discutir a política de relações comerciais internacionais e a reforma tributária. Elogiou a economia forte, a alta do mercado de ações e o baixo desemprego, e disse que ia ler uma atualização sobre Charlottesville.

O Departamento de Justiça abriu uma investigação de direitos civis, Trump disse para os telespectadores em todo o país. "A qualquer um que agiu criminalmente nesse fim de semana de violência racista: você será responsabilizado", Trump disse.

Parecendo pouco à vontade e desconfortável, como um refém obrigado por seus sequestradores a gravar um vídeo, o presidente foi em frente. "Não importa a cor da pele, todos vivemos sob as mesmas leis, todos saudamos a mesma grande bandeira. Devemos amar uns aos outros, demonstrar afeição pelos outros e nos unir na condenação ao ódio, à intolerância e à violência. Devemos redescobrir os vínculos de amor e lealdade que nos unem como americanos."

"O racismo é o mal", continuou, destacando a "KKK, os neonazistas, os supremacistas brancos e outros grupos que propagam o ódio. Vamos defender e proteger os direitos sagrados de todos os americanos" para que todo cidadão "seja livre para seguir os sonhos que leva no coração e para expressar o amor e a alegria que há em sua alma".

Foi um discurso de cinco minutos que poderia ter sido feito pelo presidente Reagan ou por Obama.

"Não deixem de dizer que ele foi incrível", o general Kelly falou à sua equipe sênior. Ele era chefe de gabinete havia menos de três semanas.

Steve Mnuchin e Gary Cohn estavam lá para recepcionar Trump no elevador de volta à residência oficial. Os dois se desmancharam em elogios. "Foi um grande discurso", Cohn disse. "Foi um dos seus melhores momentos como presidente." Aquilo fazia parte da grande tradição de unificar o país e de tomar o melhor caminho para a pacificação racial. Mais tarde eles disseram a Porter que não sabiam como ele havia conseguido convencer Trump.

Porter achou que tinha sido uma vitória, um momento em que conseguiram realmente fazer algo bom para o país. Ele havia feito algo bom para o presidente. E aquilo fizera as longas horas de trabalho ininterruptas valerem a pena.

Trump foi assistir a um pouco de Fox. Rob O'Neill, ex-comandante da Equipe Seis dos SEALs e escritor, elogiou-o genericamente por ter sido específico, mas acrescentou: "Foi quase uma admissão de 'Olha, eu estava errado. E estou meio que tentando sair dessa'".[13]

O correspondente da Fox Kevin Corke disse: "Após 48 horas do início do maior desafio doméstico de sua jovem presidência, Trump fez uma correção de curso".

A sugestão de que ele havia admitido um erro e era instável o enfureceu. "Esse foi o maior erro que cometi, porra", o presidente disse a Porter. "Uma pessoa forte nunca faz essas concessões. Nunca se desculpa. Eu não tinha feito nada de errado. Por que parecer fraco?"

Apesar de não ter escrito o primeiro rascunho, Porter passou quase quatro horas editando o texto com Trump e dando um tom ameno a ele. Estranhamente, Trump não dirigiu sua raiva a Porter. "Não acredito que fui forçado a fazer isso", o presidente disse, desabafando diretamente com ele. "É o pior discurso que já fiz. Nunca mais faço algo assim." Ele continuou reclamando do que tinha dito e a dizer que havia sido um grande erro.

30

No dia seguinte, terça-feira, Trump teve reuniões em Nova York para discutir sua proposta de infraestrutura para investimentos em estradas, pontes e escolas. À tarde estava agendada uma coletiva no saguão da Trump Tower. Uma cortina azul foi colocada sobre a logomarca de Ivanka Trump no saguão. Antes de começar, ele pediu que imprimissem as "frases realmente boas" das duas declarações que fizera sobre Charlottesville. E disse que queria poder citar literalmente o que falara, caso fosse questionado.

Não aceite perguntas, a equipe inteira disse enfaticamente. Trump disse que não planejava responder nenhuma.

Na coletiva, ele aceitou perguntas, e elas foram sobre Charlottesville. Trump pegou sua declaração de sábado.[1] "Como disse — lembrem-se de sábado — condenamos nos mais duros termos essa demonstração escandalosa de ódio, intolerância e violência." Ele deixou de lado a parte sobre "os dois lados", mas acrescentou: "a extrema esquerda partiu para cima" nos protestos. "Tínhamos um grupo do outro lado que também era bastante violento. E ninguém quer dizer isso, mas vou dizer agora. Nem todas aquelas pessoas eram neonazistas, acredite. Nem todas aquelas pessoas eram supremacistas brancos. Muitos estavam lá para protestar contra a retirada da estátua de Robert E. Lee... Eu pergunto, semana que vem vai ser George Washington? E Thomas Jefferson na outra?" Ambos foram donos de escravos, destacou. "Você realmente tem que se perguntar onde isso vai acabar."

Ele inverteu o argumento anterior: "Há culpa nos dois lados... havia pessoas de bem dos dois lados. Havia muita gente ruim no outro grupo também... Há dois lados nessa história".

David Duke, conhecido ex-líder da Ku Klux Klan, tuitou: "Obrigado, presidente Trump, por sua honestidade e coragem em dizer a verdade sobre #Charlottesville".[2]

Os líderes das Forças Armadas americanas começaram uma ofensiva nas redes sociais contra seu comandante em chefe numa resposta impressionante.[3] O almirante John Richardson, chefe de Operações Navais, tuitou: "Os eventos em Charlottesville são inaceitáveis e não devem ser tolerados @US-Navy sempre vai se colocar contra a intolerância e o ódio". O comandante do Corpo de Fuzileiros Navais, general Robert B. Neller escreveu: "Não há lugar para o ódio racial ou extremismo na @USMC. Nossos valores fundamentais de honra, coragem e comprometimento determinam a forma como os fuzileiros navais vivem e agem". E o chefe de gabinete do Exército, Mark Milley, tuitou: "O Exército não tolera racismo, extremismo ou ódio em nossas tropas. É contra nossos valores e tudo pelo que lutamos desde 1775". Os chefes da Força Aérea e da Guarda Nacional seguiram com declarações semelhantes.

Na CBS, Stephen Colbert brincou: "É exatamente como o Dia D. Lembra o Dia D, dois lados, Aliados e Nazistas? Houve muita violência dos dois lados. Arruinou uma linda praia. E tudo podia ser um campo de golfe".[4]

O ex-general John Kelly havia permanecido com um olhar sombrio no saguão da Trump Tower enquanto o presidente respondia perguntas. Colbert disse: "Esse cara é um general de quatro estrelas. Iraque, tudo bem. Afeganistão, dá para encarar. Coletiva de imprensa de vinte minutos com Trump? Um atoleiro".

Porter acompanhou dos bastidores no saguão da Trump Tower. Ele estava em estado de choque, abatido e descrente. Depois, quando o presidente tocou no assunto do discurso com ele, o chefe de gabinete disse: "Pensei que o segundo discurso era o único bom dos três".

"Não quero falar com você", Trump respondeu. "Fique longe de mim."

Kelly disse mais tarde ao presidente que, como ele havia feito três declarações, "agora todo mundo tem uma para escolher, e pode funcionar a favor do presidente. Talvez seja o melhor dos mundos". Ele disse que sua esposa tinha gostado das declarações de terça e da coletiva de imprensa, a terceira, porque mostrou Trump forte e desafiador.

Kenneth Frazier, presidente da Merck, a gigante farmacêutica, e um dos poucos CEOs afro-americanos da lista da *Fortune*, anunciou que estava deixando o Conselho Americano da Indústria, um grupo de assessores externos do presidente para a área de negócios.[5]

"Os líderes da América devem honrar nossos valores fundamentais rejeitando claramente expressões de ódio, intolerância e supremacia de grupo... Como CEO da Merck e por uma questão de consciência pessoal, sinto a responsabilidade de me colocar contra a intolerância e o extremismo", ele disse em um comunicado.

Em uma hora, Trump atacou Frazier no Twitter. Agora que havia renunciado, Trump escreveu: "ele terá mais tempo para BAIXAR PREÇOS DE REMÉDIOS!".[6]

Os CEOs de Under Armour e da Intel seguiram Frazier e se demitiram do conselho.

Ainda nervoso, num segundo ataque contra Frazier no Twitter, Trump escreveu que a Merck deveria "Devolver empregos e BAIXAR PREÇOS!".[7]

Na terça, 15 de agosto, Trump tuitou: "Tenho muitos para assumir os lugares de cada CEO que sair do Conselho da Indústria".[8] Ele chamou os que haviam saído de "baixo escalão".

A coletiva de imprensa de Trump se mostrou pesada demais para os membros do Fórum de Estratégia e Política do presidente, um segundo corpo de assessores e o Conselho da Indústria. Durante o dia, os CEOs de 3M, Campbell Soup e General Electric anunciaram sua renúncia ao conselho, e o mesmo aconteceu com representantes da Federação Americana do Trabalho e com o presidente da Aliança para a Indústria Americana.

Jamie Dimon, CEO do JPMorgan Chase, disse a funcionários que o Fórum de Estratégia e Política decidira se dissolver. Trump se antecipou a novas demissões abolindo ambos os grupos via Twitter: "Em vez de pressionar os empresários do Conselho da Indústria e do Fórum de Estratégia e Política, estou encerrando ambos. Muito obrigado a todos!".[9]

As mais significativas, no entanto, foram as reações privadas do presidente da Câmara, Paul Ryan, e do líder da maioria no Senado, Mitch McConnell. Ambos republicanos, eles ligaram para alguns dos CEOs e os elogiaram privadamente por se manifestar.

Na sexta-feira, 18 de agosto, Gary Cohn voou de helicóptero de East Hampton, em Long Island, para Morristown, em Nova Jersey, onde chovia torrencialmente.[10] Ele precisou esperar na pista para obter liberação para Bedminster. Cohn levava consigo uma carta de demissão. Aquilo tinha passado dos limites. Alguém tinha desenhado uma suástica na porta do dormitório da filha dele na universidade.

Cohn seguiu para o clube onde Trump ia discursar durante um torneio. Sob aplausos, o presidente apertou mãos e fez comentários, lembrando a todos que já havia vencido o torneio antes. Ele e Cohn pegaram comida no bufê e entraram numa sala privada.

"Sr. presidente", Cohn disse quando estavam sozinhos, "estou bastante desconfortável com a posição na qual o senhor colocou a mim e a minha família. Não quero que isso seja uma briga."

"Você não sabe o que está falando", Trump disse.

Eles discutiram o que o presidente havia dito e o que não havia dito.

"Antes de você dizer algo além disso", Trump disse, "quero que ouça novamente o que falei."

"Senhor", Cohn respondeu, "já ouvi umas trinta vezes. O senhor já viu o vídeo?"

"Não, não vi."

"Quero que veja", Cohn disse. "Preciso que assista ao vídeo de um monte de homens brancos carregando tochas e dizendo: 'Judeus não vão nos substituir'. Não posso viver num mundo assim."

"Vá ouvir e vá ler", Trump disse. "Eu vou assistir ao vídeo."

Eles concordaram em conversar novamente quando terminassem.

"Eu não disse nada de errado", Trump disse. "Estava sendo sincero."

"A declaração de segunda foi ótima", Cohn disse. "As de sábado e terça foram horrorosas."

Na segunda seguinte na Casa Branca, Cohn apareceu no Salão Oval. Ivanka estava sentada num dos sofás. Kelly estava em pé atrás de uma cadeira.[II]

Cohn estava no meio do Salão Oval quando Trump disse: "Então você está aqui para se demitir?".

"Sim, senhor."

"Eu não fiz nada de errado", Trump repetiu. Ele estava partindo "por causa dos seus amigos liberais da Park Avenue. Isso deve ser por causa da sua esposa". Trump começou a contar a história de um grande jogador de golfe. A esposa do jogador reclamou que ele ficava longe de casa todo fim de semana. Ele deu ouvidos, e agora o sujeito que tinha sido um fantástico jogador vendia bolas de golfe e não ganhava dinheiro, disse Trump, completando sua narrativa.

"Todo mundo quer seu cargo", Trump continuou. "Cometi um erro imenso nomeando você."

O presidente continuou a soltar veneno. Era assustador. Nunca alguém havia tratado Cohn daquele modo. "Isso é traição", Trump disse.

Ele tentou fazer Cohn se sentir culpado. "Você está comandando nossa política. Se sair agora, os impostos acabam. Você não pode fazer isso." Cohn trabalhou por meses num plano de corte de impostos e estava no meio de uma negociação com o Congresso, uma tarefa enorme e desafiadora. "Como pode me deixar na mão assim?"

"Não quero jamais deixar o senhor na mão. Não quero dar a impressão de que traí ninguém. Eu me importo mais com minha reputação do que com qualquer outra coisa no mundo. Estou trabalhando de graça aqui na Casa Branca. Não é por dinheiro. É para ajudar o país. Se acha que isso é uma traição, jamais vou fazer isso." E, amenizando o tom, acrescentou: "Vou ficar e aprovar os impostos. Mas não posso ficar aqui e não falar nada".

O vice-presidente Pence entrou e parou ao lado de Cohn, tocando-o afetuosamente. Eles precisavam mantê-lo, Pence disse, mas entendia a situação dele. Sim, Cohn devia dizer algo publicamente.

"Vá e diga o que quiser", Trump disse. "Mnuchin já falou também."

Mnuchin havia divulgado um comunicado: "Condeno veementemente as ações daqueles cheios de ódio [...]. Eles não encontrarão defensores em mim nem no presidente e em seu governo".[12] Ele citou e comentou a primeira declaração de Trump sobre Charlottesville e acrescentou: "Sendo judeu [...] embora ache difícil acreditar que tenha que me defender nisso, ou defender o presidente, me sinto compelido a informar a vocês que o presidente de maneira alguma acredita que os neonazistas e outros grupos de ódio que apoiam a violência são equivalentes aos que protestaram de maneira pacífica e dentro da lei".

Trump citou outros que haviam se distanciado dele.

"Não tenho meios para isso", Cohn disse.

"O que quer dizer?", Trump perguntou.

Os secretários de Estado tinham departamentos de imprensa, Cohn explicou. "Eles podem sair e divulgar declarações quando desejarem. Sou assistente do presidente. Não deveria fazer declarações."

"Eu não me importo", Trump disse. "Vá agora e faça uma declaração." Ele estava convidando Cohn a ir ao púlpito da sala de imprensa da Casa Branca.

"Não vou fazer isso, senhor. É constrangedor. Não é o correto. Me deixe fazer do meu jeito."

"Não me importa como você vai fazer", Trump disse. "Só não quero que saia enquanto não resolver a questão dos impostos. E diga o que precisar dizer."

"O senhor quer ver antes?"

Trump pareceu dividido. "Não", Trump respondeu primeiro. "Diga o que quiser." Depois perguntou o que poderia ser. "Posso ver antes?"

Cohn disse que ia trabalhar com o Departamento de Comunicação da Casa Branca.

Na saída do Salão Oval, o general Kelly, que tinha ouvido tudo, puxou Cohn para a Sala do Gabinete. De acordo com anotações que Cohn fez depois, Kelly disse: "Essa foi a maior demonstração de autocontrole que já vi. Se fosse comigo, pegava a carta de demissão e enfiava seis vezes no rabo dele".

Minutos depois, Pence apareceu no escritório de Cohn na Casa Branca. Ele reforçou seu apoio. Diga o que quiser ou precisar dizer e continue trabalhando pelo país, disse, agradecendo por tudo.

Cohn escolheu divulgar suas opiniões numa entrevista ao *Financial Times*.[13] "Este governo pode e deve ser melhor [...]. Sofro uma pressão enorme tanto para me demitir quanto para permanecer [...]. Também me sinto compelido a tornar público meu desconforto [...] cidadãos que protestam pela igualdade e liberdade não podem nunca ser equiparados a supremacistas brancos, neonazistas e à KKK."

Cohn viu que Trump tinha ficado muito irritado, porque deixou de falar com ele nas semanas seguintes. Em reuniões regulares, Trump o ignorava. Finalmente, o presidente se virou para ele e perguntou: "Gary, o que você acha?".

Trump estava tirando Cohn da geladeira, mas a cicatriz permanecera.

Para Robert Porter, Charlottesville foi um momento de ruptura. Trump rejeitou o conselho de quase toda a equipe. Ele já tinha feito aquilo antes. A independência e a irracionalidade perversas tinham altos e baixos. Mas no caso de Charlottesville a represa fora aberta. Para defender umas poucas palavras, ele estabelecera um claro limite. "Não é mais uma presidência", Porter disse. "Não é mais a Casa Branca. É um homem sendo o que ele é." Trump iria em frente independente do que acontecesse.

Como Porter viu de perto — talvez mais de perto do que qualquer outro na equipe, à exceção de Hope Hicks —, a eleição de Trump reacendeu a divisão no país. Havia uma relação mais hostil com a mídia. As guerras culturais ganharam força. O racismo se expressava. Trump estimulara aquilo.

Porter pensava se tentar reparar qualquer uma daquelas divisões depois de Charlottesville era causa perdida. Não havia caminho de volta. Trump tinha ido longe demais. Para os oponentes de Trump e os que o odiavam, ele era antiamericano e racista. A fogueira já tinha bastante lenha, e Trump pusera ainda mais. Ia queimar, e o fogo seria fulgurante.

Havia um quase permanente estado de suspeita, descrença e hostilidade. "Agora é guerra aberta."

Em meio à polêmica de Charlottesville, Bannon ligou para Kelly. "Conheço esse cara", ele disse. "Se não começarem a botar pessoas na Casa Branca para livrar a cara de Trump, vão ter problemas. Vocês precisam livrar a cara dele."

O senador republicano Bob Corker havia dito a jornalistas: "o presidente ainda não foi capaz de demonstrar nem a estabilidade nem qualquer sinal da competência" necessárias para prosperar na presidência.[1] E o *Politico* publicou um longo artigo falando sobre os ataques de raiva de Trump, afirmando que ele seria "guiado pelo seu temperamento" e que "a raiva serve para controlar sua equipe, expressar seu descontentamento ou simplesmente como válvula de escape para a tensão".[2]

"Não teve uma pessoa do alto escalão na Casa Branca para sair em defesa dele", disse Bannon.

Ele achava que Trump deveria estar vencendo a guerra de mensagens. "Quando o presidente pergunta onde é que isso tudo vai parar — Washington, Jefferson, Lincoln —, ele se conecta com o povo americano. A política identitária de raça da esquerda quer classificar tudo como racismo. Podem continuar fazendo isso… eu não vou me cansar."[3]

O vice-presidente Mike Pence, de forma subserviente, retuitou alguns dos comentários mais benignos de Trump e acrescentou: "como disse o @POTUS Trump, 'Precisamos nos unir como americanos, com amor pelo nosso país… e afeto genuíno uns pelos outros'. #Charlottesville".[4]

Bannon disse a Kelly: "Se ele for encurralado, vai virar um alvo fácil para os caras do Congresso. Vocês precisam começar a proteger o cara".

"Está querendo a porra desse trabalho?", Kelly perguntou.

"Perdão?"

"Você está querendo ser a porra do chefe de gabinete?"

"Do que você está falando?", Bannon respondeu. "Não vem com essa pra cima de mim. Você sabe que é o único capaz de fazer isso."

"Escuta", disse Kelly, "meu problema nesse momento é que eu acho que vou perder metade dos caras aqui, posso perder um terço do gabinete. Você não está entendendo. As coisas estão no fio da navalha. As pessoas não vão tolerar isso. Precisa ser condenado. Se acha que tem uma solução..."

Bannon não tinha. Mas disse a Kelly que ia pedir demissão.

"Olha, eu vou sair na sexta-feira", disse. O dia seguinte seria seu último.

Acho que vai ser melhor assim, disse Kelly.

Mas Bannon estava preocupado com o fim de semana seguinte de Trump em Camp David, que incluiria a última reunião do Conselho de Segurança Nacional antes da decisão sobre o Afeganistão.

"Certifique-se de que o presidente fique por dentro de todas as opiniões e detalhes."

"Farei isso", disse Kelly. Aquele era seu bordão — o presidente ficaria por dentro da história completa e seria apresentado a uma vasta gama de opções.

"Certifique-se de que Pompeo tenha a chance de defender suas ideias."

Kelly disse que faria aquilo também.

Bannon sabia que Trump estava inclinado na direção de uma decisão globalista. As forças de segurança nacional, comandadas por McMaster, estavam preparando uma armadilha para ele. Estavam produzindo um relatório afirmando que Trump havia sido plenamente informado sobre a ameaça que o Afeganistão representava como um potencial criadouro para um estilo de terrorismo similar ao do Onze de Setembro no futuro. Caso se concretizasse, eles vazariam para o *Washington Post* ou o *New York Times* que Trump havia ignorado os alertas.

De acordo com o plano para a reunião do Conselho de Segurança Nacional no dia 18 de agosto, Sessions e Kellogg recomendariam a retirada dos soldados do Afeganistão. Pompeo, diretor da CIA, proporia a expansão do papel paramilitar da agência em vez do envio de soldados adicionais, uma posição que ele havia construído com Bannon. McMaster argumentaria a favor de seguir com o plano original, o que significava o envio de mais 4 mil soldados.

Sessions começou ressaltando o fato de integrar a Comissão de Serviços Armados do Senado desde o Onze de Setembro. Sempre ouvi a mesma coisa. Dentro de seis a dezoito meses, vamos dar um jeito no Afeganistão. Sempre a mesma história. E vocês estavam errados todas as vezes. Lembrem as importantes decisões de Obama de enviar dezenas de milhares de soldados, ele criticou. Uma grande mudança foi prometida e esperada. Deu tudo errado. É por isso que estamos lá há dezesseis anos. O Talibã agora controla mais da metade do país. Temos que bater em retirada agora. Desistir.

Kellogg concordou. "Temos que voltar pra casa."

Pompeo havia passado por algumas sessões de catequização em Langley. Os veteranos o advertiram sobre o Afeganistão ser o túmulo não apenas de impérios, mas também de carreiras. A agência havia passado anos desempenhando um papel secundário com as equipes paramilitares de perseguição contraterrorista CTPT, evitando assumir responsabilidades. O Afeganistão era um problema do Exército, aconselharam os veteranos da CIA; deixe que continue desse jeito. Outra consideração: de acordo com o plano proposto por Pompeo, o Exército estaria no comando da CTPT, e jamais daria à CIA o controle real. Não havia nenhuma garantia ou expectativa razoável de sucesso, e alguém acabaria sendo culpado ao longo do caminho.

Quando chegou a hora de Pompeo defender seu plano moderado, ele jogou água na própria alternativa. A CIA levaria cerca de dois anos para se preparar para expandir seus esforços contraterroristas com a CTPT, ele argumentou. Não estamos fisicamente prontos e não temos a infraestrutura necessária. Não temos a habilidade exigida para dividir o comando de uma empreitada tão ambiciosa com as forças especiais. A rede de colaboradores da CIA no Afeganistão se atrofiou. Essa não é uma alternativa viável atualmente.

McMaster então defendeu a manutenção do plano original, com o acréscimo de 4 mil soldados. Seu argumento central era o de que um dos principais objetivos estratégicos era evitar que a Al Qaeda ou outros terroristas atacassem o território americano ou seus aliados.

"Estou cansado de ouvir isso", disse Trump, "porque vocês poderiam dizer a mesma coisa sobre qualquer país do mundo. Vocês ficam falando o tempo todo que o Estado Islâmico está por toda parte. Eles podem estar se organizando para nos atacar. Não temos como estar em todos os lugares."

Trump explodiu, especialmente para cima dos seus generais. Vocês criaram essa situação. É um desastre. Vocês foram os arquitetos dessa bagunça no Afeganistão. Criaram esses problemas. Vocês são inteligentes, mas eu preciso dizer que são parte do problema. Não foram capazes de resolvê-lo, e o estão tornando ainda pior.

E agora, ele acrescentou, fazendo eco a Sessions, querem mandar ainda mais soldados para um negócio no qual não acredito. Fui contra desde o início.

Ele cruzou os braços. "Quero sair de lá", disse o presidente. "E vocês estão me dizendo que a resposta é entrar ainda mais fundo."

Mattis, com seu estilo discreto, teve um impacto imenso na decisão. Ele não costumava bater de frente. Como costumava fazer, adotou a abordagem de que menos era mais.

Acho que você está certo no que você diz, ele falou a Trump, e sua intuição é muito afiada. Mas uma nova abordagem poderia dar certo, acabando com os cronogramas artificiais de Obama e revogando as restrições dos comandantes no campo de batalha. Uma retirada poderia acelerar o colapso do Estado afegão. A retirada das tropas americanas do país criou o vácuo para a Al Qaeda criar um santuário terrorista que levou aos ataques de Onze de Setembro. O problema é que um novo atentado terrorista, especialmente de grandes proporções, originado no Afeganistão seria uma catástrofe.

Ele argumentou que, caso se retirassem, criariam uma convulsão social similar ao Estado Islâmico, que já tinha presença no Afeganistão.

O que aconteceu no Iraque durante o governo Obama, com o surgimento do Estado Islâmico, vai acontecer no seu governo, Mattis disse a Trump, numa de suas declarações mais incisivas. Foi uma alfinetada da qual muitos presentes se lembrariam.

"Você está me dizendo que tenho que fazer isso", falou Trump, contrariado, "e eu acho que tudo bem, nós vamos fazer, mas ainda acho que está errado. Não sei para que vai servir. Não nos levou a lugar algum. Já gastamos trilhões", ele exagerou. "Perdemos muitas vidas." Mesmo assim, ele reconheceu que provavelmente não poderiam simplesmente sair às pressas e deixar um vácuo para a Al Qaeda, o Irã e outros grupos terroristas.

Depois da reunião, Sessions ligou para Bannon. "Ele refugou", disse Sessions, usando um termo para um cavalo cansado ou assustado, que rejeita o controle do cavaleiro.

"Quem?", Bannon perguntou.

"Seu pupilo, Pompeo."

"Do que está falando?"

"Foi a pior apresentação que já vi", disse Sessions. Ele e Kellogg tinham dado seu melhor. "Eu não poderia ter feito mais. Kellogg foi fantástico. McMaster, na verdade, foi melhor do que em qualquer outro momento, porque você não estava lá. O presidente chegou a dizer, mais tarde, que eu e Kellogg fizemos a melhor apresentação. Mas claramente estava querendo uma opção mais moderada como alternativa."

"Pompeo foi tão mal assim?"

"Ele não estava convicto."

"Mas como não?"

Bannon ligou para Pompeo. "Que porra foi essa? A gente armou toda a situação para você chegar lá e dominar."

"Só consigo arrastar aquele prédio até certo ponto", Pompeo disse, referindo-se à CIA. "Tem outras batalhas que preciso vencer."

Pompeo relatou o que os altos oficiais em Langley estavam dizendo a ele: O que você está fazendo? Ele recebia excelentes avaliações, e Trump gostava do seu estilo. Você está numa boa fase. Mas vai ser responsabilizado por isso.

Uma pessoa em Langley disse a ele: passamos dez anos em Washington nos assegurando de que não seríamos responsabilizados por coisa alguma no Afeganistão. Por que está se voluntariando para isso? Nunca nos oferecemos para coisa alguma. Não se preocupe com o Bannon. Ele é um palhaço. É maluco. É só o Pentágono tentando nos encurralar, porque também quer sair de lá.

Pompeo descreveu a posição da CIA. "Não possuímos o aparato para assumir o comando disso. Isso é algo que o Exército precisa fazer. Você está propondo uma parceria. Não dispomos desse tipo de recurso. Não temos esse tipo de expertise, na escala de que estão falando. Não vamos assumir a responsabilidade. Você vai assumir a responsabilidade pelo Afeganistão? Porque nós não vamos vencer. Você sabe que não vamos vencer!" Aquilo seria complicado, porque Trump estava dizendo: "Como é que não estamos vencendo? Como é que eles [o Talibã] estão detonando vocês?".

Bannon falou com Trump pelo telefone. "Você sabe o que penso sobre isso", disse. "Acho que uma hora você vai acabar optando por um caminho mais moderado."

"Você não está sabendo de tudo", disse Trump. "Tem uma estratégia nova ali, e vamos vencer."

Na reunião do Conselho de Segurança Nacional do dia 18 de agosto, Trump aprovou os 4Rs de McMaster. Resumidos em um memorando estratégico de sessenta páginas datado de 21 de agosto e assinado por McMaster, eles foram oficializados como reforço: "providenciar mais equipamento e treinamento, mas também alavancar o apoio com condições para impulsionar reformas"; realinhamento: "A assistência civil e o alcance político dos Estados Unidos serão realinhados para focar em territórios fundamentais controlados pelo governo, e os territórios em disputa serão analisados caso a caso"; reconciliação: "esforços diplomáticos vão persuadir o governo a aprofundar os esforços para adotar a inclusão e a pacificação política, promover eleições e conduzir a popularização de formadores de opinião étnicos e regionais"; e regionalização: "trabalhar com atores locais".

O memorando dizia que a reunião havia estabelecido que o objetivo no Afeganistão era "remodelar o ambiente de segurança" para limitar as opções militares do Talibã e "encorajá-los a negociar um acordo político que reduza a violência e não ofereça um porto seguro a terroristas".

Trump autorizou Mattis a designar o Talibã e a rede terrorista paquistanesa Haqqani como forças hostis.

Escondida na seção de dezenove páginas sobre estratégia integrada, havia uma confissão: "É provável que continuemos em posição de xeque no Afeganistão" e "É provável que o Talibã continue ganhando terreno".

Seguindo uma tradição de ocultar a verdade dentro de um memorando, "A vitória é inatingível" foi a conclusão assinada por McMaster.

"Você é a primeira pessoa para quem eu ligo", Trump disse a Graham. "Acabei de me reunir com os generais. Vou fazer o que eles estão dizendo."

"Bom, essa é a coisa mais inteligente que um presidente poderia fazer."

"Essa foi difícil", disse Trump. "Aquilo é o cemitério dos impérios." Era uma referência ao livro de Seth G. Jones sobre o Afeganistão.

"Que sorte que o único livro que você leu foi este", Graham brincou.

Trump riu junto.

"Em off", Trump disse aos seus funcionários de alto escalão a bordo do Força Aérea Um, embora não houvesse nenhum jornalista presente, na sexta-feira, 18 de agosto. "Acabo de demitir Bannon. Vocês viram o que ele disse sobre a gente não ter nenhuma opção militar na Coreia do Norte? Filho da puta!"[5]

Bannon tinha acabado de conceder uma entrevista a Robert Kuttner, da revista liberal *American Prospect*, insinuando que o linguajar beligerante de Trump para se referir à Coreia do Norte ameaçando-a com "fogo e fúria" era um blefe.[6]

"Não existe uma solução militar aqui", disse Bannon. "Eles nos pegaram nessa." Ele acrescentou: "Até que alguém resolva a parte da equação que me mostra que 10 milhões de pessoas não morrem com armas convencionais em Seul nos primeiros trinta minutos, não sei do que você está falando".

Trump estava preocupado com a possibilidade de uma extensa guerra de palavras com Bannon e irritado pelo fato de estar fazendo todo aquele barulho.

Um discurso sobre a estratégia para o Afeganistão transmitido em rede nacional foi preparado para a noite da segunda-feira, 21 de agosto, no Fort Myer, na Virgínia.[7] Era um evento muito importante — um dos primeiros pronunciamentos oficiais de Trump a respeito de uma decisão política na frente de uma grande audiência.

"A princípio, minha intuição estava me dizendo para sair de lá — e, historicamente, gosto de seguir meus instintos", disse Trump. Ele falou três vezes que o objetivo era "vencer" e declarou: "Não vamos falar em números de soldados ou dos nossos planos para ampliar a presença militar na região".

Com aquilo, Trump escapou de algo que havia sido o calcanhar de aquiles de Bush e Obama. Sua estratégia teve o efeito de tirar o debate sobre a Guerra do Afeganistão de cena, removendo-o da capa dos jornais a menos que houvesse um grande ato de violência.

John McCain comentou: "Cumprimento o presidente Trump por dar um grande passo na direção certa com essa nova estratégia para o Afeganistão".[8] Tim Cane, senador democrata e suplente de Clinton, disse que os Estados Unidos precisavam "garantir que o Afeganistão não se torne um terreno fértil para coisas que possam vir a nos atacar".[9]

Bannon conversou com Stephen Miller. "Mas que porra foi esse discurso? Em primeiro lugar, ele só ficou andando em círculos."

Aquilo não era verdade. O discurso era novo ao mesmo tempo que seguia a velha estratégia de Obama. A principal crítica de Bannon foi em relação à falta de realismo. "Você não pode deixar o cara ali sentado falando sobre vitória. Não vai ter vitória nenhuma."

Trump se agarrou à retórica da vitória. Ele tinha feito o suficiente pelos militares, por Mattis e McMaster. Os militares haviam sido poupados do constrangimento e não precisariam admitir a derrota.

No dia seguinte ao discurso do presidente, Tillerson encontrou outra maneira de afirmar que uma vitória era inatingível. Ele se dirigiu ao Talibã num comunicado à imprensa: "Vocês não triunfarão no campo de batalha. Talvez não consigamos vencer, mas vocês também não".[10]

Xeque.

32

Kelly e Porter passaram várias semanas em Bedminster com o presidente durante o recesso do Congresso em agosto. O novo chefe de gabinete era da opinião de que a Casa Branca estava uma bagunça. Priebus e Bannon tinham agido como amadores. Ele pretendia implantar um pouco de ordem e disciplina por lá.

"Meio que tentamos fazer isso", disse Porter. Ele contou a Kelly como Priebus havia tentado estabelecer a ordem na Casa Branca. Vários meses antes, Priebus convocara o alto escalão do governo — McMaster, Cohn, Bannon, Kellyanne Conway e Porter — para uma reunião numa das salas do edifício do gabinete executivo.

"Precisamos de uma estratégia", disse Priebus. "Quais são as prioridades? Como vamos elencá-las?" Ele foi escrevendo as ideias nos quadros brancos que cobriam as paredes da sala de reuniões. Parecia com um Centro de Informações Sigilosas Compartimentadas para discussões altamente confidenciais. Estava cheia de computadores e equipamentos de teleconferência.

As ideias surgidas naquela reunião nunca foram levadas a sério. Com muita frequência o presidente tomava decisões envolvendo apenas duas ou três pessoas. Não havia um processo para a coordenação e a tomada de decisões. Caos e desordem não seriam o bastante para descrever a situação. Era um vale-tudo. O presidente tinha uma ideia e dizia: "Quero assinar alguma coisa". E então Porter tinha de explicar que, embora Trump tivesse toda a autoridade para emitir ordens executivas, por exemplo, os poderes do presidente eram geralmente restritos por lei. Trump não tinha o menor conhecimento de como funcionava o governo. Às vezes ele simplesmente começava a redigir ordens ou as ditava a alguém. A tática que Porter usava desde a época de Priebus envolvia protelar e enrolar, mencionar barreiras legais e, ocasionalmente, remover rascunhos da mesa do presidente.

Porter havia passado meses "obcecado por processos", como ele dizia. Eles precisavam ter controle total sobre o que estava sendo assinado e ordenado. Ou de um mínimo de controle.

No dia 21 de agosto, Kelly e Porter emitiram dois memorandos para todos os oficiais de gabinete e assistentes seniores da Casa Branca. "O secretário de gabinete da Casa Branca [Porter] funciona tanto como a caixa de entrada como a caixa de saída para todos os materiais da presidência." Cada pedaço de papel, incluindo decretos e memorandos de qualquer natureza, comunicados à imprensa, até mesmo matérias jornalísticas — tudo tinha que passar por Porter.

Ordens executivas levariam "pelo menos duas semanas para serem concluídas", incluindo uma análise obrigatória feita pelo assessor da Casa Branca e pelo assessor jurídico do Departamento de Justiça, que prestavam assessoria jurídica ao governo.

"Todos os documentos que saírem do Salão Oval devem ser enviados ao secretário de gabinete… de acordo com a Lei de Registros Presidenciais."

Um segundo memorando (sublinhado no original) dizia: "As decisões não são finais — e, portanto, não devem ser implementadas — até que o secretário de gabinete aprove um decreto que tenha sido assinado pelo presidente". Aquilo incluía todas as novas políticas envolvendo iniciativas para o "orçamento, a saúde e o comércio" e ações governamentais envolvendo "diplomacia, inteligência ou operações militares".

"Uma decisão tomada após uma apresentação oral não é considerada final até que" exista um decreto.

Era uma fantasia.

Kelly e Porter sentaram com o presidente para explicar como funcionaria o novo processo.

"Você não pode tomar nenhuma decisão a menos que assine um decreto", disse Porter. Não precisava ser longo. "Vou tentar concentrar tudo em uma página." Porter observou que decretos teriam materiais de apoio, "mas nunca vou fazer você ler mais do que uma página para tomar qualquer decisão. Vou entrar aqui e passar todas as informações sobre o assunto, para que nós dois possamos debatê-lo. Algumas vezes terá de se reunir com cinco, seis ou sete assessores. Mas muitas vezes poderemos fazer tudo na base do decreto."

Certo, disse Trump.

Nas primeiras semanas, o novo sistema aborreceu o presidente. No fim das contas, Porter desenvolveu uma rotina de levar de dois a dez decretos para que ele assinasse todos os dias. Trump gostava de assinar. Aquilo significava que estava fazendo coisas, e ele tinha um estilo particular de escrever com um pincel atômico preto que dava à sua assinatura um ar autoritário.

Porter reparou que Kelly ficara muito próximo do presidente nas primeiras semanas. Eram como pares. Kelly parecia ter sempre um sorriso no rosto quando estava perto dele. Ficava contando piadas a Trump. Ele lhe dava conselhos e oferecia sua opinião. "Sr. presidente, acho que devemos fazer isso." Ele era muito atencioso. "Sou apenas um funcionário. Você é o chefe. Queremos que receba as melhores informações." O chefe de gabinete perfeito. "Você é quem decide. Não vou tentar influenciar você nem para um lado nem para o outro."

A lua de mel logo acabou. De setembro em diante, Kelly e Porter começaram a ser vistos juntos, só os dois, ou acompanhados de alguns poucos funcionários seniores.

"O presidente está transtornado", disse Kelly. Alguma coisa ia acontecer, provavelmente relacionada aos acordos comerciais com a Coreia do Sul ou às tropas americanas em seu território. "Temos que tentar convencê-lo a não se meter nisso", disse Kelly. Eles precisavam confrontá-lo. Trump não estava ouvindo.

A tomada de decisões e os negócios realizados no Salão Oval foram se tornando cada vez mais aleatórios. "O presidente não sabe coisa alguma sobre isso. Não sabe do que está falando", disse Kelly.

À medida que Trump redobrava o abandono de acordos comerciais ou de políticas externas que considerava danosas, Kelly dizia: "Não acredito que ele está pensando em fazer isso". Ele fez um apelo a Porter.

"Rob, você precisa pôr um fim nisso. Não escreva essa coisa [uma ordem]. Não faça isso. Será que poderia ir lá conversar com ele só pra ver se consegue fazer algum progresso? Falei com ele por telefone hoje de manhã. Eu argumentei com ele. Poderia ver se consegue fazer algo para ajudar?"

A presença das tropas americanas na Coreia do Sul seguiu sendo um tema constante com Trump. Estamos subsidiando o país, ele insistia. "Isso não faz o menor sentido."

Porter lembrou a ele que Mattis e muitos outros haviam lhe dito que aqueles eram, possivelmente, os melhores gastos que os Estados Unidos haviam tido com relação à segurança nacional. A presença das tropas garantia uma inteligência secreta indispensável, que era vital para detectar e impedir o lançamento de mísseis norte-coreanos.

No dia 25 de agosto, o presidente resolveu que ia tomar uma decisão arrebatadora envolvendo Nafta, Korus e a Organização Mundial do Comércio (OMC). "Já falamos sobre isso *ad nauseam*", disse Trump. "Chega. Vamos fazer isso. Sair do Nafta. Sair do Korus. E sair da OMC. Vamos nos retirar dos três."

Cohn e Porter convocaram Kelly, que não queria que problemas comerciais prejudicassem a segurança nacional. Kelly e Porter foram até o Salão Oval. "A Coreia do Sul é nossa aliada", Kelly disse a Trump. "O acordo Korus é melhor do que pensa."

Porter apresentou alguns estudos mostrando que o Korus havia mantido o déficit comercial em baixa.

"Este é um momento muito importante com a Coreia do Norte e com toda aquela região", disse Kelly. "Não vamos querer mexer nos acordos comerciais, especialmente levando em conta o quanto isso é insignificante quando se observa o panorama global. Vai acabar com tudo." Ele recomendou que o presidente ligasse para Tillerson, que usou os mesmos argumentos.

Tillerson, Mattis, McMaster, Kelly — todos do lado da segurança nacional — concordaram que mesmo que o déficit comercial com a Coreia do Sul fosse dez vezes maior, ainda não justificaria que eles se retirassem do acordo. Estavam todos seguros de que seria uma loucura cogitar aquilo.

"Tudo bem", Trump disse, finalmente, na sexta-feira, 1º de setembro. "Não vamos começar hoje esse negócio de 180 dias. Não que a gente não vá sair do Korus, mas, tudo bem, não vamos sair hoje."

Porter espalhou a notícia para os funcionários do legislativo, os advogados da Casa Branca e os membros do Conselho de Segurança Nacional respirarem aliviados pelo menos aquele dia. Ele se certificou de que não havia nenhum documento que o presidente pudesse assinar.

Quatro dias depois, em 5 de setembro, Cohn, Porter e os demais foram até o Salão Oval. Trump tinha em mãos o rascunho de uma carta notificando que, dentro do prazo exigido de 180 dias, os Estados Unidos iam se retirar do acordo.[1] Porter não havia escrito aquilo, e nunca descobriu quem escrevera. Provavelmente Navarro ou Ross, mas nunca soubera com certeza.

"Tenho aqui um rascunho", disse Trump. "Vamos sair dessa coisa. Só preciso dar uma melhorada no texto, depois a gente coloca no nosso papel timbrado e despacha. Temos que fazer isso ainda hoje."

McMaster expôs seus argumentos envolvendo a segurança nacional. Cohn e Porter usaram os deles sobre comércio e economia.

"Enquanto eu não tomar uma atitude para provar que minhas ameaças são reais e precisam ser levadas a sério", disse Trump, "nunca vamos estar em vantagem nesses assuntos." Em seguida, ele deixou o Salão Oval.

Cohn ficou realmente preocupado ao testemunhar o presidente driblando o processo de triagem da secretaria de gabinete controlada por Porter e escrevendo o rascunho de uma carta. Ele a removeu da mesa do presidente.*

Em seus primeiros meses no cargo de chefe de gabinete, Kelly dava a impressão de passar o dia inteiro no Salão Oval, marcando presença em todas as reuniões. Ele não dizia muita coisa, atuando mais como observador e supervisor. Empenhara-se muito para que a porta entre o Salão Oval e o pequeno escritório ao seu lado, onde ficava Madeleine Westerhout, estivesse sempre fechada. Ela tinha 27 anos, havia integrado o Comitê Nacional Republicano e era parecida com Hope Hicks, com seus longos cabelos castanhos e seu enorme sorriso. O motivo alegado era o de garantir maior privacidade e segurança. Kelly também queria evitar o entra e sai, algo que acontecia com regularidade no passado.

"Não, não, deixa aberta", dizia o presidente. "Tenho que conseguir ver Madeleine caso precise dela."

O contra-almirante Ronny Jackson, médico da Casa Branca, fazia uma parada para ver o presidente várias vezes por semana.

"Como está se sentindo hoje?", ele perguntava, espichando o pescoço para fora de sua sala quando o presidente passava por ela. Geralmente era uma consulta de trinta segundos, com frequência sobre algo trivial, como usar um spray nasal.

O dr. Jackson encontrou-se com Kelly diversas vezes. "O presidente tem andado sob muito estresse", ele disse em determinado ponto. "Precisamos encontrar uma maneira de diminuir um pouco o ritmo ou pegar mais leve na agenda de compromissos."

Outra vez, Jackson foi mais específico. "Parece que o presidente está sob mais estresse que o normal. Talvez a gente devesse tentar reduzir a agenda de amanhã."

* Ver Prólogo, pp. 15-20.

A solução encontrada por Kelly foi dar ao presidente mais "tempo executivo". Trump normalmente escolhia seu próprio horário para começar o dia, e tinha grande flexibilidade quando retornava à residência oficial.

Kelly tentou colaborar com Jackson. Que reuniões seriam essenciais? E se eles dessem a Trump meia hora a mais pela manhã ou encerrassem seu cronograma uma hora mais cedo? Eles tentaram. Mas o ritmo frenético da presidência nunca abatia Trump e, frequentemente, fazia todo mundo, ele incluso, entrar junto na dança.

Trump reuniu um grupo em sua residência oficial para discutir a imposição de tarifas de importação sobre o aço.[2] Ross, Navarro, Lighthizer, Cohn, McMaster e Porter compareceram. Trump disse que estava cansado daquela discussão e que queria assinar um decreto para implementar tarifas de importação de 25% sobre o aço, sem abrir exceções para nenhum país.

Eles fizeram a rodada de argumentos de sempre, até que Mnuchin disse que a reforma tributária tinha de ser considerada prioridade número um. Como o Congresso, o Senado e a Casa Branca estavam na mão dos republicanos, aquela era uma oportunidade única para aprovar uma reforma tributária, ele disse. Aquilo não acontecia desde a presidência de Reagan, havia mais de trinta anos.

Mnuchin alertou para o fato de que vários dos senadores republicanos dos quais precisaria para aprovar uma reforma tributária eram adeptos do livre-comércio e se opunham radicalmente a tarifar o aço.

O senhor pode perdê-los, ele disse.

Cohn reforçou esse ponto, e Porter concordou com ele. McMaster, que havia argumentado do ponto de vista da segurança nacional que a imposição de tarifas de importação sobre o aço prejudicaria severamente as relações com aliados fundamentais, concordou a respeito da tarifa e dos senadores republicanos.

"É, vocês têm razão", Trump disse, por fim. "Por mais importante que o assunto seja, não podemos arriscar a reforma tributária por causa disso. Então vamos segurar. Mas assim que tivermos resolvido a parte dos impostos vamos começar a lidar com o comércio. E uma das primeiras coisas que precisamos fazer é implementar tarifas de importação sobre o aço."

Com Bannon fora da Casa Branca, Trump e Sessions tiraram da cartola uma nova solução para o problema da imigração no dia 5 de setembro.

O presidente anunciou o fim de uma era, encerrando a DACA de Obama.[3] Ele a classificou como "uma abordagem que prioriza a anistia" e disse que o Congresso deveria encontrar um substituto para o programa dentro de seis meses.

Dois dias depois, tentou acalmar os ânimos.[4] No dia 7 de setembro, Trump tuitou: "Para todos que estão preocupados com sua situação no período de seis meses, vocês não têm nada com que se preocupar: nenhuma ação será tomada!".

Bannon, que ainda tinha acesso a Trump, ligou para lembrá-lo da importância da manutenção de uma política de linha dura contra a imigração.

"Você entende que isso quase destruiu o Partido Republicano no verão de 2013?", Bannon se lembra de ter perguntado a Trump. "Esse é o principal motivo pelo qual você é presidente. A única coisa que pode destruir o Partido Republicano. Essa questão da anistia está sempre nos assombrando."

Stephen Miller contou a Bannon que agora, na Casa Branca, o debate estava totalmente concentrado no tema da imigração em cadeia. Ele calculava que a política corrente traria 50 milhões de novos imigrantes nos próximos vinte anos se fosse continuada.

Miller disse a Bannon: "Os democratas nunca vão recuar no tema da imigração em cadeia. Isso transformou o país. A imigração em cadeia é tudo. É assim que eles conseguem a reunificação das famílias".

No fim das contas, Miller estava certo. Trump poderia continuar falando como se estivesse disposto a chegar a um acordo, mas jamais haveria negócio com eles.

"Não tenho nenhum advogado bom", Trump disse um dia no Salão Oval. "Meus advogados são horríveis." Ele começou a falar diretamente com Don McGahn, o assessor da Casa Branca. "Tenho um monte de advogados que não são agressivos, que são fracos, que não levam meus interesses em conta, que não são leais. É um desastre completo. Não consigo arrumar um bom advogado." Ele incluía nisso os advogados particulares que havia colocado para trabalhar na investigação de Mueller.

Porter foi até o escritório de Kelly para lhe dar um aviso. Estavam só os dois ali. "Já vi esse filme antes", disse. "Estou preocupado, porque houve alguns momentos no passado, incluindo o período após a audiência com o procurador especial, na época de Comey e Mueller, em que o presidente ficou tão esgotado e disperso que foi um verdadeiro desafio continuar a fazer seu trabalho e tomar decisões — ser o presidente de fato. E apontar o caminho que o resto de nós precisava seguir para dar continuidade ao trabalho do governo. Ainda bem que conseguimos sobreviver a isso. Estou com medo de que esses rompantes aconteçam de novo, especialmente quando a investigação for concluída. Quando a coisa ficar feia. Não sei qual vai ser o catalisador."

Poderia ser até mesmo alguma coisa vinda do Senado e das investigações sobre as ligações com o governo russo. "Ou vai saber o quê. Mas precisamos estar cientes disso. Se não fizermos um trabalho melhor, desmembrando as acusações ou ganhando tempo e espaço para que ele possa lidar melhor com algumas coisas de Mueller com a cabeça no lugar, isso vai se espalhar pelo resto da Casa Branca." Trump precisava de tempo "para desopilar e estabilizar seu emocional".

Porter insistiu que Kelly pensasse naquilo, "para que você esteja preparado, para que possamos continuar funcionando, para que isso não leve a uma incapacitação de toda a Casa Branca por dias, talvez até mesmo semanas, como já aconteceu no passado".

Kelly assentiu. "É, eu acompanhei um pouquinho disso. E consigo imaginar como deve ter sido ruim."

"Escapamos por pouco da última vez que aconteceu", disse Porter. "Agora pode ser muito pior. Então temos que começar a elaborar um plano para lidar com isso."

Kelly também achou que fazia sentido. "Vamos tentar", ele disse. Mas nenhum deles tinha nenhuma ideia naquele momento.

33

Não era apenas uma distração com a ampla investigação de Mueller que pairava sobre sua cabeça, mas também a cobertura constante da mídia sobre o fato de Trump haver conspirado com os russos e/ou obstruído a justiça, um verdadeiro massacre de notícias — violento e selvagem. O resultado, disse Porter, "em dados momentos, foi a quase incapacidade do presidente ser presidente".

McMaster percebeu. Trump normalmente não ouvia por muito tempo nem se concentrava muito no que dizia seu assessor de segurança nacional, mas as coisas tinham piorado muito, McMaster disse a Porter. "Ele nem sequer prestou atenção em mim."

"Não leve para o lado pessoal", Porter aconselhou. "O presidente está claramente distraído. Está assim o dia inteiro. Está muito focado nas notícias sobre a Rússia."

Gary Cohn disse a Porter: "É uma perda de tempo tentar falar com ele hoje".

Hope Hicks estava preocupada. "Ele está em chamas com isso", disse a Porter. Ela queria que o presidente se acalmasse, que evitasse fazer ou dizer qualquer coisa imprudente da qual ia se arrepender mais tarde. Tentou fazer com que Trump falasse sobre outros assuntos, procurou desviar sua atenção da TV, chegou até mesmo a fazer pouco da situação.

Eles o embarcaram no Força Aérea Um e o levaram para fazer um comício. Quando estava saindo do avião, Trump disse: "Acho que vou passar os primeiros dez minutos só atacando a imprensa".

Em diversas ocasiões, o presidente perguntou a Porter se ele estava interessado em se tornar assessor da Casa Branca. Porter sempre recusava.

Quando o advogado particular de Trump ia conversar sobre assuntos relativos ao procurador especial Mueller, às vezes o presidente convidava Porter para se juntar a eles.

"Rob, quero que fique. Você precisa fazer parte disso."

"Não sou seu advogado", disse Porter. "Não estou aqui como advogado. E, mesmo que estivesse, seria um advogado do governo, não seu, e isso violaria o sigilo entre advogado e cliente. Não posso ficar aqui."

"Não, não, não", disse Trump, "isso não tem importância."

Era preciso que um dos advogados pessoais de Trump, como John Dowd, dissesse: "Rob precisa sair".

"Não sei por mais quanto tempo vou conseguir ficar", Gary Cohn disse a Porter, "porque as coisas são totalmente insanas por aqui. É o caos completo. Ele nunca vai mudar. É uma perda de tempo preparar um relatório relevante e consistente, bem organizado, com um monte de slides. Porque ele nunca vai prestar atenção. Nunca vamos conseguir chegar até o final da apresentação. Ele vai aguentar os primeiros dez minutos e depois vai falar sobre outro assunto. Vamos ficar com ele por uma hora, mas não vamos conseguir apresentar todo o relatório."

Porter tentou preparar resumos organizados dos relatórios, contendo as informações mais relevantes, diferentes pontos de vista, relações de custo-benefício, prós e contras e consequências de uma decisão. Não funcionou.

Gary Cohn e Robert Lighthizer, o representante de comércio dos Estados Unidos, haviam passado meses trabalhando para que Trump concordasse em autorizar uma sindicância a respeito das práticas chinesas em relação à propriedade intelectual. Era um caso em que Trump poderia exercitar sua fúria anticomercial sem destruir nenhum acordo internacional. A autoridade vinha da seção 301 da Lei de Acordos Comerciais de 1974, que concedia ao presidente o poder de instituir unilateralmente restrições comerciais punitivas a países que se envolvessem em práticas comerciais abusivas com os Estados Unidos.

Os chineses quebravam todas as regras possíveis. Roubavam tudo, desde segredos comerciais de empresas de tecnologia até software pirata, filmes e músicas, e falsificavam artigos de luxo e produtos farmacêuticos. Compravam partes de empresas para roubar sua tecnologia. Roubavam propriedade intelectual de empresas americanas que haviam sido obrigadas a transferir sua base tecnológica para a China para operar no país. Cohn considerava os chineses um bando de cretinos miseráveis. O governo estimava que o montante roubado pela China em propriedade intelectual estava na casa dos 600 bilhões de dólares.

Uma investigação 301 daria a Lighthizer um ano para decidir se o gabinete do Representante do Comércio dos Estados Unidos abriria ou não uma sindicância oficial contra a China. Se a resposta fosse sim, Trump teria a autoridade para impor tarifas, sanções e outras medidas contra o país.

Os europeus, japoneses e canadenses iam se juntar aos Estados Unidos numa enorme ofensiva coordenada contra as violações de propriedade intelectual cometidas pelos chineses. Aquele seria o primeiro decreto comercial de Trump.

Trump finalmente havia concordado em assinar um decreto e anunciar, durante um pronunciamento, uma investigação sobre as violações de propriedade intelectual cometidas pela China com duração de um ano.[1] Tinha sido uma longa marcha para lhe fornecer ações claras e definidas na frente do comércio.

Durante uma reunião em agosto na residência oficial com as equipes de economia e comércio, Trump voltou atrás. Tinha acabado de falar com o presidente Xi. Não queria a China como alvo. "Vamos precisar da ajuda deles com a Coreia do Norte", disse. "Eles não são apenas um voto no Conselho de Segurança da ONU. Vamos precisar de sua ajuda constantemente. Quero tirar todas as referências à China do meu discurso." Ele não queria pôr em risco suas ótimas relações com o presidente Xi.

Porter disse que o breve decreto de duas páginas mencionava cinco vezes a China, e somente ela. Vinham discutindo quase que exclusivamente sobre aquele país nos últimos meses.

"Não, não, não", disse Trump. "Não quero que o discurso seja especificamente sobre a China. Vamos fazer o decreto valer para o mundo inteiro."

De acordo com a lei, esse tipo de investigação precisa ser sobre práticas comerciais abusivas específicas, adotadas por um país em particular.

"Neste caso, é a China", disse Porter. "Não temos como fugir disso."

"Tudo bem", disse o presidente, "eu assino o que tiver de assinar, mas não quero mencionar a China."

"Não temos como explicar o que estamos fazendo sem mencionar que o alvo será a China."

Certo, disse Trump. No seu pronunciamento ao público, ele falou: "O roubo de propriedade intelectual cometido por países estrangeiros custa milhões de trabalhos e bilhões e bilhões de dólares ao nosso país todos os anos. Já faz tempo demais que toda essa fortuna vem sendo sugada

273

do nosso país enquanto Washington não faz nada... Mas Washington não vai mais fazer vista grossa".[2] Ele mencionou a China apenas uma vez.

Cohn e Porter esperavam que a assinatura de um decreto autorizando uma investigação 301 distraísse Trump da sua obsessão em impor tarifas de importação sobre o aço e o alumínio imediatamente.

Sempre que algum deles discordava das convicções do presidente sobre a importância da balança comercial e a necessidade de impor tarifas de importação, ele se mostrava intransigente. "Eu sei que estou certo", ele dizia. "Se discorda de mim, você está errado."

Cohn sabia que a verdadeira batalha seria em relação às tarifas de importação, em relação às quais Trump tinha as posições mais inflexíveis e onde ele poderia provocar maiores estragos aos Estados Unidos e à economia mundial. Ele enfiou goela abaixo do presidente o máximo de informações que pôde sobre como tarifar a importação do aço seria um desastre e prejudicaria a economia.

Um documento de dezessete páginas enviado por Cohn continha um gráfico mostrando a receita insignificante gerada em 2002-3, quando o presidente Bush havia imposto tarifas de importação sobre o aço por motivos semelhantes. O gráfico mostrava que a receita gerada tinha sido de 650 milhões de dólares. Aquilo correspondia a 0,4% da receita federal total, de 1,78 trilhão de dólares.

A receita projetada a partir de uma tarifa de 25% sobre o aço importado seria de 3,4 bilhões de dólares agora, ou 0,9% da receita total de 3,7 trilhões de dólares estimada para o ano de 2018.

Dezenas de milhares de postos de emprego americanos haviam sido fechados nas indústrias que consumiam aço, disse Cohn, munido de um gráfico demonstrando aquilo.

Trump tinha três aliados que concordavam com ele a respeito da importância da balança comercial: Wilbur Ross, secretário de Comércio, Peter Navarro e Bob Lighthizer, o representante de comércio dos Estados Unidos.

Navarro disse que os dados não incluíam os empregos criados nas siderúrgicas durante a vigência das tarifas de Bush em 2002-3.

"Tem razão", disse Cohn. "Criamos 6 mil empregos nas siderúrgicas."

"Seus dados estão totalmente errados", disse Navarro.

Trump estava determinado a impor tarifas de importação sobre o aço. "Olha", disse Trump, "vamos tentar. Se não der certo, a gente volta atrás."

"Sr. presidente", disse Cohn, "não é assim que se faz com a economia americana." Como era uma aposta muito arriscada, ser conservador era crucial. "Você só faz alguma coisa quando tem 100% de chance de dar certo, e aí você reza feito um louco para dar certo. Você não faz nada com 50% de certeza na economia americana."

"Se a gente não estiver certo", Trump repetiu, "a gente volta atrás."

O Nafta era outro alvo de longa data de Trump. Ele tinha passado meses dizendo que queria sair do acordo e renegociá-lo. "A única maneira de fazer um bom acordo é acabar com o antigo. Não vai dar seis meses e todo mundo vai vir correndo querer renegociar." A teoria dele sobre negociações era que para receber um sim você precisava dizer um não.

"Quando você acabar com ele", Cohn respondeu, "pode ser que simplesmente acabe. É a estratégia de maior risco. Ou ela funciona, ou você vai à falência."

Cohn se deu conta de que Trump tinha ido à falência seis vezes e parecia não se importar muito com aquilo. Falência era só mais uma estratégia de negócios. Saia do acordo, ameace acabar com ele. *O verdadeiro poder é o medo.*

Durante décadas, a Goldman Sachs nunca fez negócios com a Organização Trump ou com Trump em pessoa, sabendo que ele poderia roubar tudo e todo mundo. Ele simplesmente não pagaria, ou processaria. Quando Cohn começou a trabalhar no banco, um funcionário júnior negociou ações de um cassino com Trump.

Cohn disse ao jovem trader que se os papéis não fossem pagos, ele seria demitido. Felizmente para o trader, Trump honrou o compromisso.

Aplicar aquela mentalidade dos seus dias de especulação imobiliária ao governo norte-americano e arriscar quebrar o país, todavia, era algo totalmente diferente.

Em outra discussão com o presidente, Cohn apresentou um estudo do Departamento de Comércio mostrando que os Estados Unidos dependiam profundamente de suas relações comerciais com a China. "Se você fosse os chineses e quisesse muito nos destruir, bastaria parar de nos enviar antibióticos. Sabia que não produzimos antibióticos nos Estados Unidos?" O estudo mostrava que nove dos mais importantes antibióticos não eram produzidos nos Estados Unidos, incluindo a penicilina. A China vendia 96,6% de todos os antibióticos usados no país. "Não fabricamos penicilina."

Trump ficou olhando para Cohn com uma cara estranha.

"Quando bebês estiverem morrendo por causa de uma garganta inflamada, o que vai dizer às mães?" Cohn perguntou a Trump se ele diria a elas que "a balança comercial é importante".

"Vamos comprar de outro país", propôs Trump.

"Então os chineses vão vender [os antibióticos] para os alemães, e os alemães vão remarcar o preço e vender mais caro para nós. Aí nosso déficit comercial com os chineses vai diminuir, mas com os alemães vai aumentar." Os consumidores americanos estariam pagando ágio. "Isso seria bom para nossa economia?" Navarro disse que eles comprariam de outro país que não fosse a Alemanha.

É o mesmo problema, disse Cohn. "Você só estaria mudando as cadeiras de lugar dentro do *Titanic*."

A indústria automobilística norte-americana era outra obsessão de Trump. Ele acreditava que a China a estava prejudicando de forma dramática, e mais ainda os trabalhadores americanos.

Cohn reuniu as melhores estatísticas que conseguiu. Trump não leria nada, então ele levou gráficos para o Salão Oval. Os números demonstravam que a indústria automobilística norte-americana ia bem. Um gráfico enorme mostrava que Ford, GM e Fiat-Chrysler, as Três Grandes de Detroit, tinham produzido 3,6 milhões de carros e caminhonetes a menos desde 1994, mas o resto do país, principalmente no sudeste, havia aumentado sua produção nos mesmos 3,6 milhões.

Todas as BMW Série 3 do mundo são produzidas na Carolina do Sul, disse Cohn. Todas as SUVs da Mercedes são produzidas nos Estados Unidos. Os milhões de postos de trabalho perdidos na indústria automobilística em Detroit migraram para as Carolinas do Sul e do Norte por conta da legislação sindical.

E quanto às fábricas abandonadas?, Trump perguntou. "Temos que dar um jeito nisso."

Cohn havia incluído outro documento, "Desempenho dos Estados Unidos em soluções de controvérsias na OMC", no arquivo diário que Porter compilava para o presidente toda noite. Mas Trump raramente abria a pasta.

"A OMC é a pior organização que já foi criada!", disse Trump. "Perdemos mais casos do que ganhamos."

"Isso está no seu arquivo, senhor", disse Cohn, e lhe entregou outra cópia. O documento mostrava que o país havia vencido 85,7% dos casos com a OMC, um desempenho acima da média. "Os Estados Unidos venceram disputas comerciais contra a China por conta da aplicação de taxas abusivas sobre o frango, o aço e os automóveis norte-americanos, bem como a imposição de barreiras às exportações de matérias-primas e minérios raros. Também utilizaram essas decisões favoráveis para obrigar a China a suspender os subsídios em vários setores."

"Isso é besteira", Trump respondeu. "Está errado."

"Não está. São dados do representante de comércio dos Estados Unidos. Ligue para Lighthizer que ele vai confirmar."

"Não vou ligar para Lighthizer", disse Trump.

"Bom", disse Cohn, "eu vou. Estes são os dados reais. Ninguém vai discordar deles." Então, ele acrescentou: "Dados são dados".

Cohn eventualmente pedia ajuda ao vice-presidente Pence, sempre em conversas privadas. Ele explicou seus argumentos a respeito das tarifas de importação sobre o aço e o alumínio. "Mike, preciso da sua ajuda nisso."

"Você está fazendo a coisa certa", disse Pence. "Só não sei bem o que posso fazer."

"Nenhum estado será mais afetado pelas tarifas do aço e do alumínio do que Indiana. Elkhart é a capital mundial do barco e do trailer. O que é preciso pra fabricar barcos e trailers? Alumínio e aço. Seu estado vai ser massacrado com isso."

"Sim, eu entendi."

"Você pode me ajudar?"

"Vou fazer tudo o que puder."

Como de costume, Pence estava tirando o corpo fora. Ele não queria ser citado num tuíte ou ser chamado de idiota. Se estivesse dando um conselho a Pence, Cohn teria dito para fazer exatamente a mesma coisa — ficar fora daquilo.

Kelly chegou à conclusão de que Peter Navarro era o problema. Navarro entrava no Salão Oval e ficava instigando Trump sobre a balança comercial. Era como pregar para um convertido, e o presidente não demorava a entrar no modo ativista e sair declarando: hoje eu assino.

Cohn aproveitava todas as oportunidades que tinha para dizer a Kelly que Navarro era um completo desastre. Livre-se dele, Cohn pedia, demita o cara. Esse lugar nunca vai funcionar enquanto ele estiver por aqui.

Kelly perguntou a Porter qual era sua opinião. "O status quo vigente é insustentável", disse Porter. "Acho que você não tem como se livrar do Peter, porque o presidente o ama. Ele nunca permitiria." Você não pode promover o Navarro, porque seria um absurdo. "Peter precisa ser subordinado a alguém, e não se sentir como se devesse se reportar diretamente ao presidente. Em muitas situações, sou capaz de bloquear o cara."

Kelly decidiu que retomaria o controle da situação e convocou uma reunião entre os adversários para o dia 26 de setembro.[3] Foi como um duelo. Navarro podia levar uma pessoa para ajudá-lo e escolheu Stephen Miller. Cohn levou Porter.

Navarro começou argumentando que, durante a campanha, lhe havia sido prometido que seria assistente do presidente, mas agora era apenas um assistente adjunto. Aquilo era traição. Ele se disse surpreso que aquilo viesse se arrastando por tanto tempo. Tinha falado com o presidente, que não sabia a diferença entre um assistente e um assistente adjunto. Trump achava que "assistente especial" soava muito melhor, sem se dar conta de que era um cargo ainda mais baixo.

Navarro falou que o presidente dissera a ele que poderia ter o título e a estrutura hierárquica que quisesse. Ele e seu Conselho de Comércio representavam o operário americano, a base manufatureira, o trabalhador esquecido.

"Peter está fora de controle", Cohn afirmou. "Está criando problemas. Está contando mentiras ao presidente. E tem passe livre para isso. Ele é a fonte de todo o caos aqui dentro."

"Gary não sabe do que ele está falando", Navarro respondeu. "É um globalista. Não é leal ao presidente." Porter estava sempre manipulando e atrasando os processos para que Navarro nunca conseguisse se encontrar com o presidente.

"Muito bem", disse Kelly. "Não tenho mais condições de lidar com isso. Peter, você vai se tornar membro do Conselho Nacional de Economia, e vai se reportar ao Gary. Vai ser assim e ponto-final. Se não gostar, pode se demitir. Fim da reunião."

"Quero recorrer dessa decisão", disse Navarro. "Quero falar com o presidente."

"Você não vai falar com o presidente", disse Kelly. "Saia do meu escritório."

Meses se passaram. "Onde está meu Peter?", o presidente perguntou um dia. "Não falo com Peter Navarro há dois meses." Como costumava acontecer, ele não insistiu no assunto.

34

A rixa entre Trump e Kim Jong-un estava se tornando cada vez mais pessoal.

A bordo do Força Aérea Um, quando as tensões estavam aumentando, Trump disse, num raro momento de reflexão: "Esse cara é doido. Eu realmente espero que não acabe de um jeito ruim".

Trump teceu comentários contraditórios sobre a Coreia do Norte, desde provocações bombásticas até declarações de que desejava a paz. Em maio, ele disse que ficaria "honrado" em se encontrar com Kim "dentro das circunstâncias corretas".[1] Em agosto, disse à imprensa: "É melhor que a Coreia do Norte pare de fazer ameaças aos Estados Unidos. Eles enfrentarão fogo e fúria como o mundo jamais viu".[2]

Sem determinação alguma, McMaster lançou uma nova estratégia detalhando uma campanha de pressão sobre a Coreia do Norte. O plano, proposto num documento assinado, tinha o objetivo de pressionar o país e a China a renegociarem o programa de armamento nuclear da Coreia do Norte e abandonar o desenvolvimento de mísseis balísticos intercontinentais. O Tesouro ficaria responsável pelas sanções. O Departamento de Estado trabalharia em conjunto com a China para pressionar a Coreia do Norte.

O Departamento de Defesa deveria fazer incursões militares, como sobrevoar o território inimigo com aviões e entrar no espaço aéreo norte-coreano num exercício batizado de Raio Azul, além de promover uma série limitada de atividades on-line para demonstrar capacidade e reforçar a ameaça. Mas essas ações não tinham o objetivo de desencadear um conflito involuntariamente.

McMaster seguia repetindo no Conselho de Segurança Nacional que Trump não podia aceitar que a Coreia do Norte tivesse um programa nuclear.

Mas o presidente resumiu sua posição a respeito de quase todos os assuntos numa entrevista para o *New York Times*.[3] "Estou sempre em movimento, e me movo em ambas as direções."

Dunford, o chefe do estado-maior das Forças Armadas, montou uma célula de comunicações estratégicas na sua Diretoria de Operações, J3, para monitorar oportunidades para o envio de mensagens para a Coreia do Norte. Que tipo de ações poderiam ser tomadas que representassem uma ameaça suficiente para intimidar o inimigo?

Quando três porta-aviões apareceram na região, Mattis manifestou desconforto. Aquilo poderia desencadear uma resposta inesperada de Kim? Os Estados Unidos teriam começado a guerra que estavam tentando evitar? Ele se mostrou mais preocupado com aquilo do que muitos outros no Pentágono e, certamente, na Casa Branca.

Mattis era um entusiasta do livro *Canhões de agosto*, sobre a eclosão da Primeira Guerra Mundial, da historiadora Barbara Tuchman. "Ele é obcecado por agosto de 1914", disse um oficial, "e pela ideia de que, se você realiza ações militares que são vistas como precauções estratégicas, uma consequência indesejada disso pode ser a impossibilidade de desembarcar do trem da guerra." Cria-se um impulso na direção da guerra que "não se pode mais deter".

Mattis não queria a guerra. Manter o status quo e adotar uma estratégia antiguerra, mesmo em meio a tensões poderosas e gigantescas, eram garantia de sucesso.

O oficial resumiu desta forma: "A visão de Mattis e Dunford é de que a Coreia do Norte pode ser contida. Na verdade, Dunford chegou a dizer: 'Foi isso que aconselhei ao presidente'".

Em 19 de setembro de 2017, Trump fez o seu primeiro discurso na Assembleia Geral das Nações Unidas.[4] Pela primeira vez, ele chamou o líder norte-coreano de "Homem do Foguete". Ele disse que, se forçados a se defender, os Estados Unidos "não teriam escolha a não ser destruir totalmente a Coreia do Norte".

Kim disparou de volta três dias depois.[5] "O cachorro assustado late mais alto." Ele disse que Trump "é um patife e um gângster que gosta de brincar com fogo. Vou dominar esse velhote americano maluco, com toda certeza".

Num tuíte no dia 23 de setembro, Trump chamou Kim de "Homenzinho do Foguete".[6]

Trump e Rob Porter estavam juntos na cabine do presidente no Força Aérea Um. A TV estava ligada na Fox News.

"Homenzinho do Foguete", Trump disse, com orgulho. "Acho que esse deve ser o melhor apelido que já dei a alguém."

"É engraçado", disse Porter, "e certamente parece ter mexido com ele." Mas Porter perguntou: "como é que esse jogo acaba? Se a gente continuar subindo o tom e entrar numa guerra de palavras, se ela for se agravando, o que espera ganhar com isso? Como é que isso termina?".

"Você jamais pode demonstrar fraqueza", Trump respondeu. "Precisa se mostrar forte. Kim e outros precisam ser convencidos de que estou preparado para fazer qualquer coisa para resguardar nossos interesses."

"Sim, você tem que deixar o cara sempre apreensivo", disse Porter. "E quer passar um quê de imprevisibilidade de sua parte. Agora quem parece bastante imprevisível é ele. E não temos nem certeza se ele bate bem da cabeça. Quer dizer: será que é um maluco? Ele não é contido na política como outras pessoas. Mas parece estar querendo ser levado a sério no cenário internacional."

"Você precisa demonstrar força", o presidente repetiu.

"Fico pensando", Porter insistiu, "se envergonhar o cara tem mais chances de colocá-lo numa posição submissa ou se pode acabar funcionando como uma provocação."

Trump não respondeu. Sua linguagem corporal insinuava que sabia que Kim era capaz de qualquer coisa. Então, ofereceu sua conclusão: aquilo era um embate de personalidades. "É tudo uma questão de líder contra líder. Homem contra homem. Eu contra Kim."

No final de setembro, o general Kelly convidou Graham a ir até a Casa Branca para uma análise de cenários estratégicos na Coreia do Norte.

Mensagens contraditórias de Trump e Tillerson dominavam o noticiário. Durante semanas, Tillerson havia aparecido na mídia divulgando o que ele chamava de "quatro nãos":[7] os Estados Unidos não desejavam uma mudança de regime; não queriam um colapso no regime; não buscavam uma aceleração do processo de reunificação do Norte com o Sul; e não estavam atrás de uma desculpa para mandar soldados para a Coreia do Norte.

"Deixamos o cara preocupado", Kelly disse a Graham, referindo-se a Kim Jong-un.

Graham fez uma proposta dramática a Kelly e McMaster. "Os chineses precisam matá-lo e colocar no seu lugar um general norte-coreano que controlem", disse Graham. Na pior das hipóteses, a China detinha controle suficiente sobre a Coreia do Norte para que não a atacasse. "Acredito que os chineses claramente são a solução aqui e precisam dar cabo dele. Não nós, eles. E têm de assumir o controle do arsenal nuclear lá. E ir reduzindo a coisa. Ou, pelo menos, exercer algum controle sobre Kim, para acabar com essa corrida por um enorme arsenal nuclear. Meu medo é de que ele comece a vender."

Graham sugeriu que Trump dissesse aos chineses: "O mundo é um lugar perigoso. Não vou deixar esse regime ameaçar a minha pátria com armas nucleares".

Ele mencionou que Trump não deixaria que aquilo acontecesse. Fez de tudo para contar ao mundo que o presidente havia falado aquilo bem na sua cara — só faltou publicar um anúncio no jornal.

No dia 1º de outubro, meses após Tillerson ter dado início aos seus esforços públicos de fazer contato e abrir um diálogo com a Coreia do Norte, Trump tuitou: "Eu disse a Rex Tillerson, nosso maravilhoso secretário de Estado, que ele está desperdiçando seu tempo tentando negociar com o Homenzinho do Foguete. Poupe sua energia, Rex, faremos o que tem de ser feito!".[8]

O tuíte belicoso foi amplamente interpretado como desabonador para o principal diplomata do país.

Trump aparentemente havia sido tomado por um impulso. Durante a campanha presidencial, ele havia acenado com um ramo de oliveira ao manifestar disposição de se encontrar com Kim para comer hambúrgueres e negociar.

Mas ninguém se deu conta de que o presidente tinha uma maneira de fortalecer sua posição criando uma situação, geralmente arriscada, que não existia anteriormente. Ameaçar o volátil regime norte-coreano com armas nucleares era algo impensável, mas ele o fez. No fim das contas, aquilo era apenas o começo. Os dias de uma presidência tranquila e amistosa faziam parte do passado.

Trump logo impôs rédeas curta a Kelly e, após alguns meses, aquela ideia de que ele controlava o presidente se esvaiu. Tinha ficado claro que Trump não gostava que tentassem amenizar suas emoções. Era como se dissesse: não consigo mais lidar com isso. Me sinto isolado. Me sinto como se não estivesse mais no comando.

Em novembro, ele assistiu a Chris Crane, presidente do sindicato dos agentes do Serviço de Imigração e Controle de Aduanas (ICE, na sigla em inglês), reclamar na Fox News da falta de acesso a Trump.[9] Ele disse que o presidente os estava decepcionando. O sindicato o havia apoiado seis semanas antes da eleição. Fora a primeira vez que o conselho nacional do ICE apoiara um candidato à presidência.

Trump ficou furioso.

Kelly e Chris Crane se odiavam intensamente. Quando Kelly foi secretário de segurança interna, ele havia vetado uma operação pente-fino que os agentes do ICE pretendiam fazer para coibir algumas violações de imigração.

Trump convidou Crane para uma reunião no Salão Oval, mas não avisou Kelly. Kelly cortou todos os nossos canais de comunicação, disse Crane. Nos arriscamos pelo senhor. Apoiamos o senhor. Apoiamos todas as suas políticas. Agora não conseguimos nem falar com o senhor.

Kelly ficou sabendo que Crane estava no Salão Oval e entrou fazendo um estardalhaço. Logo, ambos estavam se xingando.

"Não acredito que você deixou um merda desses entrar no Salão Oval", Kelly disse a Trump. Se é desse jeito que as coisas vão funcionar, "eu me demito!", ele falou. E saiu enfurecido.

Mais tarde, Trump contou a outras pessoas que achara que Kelly e Crane iam trocar socos.

Kelly insistiu que o presidente nomeasse Kirstjen Nielsen, uma advogada de 45 anos que havia sido sua assistente no Departamento de Segurança Interna, como nova titular da pasta.

"Kirstjen é a única pessoa capaz de fazer isso", ele argumentou com o presidente. "Ela conhece o departamento, foi minha chefe de gabinete e é formidável nessas coisas."

A nomeação foi encaminhada ao Senado no dia 11 de outubro.[10]

O presidente assistiu a Ann Coulter, comentarista da Fox News, dizendo que Nielsen era uma "entusiasta da abertura das fronteiras" e que se opunha ao muro que Trump pretendia construir.[11] Lou Dobbs também a criticou, dizendo que Nielsen era a favor da anistia, não tinha fé em Deus, não era linha-dura com a imigração e tinha feito parte da administração George W. Bush. Em sua sabatina no Senado, ela havia dito: "Não existe necessidade de construir um muro de uma costa a outra", e Dobbs, um seguidor ferrenho de Trump, classificou o comentário como "ultrajante".[12]

"Todo mundo está dizendo que ela é terrível", Trump falou depois a Kelly, no Salão Oval. "É uma piada. Ela trabalhou pro Bush. Todo mundo odeia a mulher. Como é que você me levou a fazer uma coisa dessas?"

"Ela é a melhor", disse Kelly. "É a melhor dos melhores. Ponho minha mão no fogo por ela. É a primeira mulher a comandar o departamento. E é uma boa pessoa. Vai fazer um ótimo trabalho. Vai ser muito eficiente. Ela está do seu lado. Era meu braço direito quando eu estava lá. Conhece o departamento."

"Isso é besteira", disse Trump. "Ela é terrível. Você é o único que acha que ela é boa. Talvez a gente tenha que revogar a nomeação."

Kelly jogou as mãos para o alto. "Então talvez eu tenha que pedir demissão." Ele saiu enfurecido.

Mais tarde, Porter levou o documento que Trump precisava assinar para que Nielsen se tornasse oficialmente sua secretária.

"Não sei se quero assinar isso agora", disse Trump. "Não estou muito convicto em relação a ela."

"Nielsen foi aprovada", disse Porter. O Senado aprovou sua nomeação por 62 a 37. "Você vai comparecer à cerimônia de juramento."

Trump assinou.

Kelly apareceu no programa de Bret Baier na Fox News e disse que Trump tinha passado por um "processo evolutivo" e que havia "mudado sua opinião em relação à questão da DACA e até mesmo sobre o muro".[13]

Na Casa Branca, o presidente ficou furioso.

"Você viu o que Kelly disse?", ele perguntou a Porter. "Eu evoluí? Eu mudei de opinião? Quem aquele merda pensa que é? Não mudei nem um milímetro. Sigo exatamente com a mesma opinião. Vamos construir o muro. Vai passar por toda a fronteira."

Zach Fuentes, assistente de Kelly, deixou os funcionários mais antigos da Casa Branca avisados de que Kelly possuía uma capacidade de concentração muito baixa e se distraía com facilidade.

"Ele não é um cara que presta atenção em detalhes", disse Fuentes, que também havia sido assistente de Kelly na Segurança Interna. "Nunca ponham mais do que uma página à sua frente. Mesmo que ele chegue a passar os olhos nela, jamais lerá a coisa toda. Certifiquem-se de sublinhar ou destacar os pontos principais." Apesar disso, segundo Fuentes, havia alguns assuntos, em particular os militares, que prendiam toda a atenção de Kelly, e talvez ele quisesse ter longas conversas a respeito.

Normalmente, disse Fuentes, "você vai ter uns trinta segundos pra falar com ele. Se você não prender sua atenção nesse tempo, Kelly não vai se concentrar".

Kelly fazia reuniões regulares com o alto escalão, envolvendo os vinte no- mes mais importantes da Casa Branca, todas as segundas, quartas e sex- tas no Salão Roosevelt. Frequentemente, ele repassava ali suas conversas com Trump.

"Eu falei com o presidente este fim de semana", Kelly contou em uma reunião.[14] "Ele está muito decidido a nos tirar da península coreana de uma vez por todas. Quer obrigar os sul-coreanos a pagar pelo THAAD. Conver- sei bastante com ele, fui muito incisivo e disse que ele não podia fazer isso."

Quando o próprio Kelly se viu no meio do fogo cruzado político de Washington e foi criticado pela mídia, ele começou a falar cada vez mais so- bre a imprensa e sobre seu papel nas reuniões do alto escalão.

"Sou o único que defende o presidente da imprensa",[15] Kelly disse num dos encontros. "Estão tentando pegá-lo. Querem destruí-lo. Estou deter- minado a me botar na frente, tomar todos os tiros e flechadas. Todos que- rem nos pegar."

"A imprensa o odeia. Eles nos odeiam. Nunca vão nos dar uma folga. É hostilidade o tempo todo. E é por isso que estamos recebendo todas essas críticas. Agora também estão se voltando contra mim, porque sou o único cara que está se colocando na frente do presidente, tentando protegê-lo."

Numa reunião com poucas pessoas em seu escritório, Kelly disse sobre Trump: "Ele é um idiota. É perda de tempo tentar convencê-lo de qualquer coisa. Ele saiu dos trilhos. Isso aqui virou uma maluquice completa".[16]

"Nem sei por que é que ainda estamos aqui. Esse é o pior trabalho que já tive."

Kelly começou a ter cada vez menos controle e menos envolvimento. Trump ligava para membros do Congresso quando ele não estava por lá. Ligou para Chuck Schumer, Tom Cotton, Lindsey Graham, Dick Durbin e vários mem- bros da administração, enfatizando que ele era seu próprio chefe de gabinete e seu próprio assessor legislativo.

"Madeleine", ele dizia, "ligue para Paul Ryan."

Trump começou com as perguntas. "Como Kelly está indo?", pergun- tou a Porter. "Ele é durão, mas às vezes parece meio durão demais. Não sei se a equipe gosta muito dele."

"Acho que ele tem ajudado", Porter respondeu. "É melhor ser temido do que amado. Mas tem suas limitações. Acho que ele só precisa reconhecer isso. E você também." Porter disse que acreditava que a maior fraqueza de

Kelly eram as questões legislativas. "Você precisa muito de um bom diretor de assuntos políticos, porque essa não é a área do Kelly. Se quiser que seu chefe de gabinete também seja seu principal assessor político, ele não deve ser Kelly."

Tillerson reclamou diversas vezes para Kelly porque Porter fizera Trump assinar decretos que não haviam passado pelo crivo do secretário de Estado.

"Sei que você tem tentado incluir Rex no processo", Kelly disse a Porter, "mas agora não pode mais levar um decreto para o presidente assinar. Não pode orientar o presidente sozinho desse jeito. A menos que tenha uma autorização explícita." Kelly deixou bem claro que uma aprovação vinda de qualquer um no Departamento de Estado ou do chefe de gabinete de Tillerson não seria suficiente. Nenhuma decisão deveria ser tomada, Kelly o instruiu, "antes de falar ao vivo ou por e-mail com Rex".

Trump ficou sabendo dos conflitos. Ele gostava de discordâncias radicais, pois davam origem a uma grande variedade de opiniões. Um ambiente de harmonia poderia levar a um pensamento homogêneo. Ele tirava proveito do caos e da agitação à sua volta.

Por volta das nove da noite da segunda-feira, dia 27 de novembro, mais de quatro meses após Priebus ter deixado a Casa Branca, o presidente ligou para seu celular. Eles conversaram por dez minutos.

E essa corrida pelo Senado no Alabama que vem aí?, Trump perguntou. Como tinha sido o cruzeiro que Priebus havia acabado de fazer? O presidente disse que era incrível o quanto eles tinham conseguido fazer naqueles primeiros seis meses. E quanto à reforma tributária? E os senadores republicanos indecisos em relação a ela? Trump disse que as matérias que o *New York Times* havia publicado aquela semana eram insanas.

Como acha que Rex está se saindo?, Trump perguntou então. Acha que ele sabe o que está fazendo?

Priebus foi cauteloso. Ele achava que Tillerson estava indo muito bem, mas era duro com Trump. E o presidente não gostava daquilo.

Mas não foi uma conversa pesada, foi como se Trump quisesse alguém com quem jogar conversa fora. Sua relação com Kelly era estritamente profissional. Jamais ia se sentar com ele e ficar de papo furado.

O presidente convidou Priebus para almoçar na Casa Branca na terça-feira, dia 19 de dezembro. Agora trabalhando como advogado particular, sua proximidade com Trump e seus encontros amplamente divulgados na imprensa funcionavam como um trunfo com seus clientes. Todo mundo tinha certeza de que Priebus ainda possuía influência na Casa Branca. Ao mesmo tempo, as perguntas do presidente sobre Tillerson fizeram com que ele se lembrasse das vezes que Trump havia sondado outras pessoas a seu respeito. Como acha que Reince está se saindo?

Aquela era uma lembrança ruim. Trump estava sempre perguntando a opinião dos outros sobre todo mundo, estava sempre atrás de um boletim de desempenho. Aquele comportamento era corrosivo, e poderia produzir profecias autorrealizáveis — abalando e minando a reputação e o status de qualquer pessoa.

"O modus operandi do presidente é botar as pessoas na defensiva", disse Priebus. "Ele coloca todas as cartas na mesa. E aí, devagar, mas com determinação, vai pegando uma por uma, individualmente." Pode ser uma pessoa, uma política, um país, um líder estrangeiro, um republicano, um democrata, uma polêmica, uma investigação. Trump tenta levar vantagem em todas as situações, usando todos os meios disponíveis, e às vezes é bem-sucedido. "Ele usa seu poder de influência de uma forma que eu nunca tinha visto ninguém usar."

Como havia concordado em ficar no governo para conduzir a reforma tributária, Gary Cohn agora precisava honrar o compromisso. A alíquota de impostos para empresas nos Estados Unidos era de 35%, uma das mais altas do mundo. Reduzi-la era um objetivo em comum entre republicanos e a classe empresarial havia muitos anos.

No começo, Trump só queria falar sobre aquilo. Durante os governos de Bush e Obama, dezenas de grandes empresas transferiram suas sedes para o exterior para tirar proveito de alíquotas mais baixas. O processo era conhecido como inversão, porque tipicamente resultava na criação de uma nova matriz num país com impostos mais baixos, como a Irlanda, que transformava a empresa americana já existente em sua filial. Era um ponto muito importante para os empresários amigos de Trump. Reduzir a alíquota empresarial poderia trazer trilhões de dólares de volta para os Estados Unidos.

"O imposto empresarial tem de ser de 15%", disse Trump.

"Vamos tentar chegar nisso", disse Cohn. Os cálculos do Departamento do Tesouro mostraram que muito poucas empresas pagavam os 35% integralmente por conta de várias brechas e desonerações especiais aprovadas pelo Congresso.

Cohn concordava que os Estados Unidos estavam fora de sincronia com o resto do mundo. Alguns países, como a Irlanda, cobravam impostos empresariais muito baixos, na casa dos 9%. "Vamos trazer esse dinheiro de volta para casa", Cohn assentiu. "Trilhões de dólares estão parados no exterior por causa dos altos impostos norte-americanos."

Cerca de 4 trilhões de dólares, disse Trump, ou até mais. Talvez 5 trilhões.

Cohn tinha um gráfico demonstrando que o montante era de 2,6 trilhões.

Em determinado ponto o presidente propôs aumentar a maior alíquota do imposto de renda da pessoa física — 39,6% na faixa mais alta — para compensar uma redução brusca na alíquota empresarial.

"Vou elevar o teto da alíquota de pessoa física para 44% se a gente conseguir reduzir a empresarial para 15%", disse Trump.

Cohn sabia que aquilo era uma loucura, muito embora tivesse percebido que Trump, com todo o seu patrimônio imobiliário e demais deduções, provavelmente jamais, ou raramente, pagara os 39,6% integralmente.[1]

Cohn prosseguiu: "O senhor não pode aumentar o teto do imposto de pessoa física. Simplesmente não dá".

"Como assim?"

"Você é um republicano", explicou Cohn, que era democrata. Os republicanos sempre foram a favor de alíquotas mais baixas no imposto de renda para a pessoa física. Reagan, que havia reduzido a faixa mais alta do imposto de renda de pessoa física de 70% para 28%, pertencia ao partido republicano. "Vai ser completamente aniquilado se elevar o teto do imposto de renda."

Trump pareceu entender.

Cohn produziu um dossiê contendo gráficos e tabelas elaborados no estilo da Goldman Sachs para informar o presidente sobre impostos. Trump não estava interessado naquilo, e não leu.

Numa reunião no Salão Oval, o presidente queria saber quais seriam as novas faixas de alíquota do imposto de renda para pessoa física.

"Gosto de números redondos", ele disse. "Dez por cento, 20%, 25%." Números fortes assim seriam mais fáceis de vender.

Mnuchin, Cohn e o diretor do Departamento de Administração e Orçamento, Mick Mulvaney, disseram que análises, estudos e discussões precisariam ser conduzidos para avaliar os impactos disso na receita, no déficit e na sua relação com a projeção das despesas federais.

"Quero saber quais vão ser os números", disse Trump, trazendo o assunto de volta à mesa. "Acho que eles têm que ser dez, vinte e 25."

Ele refutou todas as tentativas de fazer os cálculos necessários para chegar a uma resposta. Para o presidente, uma pequena mudança nas alíquotas teria um impacto surpreendente nos impostos arrecadados pelo Tesouro.

"Nada disso me interessa", disse Trump. Números fortes e redondos eram o xis da questão. "É isso que as pessoas entendem", ele disse. "É assim que vou vender essa ideia."

O ponto central do pacote de reformas tributárias proposto por Cohn estava na primeira página: "aumentar o crescimento econômico de 2% para 3%" geraria uma economia de 3 trilhões de dólares no orçamento federal ao longo de dez anos.

"Se conseguirmos aumentar de 2% para 3%, é a única coisa que precisaremos fazer, vamos conseguir bancar o plano fiscal", disse Cohn. Quanto maior fosse o crescimento da economia, mais o governo arrecadaria em impostos. Simples na teoria, mas seria muito difícil, talvez até mesmo impossível, atingir um crescimento de 3% — uma fantasia republicana recorrente.

Trump gostou da ideia. Ele ficou encantado com sua simplicidade e começou a usar variações da expressão "alto crescimento econômico" em seus discursos.

Cohn tentou explicar que, durante a era Reagan, a economia norte-americana se tornou muito competitiva, e outros países começaram a reduzir seus impostos. A explicação envolvia muitos fatos históricos e detalhes técnicos.

"Estou cagando para isso", disse Trump.

Nas noites de segunda-feira, o presidente da Câmara, Paul Ryan, oferecia um jantar italiano no seu salão de conferências para os seis principais representantes do Congresso e do governo envolvidos na reforma tributária. Conhecido como "Seis Grandes", o grupo era formado por Ryan, McConnell, Kevin Brady, presidente do Comitê de Meios e Recursos, Orrin Hatch, presidente do Comitê de Finanças do Senado, Mnuchin e Cohn. Aquele grupo era o pesadelo dos democratas — cinco republicanos conservadores e o ex-presidente da Goldman Sachs reformando o código tributário.

O grupo elaborou quatro princípios: simplificação do código tributário, redução de impostos para famílias da classe média, criação de empregos com aumento dos salários e a volta dos trilhões de dólares que as empresas haviam depositado no exterior para taxá-los.

A abordagem de Cohn em relação às lideranças no Congresso foi a de tratá-los de forma especial. Nas décadas que havia passado trabalhando na Goldman, todos os clientes eram tratados como se fossem o mais importante. Cohn dizia a eles: "Estou disponível 24 horas por dia, sete dias por semana. Se quiser falar comigo, vou falar com você". O cliente vinha sempre em primeiro lugar, e só ele importava. As lideranças do Congresso eram, naquele momento, o único cliente.

Mnuchin havia se indisposto com alguns membros republicanos do Congresso no começo do governo ao pressioná-los a votar a favor de determinadas medidas orçamentárias de continuidade e do teto da dívida pública, o limite de dinheiro que o governo pode pegar emprestado.

O diretor do Departamento de Administração e Orçamento, Mick Mulvaney, que tinha feito parte do Congresso por seis anos, relatou a Cohn o que um republicano havia dito a Mnuchin: Sr. secretário, a última vez que alguém me disse o que eu precisava fazer, eu tinha dezoito anos. Foi meu pai. Nunca mais o obedeci depois daquilo.

Mais tarde, Mnuchin propôs a criação de um teto para o quanto um contribuinte poderia pagar de alíquota sobre lucros e dividendos de sua empresa na faixa mais baixa do imposto de renda de pessoa física — uma modalidade conhecida como "de passagem". Ele disse que cerca de 95% das declarações de imposto de renda daquela modalidade estavam localizadas numa faixa de renda anual inferior a 350 mil dólares.

Não, Ryan e Brady disseram. Aquela era a ideia mais idiota que já tinham ouvido. Mnuchin não havia levado em consideração os outros 5% dentro da categoria das empresas de passagem, que incluía doadores importantes do Partido Republicano, como os irmãos Koch.

Mnuchin tentou persuadir alguns membros republicanos do Congresso pelas costas de Ryan e Brady.

Mulvaney deixou um bilhete sobre a mesa de Cohn: Se você quer que a reforma tributária aconteça, mantenha Mnuchin longe do Congresso.

Cohn relatou aquilo a Kelly. Quando as negociações sobre a reforma se intensificaram em novembro, Mnuchin saiu em turnê pelo país, dando palestras e vendendo a ideia do plano fiscal com Ivanka na Califórnia, nos dias 5 e 6, em Nova Jersey, no dia 13, e na sua própria Ohio, no dia 14.[2]

Da parte do Senado, o presidente do Comitê de Finanças, Orrin Hatch, reuniu um grupo formado pelos senadores Pat Toomey, da Pensilvânia, Rob Portman, de Ohio, Tim Scott, da Carolina do Sul, e John Thune, da Dakota do Sul, para conduzir as negociações em seu lugar, uma vez que ele tinha um conhecimento relativamente escasso sobre política tributária. Cohn passava o dia inteiro no telefone conversando com aqueles senadores.

Cohn descobriu o tamanho do desafio que a reforma tributária representava. Um de seus gráficos era intitulado "O sistema de imposto de renda federal é muito progressivo". Ele acreditava que aquele era um gráfico muito importante; dava um panorama geral, contava a história completa. Quarenta e quatro por cento dos americanos não pagavam imposto de renda ao governo federal.

Durante a campanha presidencial de 2012, quando aquele percentual teve um aumento como reflexo imediato da Grande Recessão, o candidato republicano Mitt Romney foi gravado declarando, de forma depreciativa: "Tem 47% que estão com ele [o presidente Barack Obama], que dependem do governo, que acreditam que são vítimas, que acreditam que o governo tem a responsabilidade de cuidar deles, que acreditam que têm o direito de receber assistência médica, comida, moradia, tanto faz, você escolhe. Que acreditam que essas coisas são direitos. E que o governo deveria dar para eles. E eles vão votar nesse presidente não importa o que aconteça... Essas são as pessoas que não pagam imposto de renda... Meu trabalho é não me preocupar com elas. Jamais vou convencê-las de que eles deveriam assumir a responsabilidade de tomar conta de suas vidas".[3]

Apesar da maioria dos 44% pagar impostos descontados direto na fonte, via salário, gerando recursos que abasteciam a previdência social e a saúde pública, bem como em impostos estaduais e municipais sobre propriedade e no comércio, esse contingente não recolhia nenhum centavo para o governo federal no seu imposto de renda.[4] Aquilo significava que a receita gerada pela arrecadação do imposto de renda para o orçamento federal vinha de apenas 56% dos contribuintes.

Um dos slides de Cohn mostrava que muitos indivíduos de baixa renda pagavam menos do que zero. A renda daquelas pessoas era tão baixa que não apenas não deviam nenhum imposto de renda ao governo como ainda oneravam o fisco, que fornecia a elas créditos fiscais reembolsáveis — dinheiro do governo — como o Crédito Fiscal por Remuneração Recebida e o Crédito Tributário Adicional por Filho.[5]

Ivanka Trump trabalhou com os senadores Marco Rubio e Mike Lee para aumentar o Crédito Tributário Adicional por Filho de mil para 2 mil dólares por criança. Rubio e Lee não votariam a favor do pacote da reforma tributária a menos que a medida fizesse parte dele. "Tivemos de comprar seus votos", disse Cohn. "Fomos extorquidos por Lee e Rubio." Ele acreditava que o governo havia misturado a arrecadação de impostos com a manutenção do bem-estar social e, é claro, estava usando a legislação tributária para ajudar os pobres.

A alíquota do imposto empresarial ainda era um ponto crucial. Trump batia o pé em 15%. Cohn e Mnuchin acabaram convencendo-o a concordar com uma taxa de 18%. Então Paul Ryan, o especialista fiscal, ligou e fez um apelo para Trump aumentá-la para 20%. O grupo de senadores reunido por Orrin Hatch e Cohn sugeriu uma taxa de 21%.

Cohn ligou para Trump. Ele fez uma complexa descrição técnica sobre as vantagens daquela alíquota empresarial. Talvez um advogado tributarista compreendesse as nuances de cada um daqueles percentuais, ou determinadas brechas que Trump nunca seria capaz de entender, e pelas quais nem sequer demonstraria algum interesse.

"Vá em frente", disse o presidente.

Cohn percebeu que poderia fazer o que quisesse com o texto da reforma tributária, desde que Trump a considerasse uma vitória.

O presidente teve uma ideia de marketing: "Vamos chamar de Projeto Corta, Corta, Corta". Ele amou aquilo, e teve uma longa conversa telefônica com Ryan e Brady para tentar convencê-los a usar o nome. Após a ligação, ficou com a impressão de que "Projeto Corta, Corta, Corta" seria realmente usado no Congresso.

Mas o projeto foi chamado de "Lei de Empregos e Cortes de Impostos". Como de acordo com as leis arcaicas do Senado o título era curto demais, ele acabou sendo estendido de maneira um tanto quanto surreal para "Lei de Promoção da Reconciliação de Acordo com os Títulos II e V da Resolução Concorrente sobre o Orçamento para o Ano Fiscal de 2018".

Cohn descobriu que tudo o que ele tinha de fazer para conquistar votos no Senado era dar a cada senador a renúncia fiscal de sua preferência ou sua brecha favorita na lei. "É como uma loja de doces", ele disse. Os senadores Chuck Grassley, John Thune e Dean Heller estavam entre os que queriam créditos pelo uso de fontes alternativas de energia, incluindo a eólica. Susan Collins pressionava para que existisse uma dedução para os professores que comprassem seu próprio material de ensino. Ela não votaria no projeto se não fosse incluída. Ron Johnson, de Wisconsin, estava preocupado com as empresas de passagem. McConnell fez outras promessas, incluindo uma a Jeff Flake sobre imigração.

O texto final do projeto era um labirinto enlouquecedor de números, regras e categorias. Não havia a menor dúvida de que se tratava de um projeto republicano, que beneficiava mais os ricos e os empresários. Todavia, também reduziria impostos para todas as faixas de renda em 2018 e, de acordo com o Centro de Política de Taxação, a receita líquida teria um acréscimo médio de 2,2%.[6]

A maioria dos integrantes da classe média — americanos na faixa de rendimentos tributáveis entre 19 mil e 77 mil dólares — passaria da faixa de alíquota de 15% para a nova faixa de 12%, economizando centenas de dólares para o cidadão médio. Entretanto, as reduções tributárias individuais diminuiriam ano após ano, e acabariam por se encerrar em 2025.

Os benefícios para o setor corporativo incluíam a redução da alíquota do imposto empresarial de 35% para 21%. As chamadas empresas isentas, parcerias e pequenos negócios, incluindo a Organização Trump, poderiam chegar a deduções efetivas de até 20% em seus impostos.

Por volta da uma da manhã do dia 20 de dezembro de 2017, o vice-presidente Pence estava a postos em sua cadeira no Senado caso seu voto fosse necessário para desempatar uma votação.

O projeto foi aprovado por 51 a 48.

Um senador democrata veterano de quem Cohn era muito amigo foi falar com ele. Parecia ser a pessoa mais nervosa de todas andando pelo Senado naquele momento.

"Isso vai fazer estragos pelos próximos dez anos", disse o senador. "Vamos ter que desfazer tudo ao longo da próxima década."

Cohn disse para ele relaxar. "Precisávamos de um ambiente corporativo mais competitivo", ele explicou. "Precisávamos fazer isso. E quando você olha para os números dos nossos concorrentes... Bom, estamos num mundo muito competitivo."

As alíquotas de imposto de renda para pessoa física foram fixadas em 10%, 12%, 22%, 23%, 32%, 35% e 37%. A redução dos 39,6% seguia um padrão republicano no corte de impostos.

No fim das contas, a lei adicionaria um déficit anual estimado em 1,5 trilhão de dólares ao orçamento do governo pelos próximos dez anos.

Líderes republicanos e Trump celebraram com discursos autocongratulatórios no pórtico sul da Casa Branca. Ele disse: "No fim das contas, sabe o que isso tudo significa? Empregos, empregos e mais empregos".[7]

A reforma tributária foi a única grande mudança na legislação aprovada no seu primeiro ano de governo.

36

No começo de 2018, o presidente lançou um ataque com força máxima contra Bannon, que claramente havia sido uma das principais fontes do jornalista Michael Wolff para o seu livro nada favorável *Fogo e fúria*.

Foi numa longa declaração, e não em um tuíte, que Trump disse: "Steve Bannon não tem nada a ver comigo ou com minha presidência. Quando ele foi demitido, não perdeu apenas o emprego, perdeu também a cabeça... Agora que está sozinho, Steve está aprendendo que vencer não é tão fácil quanto eu faço parecer".[1]

Do seu ponto de vista, Bannon acreditava que Trump havia fracassado imensamente como agente de mudanças. Ele acreditava que a velha ordem na segurança nacional certamente havia imperado no primeiro ano de governo. Talvez a única exceção fosse o endurecimento da posição sobre a China e a conscientização de que o país era o verdadeiro rival dos Estados Unidos no cenário internacional.

Bannon ficou estarrecido com a Estratégia de Segurança Nacional, um documento de 55 páginas publicado em dezembro de 2017.[2] O capítulo sobre o Oriente Médio dizia que a política planejada tinha o objetivo de "preservar um equilíbrio de forças favorável na região".

Que porra é essa?, Bannon se perguntou. Era uma ideia antiga recauchutada, bem ao estilo de Kissinger, buscando estabilidade política. O motivo principal para a reunião com a Cúpula de Riad em 2017 tinha sido a costura de uma aliança para impedir a expansão e a hegemonia do Irã na região. "Equilíbrio de forças", na visão de Bannon, significava que os Estados Unidos estavam satisfeitos com o status quo e com a estratégia de conflitos de baixa intensidade empregada pelos iranianos, que testavam constantemente os limites de um confronto em larga escala, deixando-os com o domínio sobre aquela área cinzenta.

Bannon acreditava que Trump queria reduzir a influência do Irã na região — expulsá-los do Iraque, da Síria, do Líbano e da península do Iêmen. A aliança para isso reunia os Estados Unidos, a Arábia Saudita, os países do Golfo Pérsico e Israel.

A China era o verdadeiro inimigo. A Rússia não era um problema. A economia russa era do tamanho da economia do estado de Nova York — por volta de 1 trilhão de dólares —, e a economia chinesa logo seria maior do que a americana, talvez dentro de uma década.

Bannon ainda acreditava que os movimentos populistas e nacionalistas eram poderosos, mas que a estratégia antiquada da segurança nacional conseguira enfraquecê-los no primeiro ano do mandato de Trump. E não ia ser fácil mudá-la.

O movimento populista havia demonstrado não possuir forças para destruir a classe política estabelecida. Trump era como uma bala capaz de perfurar a blindagem de Hillary, mas de ninguém além dela.

Bannon acreditava que o establishment republicano havia subjugado Trump. Seu corte nos impostos fora cem por cento focado nos dividendos dos empresários. O orçamento do governo, que sofreu um acréscimo de 1,5 trilhão no déficit, era o pior reflexo daquela mentalidade provinciana que imperava na classe política estabelecida, na qual cada lobista defendia os interesses dos seus clientes. Nenhum muro foi erguido. O atoleiro havia vencido.

O Estado profundo não era o problema. O problema era o estado que estava bem na sua cara.

Para Bannon, o mais comprometedor para Trump foi o discurso que fez no dia 26 de janeiro de 2018, no Fórum Econômico Mundial em Davos, na Suíça.[3] A manchete do *New York Times* tinha sido: "Trump chega a Davos como um desmancha-prazeres e sai incensado como um pragmático".[4]

Bannon acreditava que aquilo havia acontecido durante um discurso na Câmara de Comércio. Trump olhara bem para a cara do establishment e, basicamente, o aceitara.

As críticas que o presidente fizera ao procurador-geral Jeff Sessions haviam deixado Bannon particularmente enfurecido. Ele tinha certeza de que Trump jamais conseguiria que o Senado aprovasse um nome melhor.

Lamúrias eram parte importante da identidade de Trump, algo muito similar a um menino de catorze anos que julgasse que os outros estavam pegando no seu pé de forma injustificada. Não era possível conversar com ele seguindo uma lógica adulta. Era necessário apelar para uma lógica adolescente.

Nos primeiros seis meses de Trump na Casa Branca, poucos tinham a noção do quanto ele assistia à televisão. Era assustador. Trump não aparecia para trabalhar antes das onze da manhã. Muitas vezes ele assistia de seis a oito horas de TV por dia. Já imaginou como ficaria seu cérebro se você fizesse uma coisa dessas?, Bannon questionou.

Ele também afirmou que costumava dizer a Trump: "Desliga essa porra".

Um dia qualquer em Mar-a-Lago, Trump voltava de uma partida de golfe. Seria uma tarde de sábado em fevereiro ou março. Um dia simplesmente maravilhoso. Uma das coisas mais lindas do mundo. Melania ficava na sala ao lado, enquanto ele assistia aos comentaristas de quinta categoria da CNN, que Bannon classificava entre seus piores opositores, e ficava completamente transtornado. Bannon dizia algo como: "O que você está fazendo? Por que está fazendo isso? Para. Isso não serve pra nada. Vai se divertir um pouco!".

A resposta de Trump geralmente era algo na linha: "Você viu? É uma porra de uma mentira. Mas que merda...".

E então Bannon lhe dizia: "Vá fazer um rala e rola com a Melania". Trump tampouco passava muito tempo com seu filho Barron, que tinha onze anos.

Bannon não achava que ele e Trump fossem amigos. O presidente não tinha amigos de verdade. Ele era uma espécie de volta ao passado — aos Estados Unidos dos anos 1950. Um homem que gostava de estar entre outros homens, fazendo coisas de homem.

Na visão de Bannon, os movimentos #TimesUp e #MeToo, criados pelas mulheres e pelas feministas, foram alternativas pensadas para pôr um fim ao patriarcado.

"Trump oferece o contraste perfeito", ele resumiu. "Ele representa o pai ruim, o primeiro marido terrível, o namorado que fodeu com sua vida, te fez desperdiçar todos aqueles anos e jogar fora sua juventude só para depois largar você. E o chefe horroroso que ficava o tempo todo te humilhando e tentando te pegar pela boceta."

Os tuítes do presidente podem ter chegado muito perto de começar uma guerra com a Coreia do Norte no começo de 2018. O público jamais ficou por dentro da história completa a respeito dos riscos que Trump e Kim Jong-un correram quando se envolveram numa guerra verbal em público.

Tudo começou no Ano-Novo, num discurso feito por Kim, no qual relembrou ao mundo e ao presidente americano que possuía um arsenal nuclear.

"Não se trata de mera ameaça, e sim de uma realidade. Realmente tenho um botão nuclear na mesa do meu escritório",[5] declarou Kim. "Todo o território dos Estados Unidos está ao alcance dos nossos mísseis nucleares." Era uma ameaça perigosa e provocativa.

Permanecendo por mais tempo que de costume em sua sala após receber o relatório presidencial diário no dia 2 de janeiro, o presidente Trump disse: "Nesse cargo, eu estou jogando cinco mãos de pôquer ao mesmo tempo, e neste momento estamos ganhando a maioria delas. O Irã está desmoronando e seu regime está sofrendo pressões intensas. O Paquistão está apavorado com a possibilidade de perder nossa ajuda na segurança e nossa assistência financeira. E a Coreia do Sul vai se render a nós nas questões dos acordos comerciais e das negociações com a Coreia do Norte".[6] Ele parecia sentir-se no topo do mundo, embora não tivesse mencionado a quinta mão.

O verdadeiro poder é o medo.

A resposta à Coreia do Norte deveria assustar Kim Jong-un. "Ele é um valentão", Trump disse a Porter. "É um cara durão. O jeito de lidar com esse tipo de gente é sendo durão também. Vou intimidar e destruir o cara sendo mais esperto do que ele."

Naquela noite, Trump postou um tuíte com uma provocação ao estilo "o meu é maior que o seu" que sacudiu a Casa Branca e toda a comunidade diplomática: "O Líder Norte-Coreano Kim Jong-un acaba de dizer que tem um botão nuclear à disposição em sua mesa", Trump publicou no Twitter às 19h49 da noite.[7] "Será que alguém do seu regime miserável e faminto poderia, por favor, informar que também possuo um, mas o meu é muito maior e mais poderoso que o dele, e de fato funciona?"

Aquilo tocava num ponto fraco de Kim. Nos últimos seis anos, dezoito dos 86 lançamentos de mísseis feitos por ele haviam falhado, de acordo com o Centro de Estudos de Não Proliferação Nuclear.

O presidente dos Estados Unidos parecia estar atuando numa cena tirada de *Dr. Fantástico*. A internet entrou em histeria coletiva.

A conta do Twitter do *Washington Post* se apressou em fazer o seguinte esclarecimento: "Esse botão não existe".[8]

Colin Kahl, que havia sido assistente adjunto do secretário de Defesa durante o governo Obama, tuitou: "As pessoas não estão histéricas por causa de um botão literal. Estão histéricas por causa da instabilidade mental de um homem que pode matar milhões de pessoas sem precisar da aprovação de ninguém".[9]

Muitos no Twitter se perguntaram se Trump havia violado as regras de serviço da plataforma ao ameaçar dar início a uma guerra nuclear. Outros se lembraram de uma frase dita por Hillary Clinton em seu discurso de julho de 2016 na convenção dos Democratas: "Um homem que pode perder o controle por causa de um tuíte não é um homem a quem podemos confiar um arsenal nuclear".[10]

O tuíte de Trump não ficou sem apoiadores. Um jornalista da publicação conservadora *Washington Examiner* concluiu: "Um dos principais desafios do ex-presidente Barack Obama era a percepção no cenário internacional — tanto de aliados quanto de inimigos — de que ele era relutante em aplicar a força total de que os Estados Unidos dispõem... Creio que Trump fez certo em jogar os dados e escolher uma abordagem na direção oposta".[11]

O presidente ainda não tinha terminado. Nem estava convencido de que fazer uma ameaça sem precedentes como aquela fosse o suficiente para os Estados Unidos, a maior potência nuclear do mundo.

Dentro da Casa Branca, embora não publicamente, ele propôs publicar um tuíte ordenando que os parentes dos soldados americanos — milhares de familiares de 28,5 mil soldados — deixassem a Coreia do Sul.

O ato de remover as famílias seria interpretado pela Coreia do Norte quase que certamente como um sinal de que os Estados Unidos estavam se preparando seriamente para a guerra.

No dia 4 de dezembro, McMaster recebeu um alerta na Casa Branca. Ri Su-yong, vice-presidente do Politburo, disse a intermediários: "a Coreia do Norte interpretaria a evacuação de civis americanos como uma indicação de um ataque iminente".

A evacuação das famílias era uma das últimas cartas a jogar. Os tuítes que Trump queria publicar apavoraram os líderes do Pentágono — Mattis e Dunford. Uma declaração das intenções de fazer algo do tipo vinda do comandante em chefe dos Estados Unidos era algo quase impensável.

Um tuíte falando sobre uma ordem para evacuar todos os familiares de militares da Coreia do Sul poderia provocar Kim. O líder da Coreia do Norte, que havia acabado de obter armamento nuclear e tinha muito menos ogivas do que seu adversário em potencial, poderia ter pavio curto. Uma mentalidade de "agora ou nunca" talvez se impusesse.

O tuíte nunca foi publicado. Mas Trump não abandonou o assunto, e chegou a debater a ideia da evacuação dos familiares dos soldados americanos com o senador Graham.

No dia 3 de dezembro, antes da guerra de palavras entre Trump e Kim, depois de um teste de um míssil intercontinental norte-coreano, Graham defendeu a remoção dos familiares dos militares da Coreia do Sul.[12] "É loucura enviar os cônjuges e as crianças à Coreia do Sul", ele disse no programa *Face the Nation*, da CBS. Também sugeriu que os soldados em serviço naquele país não deveriam levar acompanhantes, e disse: "Acho que está na hora de começar a tirar os familiares dos militares americanos da Coreia do Sul".

Porém, um mês depois, quando Trump ligou para Graham, ele parecia ter mudado de ideia.

"Você precisa pensar muito bem antes de tomar essa decisão", disse Graham. "Porque, depois que tomar, vai ser muito difícil voltar atrás. No dia em que fizer isso, vai chacoalhar a bolsa sul-coreana e a economia japonesa. Vai ter um efeito colossal."

"Acha que eu deveria esperar?", perguntou Trump.

"Sr. presidente", disse Graham, "acho que você não deve dar início a esse processo a menos que esteja pronto para ir para a guerra."

Trump baixou o tom no Twitter durante um tempo, mas a questão dos familiares dos militares americanos na Coreia do Sul não saiu de sua cabeça. O Exército americano, entretanto, continuou enviando esses parentes para o país.

37

O general Kelly informou ao presidente que seus dois principais assessores de política externa, McMaster e Tillerson, estavam travando uma disputa feroz para saber quem participaria das negociações com a Arábia Saudita para levantar 4 bilhões de dólares. O dinheiro era, em parte, para financiar operações militares na Síria, incluindo um projeto ultrassecreto da CIA voltado para os rebeldes, batizado com o codinome TEAK.

Fazer com que governos estrangeiros financiassem operações militares e da CIA no exterior era um dos principais objetivos do presidente. Maldito H. R., disse Trump. Esse acadêmico cabeçudo não tem nenhum tino pros negócios nem sabe barganhar.

Kelly concordava: McMaster não era o homem certo para aquela tarefa e, até aquele momento, não vinha obtendo muito sucesso com os sauditas. Eles se mostravam frequentemente dispostos a assinar cheques polpudos para uma grande variedade de projetos na Síria. De acordo com Tillerson, McMaster tinha lhe dito: "Vou entrar em contato com alguém que tenha um cargo equivalente ao meu na Arábia Saudita. Vou negociar diretamente com ele".

O presidente ficou furioso. Mesmo com uma série de problemas com Tillerson, pelo menos ele tinha anos de experiência costurando acordos com a família real saudita como CEO da Exxon. Tillerson também sabia que não dava para confiar nos sauditas e, para Trump, não confiar nas pessoas sentadas do outro lado da mesa era um princípio fundamental da negociação e da arte de fazer pressão para conseguir um acordo melhor. Você tinha de ser duro, dizer não para ouvir um sim. Por que McMaster queria tirar aquilo das mãos de Tillerson? Não fazia o menor sentido, ele disse.

Mas havia um assunto mais urgente em 19 de janeiro de 2018, um dia antes da conclusão do primeiro ano do mandato de Trump.

Em diversas conversas confidenciais por telefone com o presidente Moon Jae-in, da Coreia do Sul, Trump vinha intensificando suas críticas ao Korus, tratado firmado entre os dois países. Ele simplesmente não conseguia tirar da cabeça o déficit comercial de 18 bilhões de dólares e os 3,5 bilhões gastos com os 28,5 mil soldados americanos posicionados no país. Sua insistência naqueles assuntos minava as relações com Moon, de quem não gostava. A mania de se comunicar de forma intempestiva e sem medir as palavras o havia levado mais uma vez à beira do abismo.

Trump disse a Moon que pretendia enviar uma notificação anunciando sua retirada do acordo em 180 dias e acabar de vez com aquela relação comercial.

Vocês estão nos roubando, o presidente disse. Ele queria a separação das questões comerciais e de segurança. Cansei de dar dinheiro de graça para vocês!

Moon respondeu que o comércio e a segurança estavam interligados. Queremos trabalhar junto com vocês, disse o presidente sul-coreano. Ele adotou um tom conciliatório. Você é um dos nossos aliados, um dos nossos parceiros. Pode estar havendo algum tipo de mal-entendido em nossas relações econômicas. Queremos chegar a um entendimento.

Trump estava em chamas. Vocês precisam pagar pelo THAAD. Por que é que temos que colocar nosso sistema antimísseis aí?

Ele menosprezou o acordo comercial Korus, a Coreia do Sul e seu novo líder. Direcionar aquele tipo de raiva, de uma maneira quase aberta, era algo tremendamente não diplomático, bem como o presidente gostava. Ele estava prestes a dinamitar as relações com o país.

Kelly, McMaster, Tillerson e Mattis comentavam sarcasticamente que era inexplicável que o presidente estivesse destilando mais raiva contra a Coreia do Sul do que contra os adversários do país — China, Rússia, Irã, Síria e Coreia do Norte.

Os funcionários mais antigos da Casa Branca e a equipe da segurança nacional ficaram atônitos. Eles não sabiam o que o presidente poderia dizer ou fazer. Aquele era um aliado muito importante, especialmente no momento. Precisavam acabar com aquilo. Havia um consenso de que algo precisava ser feito antes que Moon perdesse a paciência.

McMaster convocou uma reunião do Conselho de Segurança Nacional na Sala da Situação no dia 19 de janeiro de 2018.[1] O encontro foi anunciado como um debate de assuntos relativos à Coreia do Sul, entre o presidente e seus principais homens — Tillerson, Mattis, Kelly, McMaster, Dunford e Cohn.

Trump foi direto ao ponto. "Por que precisamos manter uma presença militar massiva na península coreana?", ele perguntou, retornando à sua obsessão pelo dinheiro e pelas tropas.

"E mais que isso", ele prosseguiu, "o que é que ganhamos protegendo Taiwan, por exemplo?" Trump sempre encarou aquilo como um problema global: os Estados Unidos financiando a defesa de países na Ásia e no Oriente Médio e de membros da Otan. Por que a Coreia do Sul é nossa aliada, pra começar?, ele queria saber. O que ganhamos com isso? Fazia um ano que Trump estava injuriado com aquilo. Todas as respostas tinham sido insuficientes.

Mattis e o general Dunford explicaram mais uma vez que os benefícios eram imensos. Ganhamos uma democracia estável numa parte do mundo onde precisamos muito dela, disse Mattis. A Coreia do Sul era um dos mais sólidos bastiões da democracia — com eleições livres e um capitalismo vibrante.

O país tinha uma população de 50 milhões de pessoas, era o 27º mais populoso do mundo, porém sua economia era a 11ª, com um PIB de 1,5 trilhão de dólares, o mesmo da Rússia.

Trump havia sido informado sobre a vantagem que as operações de inteligência dos Programas de Acesso Especial tinham dado aos Estados Unidos na detecção de lançamentos de mísseis norte-coreanos — sete segundos contra quinze minutos no Alasca. O programa também tinha a capacidade de disparar ataques cibernéticos, que haviam obtido resultados tanto positivos quanto negativos nas tentativas de sabotar mísseis norte-coreanos antes ou depois do lançamento.

Mattis demonstrou sinais de que estava ficando cansado de ver os esforços militares e de inteligência sendo tratados com desdém, e da má vontade de Trump em compreender sua importância.

"Estamos fazendo tudo isso para evitar a Terceira Guerra Mundial", disse Mattis, de forma calma, porém severa. Era uma declaração arriscada, uma contestação ao presidente, uma insinuação de que ele estava arriscando dar início a uma guerra nuclear. Para várias pessoas que estavam ali, foi como se o tempo parasse.

Um dos presentes disse que o recado de Mattis foi claro: pare de ficar brincando com isso. Estamos fazendo o que é necessário para evitar a Terceira Guerra Mundial. Não é como uma aposta de negócios na qual não faz muita diferença se você for à falência.

Aparentemente, Mattis e alguns outros estavam no limite com o presidente. Como é que você pode ficar questionando essas coisas que são tão óbvias e fundamentais? Era como se Mattis estivesse dizendo: Meu Deus, para com isso!

Mattis ainda não tinha acabado. "Temos a capacidade de defender nosso território com um destacamento avançado" de 28,5 mil soldados. Ele relutou em mencionar os Programas de Acesso Especial numa reunião com tantas pessoas.

Mattis explicou que, sem os recursos de inteligência e sem os soldados, o risco de guerra aumentaria enormemente. Os meios para defender a Coreia do Sul e o Japão diminuiriam muito. Se houvesse uma guerra sem aqueles recursos, "a única opção restante seria a nuclear. Não há como manter esse mesmo efeito dissuasivo" de nenhuma outra maneira. "E não há como fazer de outra forma que também seja economicamente viável." O acordo com a Coreia do Sul tinha sido um dos melhores negócios para a segurança nacional em todos os tempos. Mattis tentou falar com o presidente utilizando sua linguagem de análise de custos e benefícios.

"Mas estamos perdendo muito dinheiro no comércio com a Coreia do Sul, com a China e com os outros", Trump retrucou. "Prefiro gastar esse dinheiro no nosso país." Os Estados Unidos estavam financiando outros países ao custo de um desequilíbrio na balança comercial.

"Outros países que concordaram em fazer operações de segurança para nós só fazem isso porque estamos dando muito dinheiro a eles", continuou Trump. É quase como se estivessem nos roubando.

"Um destacamento avançado das nossas tropas nos permite atingir nossos objetivos de segurança com o menor custo possível, e a sua retirada levaria nossos aliados a perder toda a confiança que têm em nós", respondeu Mattis.

Dunford, o chefe do estado-maior, entrou na conversa, reafirmando todos aqueles argumentos com certo entusiasmo.

"Estamos gastando quantias enormes com países muito ricos, que não respeitam a partilha de encargos", disse Trump, enfatizando seu argumento.

Então, absolutamente do nada, ele trouxe para a mesa aquilo que Kelly havia lhe dito sobre a disputa entre McMaster e Tillerson para negociar com os sauditas os 4 bilhões de dólares para custear operações na Síria e em outros países.

O presidente disse que tinha ouvido que McMaster havia pressionado Tillerson para que se retirasse das negociações. Ele virou para seu assessor de segurança nacional. "Por que faria uma coisa dessas?", ele perguntou.

"Os sauditas estão confusos. Estamos falando de 4 bilhões aqui. Rex vai cuidar de tudo. H. R., fique fora disso. Não tenho a menor ideia de por que achou que seria uma boa ideia tirar isso das mãos dele, mas caia fora. É Rex quem vai fazer isso. É ele quem vai cuidar de tudo."

McMaster não se abalou com a reprimenda. Ele havia acabado de ser insultado na frente de todo o Conselho de Segurança Nacional, o qual supostamente deveria liderar e coordenar.

Como general que respeitava a cadeia de comando, respondeu: "Sim, senhor".

Tillerson, por sua vez, trouxe de volta o tema central da reunião: a conveniência de possuir um destacamento avançado. "É o melhor modelo. O sistema global. Esforços conjuntos no comércio e na geopolítica levam a bons resultados na segurança."

Dunford apoiou mais uma vez sua argumentação. "O custo do nosso destacamento avançado na Coreia do Sul é da ordem de 2 bilhões de dólares. Desse montante, a Coreia do Sul nos devolve mais de 800 milhões. Não solicitamos nenhum reembolso pelo custo de nossas tropas", como o pagamento dos salários, por exemplo. O comandante disse ainda que outros países pagavam subsídios anuais aos Estados Unidos por atividades nas quais iam se envolver de qualquer forma, para sua própria proteção. "Estamos recebendo um subsídio de 4 bilhões ao ano pelos nossos esforços em proteger nosso território", disse Dunford.

"Acho que poderíamos ser muito mais ricos", disse Trump, "se não fôssemos idiotas. Estão nos fazendo de otários, principalmente a Otan." Aquela conversa de defesa coletiva era engana-trouxa.

Citando um número usado com frequência por Bannon para se referir ao sacrifício financeiro e ao custo de todas as guerras, da presença militar e da ajuda financeira ao Oriente Médio, o presidente resumiu: "Gastamos 7 trilhões de dólares no Oriente Médio, mas não conseguimos juntar nem 1 trilhão para a infraestrutura doméstica".

O presidente deixou a sala. Havia um clima geral de exasperação entre os presentes, com todas aquelas perguntas. Por que temos que ficar fazendo isso o tempo todo? Quando é que ele vai aprender? Eles mal podiam acreditar que precisavam ter aquele tipo de conversa e justificar seus argumentos. Mattis estava particularmente irritado e alarmado, e chegou a dizer a pessoas próximas que o presidente se comportava como "um aluno de quinto ou sexto ano" — e tinha a capacidade de compreensão de um.

Quando fiquei sabendo dos detalhes desse encontro do Conselho de Segurança Nacional, fui atrás da transcrição de algo que o presidente Obama havia me dito em 2010, sobre a coisa que ele mais temia.[2]

"Algo que teria o potencial de mudar o jogo completamente", disse Obama, "seria uma arma nuclear... atingindo uma grande metrópole americana [...]. Então, quando repasso a lista das coisas com as quais preciso me preocupar todos os dias, essa está no topo, porque é uma área em que você não pode se dar ao luxo de cometer nenhum erro. E assim que assumi a presidência, eu e minha equipe começamos a debater imediatamente: como é que vamos fazer para colocar esse assunto no centro da maioria das nossas discussões sobre segurança nacional? Garantir que essa ocorrência, por mais remota que seja, jamais venha a se dar?"

A campanha de pressão sobre a Coreia do Norte foi efetivamente suspensa durante as Olimpíadas de Inverno de 2018, que foram realizadas na Coreia do Sul entre os dias 9 e 25 de fevereiro.

O general Dunford foi informado de que a Força Aérea havia planejado uma série de análises e testes com seus mísseis capazes de transportar uma ogiva nuclear da Califórnia até o oceano Pacífico, agendados para acontecer imediatamente antes e após os Jogos Olímpicos.

Os Estados Unidos estavam pressionando a Coreia do Norte a parar de fazer exatamente aquele tipo de teste. Eles eram altamente provocativos. Dunford se envolveu no assunto e a Força Aérea os suspendeu.

No começo de 2018, a CIA concluiu que a Coreia do Norte não tinha a capacidade de lançar com precisão um míssil carregando uma ogiva nuclear contra o território norte-americano. De acordo com a inteligência militar e as informações sobre os testes dos foguetes norte-coreanos, eles não haviam aperfeiçoado a reentrada de seus mísseis — embora estivessem avançando naquela direção. A CIA, pelo menos naquele momento, pareceu ter convencido Trump de que a Coreia do Norte ainda não tinha chegado lá.

38

O Afeganistão seguia frustrando Trump. Alguns meses antes, no final de setembro, ele havia organizado uma recepção durante a Assembleia Geral da ONU em Nova York. O presidente do Azerbaijão, Ilham Aliyev, e sua esposa posaram para uma foto ao lado dos Trump.[1] O líder do Azerbaijão passou a informação de que os chineses estariam extraindo quantidades significativas de cobre do Afeganistão.

Trump ficou furioso. Os Estados Unidos estavam ali, pagando bilhões pela guerra, enquanto a China roubava cobre!

Ghani, o presidente afegão, havia mencionado informalmente a possibilidade de os Estados Unidos terem acesso exclusivo a vastas reservas minerais ainda intocadas nas cordilheiras do país. Seu argumento tinha sido: Tem muito dinheiro para se ganhar aqui. Não vão embora. Temos minerais raros, incluindo lítio, um dos principais componentes utilizados na fabricação das baterias modernas. Algumas estimativas exageradas sugeriam que a soma de todos os minérios disponíveis no Afeganistão poderia chegar a diversos trilhões de dólares.

Trump queria os minérios. "Eles nos ofereceram os minérios deles!", disse numa reunião. "Nos ofereceram tudo. Por que não estamos pegando? Enquanto vocês estão sentados em cima do próprio rabo, os chineses estão fazendo uma limpa no lugar."

"Senhor", disse Gary Cohn, "não podemos simplesmente entrar lá e sair com os minérios. Eles não têm um sistema legal, não têm direitos de propriedade." Gastaríamos bilhões de dólares para construir a infraestrutura necessária para a mineração, ele acrescentou.

"Temos que mandar uma empresa pra lá", disse Trump. "Fazer uma licitação." Aquela era uma oportunidade gigantesca: capitalismo, construção civil e desenvolvimento na sua melhor forma. "Por que nós não estamos lá pegando essas coisas?"

"Nós quem?", perguntou Cohn.

"Tínhamos que estar lá pegando esse minério", disse Trump, como se existisse uma companhia nacional de mineração e fosse possível enviá-la para o Afeganistão.

Num encontro subsequente no Salão Oval, Trump perguntou: "Por que isso ainda não foi feito?".

"Estamos seguindo os processos do Conselho de Segurança Nacional", disse McMaster.

"Não preciso que isso passe pela porra de um processo!", gritou Trump. "Preciso que vocês vão até lá e peguem essas coisas. É de graça! Quem quer fazer isso?" Aquilo era uma terra sem lei. Quem ia querer aquele tesouro?

O secretário de Comércio, Wilbur Ross, se ofereceu. "Eu cuido disso, senhor. Eu faço isso", ele disse, como se aquele fosse um assunto do seu departamento.

Trump aprovou.

Kelly não disse muita coisa, mas levou McMaster, Ross e Cohn ao seu escritório.

McMaster ficou enfurecido com Kelly por ele não ter interferido. "Você acaba de quebrar minhas pernas. Sabia que eu estava seguindo um processo." Ele estava seguindo as regras, como de costume, trabalhando em conjunto com os departamentos de Estado e Defesa e todos os outros departamentos e agências com algum interesse no assunto. "Você me deixou à minha própria sorte bem na frente do presidente!"

Poucas coisas eram mais interessantes para Trump do que a ideia de receber dinheiro de outros países para pagar por compromissos de segurança nacional norte-americana firmados em governos anteriores — com a Otan, com o Afeganistão, com o Iraque. A única coisa que o interessava era fechar um bom negócio, e ele achava que estava diante de uma oportunidade de ouro ali.

O Departamento de Estado avaliou a questão dos direitos sobre os minérios. Seus analistas concluíram que aquilo seria uma grande propaganda a favor dos extremistas em todo o mundo: os Estados Unidos entrando num país para estuprar sua terra e roubar as riquezas encontradas no solo. Eles foram atrás de opiniões legais na esperança de desacelerar o processo.

No dia 7 de fevereiro de 2018, McMaster reuniu um pequeno grupo de líderes na Sala da Situação para ouvir a leitura do relatório do secretário de Comércio.[2] Ele havia conversado com o ministro de Minas e Energia interino no Afeganistão aquela manhã. "Os chineses não estão tirando nada daqui. Eles têm grandes concessões, como em vários outros países, e estão simplesmente sentados em cima delas. Não precisam fazer dinheiro com isso imediatamente."

Então não havia nada com o que se preocupar. O Afeganistão não tinha a infraestrutura, os meios de transporte nem os controles regulatórios ou ambientais, ele disse. Nenhuma empresa privada faria todos aqueles investimentos.

"É notícia falsa", disse Ross, provocando algumas risadas.

McMaster acrescentou que seria impossível acessar a maior parte dos minérios, pois estava dentro de áreas controladas pelo Talibã. Era uma zona de guerra, e um perímetro militar de defesa teria de ser estabelecido antes do começo da mineração. Na melhor das hipóteses, disse, levaria dez anos.

Ross disse que explicaria tudo aquilo ao presidente.

Kelly parecia estar apenas tentando evitar que o navio naufragasse. Numa reunião com a equipe sênior no começo de 2018, ele anunciou, orgulhoso: "Agora sei que não serei o chefe de gabinete que passou menos tempo na função. Acabo de ultrapassar o Reince". Priebus tinha permanecido 189 dias no cargo, o mandato mais curto de um chefe de gabinete em toda a história da Casa Branca.

No começo de 2018, o programa *60 Minutes* exibiu uma matéria sobre a Guerra do Afeganistão chamando a atenção para o fato de que Cabul estava tão violenta que o comandante do Exército americano não podia atravessar a cidade em segurança até o quartel-general.[3] O general Nicholson tinha de percorrer os pouco mais de três quilômetros num helicóptero. Ele deixou bem claro que havia adotado a mesma abordagem de Trump, focada em vencer. "Essa é uma política que pode nos garantir uma vitória", disse Nicholson.

Os mapas operacionais e de inteligência de Nicholson mostravam que a coalizão liderada pelos Estados Unidos controlava cerca de 50% do país. Nos círculos mais bem informados do Pentágono e do Departamento de Estado, era de conhecimento geral o que Nicholson havia declarado: "Levarei a 80% em dois anos".

Ele estava determinado a aumentar a capacidade das forças de coalizão e do Exército afegão para retomar um território de cerca de 195 mil quilômetros quadrados. Aquilo era inatingível, até mesmo absurdo, para muitos que haviam servido no Afeganistão.

Um objetivo secundário de Nicholson era fazer, dentro de um prazo de quatro anos, com que o Talibã percebesse que não poderia vencer e se dispusesse a negociar. Era o mesmo Talibã que vinha lutando havia dezesseis anos.

O especialista do gabinete do diretor nacional de inteligência inteirou Trump a respeito do Afeganistão no começo de 2018. Nenhum avanço havia sido feito pelo Exército americano. Nenhum território havia sido retomado. Nenhuma melhora havia sido verificada desde o ano anterior; na verdade, algumas áreas tinham registrado pioras. Parte da explicação vinha do fato de que americanos e afegãos haviam tido de reforçar a segurança de Cabul, uma vez que o Talibã lançara uma série de ataques contra a capital. Nos últimos nove dias de janeiro, 130 pessoas tinham morrido em quatro ataques.[4] Aquilo deixou muito pouco efetivo militar disponível nas forças de coalizão para a retomada de territórios.

E os analistas tiravam mais conclusões sombrias. O Paquistão não estava colaborando nem respondendo às pressões. Qualquer tipo de acordo dependia da participação daquele país.

A perspectiva imediata era de mais insurgência, talvez até mesmo de uma guerra civil se os Estados Unidos se retirassem. Jihadistas estavam deixando a Síria em direção ao Afeganistão, a nova terra prometida para quem gostava de fazer e explodir bombas.

A coalizão provavelmente teria somente até a primavera de 2019 para manter o status quo. O tecido político parecia estar se rompendo. Uma tempestade perfeita se avizinhava, e um problema de ordem prática, como o clima, talvez fosse o ponto de inflexão. As montanhas tinham pouca ou nenhuma neve, de modo que não descia água até os campos. Uma seca estava se aproximando, junto com uma crise de insegurança alimentar. Mais ou menos na mesma época, o Paquistão estava prestes a fazer de 1 milhão a 2 milhões de refugiados cruzarem a fronteira com o Afeganistão, a maioria afegãos que haviam fugido para o Paquistão após a invasão russa em 1979. Cerca de 2 milhões moravam havia décadas no Paquistão, sem jamais terem vivido no Afeganistão, mas seriam mandados de volta de qualquer jeito.

Ainda assim, o general Nicholson insistia em dizer que "venceria" no Afeganistão. Mattis não estava gostando daquilo. "O secretário ficou muito insatisfeito com o que ele [Nicholson] acabou de dizer, e estamos tentando cortar suas asas", um oficial do Pentágono confidenciou.

Se o comandante em chefe só falava em "vitória", era complicado criticar o comandante em solo por fazê-lo também. Mas a inteligência dizia que as coisas ficariam piores no ano seguinte.

No começo de 2018, um dos principais envolvidos no assunto disse: "Os militares parecem querer uma presença permanente ao estilo da Coreia do Sul. Se isso acontecer, o Irã, a Rússia e a China vão intensificar seu antagonismo porque de repente teremos uma presença permanente no quintal deles. Mas talvez os militares tenham conseguido impor sua vontade nesse assunto porque sair de lá seria uma tremenda derrota. Ele [o presidente] falou que íamos vencer. E não tem como ficar em posição de xeque pra sempre. Em algum momento, as pessoas vão perceber que é impossível vencer naquela situação".

De maneira discreta e um pouco nervosa, alguns oficiais do Departamento de Estado e da comunidade de inteligência começaram a analisar cenários extremamente delicados para elaborar um plano B. "Os militares fazem análise de cenários o tempo todo. Por que os civis não podem fazer o mesmo?"

Um analista descreveu as consequências desse plano B: "Não seria uma retirada ocasionando um colapso e uma guerra civil. Não seria uma democracia liberal, profundamente centralizada. O que existia entre esses dois extremos? Um cenário federalista, mais realista, mais sustentável? Talvez dar ao Talibã um papel? O que pode ter uma influência imprevisível aqui é a baixa capacidade de concentração do presidente, e o fato de ele ficar questionando todas as hipóteses levantadas. E seu senso agudo para detectar papo furado à primeira vista". Por exemplo, se alguém disser que tudo vai dar certo com o Paquistão. "Mas o Paquistão não mudou nada desde o Onze de Setembro, nem vai mudar. A única opção, então, é sair de lá."

Em resumo, o Afeganistão era uma nova Casa dos Brinquedos Quebrados. Instabilidade política. Desgaste do governo afegão. Críticas do Congresso e da opinião pública americanos. Pouco, se é que algum, ganho militar. Seca. Insegurança alimentar em massa. Refugiados.

Trump culpava duas pessoas em particular. Primeiro, tinha um desprezo especial pelo ex-presidente George W. Bush, que havia dado início à Guerra do Afeganistão em 2001 e, depois, à Guerra do Iraque, em 2003. "Um presidente terrível", ele disse a Porter. "O negócio dele era fazer guerra. Queria exercer a influência norte-americana e espalhar a democracia por todo o mundo, mas, como queria ser a polícia do mundo, começou todas essas guerras." Para Trump, aquilo era imprudente, além de errado. Muito embora tenha tomado a decisão de mandar milhares de soldados adicionais, ele disse que não daria continuidade ao status quo.

A outra pessoa que culpava era McMaster. Ele usava o Iraque como prova. "Não sei como eles [os iraquianos] conseguiram enganar McMaster, mas ele não é um homem de negócios. Eles [os generais americanos] não sabem nada sobre análise de custo e benefício. Não acredito que deixei que me convencesse a mandar mais soldados pra lá." Ele acreditava que McMaster havia sido cooptado.

Insultando-o de forma desaforada, Trump fez uma imitação de McMaster, seu assessor de segurança nacional. O presidente estufou o peito e começou a respirar de forma visivelmente exagerada. Pronunciando cada sílaba separadamente, ele disse alto: "*Conheço o presidente do Iraque. Ele é um bom homem, senhor! Sei que ele tem as melhores intenções em seu coração*".

Retornando à sua voz normal, Trump disse: "Aquele cara é um mentiroso do caralho. Eu o conheci. McMaster não sabe do que está falando". Trump havia se encontrado com o primeiro-ministro iraquiano, Haider al-Abadi, na Casa Branca, em março de 2017.

"Esses caras do Exército, eles não entendem nada de negócios. Só sabem ser soldados e lutar. Mas não entendem o quanto tudo isso custa."

Sobre o Afeganistão, Trump disse a Porter: "Aquilo lá é um desastre. Nunca vai ser uma democracia funcional. Deveríamos nos retirar totalmente de lá".[5]

39

O presidente e o senador Graham jogaram uma partida de golfe no Trump International Golf Club, em West Palm Beach, duas semanas antes do Natal, no dia 10 de dezembro de 2017. Num tuíte, Graham disse que o campo era "espetacular", um comentário que certamente agradaria Trump.[1] De qualquer modo, não era nada comparado aos elogios que Graham havia tecido ao presidente enquanto jogavam.

"Você é um comandante em chefe muito bom", ele disse a Trump. O presidente estava ouvindo seus comandantes militares, e as mudanças nas regras de combate no Oriente Médio e no Afeganistão vinham se mostrando eficazes.

Foi o que Graham disse a Trump para persuadi-lo: "Você pode fazer algo que ninguém mais fez. Está arrumando a bagunça que Obama deixou pra você. E está fazendo um trabalho excelente de limpeza. Está reconstruindo as Forças Armadas. Está tirando uma nuvem negra de cima da economia. Está soltando as amarras das Forças Armadas e da economia. Deus o abençoe por desfazer todo o estrago dos últimos oito anos. Mas e agora, o que você quer fazer? Qual deseja que seja seu legado? Não pode ser simplesmente desfazer o que ele fez, e sim gravar seu nome na história".

Trump pareceu adorar toda aquela adulação, mas disse o seguinte a Graham: "Você é um cara moderado. Quero que esteja cem por cento a favor de Trump".

Aquilo se assemelhava à promessa de lealdade que o então diretor do FBI, James Comey, disse que Trump havia pedido que fizesse. De acordo com Comey, o presidente dissera "Eu preciso de lealdade. Eu espero lealdade" durante seu agora notório jantar a sós na Sala Verde da Casa Branca na primeira semana do mandato.[2]

"Muito bem, me diga o que está pensando", perguntou Graham, "e eu lhe digo se estou cem por cento a favor ou não."

"Você está uns 82%", disse Trump.

"Bom, num dia posso estar cem por cento. Em outro, pode estar zero."

"Quero que você esteja sempre cem por cento."

"Por que você ia querer que eu lhe dissesse que você está certo quando eu achasse que está errado? O que isso pode trazer de bom para você ou para mim?", Graham perguntou. "O presidente precisa se cercar de pessoas que lhe digam a verdade como a enxergam. Cabe a você decidir se estou certo ou não."

No dia 29 de dezembro de 2017, Trump resumiu em um tuíte sua posição em relação à DACA: "Os democratas foram informados, e estão perfeitamente cientes, de que não há como haver DACA sem MURO na fronteira sul e um fim na terrível migração em cadeia... Precisamos proteger nosso país a todo custo!".[3]

O presidente convocou uma reunião na Sala do Gabinete com vinte senadores e membros do Congresso para discutir um plano de imigração para os sonhadores.[4] Trump ordenou que todos os 55 minutos da reunião da terça-feira, 9 de janeiro, fossem transmitidos pela televisão. Ele estava operando em modo totalmente performático, prometendo uma legislação. "Precisa haver amor nesse projeto, e podemos fazer isso."

O presidente estava sendo simpático e divertido. Graham ficou estupefato de presenciar sua aparente mudança em relação a um dos temas mais polêmicos do momento. Os defensores de políticas linha-dura contra a imigração ficariam estarrecidos. Até que enfim Trump estava se comportando como um líder. Graham imaginava que o presidente estivesse em seu melhor momento para negociar.

Ele nunca teve tanta confiança na habilidade de Trump para conseguir firmar um acordo de imigração quanto naquele momento. Havia trabalhado com imigração durante anos, tentando costurar alianças com democratas como Ted Kennedy, Chuck Schumer e Dick Durbin. Com Trump, via a possibilidade de finalmente conseguir. Graham deu uma declaração exultante, dizendo: "Essa foi a reunião mais fascinante da qual participei em mais de vinte anos na política".[5]

As manchetes reforçavam o otimismo de Graham. "Trump parece endossar um caminho para dar cidadania a milhões de imigrantes",[6] disse o New York Times. "Em cima da mesa: Trump tenta negociar e demonstra estabilidade",[7] disse o Washington Post.

No dia seguinte, Trump ligou para Graham.

"Acho que você foi magistral", disse Graham. "Não deixe que essas pessoas" — os republicanos linha-dura — "te façam mudar de ideia. Você está no caminho certo. Esse é o cara de quem tento fazer propaganda para as pessoas com quem jogo golfe. Esse é o Donald Trump que eu apoio totalmente. Só você pode fazer isso. Bush tentou. Obama não conseguiu. Você pode fazer isso."

Para a surpresa de Graham, Trump pôs Melania no telefone. "Eu só queria dizer para você que gostei do que falou", afirmou a primeira-dama, com seu leve sotaque. "Do jeito como lidou com a situação e da forma como você falou. Achei muito legal."

"Bem, muito obrigado, senhora. Ganhei meu dia", respondeu Graham. Ele ficou impressionado com a elegância dela. Aquela era a primeira vez que falavam. Estava muito claro que Melania, que também era uma imigrante, era simpática à ideia da DACA para as crianças.

"Podemos mudar as leis sobre difamação?", perguntou Trump, mudando rapidamente o foco da conversa para uma de suas famosas implicâncias.

"Não", disse Graham, o advogado.

"Por quê?"

Não somos a Inglaterra, ele disse, onde as leis sobre difamação eram mais rigorosas.

As pessoas estão escrevendo muita "besteira", disse Trump.

"Não duvido", concordou Graham. "Mas não, não podemos mudar as leis de difamação, e não se preocupe com isso." Na histórica decisão de 1964 no caso *New York Times vs. Sullivan*, a Suprema Corte dos Estados Unidos estabeleceu o padrão mais alto possível para o crime de difamação: algo só é considerado difamatório se for publicado ou dito mesmo quando se sabe que é falso, exibindo um desrespeito total pela verdade.

"Bom, eu não pretendo nos transformar na Inglaterra", disse Trump.

"Não existe no mundo maior saco de pancadas do que o presidente dos Estados Unidos", disse Graham. "E você já recebeu muito além da sua cota de críticas infundadas, mas é assim que se joga o jogo. E a maneira de vencer é produzindo. A maneira de colocar seus críticos no bolso não é processando, é simplesmente fazendo um bom trabalho. Mostre a todas essas pessoas que elas estavam erradas."

Graham saiu de lá com a impressão de que aquela tinha sido uma de suas melhores conversas com o presidente. Quem havia falado mais era ele.

Por volta de onze da manhã do dia seguinte, o senador Dick Durbin, segundo democrata mais importante no Senado, ligou para Graham.

"Acabo de falar com Trump no telefone", disse Durbin, que havia se juntado a Graham em seus esforços para chegar a um acordo sobre a imigração. "Ele gostou do que fizemos. Ele quer se encontrar com você e comigo."

Graham ligou para a Casa Branca para tentar agendar uma reunião. Kelly foi até o escritório de Graham para acertar os detalhes.

Kelly, que era linha-dura em relação a políticas de imigração, estava nervoso. Ele havia dito aos funcionários da Casa Branca e a algumas pessoas no Congresso que o presidente não compreendia o que era a DACA, que não entendia nada sobre aquele projeto e seus mecanismos. Trump havia encarregado Kelly de lidar com a DACA, e ele entendia que parte do trabalho envolvia evitar que Trump fizesse algo ou encontrasse alguém da DACA, como Graham ou Durbin, sem que ele estivesse presente. O presidente não pode fazer isso sozinho, ele disse aos seus colegas na Casa Branca, ou vai acabar com tudo.

"Tudo o que eu estou pedindo é uma chance para explicar ao presidente", disse Graham. O plano dele era simples, ele repetiu. Trump aprovaria a legislação para os sonhadores em troca de recursos para construir seu muro. "Deixe que ele próprio tome a decisão", disse. Graham estava apenas repetindo o mantra de Kelly para todos os assuntos. Queria que os fatos fossem apresentados para o presidente para que ele então pudesse tomar sua decisão.

Graham e Durbin foram até a Casa Branca, achando que iam se reunir a sós com Trump. Mas encontraram um grupo de senadores contrários à imigração, congressistas e assessores, incluindo Kelly e Stephen Miller. Graham achou que aquelas pessoas ali sentadas nas cadeiras do Salão Oval mais pareciam uma multidão prestes a linchar alguém.

Ele começou a descrever seu plano, que incluía o dinheiro que Trump havia solicitado para usar na segurança de fronteira.

Não é o suficiente, disse Trump, num tom insolente.

Graham disse que certamente poderiam melhorar aquele valor, mas que era um ponto de partida. Então mencionou 25 mil vistos de entrada oriundos principalmente de países africanos. E começou a falar sobre os vistos para lugares como Haiti e El Salvador, por causa de terremotos, fome e violência.

"Haitianos", disse Trump. "Não precisamos de mais haitianos." Diante daquilo e da menção a imigrantes vindos de países africanos, o presidente disse: "Por que estamos recebendo toda essa gente desses países de merda?". Ele havia acabado de se encontrar com o primeiro-ministro da Noruega. Por que não recebemos mais noruegueses? Ou asiáticos, que poderiam ajudar a economia?

Durbin ficou revoltado. Graham, perplexo.

"Tempo", disse Graham, fazendo um sinal de pausa com as mãos. "Não estou gostando do rumo que essa conversa está tomando." Os Estados Unidos são um ideal, ele disse. "Quero receber imigrantes de todos os cantos do mundo com base nos seus méritos, não apenas europeus. Muitos de nós também vieram de países de merda."

Trump deu uma guinada na direção do razoável, mas o estrago já estava feito.

Durbin foi a público revelar os comentários de Trump sobre os "países de merda", e Graham confirmou suas declarações.[8]

Dois dias depois, no sábado, Trump ligou para Graham, que achou que ele queria avaliar a situação. Teria ele ficado muito bravo?

Trump disse que estava jogando golfe no seu clube em West Palm Beach.

"Bom, então capricha aí", disse Graham.

"Eu não disse algumas das coisas que ele disse que eu disse", falou Trump, referindo-se a Durbin.

"Você disse, sim", insistiu Graham.

"Bom, tem gente que gosta do que eu disse."

"Não sou uma dessas pessoas", disse Graham. "Quero ajudar você. Gosto de jogar golfe com você. Mas se esse for o preço que preciso pagar pra entrar nesse clube, não conte comigo. Boa sorte. Capricha aí."

O conceito de "países de merda" não era uma novidade para Trump. Durante a campanha de 2016, ele visitou o bairro de Little Haiti, em Miami. Ex-líderes haitianos foram aos microfones acusar os Clinton de corrupção e de roubarem do Haiti.

Após o evento, em privado, Trump parecia desolado. "Lamento de verdade por essas pessoas. Elas vêm de um país de merda mesmo."

Com Bannon fora da Casa Branca, Stephen Miller era a força motriz por trás da política linha-dura em relação à DACA. Trump seguia manifestando com frequência uma simpatia pelos jovens inscritos no DACA, dizendo que, muitas vezes, não tinham culpa por sua chegada ao país. Eles eram solidários. Miller também chamou a atenção para o impacto político dos sonhadores.

Miller seria a pessoa responsável por implementar a linha dura. Olha, todo mundo diz que eles são crianças e os chama de sonhadores, mas não é mais o caso, ele argumentou. Muitos estão com 24, 26 ou 27 anos. A posição de Miller era inflexível: em troca de um compromisso em relação à DACA, queremos financiamento total para o muro durante uma década — não somente um ano —, além do fim da imigração em cadeia e da loteria da diversidade que havia distribuído 50 mil greencards por ano para imigrantes de países que até então tinham baixas taxas de imigração para os Estados Unidos. Não vamos aceitar nada menos do que as três coisas juntas.

No dia 21 de janeiro, Graham atacou Miller publicamente.[9] "Enquanto Stephen Miller for o encarregado das negociações sobre a imigração, não iremos a lugar algum. Ele vem sendo um ponto fora da curva há anos. Conversei com o presidente, e seu coração está no lugar certo nesse assunto. Ele tem um bom entendimento do que venderá, e toda vez que chegamos a uma proposta são os membros de sua equipe que a rejeitam."

Na manhã da sexta-feira, 23 de fevereiro de 2018, Trump fez um discurso na Conferência de Ação Política Conservadora (CPAC), a mais importante plateia conservadora do país.[10] Relaxado e com a autoconfiança transbordando, falou por mais de uma hora. Em alguns momentos ele se limitou a um texto previamente preparado, mas também "saiu do roteiro" de forma exuberante várias vezes, falando espontaneamente.

"Vocês vão ter esse muro", ele disse. "Não se preocupem. Ouvi uns tipos aí no fundo dizendo: ah, ele não está nem aí pra esse muro. Só usou esse negócio pra se eleger. Eu digo: escuta, dá pra acreditar numa coisa dessas? Sabe, costumo dizer que cada vez que ouço isso o muro fica três metros mais alto, sabe como é? Toda santa vez. Então tudo certo, vamos construir esse muro."

Sobre imigração, ele disse: "Não quero pessoas que vão simplesmente chegar aqui e gozar de todos os benefícios que nosso país tem para oferecer durante os próximos cinquenta anos sem contribuir com nada… E quero pessoas que nos amem… Não quero pessoas entrando como estão entrando agora".

Então ele recitou uma de suas histórias favoritas, um poeminha sobre uma mulher que levou uma cobra para dentro de casa:[11]

Indo pra casa, uma manhã, contornando o lago pela estrada,
Uma mulher de bom coração viu uma pobre cobra congelada.
Sua linda pele colorida manchada de branco, toda de orvalho coberta,

"Pobrezinha", ela disse. "Vou te levar pra casa e cuidar de você. Vai me-
lhorar na certa."
"Me leve pra casa, boa mulher, nem que seja por amor aos céus."
"Me leve pra casa, boa mulher, não me deixe congelando ao léu."
Ela pegou uma echarpe de seda e nela a cobra quentinha enrolou,
Deitou-a ao lado da lareira, e com leite e mel a alimentou.
Naquela noite, voltou correndo do trabalho e, assim que em casa chegou,
Viu que aquela linda cobra que ela trouxera para casa lindamente se
recuperou.
Ela acariciou sua linda pele novamente, depois a beijou e abraçou,
Mas em vez de ouvir um agradecimento, uma mordida forte levou.
[...]
"Eu te salvei", disse a mulher. "E você me mordeu por quê?"
"Não sabe que sua mordida é venenosa e que agora vou morrer?"
"Ora, cale-se, sua tola", disse o animal sorridente.
"Sabia muito bem ao me levar pra casa que eu era apenas uma
serpente."

"E é isso que estamos fazendo com esse país, pessoal", disse Trump. "Estamos deixando essa gente entrar. E isso vai se tornar um problemão. Só
está piorando."

Trump tinha acabado de aprovar um orçamento de gastos de 8,6 trilhões de dólares em dois anos que não incluía nem um mísero centavo para
o muro.

A relação do presidente com seu secretário de Estado estava irremediavel-
mente prejudicada. Durante três meses, especulou-se que Tillerson estava prestes a pedir demissão ou ser demitido. Ele estava na África quando
Kelly o alertou em março de 2018 para que encurtasse a viagem.[12] "Pode
ser que você receba um tuíte", disse Kelly. Na manhã do dia 13 de março,
Trump tuitou que Pompeo, o diretor da CIA, seria o próximo secretário de
Estado.[13] "Agradeço a Rex Tillerson pelos seus serviços!" foi tudo o que ele
disse a respeito do anterior.

Trump disse aos repórteres no Gramado Sul da Casa Branca: "Rex e eu
estamos falando sobre isso há bastante tempo… Discordamos em algumas
coisas… Não pensamos exatamente igual… Sério, é uma diferença de mentalidade, um jeito diferente de pensar".[14]

Trump continuava reclamando ao seu advogado, Dowd, que a investigação de Mueller estava prejudicando sua capacidade de atuar como presidente. Ele contou alguns episódios confidenciais que Dowd, que possuía uma habilitação de segurança, poderia contar a Mueller e Quarles, que também tinham as credenciais necessárias.

Alertando Dowd de que era uma história muito sigilosa, Trump começou a contar sobre como, em abril, negociara pessoalmente a libertação de uma trabalhadora humanitária, Aya Hijazi, cidadã americana de trinta anos que havia ficado presa no Cairo durante três anos.

Trump revelou sua conversa com o presidente egípcio Abdel Fattah el-Sisi, que tinha um recorde abismal de violações de direitos humanos, o qual incluía prisões em massa, o assassinato de manifestantes pelas forças de segurança e julgamentos militares de civis. "Dowd, veja bem com quem eu estava falando", ele disse. "O cara era a porra de um assassino. Esse cara é uma porra de um assassino! Mas eu estava dando um jeito nas coisas. Ele estava me fazendo suar no telefone. E assim que a gente acabou de fechar o acordo, El-Sisi disse…" Então Trump começou a falar numa voz grave e profunda. "Donald, estou preocupado com essa investigação. Você vai estar por aí? Acho que preciso de um favor, Donald." Aquilo foi "que nem levar um chute no saco. Foi horrível", disse Trump.

Em novembro, Kelly ligou para Dowd. "O presidente disse que você vai se encontrar com Mueller."

"Sim, em algumas horas."

"Mattis disse ao presidente que Pútin e os russos estão ficando muito perigosos, e que vamos ter que lidar com eles. Quero que você leve isso até Bob. Bob conhece Mattis." Tanto Mueller quanto o secretário da Defesa tinham sido fuzileiros navais.

Dowd explicou para Mueller como tudo o que Trump havia feito com os russos parecia suspeito. "Bob, sei que você conhece o general Mattis." Mueller havia se encontrado com Mattis durante uma visita a Kandahar em janeiro de 2002, quando ele era diretor do FBI. Dowd relatou que Mattis estava preocupado com a Rússia. "Aliás, você quer confirmar essa informação? Pegue o telefone e ligue para ele. O cara sabe quem você é. Sabe que você foi um fuzileiro."

Dowd lembrou Mueller de que ele havia dito que não ia deixá-lo atolar. "Meu amigo, o barro está com uns trinta centímetros de altura já. Continuamos defendendo você perante o presidente."

Mueller disse que ele estava muito determinado a levar aquela investigação até o fim.

"Bom, preciso te dizer, Bob, que não sei quanto tempo vou durar. Defendo vocês o tempo todo. Defendo o que vocês estão fazendo. Mas, sabe como é, temos gente sendo interrogada várias e várias vezes."

Com Mueller, Dowd fez uma leve pressão.

Com Quarles, ele reclamou. "Agora já chega!"

Dowd tinha outros problemas. Ty Cobb começou a aparecer na mídia dizendo que a investigação seria concluída no final de 2017. "Vou sentir vergonha se isso ainda estiver assombrando a Casa Branca até o Dia de Ação de Graças", ele disse à Reuters, "mais ainda se isso se estender até o final do ano."[1] A imprensa publicou matérias com a estimativa de Cobb. Dowd ficou estarrecido, pensando que Cobb parecia com um xerife de faroeste, com bigodão e tudo, saído diretamente do romance que virou minissérie *Lonesome Dove*. Ele era o principal advogado do presidente. Cobb estaria se encontrando separadamente com Quarles?

Não, Cobb assegurou. "Minha esposa quer que eu largue esse caso", ele disse. "Então tenho tentado dar um empurrãozinho para que isso aconteça publicamente."

"Tem depoimentos agendados para dezembro", disse Dowd. "E, sinceramente, são todos favoráveis ao presidente, então temos que deixar que aconteçam."

Kelly perguntou a Dowd: "De onde foi que você tirou esse bosta desse seu amigo Ty?". Cobb tinha começado com o pé esquerdo com Kelly, ao conseguir um escritório na Casa Branca falando diretamente com o presidente e passando por cima do chefe de gabinete. Ele disse a Cobb: "Puta que pariu, nunca mais passe por cima de mim".

Dowd garantiu ao presidente que sua estratégia para lidar com Mueller era "cooperar com eles e ficar cozinhando até ter uma imagem cristalina de tudo que está passando pela cabeça deles". Baseado naquela ideia, na cooperação de 37 testemunhas e em todos os documentos que haviam sido rejeitados pelo tribunal, ele repetiu diversas vezes: "Não estou vendo um caso aqui".

Dowd explicou a ele que, de acordo com o Segundo Artigo da Constituição, o presidente comandava apenas o braço executivo do governo. E todas as suas ações, em particular as que diziam respeito a Comey, estavam dentro da alçada daqueles poderes. "Nunca vou dizer que sua intuição a respeito desses caras e o que eles estão querendo fazer está errada. Fomos muito bem tratados. Mas os tratamos muito bem também."

Em dezembro, o jornal financeiro alemão *Handelsblatt* publicou uma matéria dizendo que a investigação de Mueller tinha intimado o Deutsche Bank, o maior da Alemanha e principal credor de Trump, a fornecer informações sobre suas movimentações financeiras.[2]

O presidente ligou para Dowd às sete da manhã. Ele estava furioso.

"Conheço minhas relações com o Deutsche Bank", ele disse. Sustentou que o banco o amava, e que ele sempre o havia pagado. "Sei tudo o que peguei emprestado, quando foi e quando paguei de volta. Cada maldito centavo." Ele era capaz de lembrar com quem havia falado e de outros detalhes com grande especificidade. "Estou falando pra você, isso é tudo besteira!"

Dowd pressionou Quarles. "Ei, Jim, não tem nenhum segredo aqui. Isso é besteira."

Uma videoconferência foi marcada com advogados de todos os escritórios de advocacia mais relevantes. Todo mundo parecia estar falando em código.

"Olha, por favor", disse Dowd. "Meu cliente não entende esses códigos."

Finalmente, Quarles afirmou: "Não tem nada aqui. Intimamos o Deutsche Bank lá atrás, ainda no verão, mas não tinha nada a ver com o presidente ou suas finanças".

Às dez da manhã de 21 de dezembro, Dowd foi se encontrar com Mueller numa tentativa de virar a mesa. Muitas vezes a melhor defesa era partir para o ataque.

"Todos os registros foram disponibilizados", disse Dowd. "Todas as testemunhas foram ouvidas, exceto uma ou duas. O inquérito todo parece ser o produto de uma conspiração dos democratas, da Fusion GPS — que havia produzido o dossiê de Steele — e dos oficiais seniores da inteligência do FBI para enfraquecer a presidência de Trump. O fato de não terem investigado o papel de Comey na aceleração do início das investigações é uma palhaçada. A conduta aberrante e desonrosa de Comey exige uma averiguação." O inspetor-geral do Departamento de Justiça estava investigando as ações de Comey no caso dos e-mails de Clinton. "Entregar isso nas mãos do inspetor-geral põe em dúvida a lisura do seu inquérito", alegou Dowd.

Mueller não respondeu.

Mueller e Quarles seguiam pressionando. Eles queriam interrogar o presidente. No dia 8 de janeiro de 2018, Mueller elaborou uma lista com dezesseis tópicos sobre os quais queriam perguntar. Praticamente todos tinham a ver com Flynn, Comey ou Sessions.

Dowd alertou o presidente para o fato de que a lista não era específica. "O que eu gostaria de fazer era estender isso por ainda mais tempo, para que tivesse um panorama melhor dessa situação. Quer dizer, são dezesseis tópicos, seria preciso adivinhar o que vão perguntar."

"O que você vai fazer?", Trump perguntou.

"Bom, minha ideia é escrevermos uma carta para ele respondendo a essas perguntas." Eles apresentariam os fatos do seu ponto de vista e fariam comentários legais especificamente sobre os poderes que o presidente detinha de acordo com o Segundo Artigo. "E vamos fazer como se fosse um comunicado da Suprema Corte."

"Demos tudo que eles pediram", Trump insistiu. Por que não havia sido suficiente? Ele acrescentou: "Não me importo de falar com ele".

Dowd e Jay Sekulow passaram as duas semanas seguintes trabalhando num rascunho da carta. Sekulow, que aparecia frequentemente no papel de comentarista na Christian Broadcasting Network e na Fox News, tinha uma carreira de mais de trinta anos representando grupos conservadores, religiosos e antiaborto.

"Como está indo?", Trump perguntou a Dowd um dia. "Posso dar uma olhada?"

Dowd foi até a residência oficial na Casa Branca no sábado, 27 de janeiro de 2018, por volta de uma da tarde.

O presidente o levou para um breve passeio pelos aposentos, que incluiu o Quarto de Lincoln. "Eu e você cabemos naquela cama", ele brincou.

"Poderíamos nos olhar no espelho", Dowd brincou também.

"Se você vencer este caso", disse Trump, "vou te levar pra fazer o passeio completo. Leva horas. Na minha opinião, esta é a mansão mais bonita do mundo. Não tem nada parecido."

Barron, o filho de Trump, entrou com um amigo.

"Papai", disse Barron, "ele quer tirar uma foto com você. Tudo bem?"

Claro. A foto foi tirada.

Trump e Dowd se sentaram numa mesa com vista para os memoriais de Washington e Jefferson.

"Eu queria te dar uma ideia de como pode ser um depoimento", disse Dowd. Eles fariam uma sessão de treino. "Vamos conversar sobre alguns desses assuntos. Talvez sobre Comey e Flynn. Bem de leve. Você não precisa se preparar. Vamos começar agora.

"Quero que você leia nossa carta. Estou disposto a assiná-la, mas não vou fazer isso se você não estiver de acordo com tudo o que ela diz. Porque é um documento muito importante. Isso aqui diz pro Bob onde estamos e onde achamos que ele está, e porque você não deveria... porque ele não tem o direito de fazer essas perguntas."

Ele continuou: "Se as perguntas parecerem inocentes, não as trate como se fossem. Quero que se concentre totalmente e preste bem atenção nas palavras. Não sou um interrogador de fôlego. Gosto de perguntas curtas e fáceis. E gosto de ir construindo a conversa. Sou muito paciente. Então vou te dar o conselho-padrão: apenas responda à pergunta. Está bem? Você entendeu?".

Sim.

"Quando foi que ficou sabendo que havia um problema com o general Flynn?"

"Não tenho certeza. Acho que foi quando McGahn conversou com Sally Yates. Mas, John, eu não tenho certeza." Trump disse que o procurador-geral em exercício havia dito que Flynn comentara com o vice-presidente que alguma coisa não estava correta.

"O que você fez a respeito?"

Trump disse que achava que não havia feito nada. "Acho que Don tomou conta desse assunto. E eles trabalharam..."

"Você chamou Flynn para uma reunião?"

"Não."

"Chegou a conversar com ele?"

"Não sei. Estou lembrando uma coisa... Ele e Priebus ligaram para mim."

"Bem, você chegou a perguntar para ele se conversou sobre sanções com [o embaixador russo] Kislyak?"

"Não."

"Está certo disso? Temos evidências de que essa conversa pode ter acontecido. Está certo disso?"

Dowd estava ciente de que Priebus havia dado um depoimento favorável ao presidente. Numa versão, com Priebus na sala, Flynn havia dito na frente do presidente que ele nunca havia discutido suas conversas com Kislyak com o presidente.

Trump tergiversou com uma longa resposta que não significava muita coisa.

"Olha, vamos nos ater aos fatos aqui", disse Dowd.

"Ah."

"Chegou um momento em que você teve que mandar Flynn embora?", Dowd disse.

"Sim."

"Lembra como isso aconteceu?"

"Não. Acho que ele tinha escrito uma carta de demissão. Não tenho problema em dizer a você que eu me senti muito mal por ele. Flynn tinha lá seus defeitos, mas era um cara legal pra caramba, e eu o admirava. Como você sabe, adoro os militares. Mas aquela foi a recomendação que me deram, e foi o que fiz." Priebus e McGahn haviam recomendado que Flynn fosse demitido.

"Eles chegaram a mencionar um interrogatório do FBI?"

"Não sei. Não lembro."

Dowd ficou com a impressão de que Trump realmente não lembrava. Conforme foi fazendo mais perguntas, percebeu que havia muita coisa de que Trump alegava não recordar. Ele achou aquilo compreensível, levando em conta as demandas da presidência.

Então, Dowd voltou até dezembro de 2016, às vésperas da eleição, e fez mais perguntas sobre Flynn. "Bom, ele estava fazendo contato com diplomatas e afins?"

"Acredito que sim."

"Falava com Kislyak?"

"Eu não sei. Acho que havia muita conversa entre os funcionários. Acho que tuitei sobre isso algumas vezes."

No dia 31 de março, Trump havia tuitado: "Mike Flynn deveria pedir imunidade disto que é uma caça às bruxas (uma desculpa pela tremenda derrota nas eleições), comandada pela mídia e pelos democratas, de proporções históricas!".[3]

"Qual é sua posição a respeito das sanções aprovadas por Obama?", perguntou Dowd. O ex-presidente havia expulsado 35 diplomatas russos, feito sanções a diversas entidades e indivíduos e fechado dois complexos diplomáticos russos em janeiro de 2017.

"Bom, minha posição é de que isso me deu uma vantagem."

"Ah!", disse Dowd. "Porque todo mundo pensa que você seria contra essas medidas, porque gostaria de manter boas relações com Pútin."

"Não, eu as encarei como vantagens", Trump repetiu.

Baseado no depoimento que Dowd havia examinado, aquilo estava correto. Dowd achou que ele estava se saindo muito bem. O memorando de seis páginas que o advogado e a Casa Branca compilaram sobre Flynn possuía muito mais informações do que Trump agora se recordava. Dowd havia produzido um relato detalhando, dia após dia, como a Casa Branca descobrira que Flynn havia mentido para Mueller e Quarles, que elogiaram o documento pela sua profundidade.

"Bom", Dowd perguntou, "porque disse ao diretor Comey para... De certa forma, você pediu para que ele pegasse leve com Flynn. O que foi isso?"

"Eu nunca disse isso", negou Trump.

"Ele redigiu um memorando sobre o assunto na época", disse Dowd. "Relatou aos amigos."[4]

"Eu não disse isso", Trump respondeu. "John, eu não disse isso de jeito nenhum."

"Bom, ele disse..."

"Ele é um mentiroso", disse Trump. Ele partiu com tudo pra cima de Comey. "O cara é um bandido, é um mentiroso. Fica entre aquela coisa toda da Clinton [os e-mails] e escrever memorandos pra vazar."

O presidente tinha aquela crítica na ponta da língua. Ele falou tudo de uma vez, sem parar nem se conter. Dowd tentou interrompê-lo. Sem sucesso. Trump foi até o fim.

"Olha", disse Dowd assim que a tempestade se acalmou por um instante, "não se pode responder uma pergunta desse jeito. É o que eles dizem que causa rejeição. Isso não é bom. Está bem? Seja elegante em relação ao assunto."

"Tá, mas que droga!"

"Ele disse que você não estava sendo investigado" no dia 6 de janeiro?

"Sim, ele disse."

"Ele estava se referindo à questão sexual, não ao conluio, certo?", Dowd perguntou. Era uma das teorias da equipe de Mueller.

"Isso é besteira! Ele nunca disse isso pra mim."

Dowd acreditava nele, uma vez que Comey corroborava a versão de que ainda não existia uma investigação ou coisa do tipo àquela altura.

Os trinta minutos seguintes foram inúteis. "É uma droga de um boato!" Trump estava recapitulando tudo o que ele havia dito ou tuitado anteriormente. Dowd não conseguia levar aquilo a lugar algum. O presidente estava colérico. Dowd ficou preocupado com a hipótese de que, se fosse Mueller fazendo aquela pergunta, Trump o demitisse na mesma hora. Era quase como se o presidente estivesse perguntando: Por que estou aqui sentado respondendo perguntas? "Sou o presidente dos Estados Unidos!"

Que confusão. Dowd deu de ombros para toda aquela perda de tempo, mas, pelo menos, tinha uma boa ideia do pesadelo que aquilo seria. Era uma visão e tanto testemunhar o presidente dos Estados Unidos bufando como um rei shakespeariano ressentido.

Trump finalmente se acalmou e começou a recuperar a compostura.

"É por isso que você não pode prestar um depoimento", disse Dowd. "Sei que acredita nessas coisas, sei que pensa essas coisas, sei que viveu essas coisas. Mas, quando se responde a perguntas, quando se é uma testemunha, tem que fornecer os fatos. Se não conhece os fatos, prefiro que diga simplesmente: Bob, eu não lembro. É muita coisa na minha cabeça. Em vez de começar a fazer suposições e chegar a todo tipo de conclusão maluca."

Então Dowd entregou a Trump um rascunho da carta endereçada a Mueller. O assunto era: "Intimação para depor sobre suposta obstrução de justiça".

Uma afirmação direta de poder presidencial estava impressa em negrito: **"Ele poderia, caso quisesse, encerrar o inquérito, ou até mesmo exercer seu poder de perdão se assim desejasse".**

Trump leu a carta de 22 páginas com muita atenção, fazendo pausas para entoar diversos parágrafos em voz alta. Ele disse que a adorou. "Sabe, tenho um caso e tanto aqui. Adorei o jeito como foi organizado." O presidente gostou muito das 59 notas de rodapé.

"Esse foi um dos meus melhores dias nesse negócio", continuou. Sua capacidade de oscilar entre emoções, das mais baixas às mais elevadas, estava totalmente à mostra. "É uma carta muito bonita mesmo. Acho que ela é tudo o que achei que seria e ainda mais. Agora entendi. Entendi o que você está fazendo."

Pois é, disse Dowd.

"Vamos botar os caras contra a parede. Você não quer que eu preste depoimento?"

"Não", Dowd respondeu. "Por que é que a gente não vai esgotando essa coisa? Talvez, se as coisas se complicarem, eu chegue para Bob e diga: mande essas perguntas. Vamos responder. E vamos elaborar um roteiro. Você pode vir para cá e fazer suas perguntas, e ele vai ler as respostas. Como é que vai reclamar disso se confiou em tudo o que entregamos a você? Além do mais, o presidente não teria como se lembrar de tudo isso. E, a propósito, ele adoraria se encontrar com você e falar sobre todas essas coisas, mas precisa de assistência [de um roteiro]."

"Meu Deus, eu faço isso", disse Trump. "Isso é muito bom."

"Agora imagine se você não tivesse um roteiro", disse Dowd.

"Não sei, John. Acabamos de fazer isso. Acha que fui mal assim?"

"Foi. Mas eu não o culpo. Não é que esteja mentindo, ou que seja uma pessoa ruim, ou qualquer coisa do tipo. Levando em conta seus compromissos diários... Olha só quanta coisa fizemos esta tarde."

Durante aquela reunião tinha havido diversas interrupções, dois informes rápidos sobre problemas mundiais e alguns documentos confidenciais para Trump assinar. Como poderia lembrar tudo?

Dowd continuou: "Isso é um problema quando se tenta lembrar alguma coisa que aconteceu há seis ou nove meses".

"Isso é muito bom", disse Trump. "Estou com você. Não quero mesmo dar depoimento."

No dia seguinte ao ensaio na Casa Branca, Trump ligou para Dowd. "Dormi feito uma pedra", disse. "Adorei aquela carta. Posso ficar com uma cópia?"

"Não", disse Dowd.

Ele tinha colocado o presidente onde o queria.

Na segunda-feira, 29 de janeiro de 2018, Dowd e Sekulow assinaram a carta. Então Dowd providenciou para que fosse entregue a Quarles no dia 1º de fevereiro. Seria como no cinema, ele pensou. Quarles desceria a rua e entraria no carro estacionado de Dowd.

Eles trocam algumas amenidades e perguntam um ao outro sobre seus filhos.

"Bem, aqui está sua carta", diz Dowd.

"O que é isso?"

"As respostas aos seus dezesseis tópicos", disse Dowd. "Montamos nossa defesa em cima delas, de certa forma. Estou deixando essa porta aberta. Vou fazer pressão para me mandarem perguntas mais específicas. Pense nisso. Se quiser falar sobre isso, diga a Bob para nos encontrarmos."

41

Em janeiro de 2018, Navarro, Ross, Cohn e Porter fizeram uma reunião no Salão Oval.[1] Após meses discutindo sobre tarifas de importação a partir de posições irredutíveis, os debates haviam se tornado acalorados e intensos.

Cohn, apoiado por Porter, repetiu mais uma vez os argumentos econômicos e geopolíticos, que envolviam questões de segurança nacional. Ele falou sobre o risco de as tarifas de importação perturbarem os mercados e comprometerem os lucros no mercado de ações. Disse que as tarifas seriam, na verdade, um imposto sobre os consumidores americanos. Elas anulariam grande parte das melhorias que Trump havia promovido com suas reformas tributárias e regulatórias.

Você é globalista, disse Trump. Não dou mais a menor importância para o que pensa, Gary.

Trump o enxotou. Cohn se encolheu num sofá.

Navarro e Porter assumiram o controle do debate, com Ross intercedendo a favor de Navarro de tempos em tempos. Navarro argumentou que as tarifas provocariam um aumento das receitas e que os empresários e sindicatos adorariam aquilo. Ele disse que seria uma ótima maneira de Trump conseguir o apoio dos sindicatos e de ajudar sua base a avançar nas eleições legislativas de 2018.

Porter lembrou as tarifas de Bush e a perda de empregos que ocorreu por causa delas. Argumentou que, nos anos seguintes, a indústria que consumia e dependia do aço — empreiteiras, construtores de gasodutos e montadoras — cresceu, embora não houvesse muito potencial para o aumento de empregos de manufatura e produção. A perda de empregos provocada pelas novas tarifas seria ainda mais pronunciada do que a que ocorrera durante a administração Bush.

Porter disse que a crença de Navarro de que as tarifas seriam recebidas com entusiasmo generalizado estava "completamente errada". Muitos setores iam se opor às tarifas por serem compradores e consumidores de aço.

"Os fabricantes de automóveis vão odiar", disse Porter. "Eles têm margens muito pequenas, e isso vai aumentar seus custos." Construtores de gasodutos também. "Estamos abrindo todas essas terras públicas federais e dando início a perfurações offshore. Vamos precisar de gente pra construir os dutos."

"E os sindicatos", disse Porter. "Vai ser uma loucura. Claro que o do aço vai adorar isso, mas o Sindicato dos Trabalhadores da Indústria Automotiva não vai gostar. O Sindicato da Indústria e o da Construção tampouco. Isso vai aumentar seus custos."

Normalmente, Porter tentava agir como um mediador, para facilitar as discussões. Quando tinha alguma opinião muito convicta a respeito de algo, costumava esperar até que ficasse a sós com o presidente para expô-la. Mas, naquele momento, estava se colocando como defensor do livre-comércio.

Navarro rebateu cada argumento de forma tão vigorosa quanto Porter os havia defendido. O chefe de gabinete John Kelly entrou na sala na metade da reunião. O presidente estava assistindo à discussão entusiasmado.

Então você é economista agora?, Trump perguntou a Porter depois que ele e Navarro já haviam trocado farpas por quase meia hora. O que entende de economia? Você é um advogado.

Porter disse que estudara economia e fora tutor de outros alunos quando era bolsista Rhodes em Oxford. Ele observou que muitos de seus argumentos não eram estritamente econômicos.

"Eu sempre soube que Gary era a porra de um globalista", disse Trump. "Mas não sabia que você também, Rob."

Trump se virou para Kelly. Olha só para esse cara. Ele é um globalista!

Kelly balançou a cabeça e sorriu. Queria acabar com aquela reunião.

Ela se encerrou sem nenhuma resolução de verdade, exceto por lembrar a Trump que ele havia assinado um decreto para seguir adiante com a investigação 301 da China e feito um anúncio a respeito. Aquilo tinha de seguir antes das tarifas sobre o aço serem impostas. Tinha sido a estratégia definida e acordada.

Porter deixou a Casa Branca em 7 de fevereiro depois que duas ex-esposas o acusaram de abusar fisicamente delas. Uma divulgou uma foto mostrando um olho roxo. As duas, uma na imprensa e outra numa postagem de um blog, fizeram descrições detalhadas de abusos domésticos.[2]

Ele rapidamente chegou à conclusão de que seria melhor para todos — suas ex-esposas, sua família e seus amigos mais próximos, a Casa Branca e ele próprio — se pedisse demissão. Queria se concentrar naquelas questões.

O *New York Times* escreveu: "Acusações de abuso encerram a ascensão de uma estrela na Casa Branca" e "Imagem impecável do assessor escondia seu temperamento agressivo, dizem ex-colegas".[3]

Num comunicado, Porter disse: "Eu tirei as fotos que foram entregues à imprensa há quase quinze anos, e a realidade por trás delas não passa nem perto do que está sendo divulgado".[4]

"Pessoas estão tendo suas vidas estraçalhadas e destruídas por meras alegações",[5] tuitou Trump.

O conselho editorial do *Washington Post* acusou a Casa Branca de "fazer vista grossa para a violência doméstica" e o *New York Times* disse: "Trump parece duvidar do movimento #MeToo".[6]

Cohn se deu conta de que uma das principais influências de contenção sobre Trump não existia mais.

Após as 18h30, na noite da quarta-feira, 28 de fevereiro, Wilbur Ross, secretário de Comércio, e Peter Navarro foram até o Salão Oval e convenceram o presidente a implementar as tarifas de importação sobre o aço antes da investigação 301 ser concluída, implodindo toda a estratégia comercial. Antes, Ross havia produzido um estudo sustentando que o aumento nas importações de aço e alumínio representavam um risco para a segurança nacional, dando a Trump a autoridade para impor novas taxas sem a aprovação do Congresso.

Ross e Navarro providenciaram para que os principais executivos da indústria americana do aço fossem à Casa Branca no dia seguinte.

Quando Cohn ficou sabendo do plano, ele ligou para Kelly, por volta de dez da noite.

"Não estou sabendo de reunião nenhuma", disse Kelly. "Não tem reunião nenhuma."

"Ah, tem uma reunião, sim."

"Do que está falando, Gary?"

Cohn tentou acabar com a reunião e, por um momento, achou que havia conseguido. Mas ela acabou acontecendo.

Mais de uma dúzia de executivos apareceram no dia seguinte.[7] Numa reunião na Sala do Gabinete, Trump anunciou que havia decidido impor uma tarifa de importação de 25% sobre o aço estrangeiro e de 10% sobre o alumínio.

"Agora vocês estarão protegidos pela primeira vez em muito tempo", Trump disse aos executivos. "E vocês vão fazer suas indústrias crescerem novamente", ele prosseguiu, apesar de todos os dados que Cohn havia reunido demonstrarem que aquilo não era razoável ou nem sequer possível.

Cohn acreditava que, se eles tivessem ido até o fim no caso das violações de propriedade intelectual cometidas pela China, teriam aliados para uma ação comercial arrasadora. A maior parte do mundo estaria unida contra a China. Seu rival econômico ficaria isolado. As tarifas sobre o aço inverteram tudo isso.

Ele chegou à conclusão de que Trump simplesmente gostava de botar as pessoas para brigar. O presidente nunca havia estado à frente de um negócio no qual tivesse de planejar uma estratégia de longo prazo. Ele foi se encontrar com Trump para comunicar que estava pedindo demissão.

"Se é desse jeito que vai administrar este lugar", disse Cohn, ele iria embora. "Não me incomodo em perder uma batalha na Casa Branca desde que o protocolo e os procedimentos adequados sejam seguidos. Mas quando dois caras entram no seu escritório às seis e meia da tarde e marcam uma reunião sem que o chefe de gabinete ou qualquer outra pessoa saiba, não se trata de um ambiente em que eu consiga trabalhar."

Cohn sabia da importância de Hope Hicks, que havia sido promovida a diretora de comunicações da Casa Branca. Ele costumava convidá-la a se juntar a ele quando ia ter alguma conversa difícil com Trump. "Hope, venha comigo", ele dizia. Cohn percebera que Hicks amolecia o presidente, que o tratava de maneira diferente quando ela estava lá.

Na terça-feira, 6 de março, ele foi se encontrar com Hicks. Eles haviam elaborado uma declaração para o presidente acrescentar ao pedido de demissão de Cohn.

"Gary foi meu principal assessor econômico e fez um trabalho esplêndido em conduzir nossa agenda, ajudando a promover reformas e cortes históricos nos impostos, e soltando as amarras da economia americana mais uma vez. Ele é um raro talento, e eu agradeço pelo serviço dedicado que prestou ao povo americano."

Fizeram alguns ajustes no texto, depois levaram uma cópia impressa até o Salão Oval e se sentaram à mesa do presidente.

"Sr. presidente", disse Cohn, "hoje provavelmente é o melhor dia para eu entregar minha carta de demissão."

"Gary nos ajudou tanto", disse Hicks, suavizando o momento. "Vamos sentir muita falta dele. É uma pena. Temos que pensar em um jeito de trazê-lo de volta."

"É claro", disse o presidente. "Vamos trazê-lo de volta."

Aquilo era uma farsa do começo ao fim. Cohn constatou mais uma vez o que ele já havia dito a outras pessoas a respeito de Trump: "Ele é um mentiroso profissional".

"Tenho uma declaração aqui que aprovei com Gary", disse Hicks. "Quero que você dê seu o.k."

Trump pegou o papel e cortou uma palavra, mas, fora aquilo, deixou a declaração como estava.

"É uma perda enorme", disse Trump. "Mas vamos ficar bem. E ele vai voltar."

"Gary Cohn deixa o cargo de assessor de Trump após controvérsia sobre tarifas", a *Bloomberg* informou.[8] "Gary Cohn se demite em meio a diferenças com Trump sobre o comércio", disse o *Washington Post*.[9] "Gary Cohn pede demissão, aparentemente por causa das tarifas", disse o *Atlantic*.[10] "Gary Cohn deixa o cargo de assessor econômico da Casa Branca após perder batalha sobre tarifas", disse o *Wall Street Journal*.[11]

Mais tarde, após deixar o cargo, Cohn ficou preocupado com a instabilidade econômica que a aplicação das tarifas traria e com seu impacto sobre o consumidor. A economia americana é baseada no consumo. Se o consumidor fica inseguro a respeito do futuro da economia e do futuro de sua renda disponível, isso tem reflexos imediatos na economia e no mercado de ações.

As ações de Trump e suas crescentes ameaças envolvendo tarifas de importação eram chocantes. Cohn imaginava que o presidente devia ter consciência daquilo. "Mas ele não é homem o suficiente para admitir. Até hoje, nunca esteve errado. Tem 71 anos. Não vai admitir que está errado jamais."

Tom Bossert, assessor de segurança interna, cibersegurança e contraterrorismo do presidente, foi até o Salão Oval na primavera de 2018 e o encontrou em sua sala de jantar privativa.

"Tem um minuto, senhor?", perguntou Bossert, um advogado e especialista em segurança de 43 anos.

"Quero assistir ao Masters", disse Trump. Ele havia gravado com seu TiVo o torneio do Augusta National Golf Club, o mais famoso do mundo, e estava vidrado naquilo.

Bossert, mais um dos assessores de alto escalão que tinha acesso ao Salão Oval mesmo durante a era de Kelly, convidou a si mesmo para se sentar e ver também.

O advogado sabia que os Estados Unidos já estavam num estado constante de guerra cibernética de baixa intensidade com adversários estrangeiros bastante avançados, como a China, a Rússia, a Coreia do Norte e o Irã. Tais países tinham a capacidade de cortar a energia elétrica de cidades americanas, por exemplo, e a única coisa que poderia impedi-los seria deixar bem claro que um ataque cibernético de grandes proporções não seria respondido apenas com revide cibernético.

A força total do Exército americano, incluindo suas armas nucleares, teria um papel central na intimidação. Bossert gostava de dizer, e dizia bastante, que o uso de qualquer elemento de força nacional estaria justificado naquela situação. Os Estados Unidos tinham muita coisa a perder em um ataque cibernético de grandes consequências. Bossert repetia aquilo com tanta frequência que o presidente parecia entender, mas o significado daquela declaração — o uso de armas nucleares como elemento de intimidação cibernética — ainda não havia se tornado parte do debate público.

"O que está acontecendo?", Trump perguntou enfim.

"Estou vindo falar com o senhor mais uma vez porque vou aparecer na TV", disse Bossert. "No novo programa da ABC, *This Week*. A questão do comércio com a China vai vir à tona." Assim como a questão cibernética.

"Você e essa sua cibernética", disse Trump. "Vai acabar me botando numa guerra com toda essa sua porcaria cibernética."

"O ponto é esse, senhor. Estou tentando usar elementos de poder nacional para inibir o mau comportamento on-line. E isso me coloca bem no centro de todas as decisões que está tomando. É por isso que estou aqui. O senhor está no meio de uma negociação pessoal com o presidente Xi. Acaba de aumentar a aposta em 150 bilhões"[12] com suas ameaças de impor tarifas de importação sobre a China. "Muito bem. Como quer que eu lide com isso na TV? Não quero ir lá e dizer algo que vai deixar o senhor furioso."

Trump vibrou com aquele pedido para fornecer dicas sobre como se portar na televisão, e aproveitou para destilar um pouco de sua sabedoria. Ele adorou aquilo.

"É assim que você vai fazer", disse Trump, agitando os dedos no ar. "Tom, você está pronto? Você sobe lá. Você diz..." Ele ficou pensando, tentando formular a frase perfeita. "Você diz pra eles que nunca viu... Não, espera. Primeiro você diz pra eles: 'Trump está falando muito sério'. É o que você vai dizer pra eles. Está pronto?"

As mãos e os dedos de Trump se ergueram novamente. "Você fala dos 150 bilhões pra eles. Espera! Você diz que 150 bilhões não são nada. Ele está disposto a subir pra 500 bilhões porque está cansado de ser maltratado. Isso é o que você vai dizer pra eles!"

Trump continuou com seus dedos animados. "Está pronto? Isso é o que você vai dizer pra eles."

"Certo", disse Bossert. "Você quer que eu pegue pesado?"

"É pra pegar pesado!", Trump disse, com entusiasmo. "Se não fosse domingo, teria que fechar os mercados. É pesado nesse nível que vai pegar."

Os dedos voltaram a se erguer. "Opa! Espera aí! Depois você diz: 'Não se preocupem com isso'. Olha aqui, presta atenção, aí você faz assim." Trump deu algumas dicas de gestual, como se fosse um diretor de uma peça, com uma mão erguida para causar intensidade dramática. "Daí você diz: 'Tudo vai ficar bem, porque a relação que Trump tem com Xi é muito...'." Uma pausa. Um refinamento. "É a melhor." Espera! "Você nunca viu uma relação tão boa entre dois presidentes na sua vida. Talvez jamais veja. Você está pronto?", Trump perguntou.

Bossert ficou pensando que lembraria aquele script e o show de Trump por muito tempo, talvez pelo resto de sua vida. Era a maneira de Trump dizer: pode pegar pesado, estou disposto a sair no braço. Não estamos sendo bem tratados.

"E não se preocupe com a soja", continuou Trump. Os chineses tinham anunciado que retaliariam com tarifas de importação sobre produtos agrícolas norte-americanos, entre outras coisas.[13] Usando a terceira pessoa, o presidente disse: "Se Trump precisar, vai comprar mais soja, caramba. Ele vai comprar dos seus próprios agricultores pra não deixar os chineses o fazerem de bobo. Mas aí você diz pra eles: 'Vai ficar tudo bem. Ele e Xi vão chegar num acordo. Num acordo excelente. O melhor que já viram'".

"Então você quer que eu pegue pesado e leve?", Bossert perguntou. Pesado a respeito da sua determinação e leve na relação com Xi.

"Isso."

Bossert falou sobre cibernética mais uma vez.

"Ah, pelo amor de Deus", disse Trump. "Se tem mesmo que falar sobre essa coisa cibernética, tudo bem."

Bossert notou que Trump queria que ele se concentrasse no comércio. "Vou fazer o seguinte: isso é uma disputa comercial, não uma guerra comercial. Existe um déficit comercial. Nos anos 1980, tivemos uma disputa comercial com o Japão e éramos aliados ao mesmo tempo."

"Perfeito!", disse Trump. "Você entendeu. Fala essa merda aí, soa bem, e depois fala o que eu te disse. E aí vai ficar tudo bem." Aparentemente na tentativa de dissipar qualquer ansiedade, ele acrescentou: "Tom, você vai se sair muito bem".

Depois daquilo, Bossert enfiou a cabeça dentro do escritório de Kelly, só por cortesia, para dizer que recebera um treinamento do presidente sobre como se portar na TV e que não tinha nada de relevante para relatar. Kelly acenou para ele ir embora. Bossert ficou com a impressão de que o chefe de gabinete parecia um homem resignado, que havia perdido muito do seu prestígio e, em grande parte, entregara os pontos.

Bossert estava pronto para falar daqueles assuntos, mas Martha Raddatz, da ABC, resolveu se concentrar na segurança de fronteira.[14] Trump havia dito que pretendia enviar de 2 mil a 4 mil soldados da Guarda Nacional para a fronteira sul. Aquele era o assunto do dia, impulsionado pelo comentário de Trump. Ela não perguntou nada sobre a China.

Bossert ficou decepcionado, porque ele estava "pronto!" para passar a mensagem de determinação de Trump e a sua extraordinária proximidade com o presidente da China.

42

Pelo resto de fevereiro, Dowd não ouviu muita coisa. Ele achou que Mueller e Quarles estavam se preparando para pôr uma carta na mesa. Uma reunião finalmente foi agendada para as duas da tarde da segunda-feira, dia 5 de março, no escritório de Mueller.

Ele estava acompanhado de Quarles e de outros três procuradores.

Dowd foi com Sekulow e outro advogado. Logo ficou evidente que tinham ideias diferentes sobre o propósito daquele encontro.

"Bom", disse Mueller, "acho que é isso aí."

"Do que está falando?", Dowd perguntou. "Onde estão as perguntas?"

"Eu não sei", disse Mueller, como um jogador de pôquer no meio de uma partida.

"Jim disse que era o que ia acontecer aqui."

"Bom, eu não sei", Mueller disse mais uma vez. "Está parecendo que vocês não querem testemunhar."

"Diante das circunstâncias, você está certo."

"Bom, sabe como é", disse Mueller. "Eu sempre posso pedir uma intimação de júri."

"Porra, então vai lá e pede!", disse Dowd, batendo na mesa. "Mal posso esperar para entrar com a porra de uma moção para revogar essa merda. E quero só ver qual crime vai dizer ao juiz que foi cometido. Quero só ver você explicar."

Dowd disse que Mueller tinha todas as provas de que precisava. "Minha moção vai incluir tudo que demos a vocês, incluindo os depoimentos de 37 testemunhas. Incluindo o 1,4 milhão de documentos com todos os destaques sublinhados nas conversas mais íntimas do presidente. Quero que você diga a esse juiz que precisa de uma intimação de grande júri, que, por sinal, jamais foi solicitada na história deste país para um presidente.

E que não existe nenhum presidente desde Thomas Jefferson que tenha sido tão transparente."

Dowd prosseguiu: "Quer partir pra guerra? Então vamos. Vou contar ao presidente que você ameaçou recorrer a um grande júri para pedir uma intimação. 'Então, sr. presidente, se não prestar depoimento, vou arrastar o senhor até lá à força, na frente do público, com uma intimação de grande júri. Vamos fazer uma audiência.' Aliás, Bob, nenhuma dessas provas foi apresentada ao grande júri. Então quero que você explique isso para o juiz, porque nenhuma dessas provas foi apresentada ao seu grande júri ainda".

Dowd acreditava que as principais provas estavam nos depoimentos e nos documentos. E apenas em casos muito raros aquele tipo de evidência havia sido apresentada ao grande júri.

"John, está tudo bem", disse Mueller, tentando acalmá-lo.

"Bob, você está ameaçando o presidente dos Estados Unidos com uma intimação de um grande júri quando ele não é o alvo das investigações. Quase não é nem um dos envolvidos. Ele é, essencialmente, uma testemunha. E é isso que vou falar pro juiz. Que ele não tem nenhuma responsabilidade criminal até o dia 5 de março de 2018", a data em que eles estavam se encontrando. "Nenhuma. E vou dizer para o juiz que não vou deixar você fazer esse joguinho. Não vou deixar que teste a capacidade do presidente se lembrar de algo que não é crime. E eu perguntei a você, Bob. Foi você quem quis comprar essa briga. Isso é que é reciprocidade. Quero que me mostrem onde está o conluio. E não me venham com aquela reuniãozinha de merda em junho", disse Dowd, referindo-se ao encontro de Donald Trump Jr. com um advogado russo na Trump Tower.

"Não tem nada. Não tem conluio nenhum. E a obstrução? É uma piada. A obstrução é uma piada. Flynn? Quer dizer, Yates e Comey não acharam que ele estava mentindo. E, por sinal, ele disse, no memorando do conselho da Casa Branca, que os agentes haviam dito a ele que seu caso tinha sido arquivado. Quer dizer, Flynn acreditava que ele não representava nenhum risco. Isso mesmo. Nenhum."

Dowd continuou: "Mal posso esperar para ler seus documentos. Bom, vou mandar os meus antes. E, por sinal, pode me mandar a intimação. Eu aceito".

"John", disse Mueller, "não estou querendo fazer uma ameaça. Só estou pensando nas possibilidades aqui."

Dowd deu uma pirueta e assumiu uma postura mais amigável. "Outra possibilidade é você me mostrar as perguntas. Temos uma relação de confiança mútua. Confiei em vocês. Vocês confiaram em nós. Nunca os decepcionamos. Bob, a coisa mais importante pra você não é descobrir a verdade? E todos nós estamos trabalhando para você."

Dowd decidiu dar um passo extraordinário. "Não tenho segredos com vocês", disse. "Então vou contar sobre uma conversa que tive com o presidente dos Estados Unidos sobre o depoimento." Ele mencionou três das perguntas que havia feito a Trump na residência da Casa Branca. Na terceira ele não sabia nem do que estava falando. "Ele simplesmente inventou alguma coisa. Essa é sua natureza."

Dowd percebeu que tinha toda a atenção de Mueller.

"Jay", ele disse a Sekulow, "você é o presidente. Eu sou Mueller. Tudo bem?" Eles encenariam o que Dowd havia testemunhado com o presidente. "Vamos falar sobre Comey." Dowd perguntou sobre uma das conversas que Trump tivera com Comey. A resposta de Sekulow foi um clássico de Trump: tirada do nada, cheia de contradições, coisas inventadas, raiva. Uma performance perfeita. Um Trump perfeito.

"Te peguei, 1001, te peguei!", disse Dowd, batendo na mesa, referindo-se à seção da legislação americana que versa sobre declarações falsas. "Te peguei!"

Dowd fez outra pergunta simples para Sekulow, que ainda estava interpretando Trump.

"Não sei", disse Sekulow. "Não sei. Não sei."

"Jay", disse Dowd, "quantas vezes ele disse 'não sei' quando a gente falou com ele?"

"Ah, umas doze, vinte."

"Bob", Dowd disse a Mueller, "esse é meu ponto. Você está me pedindo para sentar ao lado de um presidente que vai receber uma terceira pergunta e cagar tudo. Depois disso, como vou aconselhar o cara, ele não vai saber nem se lembrar de mais nada. Então vai dizer 'eu não me lembro' vinte vezes. E eu estou dizendo, Bob, ele não se lembra. E, por sinal, se você quiser, eu trago o general Kelly aqui para dizer que ele não se lembra. E o motivo pelo qual ele não se lembra é muito simples. Esses fatos e esses eventos não tinham grande importância em sua vida." A maioria havia acontecido bem no começo do mandato.

"De repente ele tinha virado o chefe. Mas estava recebendo informações de todos os lados, inclusive da mídia, todos os dias. Uma tonelada de coisas. E o fato é: eu não quero que ele pareça um idiota. Não vou sentar ali do lado dele e deixar que pareça um idiota. Se essa transcrição vier a público, porque tudo vaza aqui em Washington, e os caras no exterior começarem a dizer: eu não disse que ele era um idiota? Eu não disse que ele era um imbecil? Por que estamos negociando com esse idiota? Ele nem consegue se lembrar de A, B ou C sobre seu diretor do FBI."

Dowd estava ciente de que havia demonstrado que o presidente era "claramente incapacitado".

"John, eu entendo", disse Mueller.

"Bom, Bob, o que você quer saber? Me fala uma pergunta que ninguém tenha respondido ainda."

"Bom, eu quero saber se ele tinha má-fé."

"Bob, você acha que ele vai dizer que sim? Porque, em nome dele, posso afirmar que não. Se quiser um documento por escrito em que o presidente diga que não teve má-fé, eu arrumo pra você."

"Me deixa pensar nisso", disse Mueller. "Eu detestaria achar que você está tentando nos manipular aqui."

"Espera um pouquinho", disse Dowd. "Porra, me dá um tempo. Tenho uma ficha impecável aqui. Pergunte a Jim Quarles se já tentei manipulá-lo. Teve alguma coisa que eu disse a você que não era correta?"

Não, respondeu Quarles. "John é um dos melhores advogados com os quais lidamos."

Dowd começou a achar que Mueller não conhecia os fatos do caso.

Graças a um acordo de defesa conjunta com cerca de 37 testemunhas, Dowd havia tido acesso aos depoimentos que haviam prestado aos advogados.

"Alguém mentiu?", perguntou Dowd.

"Não", disse Mueller.

"Alguém destruiu algum documento?"

"Não", disse Mueller.

"Posso dizer que você está atrás de respostas boas e confiáveis?"

"Sim."

"Então me mostre as perguntas", disse Dowd, "e vou analisar e dizer se temos como responder." O presidente daria as respostas, uma ou duas linhas para cada pergunta. "Seria uma troca justa", ele prosseguiu. "Você me mostra as perguntas para eu saber o que está passando pela sua cabeça."

O general Kelly poderia colocar Mueller, toda a sua equipe e um escrivão dentro da Casa Branca sem que ninguém ficasse sabendo. "Vamos fazer um roteiro." O presidente estaria sob juramento. "Vamos fazer as coisas como queremos. Mas o que diremos será a verdade, do nosso ponto de vista. O que o presidente dirá será a verdade do ponto de vista dele, com a ajuda de um assessor. Então ou vai ser isso, ou você vai ficar lá sentado enquanto a gente o interrompe durante seis horas, ou ele simplesmente vai ficar respondendo 'eu não sei'."

Os membros da equipe de Mueller começaram a sacudir a cabeça, deixando bem claro que aquilo nunca havia sido feito. De jeito nenhum. Aquilo não existia.

"Deixa eu pensar se devo ou não mostrar algumas perguntas a você", disse Mueller.

Dowd lembrou a todos que, em julho ou agosto, quando Trump havia atacado Mueller e Sessions, Mueller havia entrado em contato com Dowd e dito: "Estou com um problema, você pode dar uma passada aqui?". Mueller dissera: "Tem pessoas aqui que estão se recusando a prestar depoimento que não teriam motivo para fazer isso. Elas não têm nenhuma culpa no caso. Mas estou achando que, por causa da atmosfera criada, sentem que estarão sendo desleais se testemunharem".

E Dowd havia dito a ele: "Bom, irei a público dizer que queremos que todo mundo coopere. O presidente está cooperando. Estamos cooperando cem por cento. E encorajamos todo mundo a fazer o mesmo". Dowd e Cobb foram citados na imprensa dizendo que Trump e a Casa Branca "seguiriam cooperando totalmente".[1]

Como havia feito em todas as outras reuniões, Dowd disse: "É o país que está em jogo aqui". O presidente precisava fazer seu trabalho e não tinha tempo para aquela investigação. Havia tensões muito mais sérias no mundo, até mesmo dramáticas — como aquelas com a Coreia do Norte, o Irã, o Oriente Médio e a China.

"Estou perfeitamente ciente de tudo isso", Mueller respondeu. "E estou fazendo o melhor que posso aqui."

"Por que você não nos mostra essas perguntas?", Dowd pressionou.

Mueller não gostou daquilo.

Dowd sabia que estava se arriscando e provocando Mueller ao ameaçar entrar numa batalha contra uma intimação de grande júri. Aquele era seu plano: passar a mensagem de que, se Mueller resolvesse levar tudo ao grande júri, as coisas seriam daquele jeito. Ele encheria suas moções de provas. E o juiz distrital passaria duas semanas analisando tudo.

Dowd tentou passar a mensagem a Mueller da maneira mais incisiva possível. "E você vai ter que ficar de pé na frente do tribunal e dizer ao juiz por que quer botar o presidente dos Estados Unidos perante um grande júri. Bob, como você sabe, já lidei com casos assim. E eu não passaria nem perto de um grande júri com o presidente dos Estados Unidos."

Ele ainda tinha um último argumento. Atacou dizendo que o que a equipe de Mueller fazia era preparar armadilhas de perjúrio. "Vocês fizeram isso com Flynn, fizeram com Gates, fizeram com [George] Papadopoulos", um ex-assessor de campanha.[2] "Esse é o jogo que vocês jogam." Rick Gates, um parceiro comercial de Manafort e vice-presidente da campanha de Trump, tinha um dos melhores advogados dos Estados Unidos sentado ao seu lado e mesmo assim mentiu. "Vocês não deram tempo pra ele se preparar. E agora o cara cometeu um crime. Bob, foi exatamente isso que eu disse ao presidente: é isso que vão tentar fazer com você num interrogatório."

Dowd achava possível, até mesmo provável, que tinha alguma coisa que ele não sabia ali. "Bob, vocês estão tensos por algum motivo. Deve ter alguma coisa rolando." Talvez você desaprove o comportamento do presidente. "Mas você não tem um caso sólido." O que quer que eles tivessem, disse Dowd, "pode espalhar aos quatro ventos, pelos quatro cantos. Eu não me importo".

Mueller se sentou com uma expressão impassível — marmórea, gelada. Ele tinha muito autocontrole. Reunião encerrada.

Às cinco da tarde, Dowd e Sekulow se encontraram com o presidente na sala de jantar ao lado do Salão Oval.

"Como foi?", Trump perguntou.

"Sr. presidente", disse Dowd, "isso é um absurdo."

"Ah, meu Deus", disse Trump. A reação de Dowd à reunião com Mueller passou uma impressão tão negativa que o presidente demonstrou preocupação de estar realmente encrencado.

"Não", disse Dowd. "Você nunca respeitou Mueller de verdade. Você diz que tem uma intuição muito boa, embora eu nunca tenha comprado essa história. Agora, uma coisa eu preciso lhe dizer: acho que sua intuição pode estar certa. Ele não está mesmo preparado. Como é que estamos voltando para cá sem nada?"

Uma semana depois, em 12 de março, Dowd e sua equipe se reuniram mais uma vez com Mueller e sua equipe. Ele tinha uma esperança ínfima de que Mueller fosse dizer que estava inclinado a rejeitar o processo e que só precisava de um depoimento por escrito do presidente endereçado a Rosenstein, o subprocurador-geral.

A equipe de Mueller, Quarles e outras três pessoas ditaram 49 perguntas enquanto Jay Sekulow tomou notas.[3] Praticamente todas eram a respeito das atitudes, opiniões, tomadas de decisão ou conclusões de Trump sobre os personagens principais, como Flynn, Comey e Sessions. Algumas eram sobre Donald Jr. e o famoso encontro na Trump Tower, e a oferta de um advogado russo de fornecer informações desabonadoras sobre Hillary Clinton. Outras eram sobre o mercado imobiliário na Rússia.

A ampla gama de tópicos confirmava o que a imprensa vinha especulando sobre quais seriam os alvos das investigações de Mueller.

Isso é bobagem, Dowd pensou. Perguntas que um aluno do segundo ano de direito formularia. Muitas delas já tinham sido respondidas. Mas era claro que colocar Trump para respondê-las seria uma catástrofe, porque ele poderia simplesmente explodir e acabar dizendo qualquer coisa. De certa maneira, Dowd achou que aquela gama tão ampla de assuntos sugeria que Mueller não tinha nada, e estava apenas tentando fisgar alguma coisa. Preparar uma armadilha de perjúrio para alguém tão volátil quanto Trump era uma brincadeira de criança.

"Vocês não têm nenhum caso sólido aqui", Dowd disse.

"Preciso do depoimento do presidente", disse Mueller. "Qual era sua intenção com Comey?"

"Não sei se você pode fazer essa pergunta de acordo com a Constituição", Dowd disse. A possibilidade de usar a carta dos poderes conferidos ao presidente pelo Segundo Artigo era conhecida havia muito tempo, até mesmo por Comey.

"Eu quero saber se ele tinha má-fé", Mueller repetiu. Aquele era o cerne da questão. Os estatutos da obstrução não consideravam atos isolados específicos como ilícitos. Eles deveriam ter sido cometidos "desonestamente" ou "deliberadamente", com a intenção de obstruir a justiça. O estado de espírito era fundamental ali. Por que o presidente havia agido da maneira como agira? Era o motivo pelo qual Mueller queria que o presidente prestasse um depoimento, acreditava Dowd.

"Você tem alguma pova de que ele foi pago pra fazer isso?", Dowd perguntou. Receber um pagamento por uma atividade ilegal, forçar alguém a cometer perjúrio ou destruir provas geralmente são os elementos necessários para caracterizar uma obstrução. Gravações, depoimentos de testemunhas sob juramento ou documentos são as melhores provas. A não ser que os procuradores consigam uma confissão do alvo das investigações, a menos que ele próprio tropece em suas próprias palavras, algo que Dowd tinha certeza de que o presidente faria.

"Seu próprio subprocurador-geral é uma testemunha a favor do presidente", disse Dowd. Rosenstein havia escrito um memorando pressionando para que Comey fosse demitido por sua conduta no caso dos e--mails de Clinton.

"Na verdade, ele [Rosenstein] pegou a carta de quatro páginas do presidente e a reescreveu. Caso encerrado. E aí você tem o procurador-geral. E tem o vice-presidente. E tem McGahn, e todo mundo em volta do presidente. E tem o comportamento de Comey, que tanto o vice quanto o procurador-geral condenaram no caso Clinton."

Dowd prosseguiu: "Quanto à intenção, todos os documentos e depoimentos" respondem a essa pergunta. "Você perguntou às testemunhas o que ele [o presidente] disse e o que fez e quando. Imagino que tenha construído uma sucessão de eventos." Aquilo era mais do que necessário para demonstrar as intenções do presidente.

Mueller não caiu naquela conversa.

Dowd e Sekulow deixaram o prédio.

"O que você acha?", Sekulow perguntou.

"Ele não vai testemunhar", disse Dowd. Tinha sido um delírio completo imaginar que Mueller ia rejeitar o processo.

Dowd acreditava que poderia usar a seu favor uma decisão tomada pela Corte de Apelação na investigação independente de Mike Espy, o secretário de Agricultura de Bill Clinton. A corte havia decidido que o privilégio executivo se aplicava tanto ao presidente quanto aos seus assessores. Procuradores que quisessem derrubar a imunidade deveriam provar que os materiais solicitados continham evidências importantes que não estavam disponíveis em nenhum outro lugar.

A corte decidiu que os procuradores deveriam demonstrar que a matéria investigada era um crime grave, e que ninguém além da testemunha intimada em questão poderia responder sobre ele.

Dowd e Sekulow foram se reportar a Trump.

"Agora eu tenho uma ideia completamente diferente sobre Mueller", Dowd disse a Trump. O presidente estava certo. "Não confio nele."

As 49 perguntas incomodaram Dowd. Por que não apenas cinco?

Por que não fazer nenhuma deferência ao presidente dos Estados Unidos, que não tinha tempo para se preparar para responder a perguntas em meio a tantos problemas mundiais? Dowd disse que aquilo reforçou a decisão de que o presidente não deveria prestar depoimento.

"É", disse Trump. "Eles têm as respostas para todas essas perguntas."

Cobb começou a fazer declarações em público de que o presidente queria muito testemunhar e responder a algumas perguntas.

"Sr. presidente", disse Dowd, "não são algumas. Tem 49 delas. Esse não foi meu conselho."

"O que as pessoas vão dizer?", Trump perguntou. "Como é que vai parecer quando sair na imprensa?"

"Isso é uma armadilha. Eles não têm um motivo legal nem constitucional para falar com o senhor." Dowd mencionou advogados que haviam representado Trump no passado. "Se não está acreditando no que eu estou dizendo", ligue para eles.

No final de março, Trump ligou para Dowd de dentro do Força Aérea Um. "Você precisa seguir o meu conselho", disse Dowd. "Ou vai acontecer um desastre enorme. Você não tem como se dar bem com essas perguntas. Lembra aquela reunião em que leu nossa carta? Lembra como estava confortável com ela, como entendeu nossa estratégia? Esse caso já está ganho, não precisamos fazer nenhum esforço. Você mesmo concordou que as 49 perguntas já foram respondidas. Você tem gente aqui que as respondeu. Tem advogados que as responderam. Tem uma equipe. Quer dizer, Priebus, Bannon, todos eles prestaram depoimentos aceitáveis para o procurador especial. Ele não teve problema nenhum com eles."

Dowd prosseguiu: "Não tem veneno nesse poço. Ninguém mentiu. Não tem nenhum documento faltando. Nenhum presidente na nossa história fez o que você fez. Por que não pode se orgulhar e se contentar com isso?".

Então sugeriu: "Recomendo que tornemos tudo isso público. Informamos educadamente a Bob que você não vai prestar um depoimento, por motivos óbvios e por motivos constitucionais, e que está simplesmente protegendo seu cargo para os seus sucessores. Se testemunhar, estaremos diante de décadas de armadilhas para obrigar o presidente a testemunhar sob juramento. Vai ser o novo joguinho deles. Especialmente quando não houver crime nem base. Entendeu?".

As investigações do Irã-Contras sobre Reagan, as de Whitewater e Lewinsky sobre Clinton e as de Watergate sobre Nixon envolviam, todas, atividades criminais, ele disse. "E, por sinal, se tivessem ocorrido atividades criminais que sua Casa Branca pudesse ajudar a esclarecer, não tenho dúvida de que você colaboraria. E de que se alguém perguntasse se um membro da sua equipe fez algo errado e você tivesse presenciado algo, seria uma ótima testemunha. Daria seu depoimento. Mas não é o caso aqui. Todas as perguntas já foram respondidas."

Dowd finalmente encerrou seu argumento: "Você está quebrando minhas pernas aqui. Estou tentando ser um bom advogado".

"Você é um bom advogado", disse Trump. "É um ótimo advogado."

"Como seu advogado, como um oficial da lei, não posso ficar sentado ao seu lado e fazer você responder a essas perguntas quando sei muito bem que não é realmente capaz disso."

Dowd queria distorcer aquilo o máximo que pudesse, queria dizer: isso não é sua culpa. São ossos do ofício. Sabia que, naquele confronto, não poderia ser ofensivo. Não poderia dizer o que sabia que era a verdade: "Você é um puta mentiroso". Aquele era o problema.

Então disse: "Você realmente tem certa dificuldade em se concentrar num assunto. E isso pode te derrotar. Se tentar chamar a responsabilidade para si, se cometer algum deslize numa declaração, adeus. Vai ser que nem Mike Flynn não conseguindo se lembrar da conversa com Kislyak".

Trump ligou para seu advogado, mais uma vez do Força Aérea Um.

"Você está feliz?", perguntou o presidente.

"Não", disse Dowd. "Não estou feliz. Estou com a porra do coração partido. Me sinto como se tivesse fracassado. Fracassei como seu advogado. Não fui capaz de te persuadir a seguir meu conselho. Não sou diferente de um médico. Conheço suas moléstias. Conheço suas dificuldades. Eu lhe dei uma receita que tenho certeza de que vai lhe fazer bem. Lembre que a primeira regra é não lhe fazer mal. É nesse ponto que estamos. E, se eu for até lá, me sentar ao seu lado e deixar que faça algo que eu acho que é ruim para você, que vai te encrencar mais, então é melhor eu simplesmente entregar minha licença. Talvez exista algum advogado que faça vista grossa para tudo isso."

"Eu sei disso. John, eu sei que está frustrado."

"Estou mesmo. E não me importo de dizer que me arrependo do dia em que indiquei Ty Cobb. Não acredito que ele me dinamitou desse jeito."

"Bom", disse Trump, "eu pedi a ele" para fazer uma declaração, mostrando que o presidente não tinha medo de testemunhar.

"Ele deveria ter recusado. É um funcionário do governo. E, por sinal, eles podem chamar Cobb para depor. Ele não tem privilégio de advogado e cliente com você."

"Jesus", disse Trump, parecendo preocupado, "Eu falei muita coisa pra ele."

"Eu queria poder convencer você", disse Dowd. "Não testemunhe. É isso ou um uniforme de presidiário. Se quando chegar a hora de decidir você resolver ir adiante com isso, não poderei estar ao seu lado."

"Você está pulando fora", disse Trump. "Como é que pode me abandonar desse jeito?"

Era uma questão de princípios, disse Dowd, e da obrigação que um advogado tem de proteger seu cliente.

"Eu queria que você ficasse. Você é um ótimo advogado."

Dowd sabia que aquilo era besteira. Mas era um dos paradoxos de Trump. Eles podiam ter uma enorme discussão, mas, quando tivesse terminado, fosse pelo telefone ou em pessoa, Trump sempre diria obrigado. Agradeço por tudo o que está fazendo.

Numa vida inteira dedicada ao direito, Dowd talvez houvesse tido cinco clientes que soubessem expressar sua gratidão de forma tão gentil.

Sekulow e Cobb ligaram para Dowd para reclamar que o presidente não estava respondendo e fugia das reuniões. Eles precisavam que Dowd ligasse para Trump.

"Sr. presidente", disse Dowd, numa ligação no dia 21 de março, por volta das dez da noite.

"Oi, John", disse Trump. Ele foi muito simpático. E estava tranquilo.

"Lamento incomodar, mas Ty e Jay me ligaram." Estão querendo uma resposta sobre a questão do depoimento.

Trump disse que havia decidido prestar depoimento. Ele era capaz de lidar com Mueller. "John, foi isso que decidi. Desculpe se não concorda."

"Bem, não é meu trabalho concordarmos. Meu trabalho é cuidar de você. E se começar a seguir seus próprios conselhos vai se meter em apuros. Nem eu sigo meus próprios conselhos."

"Você tem advogados?"

"Mas é claro. Com todas as merdas que já passei? É claro que tenho advogados."

"John, foi isso que eu decidi", Trump repetiu. "Acho que o presidente dos Estados Unidos não pode se esconder atrás da quinta emenda."

"Podemos fazer uma apresentação muito melhor do que esta. Por sinal, eu acrescentaria uma coisa. Acho que deveríamos informar os principais líderes do Congresso sobre isso antes de ir a público." Pegue todos os depoimentos e documentos e apresente o caso a eles antes de se envolver numa batalha num tribunal. "Diga a eles por que não vai prestar depoimento. Se mostrarmos tudo isso a eles..."

"Não é uma má ideia", disse Trump. "Mas, John, os caras não vão ficar contentes se eu não prestar depoimento." Ele não disse quem eram "os caras", mas Dowd sabia que ele estava se referindo à sua base, às multidões que iam aos seus comícios, aos espectadores da Fox News, a todos os deploráveis.

"E o que eles vão pensar quando Mueller fizer uma acusação formal por conta de uma violação da seção 1001?", perguntou Dowd, referindo-se a declarações falsas.

"Não, não, sou uma boa testemunha. Vou ser uma testemunha excelente."

Dowd sabia que aquilo era ilusão, uma besteira completa. Um dia ele havia contado ao presidente uma história sobre um colega advogado na Flórida que havia colhido um depoimento de Trump. Quando o advogado lhe perguntou o que ele fazia para viver, Trump levou cerca de dezesseis páginas para responder.

"Você não é uma boa testemunha", Dowd disse mais uma vez. Algumas pessoas simplesmente não são. Dowd deu um exemplo. "Você se lembra de Raj Rajaratnam?"

"O cara dos hedge funds." Trump se lembrava dele. Dowd havia representado Rajaratnam, o bilionário fundador do Galleon Group que havia sido considerado culpado em 2011 pelo uso de informações privilegiadas e sentenciado a onze anos de prisão.[4]

"Um cara brilhante", disse Dowd. "Se você sentasse à mesa e conversasse com ele, diria que é um dos caras mais inteligentes e eloquentes que já conheceu. Ele consegue falar sobre qualquer coisa. Quando estava se preparando para testemunhar, só durante cinco minutos, por causa de uma moção, ele se mijou de medo. De repente, ficou tão nervoso. Quer dizer, ele nem conseguia... E quando eu falava diretamente com ele, mal conseguia lembrar o próprio nome. Essa é a natureza da coisa, e eu sou especialista nela."

Dowd prosseguiu: "Eu lamento, mas acho que simplesmente não posso ajudar você".

Ele disse ao presidente que tinha todos os motivos para ficar enfurecido com Mueller.

"Eles não vão conseguir fazer você sofrer um impeachment. Porra, está de brincadeira? São um bando de covardes, todos eles. A mídia, o Congresso. São uns pusilânimes. Qual vai ser o motivo do impeachment? Pelo uso do Segundo Artigo? Hã? Eu quero só ver o presidente da Câmara levar isso para o Comitê de Regras e o Comitê Judiciário."

É a imprensa, disse Trump. "Eles estão me matando."

"Foi você quem se recusou a fornecer seus dados sobre o imposto de renda. Já venceu o primeiro round. Eles estão mordidos. Eles te odeiam. Te odeiam muito."

O que a imprensa quer?, Trump perguntou.

"Vou tirar as credenciais de todos eles. Vou expulsar os merdas daqui. Acho que eles não têm o menor direito de vir até a Casa Branca e se comportar do jeito como estão se comportando."

Trump disse que aquela era sua vontade. "Mas sempre negam minha vontade, John. Eles" — Hope Hicks e Kelly — "negam minha vontade sempre que eu quero tirar a credencial de alguém."

A imprensa, Mueller e o Congresso, disse Dowd, "a gente precisa mandar todos se foderem. E você precisa voltar a ser o presidente dos Estados Unidos. Porque comparado a tudo o que faz todos os dias, isso é uma mosca na bunda de um elefante. Temos que tratar dessa maneira e seguir em frente". Dowd considerou aquele seu argumento final.

"Você é uma pessoa excelente", disse Trump. "Obrigado. Desculpe por fazer você ficar acordado até tão tarde."

Na manhã seguinte, Dowd disse à sua esposa, Carole: "Estou fora". Ele ligou para o presidente e disse que estava se demitindo. "Lamento por isso. Eu te amo. Te defendo. Só desejo o melhor para você. Mas, se não vai seguir meus conselhos, não posso representar você."

"Entendo sua frustração", disse o presidente. "Você fez um ótimo trabalho."

"Se tiver alguma outra coisa que eu possa fazer por você, pode me ligar a qualquer hora."

"Obrigado."

Dois minutos depois, o *New York Times* ligou para Dowd, e o *Washington Post* também. Ele conseguia imaginar Trump pegando o telefone e ligando para Maggie Haberman, do *Times*. "Maggie? Aquele merda do Dowd acaba de se demitir." Trump gostava de ser o primeiro a dar uma notícia.

Pelo menos Dowd tinha a sensação de ter se adiantado à situação, de ter pedido demissão antes de ser demitido e escorraçado.

Ele permanecia convicto de que Mueller jamais tivera um caso sólido sobre os russos ou sobre uma obstrução de justiça. Seu objetivo era preparar uma armadilha de perjúrio. E, fazendo uma autoavaliação brutalmente sincera, acreditava que Mueller havia feito tanto ele quanto o presidente de tolos, para conseguir sua cooperação com as testemunhas e com os documentos.

Dowd ficou decepcionado por ter sido manipulado daquele jeito.

Após 47 anos, conhecia bem o jogo e os procuradores. Eles fabricavam casos. Com todos aqueles depoimentos e documentos, Mueller poderia costurar alguma narrativa que parecesse ruim. Talvez tivessem uma informação nova e comprometedora, como ele agora suspeitava mais do que nunca. Talvez algumas testemunhas, como Flynn, pudessem ter mudado seu depoimento. Aquelas coisas aconteciam, e tinham o poder de mudar o jogo dramaticamente. Ex-assessor importante sai ileso, admite ter mentido, entrega o presidente. Dowd não contava com aquilo, mas ele tinha que se preocupar e considerar a possibilidade.

Algumas coisas estavam claras, mas muitas outras não, naquela investigação tão emaranhada e complexa. Não havia nenhuma radiografia perfeita, nenhuma gravação, nenhuma planta baixa. Dowd acreditava que o presidente não havia feito um conluio com a Rússia nem obstruído a justiça.

Mas naquele homem e em sua presidência, Dowd havia enxergado uma imperfeição catastrófica. Entre todas as ferramentas que utilizava no debate político — as evasões, as negações, os tuítes, as omissões, as acusações de notícias falsas e a indignação —, Trump tinha um problema primordial que Dowd sabia muito bem qual era, mas que jamais seria capaz de dizer ao presidente: "Você é um puta mentiroso".

Agradecimentos

Este é meu 19º livro com Alice Mayhew, minha editora na Simon & Schuster, em 46 anos. Alice compreendeu de imediato, em meio às controvérsias e investigações envolvendo o governo Trump, a importância de descobrir o que ele de fato fez como presidente em termos de política externa e interna. Foi o envolvimento total e brilhante de Alice que deu origem ao conceito, ao ritmo, à estrutura e ao tom deste livro.

Jonathan Karp, presidente e publisher da divisão de livros adultos da Simon & Schuster, está no auge. Ele dedicou tempo e seu intelecto aguçado a este livro. Ajudou a editar e avaliar a oportunidade, a responsabilidade e o dilema de publicar um livro sobre o presidente Trump nesta era convulsiva. Devo muito a ele. Karp costumava ser o Menino de Ouro; agora é o Homem de Meia-Idade de Ouro, mas mantém a energia do Menino de Ouro.

Agradeço a Carolyn K. Reidy, CEO da Simon & Schuster, que por décadas apoiou e promoveu meu trabalho.

Ainda na Simon & Schuster, agradeço a: Stuart Roberts, assistente de Alice Mayhew, talentoso, cheio de energia e muito cuidadoso, e Richard Rhorer, Cary Goldstein, Stephen Bedford, Irene Kheradi, Kristen Lemire, Lisa Erwin, Lisa Healy, Lewelin Polanco, Joshua Cohen, Laura Tatum, Katie Haigler, Toby Yuen, Kate Mertes e Elisa Rivlin.

Um agradecimento especial a Fred Chase, agente de viagens e excelente preparador de originais, que passou uma semana em Washington comigo e com Evelyn. Fred ama palavras e ideias. Naquela semana, repassou o manuscrito três vezes com cuidado e sabedoria meticulosos. Ele opera milagres em quase todas as páginas, com seus lápis vermelhos e verdes afiados.

Gostaria de ter tomado notas cuidadosas nos últimos dois anos das minhas conversas regulares com Carl Bernstein, meu parceiro no caso Nixon-Watergate, enquanto discutíamos Trump. Nem sempre concordávamos, mas eu adorava nossas conversas e as ideias profundas que ele tem sobre a presidência, Washington e a mídia. Nossa amizade e meu afeto por ele está entre a meia dúzia de alegrias da minha vida.

O *Washington Post* me manteve generosamente como editor associado. Me associo muito pouco ultimamente, porque raras vezes vou ao escritório do jornal no centro, preferindo trabalhar de casa. Minha edição, por sua vez, consiste no máximo em uma conversa telefônica com um repórter que tem uma pergunta para mim, em geral sobre o passado. Trata-se de um cargo maravilhoso, no entanto, que me permite me manter conectado às minhas raízes jornalísticas. O *Post* tem sido meu lar institucional e minha família nos últimos 47 anos. Ele é administrado excepcionalmente bem nos dias de hoje, fazendo parte do melhor, mais agressivo e necessário jornalismo da era Trump. Agradeço a Marty Baron, editor executivo, Cameron Barr, editor administrativo, Jeff Leen, editor de investigação, Robert Costa, Tom Hamburger, Rosalind Helderman, David Fahrenthold, Karen Tumulty, Philip Rucker, Robert O'Harrow, Amy Goldstein, Scott Wilson, Steven Ginsberg, Peter Wallsten, Dan Balz, Lucy Shackelford e inúmeros outros.

Agradeço a muitos antigos colegas e amigos que estão no jornal ou já estiveram: Don Graham, Sally Quinn, David Maraniss, Rick Atkinson, Christian Williams, Paul Richard, Patrick Tyler, Tom Wilkinson, Leonard Downie Jr., Marcus Brauchli, Steve Coll, Steve Luxenberg, Scott Armstrong, Al Kamen, Ben Weiser, Martha Sherrill, Bill Powers, Carlos Lozada, Fred Hiatt, John Feinstein e o publisher Fred Ryan.

Muito obrigado a Michael Kranish e Marc Fisher, que destacaram um grupo de repórteres do *Post*, eu inclusive, para cobrir Trump antes da eleição. O resultado foi o livro de Michael e Marc, *Revelando Trump*, uma das melhores fontes sobre o futuro presidente, que inclui mais de vinte horas de entrevistas com ele.

Todos aqueles ainda empregados ou ligados ao *Post* têm motivos para agradecer que Jeff Bezos, fundador e CEO da Amazon, seja proprietário do jornal. Ele gastou seu tempo e uma boa quantidade de dinheiro para dar ao *Post* os recursos extras de reportagem e edição para produzir seus exames detalhados. A cultura do jornalismo independente fomentada e vigorosamente apoiada por Katharine Graham e Don Graham está viva e bem.

Um livro sobre o presidente atual deve muito ao jornalismo, à escrita e aos volumes que o antecederam. Já há muito sobre Trump no vórtex do noticiário 24 horas. Não se trata mais de um ciclo, e sim de um fluxo constante.

Este livro se baseia na minha própria reportagem, mas é inevitável que ideias ou informações tenham sido fornecidas direta ou indiretamente por outras publicações ou veículos noticiosos. Tenho uma imensa dívida com todos os que escreveram sobre Trump e esta era política, especialmente do *Washington Post*, do *New York Times*, do *Wall Street Journal*, do *Axios* e do *Politico*.

Robert B. Barnett, meu advogado, conselheiro e amigo, mais uma vez fez seu trabalho maravilhoso. Casado com o conceito de total devoção a seus clientes, ele me apoiou em todos os sentidos. Bob conhece a política de Washington e o mercado editorial de Nova York como ninguém, e usa tal conhecimento com engenhosidade e devoção a seus clientes.

Evelyn e eu temos a sorte de contar com a presença, o cuidado e a bondade de Rosa Criollo e Jackie Crowe.

Todo o meu amor e gratidão a Tali Woodward, minha filha mais velha, que é diretora do programa de mestrado em artes da Escola de Jornalismo da Columbia. Ela me deu sábios conselhos com frequência. E todo o meu amor a seu marido, Gabe Roth, e aos dois filhos deles, Zadie e Theo, meus netos.

Diana Woodward, minha filha mais nova, está entrando em seu último ano em Yale, onde vai se formar em humanidades e psicologia. Quando ela volta para casa durante as folgas da faculdade traz consigo o brilho e a alegria de que tanto sentimos falta.

Este livro é dedicado a Elsa Walsh, minha esposa, conhecida amplamente como sra. Bondade, porque vive de acordo com as palavras de Henry James sobre a importância e o caráter central da bondade. Para Elsa, não se trata apenas de uma apreciação altruísta de cada pessoa, mas de uma reverência. Este é o 15º livro nos 37 anos em que estamos juntos. Tendo sido repórter do *Washington Post* e membro da equipe de escritores da *New Yorker*, Elsa ama pessoas, ideias e livros. Ela utilizou suas habilidades naturais, bem treinadas e exigentes de edição neste livro. Sou eternamente grato a ela. Não posso lhe agradecer o bastante por seu amor e seu apoio. Ao longo dos anos, desenvolvi um respeito permanente por seu julgamento. Com frequência pergunto: Como ela sabe? De onde vem tamanho intelecto? Nunca encontrei a resposta absoluta para essas perguntas. Mas posso ver sua magia na vida cotidiana. Eu a estimo, parceira e amor da minha vida.

Notas

Prólogo [pp. 15-20]

1. O autor teve acesso ao documento.
2. Entrevista com Donald J. Trump, 31 mar. 2016.

Capítulo 1 [pp. 23-8]

Ver também Let Trump Be Trump, *de Corey Lewandowski e David Bossie (Nova York: Hachette, 2017).*

1. "Bannon's 'Victory Sessions' Goes National", *Breitbart*, 23 fev. 2012.

Capítulo 2 [pp. 29-37]

1. Alexander Burns e Maggie Haberman, "The Failing Inside Mission to Tame Trump Tongue", *The New York Times*, 14 ago. 2016, p. A1. Disponível em: <www.nytimes.com/2016/08/14/us/politics/donald-trump-campaign-gop.html>. [Todos os links fornecidos neste livro foram acessados em 24 set. 2018.]
2. Ibid.
3. David A. Fahrenthold e Frances Stead Sellers, "How Bannon Flattered and Coaxed Trump on Policies Key to the Alt-Right", *The Washington Post*, 15 nov. 2016.
4. Donald J. Trump, "Remarks to the Detroit Economic Club", 8 ago. 2016. Postado por Gerhard Peters e John T. Woolley, *The American Presidency Project*. Disponível em: <www.presidency.ucsb.edu/ws/?pid=119744>.
5. Louis Nelson, "Trump Outlines 10-Point Plan to Reform Veterans Affairs Department", *Politico*, 11 jul. 2016.

Capítulo 3 [pp. 38-44]

1. Jennifer Fermino, "Senior Donald Trump Adviser Appears to Be Fan of NYC Bondage, Swinger's Club", *New York Daily News*, 12 abr. 2016.
2. Andrew E. Kramer, Mike McIntire e Barry Meier, "Secret Ledger in Ukraine Lists Cash for Donald Trump Campaign Chief", *The New York Times*, 14 ago. 2016.
3. Ibid.

4. Bob Cusack, "Trump Slams RNC Chairman, Calls 2016 Process 'A Disgrace'", *The Hill*, 12 abr. 2016.
5. Jonathan Martin, Jim Rutenberg e Maggie Haberman, "Donald Trump Appoints Media Firebrand to Run Campaign", *The New York Times*, 17 ago. 2016.
6. Capa disponível em: <time.com/magazine/us/4447970/august-22nd-2016-vol-188-no-7-u-s>.

Capítulo 4 [pp. 45-53]

O detalhado e abrangente projeto de história oral Yahoo News/Huffington Post de 2017, "64 Hours in October: How One Weekend Blew up the Rules of American Politics", foi um recurso muito útil para todo este capítulo. Ele foi registrado por Michael Isikoff, Dylan Stableford, Hunter Walker, Holly Bailey, Liz Goodwin, Lisa Belkin, Garance Franke-Ruta e Gabby Kaufman, e escrito por Dylan Stableford. Disponível em: <www.huffingtonpost.com/entry/yahoo-64-hours-october-american-politics_us_59d7c567e4b072637c43ddic>.

1. Pam Fessler, "10 Months After Election Day, Feds Tell States More About Russian Hacking", *NPR*, 22 set. 2017.
2. Eric Lipton, David E. Sanger e Scott Shane, "The Perfect Weapon: How Russian Cyberpower Invaded the U.S.", *The New York Times*, 13 dez. 2016; Ellen Nakashima, "Cybersecurity Firm Finds Evidence That Russian Military Unit Was Behind DNC Hack", *The Washington Post*, 22 dez. 2016.
3. Michael J. Morell, "I Ran the CIA Now I'm Endorsing Hillary Clinton", *The New York Times*, 5 ago. 2016.
4. Declaração conjunta do Departamento de Segurança Nacional e do Escritório do Diretor de Inteligência Nacional para a Segurança Eleitoral, Departamento de Segurança Nacional [arquivado], 7 out. 2016.
5. David A. Fahrenthold, "Trump Recorded Having Extremely Lewd Conversation About Women in 2005", *The Washington Post*, 8 out. 2016.
6. Yahoo News Staff, "64 Hours in October: How One Weekend Blew Up the Rules of American Politics", *Yahoo News/Huffington Post*, 6 out. 2017.
7. David A. Fahrenthold, "Trump Recorded Having Extremely Lewd Conversation About Women in 2005", *The Washington Post*, 8 out. 2016.
8. "Transcript of Donald Trump Videotaped Apology", *The New York Times*, 8 out. 2016.
9. Yahoo News Staff, "64 Hours in October: How One Weekend Blew Up the Rules of American Politics", *Yahoo News/Huffington Post*, 6 out. 2017.
10. Ibid.
11. Ibid.
12. Ibid.
13. Brent Griffiths, "Trump Campaign Manager Reemerges to Show Support for GOP Nominee", *Politico*, 9 out. 2016; transcrição de *State of the Union*, CNN, 9 out. 2016.
14. Transcrição de *Meet the Press*, NBC, 9 out. 2016.
15. Transcrição de *Fox News Sunday*, Fox News, 9 out. 2016.
16. Transcrição de *State of the Union*, CNN, 9 out. 2016.
17. Transcrição de *This Week*, ABC, 9 out. 2016.

Capítulo 5 [pp. 54-62]

O detalhado e abrangente projeto de história oral Yahoo News/Huffington Post de 2017, "64 Hours in October: How One Weekend Blew up the Rules of American Politics", foi um recurso muito útil para todo este capítulo.

1. Transcrição de *State of the Union*, CNN, 9 out. 2016; transcrição de *Meet the Press*, NBC, 9 out. 2016.
2. Yahoo News Staff, "64 Hours in October: How One Weekend Blew Up the Rules of American Politics", *Yahoo News/Huffington Post*, 6 out. 2017.
3. Ibid.
4. Transcrição do debate presidencial na Universidade Washington em St. Louis, Missouri, Comissão para Debates Presidenciais, 9 out. 2016.
5. As aparições de Pence na campanha foram registradas pelo não partidário *P2016: Race for the White House*. Disponível em: <www.p2016.org/trump/pencecal1116.html>.
6. Transcrição de *Fox News Sunday*, Fox News, 6 nov. 2016.
7. Donald J. Trump, "Remarks at J. S. Dorton Arena in Raleigh, North Carolina", 7 nov. 2016. Postado por Gerhard Peters e John T. Woolley, *The American Presidency Project*. Disponível em: <www.presidency.ucsb.edu/ws/?pid=122536>.
8. Hillary Clinton, *What Happened*. Nova York: Simon & Schuster, 2017, p. 378.
9. Lauren Easton, "Calling the Presidential Race State by State", AP. Disponível em: <blog.ap.org/behind-the-news/calling-the-presidential-race-state-by-state>.
10. Ibid.
11. Ibid.
12. Donald J. Trump, "Remarks in New York City Accepting Election as the 45th President of the United States", 9 nov. 2016. Postado por Gerhard Peters e John T. Woolley, *The American Presidency Project*. Disponível em: <www.presidency.ucsb.edu/ws/?pid=119495>.
13. Ibid.
14. Donald J. Trump, "Press Release: President-Elect Donald J. Trump Announces Senior White House Leadership Team", 13 nov. 2016. Postado por Gerhard Peters e John T. Woolley, *The American Presidency Project*. Disponível em: <www.presidency.ucsb.edu/ws/?pid=119641>.

Capítulo 6 [pp. 63-8]

1. Trump anunciou num comício em Cincinnati, em 1 dez. 2016, que indicaria Mattis para secretário da Defesa.
2. Chris Cillizza, "Here's Why Donald Trump Picked Rex Tillerson as Secretary of State", *The Washington Post*, 13 dez. 2016. Conway fez seus comentários em 12 de dezembro de 2016, num episódio de *Andrea Mitchell Reports*, na MSNBC.

Capítulo 7 [pp. 69-74]

1. Christine Giordano, "Trump Business Credit Score Is 19 Out of a Possible 100", Fox Business, 20 out. 2016.
2. Donald J. Trump, "Press Release: President-Elect Donald J. Trump to Nominate Steven Mnuchin as Secretary of the Treasury, Wilbur Ross as Secretary of Commerce and

Todd Ricketts as Deputy Secretary of Commerce", 30 nov. 2016. Postado por Gerhard Peters e John T. Woolley, *The American Presidency Project*. Disponível em: <www.presidency.ucsb.edu/ws/?pid=119711>.

3. Entrevista com Michael Flynn, 26 dez. 2016.
4. Rosalind S. Helderman e Tom Hamburger, "Trump Adviser Flynn Paid by Multiple Russia-Related Entities, New Records Show", *The Washington Post*, 16 mar. 2017.

Capítulo 8 [pp. 75-83]

1. Ver a versão não confidencial do relatório da comunidade da Inteligência de 6 de janeiro de 2017 sobre o Diretor da Inteligência Nacional (DNI), disponível em: <www.dni.gov/files/documents/ICA_2017_01.pdf>.
2. Max Greenwood, "McCain Gave Dossier Containing 'Sensitive Information' to FBI", *The Hill*, 11 jan. 2017.
3. Ken Bensinger, Miriam Elder e Mark Schoofs, "These Reports Allege Trump Has Deep Ties to Russia", Buzz-Feed News, 10 jan. 2017.
4. Ibid.
5. Nahal Toosi, "Trump Team Rejects Intel Agencies' Claims of Russian Meddling", *Politico*, 9 dez. 2016.
6. "Trump: Claims of Russian Interference in 2016 Race 'Ridiculous', Dems Making Excuses", Fox News, 11 dez. 2016.
7. Ver o tuíte de Trump em: <twitter.com/realdonaldtrump/status/808300706914594816>.
8. Martin Matishak e Connor O'Brien, "Clapper: Trump Rhetoric on Intel Agencies Alarming U.S. Allies", *Politico*, 5 jan. 2017.
9. Louis Nelson, "Conway 'Disappointed' in Media Leaks Before Intel Briefing", *Politico*, 6 jan. 2017.
10. Michael D. Shear e David E. Sanger, "Putin Led a Complex Cyberattack Scheme to Aid Trump, Report Finds", *The New York Times*, 6 jan. 2017.
11. James Comey, *A Higher Loyalty*. Nova York: Flatiron, 2018, p. 218.
12. Ver a versão não confidencial do relatório da comunidade de Inteligência de 6 de janeiro de 2017 sobre o DNI, disponível em: <www.dni.gov/files/documents/ICA_2017_01.pdf>.
13. Ibid.
14. James Comey, *A Higher Loyalty*. Nova York: Flatiron, 2018, p. 224.
15. Ibid., p. 216.
16. Ibid., p. 225.
17. Louis Nelson, "Trump Says Hacking Had 'No Effect on the Outcome of the Election'", *Politico*, 6 jan. 2017.
18. Ken Bensinger, Miriam Elder e Mark Schoofs, "These Reports Allege Trump Has Deep Ties to Russia", Buzz Feed News, 10 jan. 2017.
19. James R. Clapper, *Facts and Fears*. Nova York: Penguin, 2018, p. 4.
20. James Comey, *A Higher Loyalty*. Nova York: Flatiron, 2018, p. 216.
21. Transcrição de *Fox News Sunday*, Fox News, 15 jan. 2017.
22. Ver o tuíte de Trump em: <twitter.com/realdonaldtrump/status/820723387995717632>.

Capítulo 9 [pp. 84-90]

1. Para alguns dos melhores relatos públicos desse acontecimento, ver Eric Schmitt e David E. Sanger, "Raid in Yemen: Risky from the Start and Costly in the End", *The New York Times*, 1 fev. 2017; e Thomas Gibbons-Neff e Missy Ryan, "In Deadly Yemen Raid, a Lesson for Trump National Security Team", *The Washington Post*, 31 jan. 2017.
2. Julie K. Brown, "Slain SEAL's Dad Wants Answers: 'Don't Hide Behind My Son's Death'", *Miami Herald*, 26 fev. 2017.
3. Ibid.
4. Nolan D. McCaskill, "Trump Deflects Responsibility on Yemen Raid: 'They Lost Ryan'", *Politico*, 28 fev. 2017.
5. Ibid.
6. Donald J. Trump, "Address Before a Joint Session of the Congress", 28 fev. 2017. Postado por Gerhard Peters e John T. Woolley, *The American Presidency Project*. Disponível em: <www.presidency.ucsb.edu/ws/?pid=123408>.
7. Carla Marinucci, "Ex-Military Leaders at Hoover Institution Say Trump Statements Threaten America's Interests", *Politico*, 15 jul. 2016.
8. Emma Loop, "John McCain Says the Recent Yemen Raid Was a 'Failure'", BuzzFeed News, 7 fev. 2017.
9. O referendo sobre a permanência ou saída do Reino Unido da União Europeia foi realizado em 23 de junho de 2016.
10. "Intervention by Secretary of Defense Mattis, Session One of the North Atlantic Council", Ministério da Defesa da Otan, 15 fev. 2017.
11. "U.S. Defense Chief Says NATO Is 'Fundamental Bedrock'", Reuters, 15 fev. 2017.
12. Donald J. Trump, "The President's News Conference with Secretary General Jens Stoltenberg of the North Atlantic Treaty Organization", 12 abr. 2017. Postado por Gerhard Peters e John T. Woolley, *The American Presidency Project*. Disponível em: <www.presidency.ucsb.edu/ws/?pid=123739>.
13. Donald J. Trump, "Remarks at the Dedication Ceremony for the Berlin Wall Memorial and the 9/11 and Article 5 Memorial in Brussels, Belgium", 25 maio 2017. Postado por Gerhard Peters e John T. Woolley, *The American Presidency Project*. Disponível em: <www.presidency.ucsb.edu/ws/?pid=125840>.

Capítulo 10 [pp. 91-5]

1. Greg Miller, Adam Entous e Ellen Nakashima, "National Security Adviser Flynn Discussed Sanctions with Russian Ambassador, Despite Denials, Officials Say", *The Washington Post*, 9 fev. 2017.
2. Ibid.
3. O autor teve acesso ao documento.
4. Ver o tuíte de Trump em: <twitter.com/realdonaldtrump/status/814919370711461890>.
5. Greg Miller e Philip Rucker, "Michael Flynn Resigns as National Security Adviser", *The Washington Post*, 14 fev. 2017.
6. Carol D. Leonnig, Adam Entous, Devlin Barrett e Matt Zapotosky, "Michael Flynn Pleads Guilty to Lying to FBI on Contacts with Russian Ambassador", *The Washington Post*, 1 dez. 2017.

7. D'Angelo Gore, "Clinton's Connection to FBI Official", FactCheck.org, 25 out. 2016.

8. Ibid.; ver também D'Angelo Gore, "Trump Wrong About Campaign Donations", FactCheck.org, 26 jul. 2017.

9. Ver os tuítes de Trump em: <twitter.com/realdonaldtrump/status/889792764363276288>; <twitter.com/realdonaldtrump/status/890207082926022656>; <twitter.com/realdonaldtrump/status/890208319566229504>.

10. Michael S. Schmidt, Mark Mazzetti e Matt Apuzzo, "Trump Campaign Aides Had Repeated Contacts with Russian Intelligence", *The New York Times*, 14 fev. 2017.

11. Jim Sciutto, Evan Perez, Shimon Prokupecz, Manu Raju e Pamela Brown, "FBI Refused White House Request to Knock Down Recent Trump-Russia Stories", CNN, 24 fev. 2017.

12. Michael S. Schmidt, Mark Mazzetti e Matt Apuzzo, "Comey Disputes New York Times Article About Russia Investigation", *The New York Times*, 8 jun. 2017.

Capítulo 11 [pp. 96-99]

1. Donald J. Trump, "Remarks on the Appointment of Lieutenant General H. R. McMaster (USA) as National Security Adviser in Palm Beach, Florida, and an Exchange with Reporters", 20 fev. 2017. Postado por Gerhard Peters e John T. Woolley, *The American Presidency Project*. Disponível em: <www.presidency.ucsb.edu/ws/?pid=123396>.

Capítulo 12 [pp. 100-6]

1. Christine Kim, "Voice of Triumph or Doom: North Korean Presenter Back in Limelight for Nuclear Test", Reuters, 4 set. 2017.

2. Matt Clinch, "Here's the Full Statement from North Korea on Nuclear Test", CNBC, 9 set. 2016.

3. Veja os dados do teste de mísseis da Coreia do Norte no CNS, disponíveis para download em: <www.nti.org/analysis/articles/cns-north-korea-missile-test-database>.

4. Painel de discussão da política dos Estados Unidos na Coreia do Norte na Universidade George Washington, 28 ago. 2017, Washington, D.C. Vídeo disponível em: <www.c-span.org/video/?433122-1/us-policy-north-korea>.

5. Rebecca Shabad, "Timeline: What Has Trump Said About North Korea over the Years?", CBS News, 10 ago. 2017.

6. Ibid.

7. Ibid.

8. Ibid.

9. Barack Obama, "Statement on North Korea's Nuclear Test", 9 set. 2016. Postado por Gerhard Peters and John T. Woolley, *The American Presidency Project*. Disponível em: <www.presidency.ucsb.edu/ws/?pid=118931>.

10. Elizabeth Weise, "Sony Pictures Entertainment Hacked", *USA Today*, 24 nov. 2014.

Capítulo 13 [pp. 107-13]

1. Bob Woodward, *Obama's Wars*. Nova York: Simon & Schuster, 2010, p. 62.

2. Nicholas Fandos, "Lindsey Graham Destroys Cellphone After Donald Trump Discloses His Number", *The New York Times*, 22 jul. 2015.

3. Cheri Cheng, "Lindsey Graham Endorses Presidential Candidate Jeb Bush", *News EveryDay*, 15 jan. 2016.
4. "Statement by Senators McCain and Graham on Executive Order on Immigration", 29 jan. 2017.
5. Veja os dados do Conselho de Segurança Nacional sobre o teste de mísseis da Coreia do Norte, disponíveis para download em: <www.nti.org/analysis/articles/cns-north-korea-missile-test-database>.
6. Veja os tuítes de Trump em: <twitter.com/realdonaldtrump/status/837989835818287106>; <twitter.com/realdonaldtrump/status/837993273679560704>; <twitter.com/realdonaldtrump/status/837994257566863360>; <twitter.com/realdonaldtrump/status/837996746236182529>.
7. Jonathan Martin e Alan Rappeport, "Donald Trump Says John McCain Is No War Hero, Setting Off Another Storm", *The New York Times*, 18 jul. 2015.
8. Adriana Diaz, "U.S. THAAD Missile System a Factor in South Korea's Presidential Election", CBS News, 8 maio 2017.
9. Stephen J. Adler, Jeff Mason e Steve Holland, "Exclusive: Trump Vows to Fix or Scrap South Korean Trade Deal, Wants Missile System Payment", Reuters, 27 abr. 2017.
10. "McMaster Says U.S. Will Pay for THAAD Antimissile System in South Korea", Fox News, 30 abr. 2017.
11. "South Korea Trade Ministry Says Ready to Begin Renegotiating U.S. Trade Pact", Reuters, 17 dez. 2017.

Capítulo 14 [pp. 114-9]

1. McMaster demitiu Harvey em 27 de julho de 2017.
2. Julie Hirschfeld Davis, "Trump Meets Saudi Prince as U.S. and Kingdom Seek Warmer Relations", *The New York Times*, 14 mar. 2017.
3. Mark Landler e Peter Baker, "Saudi Arabia and Israel Will Be on Itinerary of Trump First Foreign Trip", *The New York Times*, 4 maio 2017.
4. Aaron Mehta, "Revealed: Trump $110 Billion Weapons List for the Saudis", *DefenseNews*, 8 jun. 2017.
5. Sudarsan Raghavan e Kareem Fahaim, "Saudi King Names Son as New Crown Prince, Upending the Royal Succession", *The Washington Post*, 21 jun. 2017.

Capítulo 15 [pp. 120-31]

1. Veja o tuíte de Trump em: <twitter.com/realdonaldtrump/status/122396588336349184>.
2. Veja o tuíte de Trump em: <twitter.com/realdonaldtrump/status/179270017064513536>.
3. Veja o tuíte de Trump em: <twitter.com/realdonaldtrump/status/289807790178959360>.
4. Veja o tuíte de Trump em: <twitter.com/realdonaldtrump/status/307568422789709824>.
5. Veja o tuíte de Trump em: <twitter.com/realdonaldtrump/status/324590961827143681>.
6. Veja o tuíte de Trump em: <twitter.com/realdonaldtrump/status/403511109942247424>.
7. Veja o tuíte de Trump em: <twitter.com/realdonaldtrump/status/679000573241393154>.
8. Bob Woodward, *Obama's Wars*. Nova York: Simon & Schuster, 2010, p. 361.
9. Transcrito de "President Bush Discusses the War in Iraq", CQ Transcripts Wire, 20 mar. 2006.
10. Erik D. Prince, "The MacArthur Model for Afghanistan", *The Wall Street Journal*, 31 maio 2017.

11. Bob Woodward, *Obama's Wars*. Nova York: Simon & Schuster, 2010, p. 8.
12. Ben Jacobs, "In Town Pool Report #3", 13h12, 18 jul. 2017. Disponível em: <www.presidency.ucsb.edu/report.php?pid=2365>.
13. Revisão do autor de anotações feitas na ocasião por um participante.
14. Ibid.
15. Ibid.

Capítulo 16 [pp. 132-5]

1. Donald J. Trump, "The President's News Conference with Prime Minister Benjamin Netanyahu of Israel", 15 fev. 2017. Postado por Gerhard Peters e John T. Woolley, *The American Presidency Project*. Disponível em: <www.presidency.ucsb.edu/ws/?pid=123361>.
2. Donald J. Trump, "Remarks at the AIPAC Policy Conference in Washington, D.C.", 21 mar. 2016. Postado por Gerhard Peters e John T. Woolley, *The American Presidency Project*. Disponível em: <www.presidency.ucsb.edu/ws/?pid=116597>.
3. "Tillerson: Iran Remains a Leading State Sponsor of Terror", *Breitbart News*, 20 abr. 2017.
4. Veja os comentários de Tillerson como parte da transcrição de *The Lead with Jake Tapper*, CNN, 19 abr. 2017. Disponível em: <transcripts.cnn.com/TRANSCRIPTS/1704/19/cg.01.html>.

Capítulo 17 [pp. 136-44]

1. Tanscrição completa disponível em "Donald Trump Jobs Plan Speech", *Politico*, 28 jun. 2016.
2. Peter Coy, "After Defeating Cohn, Trump Trade Warrior Is on the Rise Again", Bloomberg, 8 mar. 2018.
3. Veja os números disponíveis ao público em: <www.bls.gov/jlt>.
4. Em destaque entre os que o recomendavam estava Brett Kavanaugh, que tinha sido secretário de pessoal do presidente George W. Bush. Bush nomeou Kavanaugh para uma magistratura no poderoso Tribunal de Apelação do Distrito de Columbia. Ele foi nomeado para a Suprema Corte pelo presidente Trump em 9 de julho de 2018.

Capítulo 18 [pp. 145-54]

1. Veja Emily Crane e Cheyenne Roundtree, "Donald's Eruption in the Oval Office: Video Emerges of Trump 'Furious Argument' with Top Adviser Steven Bannon as Ivanka and Jared Look On, Hours Before President Made Phone Tapping Claims", *Daily Mail*, 5 mar. 2017.
2. Veja Michael S. Schmidt, Matthew Rosenberg e Matt Apuzzo, "Kushner and Flynn Met with Russian Envoy in December, White House Says", *The New York Times*, 2 mar. 2017.
3. Max Bearak, "Modi's 'No Frills' Visit to Washington Masks a Potential Minefield", *The Washington Post*, 26 jun. 2017.
4. Barack Obama, "Statement on the Elimination of Syria's Declared Chemical Weapons Stockpile", 18 ago. 2014. Postado por Gerhard Peters e John T. Woolley, *The American Presidency Project*. Disponível em: <www.presidency.ucsb.edu/ws/?pid=106702>.
5. Entrevista de John Kerry com David Gregory, *Meet the Press*, NBC, 20 jul. 2014.
6. Peter Baker, "For Obama, Syria Chemical Attack Shows Risk of 'Deals with Dictators'", *The New York Times*, 9 abr. 2017.

7. Donald J. Trump, "Statement on the Chemical Weapons Attack in Khan Sheikhoun, Syria", 4 abr. 2017. Postado por Gerhard Peters e John T. Woolley, *The American Presidency Project*. Disponível em: <www.presidency.ucsb.edu/ws/?pid=123681>.

8. No dia seguinte, Pútin disse que o ataque tinha sido "um ato ilegal de agressão" e cancelou um acordo que visava evitar incidentes no ar entre jatos dos Estados Unidos e da Rússia sobre a Síria.

9. "Sen. John McCain, R-Ariz, Is Interviewed on MSNBC's 'Morning Joe' ", Serviço de Notícias Federal, 7 abr. 2017.

10. Veja o tuíte de Slaughter em: <twitter.com/slaughteram/status/850263058756673540>.

Capítulo 19 [pp. 155-60]

1. Revisão do autor de anotações feitas na ocasião por um participante.

2. Revisão do autor de anotações feitas na ocasião por um participante.

3. Gina Chon e Pete Sweeney, "China Surrenders Little to U.S. in First Round of Trade Talks", *The New York Times*, 12 maio 2017.

4. Revisão do autor de anotações feitas na ocasião por um participante.

Capítulo 20 [pp. 177-80]

1. O memorando de Rosenstein está disponível em: <assets.documentcloud.org/documents/3711188/Rosenstein-letter-on-Comey-firing.pdf>.

2. "Partial Transcript: NBC News Interview with Donald Trump", CNN, 11 maio 2017. Disponível em: <www.cnn.com/2017/05/11/politics/transcript-donald-trump-nbc-news/index.html>.

3. Michael S. Schmidt, "Comey Memo Says Trump Asked Him to End Flynn Investigation", *The New York Times*, 16 maio 2017.

4. Derek Hawkins, "'I Think We're in Impeachment Territory,' Says David Gergen, Former Aide to Nixon and Clinton", *The Washington Post*, 17 maio 2017.

Capítulo 21 [pp. 181-9]

1. "Attorney General Sessions Statement on Recusal", Departamento de Justiça dos Estados Unidos, 2 mar. 2017.

2. A ordem está disponível para acesso público em: <www.documentcloud.org/documents/3726408-Rosenstein-letter-appointing-Mueller-special.html>.

3. O depoimento de Comey em 8 de junho à Comissão de Inteligência do Senado está disponível em: <assets.documentcloud.org/documents/3860393/Comey-Opening-Statement-June-8.pdf>.

4. Donald J. Trump, coletiva de imprensa em Doral, Flórida, 27 jul. 2016. Disponibilizada por Gerhard Peters e John T. Woolley, *The American Presidency Project*. Disponível em: <www.presidency.ucsb.edu/ws/?pid=118047>.

5. Ver o tuíte de Trump em: <twitter.com/realdonaldtrump/status/758335147183788032>.

6. Nick Gass, "Trump on Russia Hacking Comments: 'Of Course I'm Being Sarcastic'", *Politico*, 27 jul. 2016.

Capítulo 22 [pp. 190-200]

1. Bob Woodward, *Obama's Wars*. Nova York: Simon & Schuster, 2010, p. 56.
2. Ver o banco de dados sobre testes de mísseis do Conselho de Segurança Nacional, disponível para download em: <www.nti.org/analysis/articles/cns-north-korea-missile-test-database>.
3. Revisão do autor de anotações feitas na ocasião por um participante.
4. Michelle Ye Hee Lee, "North Korea's Latest Nuclear Test Was So Powerful It Reshaped the Mountain Above It", *The Washington Post*, 14 set. 2017.
5. Matt Stevens, "Trump and Kim Jong-un, and the Names They've Called Each Other", *The New York Times*, 9 mar. 2018.
6. Saddam Hussein foi julgado por crimes contra a humanidade, considerado culpado e enforcado três anos depois.
7. David Cenciotti, "Here Are Some Interesting Details About the Way U.S. B-2 Bombers Trained Over the U.S. to Strike North Korea", *The Aviationist*, 30 out. 2017.
8. Wolf Blitzer, "Search for the 'Smoking Gun'", CNN, 10 jan. 2003.
9. William A. Kandel, "U.S. Family-Based Immigration Policy", Serviço de Pesquisa do Congresso, 9 fev. 2018. Disponível em: <fas.org/sgp/crs/homesec/R43145.pdf>.
10. Ibid.

Capítulo 23 [pp. 201-7]

1. Revisão do autor de anotações feitas na ocasião por um participante.
2. Donald J. Trump, "Remarks Announcing United States Withdrawal from the United Nations Framework Convention on Climate Change Paris Agreement", 1 jun. 2017. Postado por Gerhard Peters e John T. Woolley, *The American Presidency Project*. Disponível em: <www.presidency.ucsb.edu/ws/?pid=125881>.
3. Sari Horwitz, Matt Zapotosky e Adam Entous, "Special Counsel Is Investigating Jared Kushner's Business Dealings", *The Washington Post*, 15 jun. 2017.
4. No início de 2018, a permissão temporária de Jared para acesso a documentos de alta confidencialidade foi retirada enquanto o FBI dava continuidade a uma investigação bastante agressiva de sua vida pregressa. Porém, em maio, o FBI concedeu a Jared uma permissão definitiva, o que sugeria que as sondagens do procurador especial tinham acabado — uma reviravolta surpreendente a favor de Jared.

Capítulo 24 [pp. 208-13]

1. Tanto a primeira reportagem, "Trump Team Met with Lawyer Linked to Kremlin During Campaign", *The New York Times*, 8 jul. 2017, quanto a segunda, "Trump Son Met with Russian Lawyer After Being Promised Damaging Information on Clinton", *The New York Times*, 9 jul. 2017, foram assinadas por Jo Becker, Matt Apuzzo e Adam Goldman.
2. Ver o tuíte de Trump em: <twitter.com/realdonaldtrump/status/886950594220568576>.
3. O autor teve acesso ao documento.
4. Greg Farrell e Christian Berthelsen, "Mueller Expands Probe to Trump Business Transactions", Bloomberg, 20 jul. 2017.
5. Tom Vanden Brook, "Military Tells Transgender Troops They Can Still Serve and Get Medical Treatment Until Further Notice", *USA Today*, 27 jul. 2017. Estudo disponível

em: <www.rand.org/content/dam/rand/pubs/research_briefs/RB9900/RB9909/RAND_RB9909.pdf.>.

6. Ver o tuíte de Trump em: <twitter.com/realdonaldtrump/status/890193981585444864>.
7. Ver os tuítes de Trump em: <twitter.com/realdonaldtrump/status/890196164313833472>; <twitter.com/realdonaldtrump/status/890197095151546369>.
8. Leo Shane III e Tara Copp, "Trump Says Transgender Troops Can't Serve in the Military", *MilitaryTimes*, 26 jul. 2017.
9. "Press Briefing by Press Secretary Sarah Sanders", Casa Branca, 26 jul. 2017.
10. Rachel Bade e Josh Dawsey, "Inside Trump Snap Decision to Ban Transgender Troops", *Politico*, 26 jul. 2017.
11. Chris Kenning, "Retired Military Officers Slam Trump Proposed Transgender Ban", Reuters, 1 ago. 2017.
12. Rebecca Kheel, "Joint Chiefs: No Change in Transgender Policy Until Trump Sends Pentagon Direction", *The Hill*, 27 jul. 2017.
13. Richard Sisk, "Pentagon Ready to Accept Transgender Recruits Starting Jan. 1", *Military.com*, 30 dez. 2017.

Capítulo 25 [pp. 214-8]

1. Ver os tuítes de Trump em: <twitter.com/realdonaldtrump/status/880408582310776832>; <twitter.com/realdonaldtrump/status/880410114456465411>.
2. Glenn Thrush e Maggie Haberman, "Trump Mocks Mika Brzezinski; Says She Was 'Bleeding Badly from a Face-Lift'", *The New York Times*, 29 jun. 2017.
3. Greg Miller, Julie Vitkovskaya e Reuben Fischer-Baum, "'This Deal Will Make Me Look Terrible': Full Transcripts of Trump Calls with Mexico and Australia", *The Washington Post*, 3 ago. 2017.
4. Ibid.
5. O autor teve acesso ao documento.

Capítulo 26 [pp. 219-24]

1. Tom Finn, "U.S., Qatar Sign Agreement on Combating Terrorism Financing", Reuters, 10 jul. 2017.
2. Ibid.
3. Revisão do autor de anotações feitas na ocasião por um participante.
4. Peter Baker, Michael S. Schmidt e Maggie Haberman, "Citing Recusal, Trump Says He Wouldn't Have Hired Sessions", *The New York Times*, 19 jul. 2017.
5. Ver os tuítes de Trump em: <twitter.com/realdonaldtrump/status/889467610332528641>.
6. Michael C. Bender, "Trump Won't Say if He Will Fire Sessions", *The Wall Street Journal*, 25 jul. 2017.
7. Annie Karni, "Kushner Defends His Russia Contacts: 'I Did Not Collude'", *Politico*, 24 jul. 2017.
8. Rebecca Savransky, "Graham Defends Sessions: Trump Tweets 'Highly Inappropriate'", *The Hill*, 25 jul. 2017.
9. Chris Whipple, "'Who Needs a Controversy over the Inauguration?' Reince Priebus Opens Up About His Six Months of Magical Thinking", *Vanity Fair*, mar. 2018.

Capítulo 27 [pp. 225-33]

1. Revisão do autor de anotações feitas na ocasião por um participante.
2. O acordo nuclear de 2015 tinha sido muito benéfico aos países da União Europeia. As importações do Irã tinham crescido surpreendentes 347% em 2016 em relação ao ano anterior. (Fonte: Serviço de Pesquisa do Congresso, 25 out. 2017.) Uma empresa francesa havia fechado um acordo de gás natural da ordem de 4,7 bilhões. É claro que Trump argumentou sem dar detalhes.
3. MOAB é a sigla em inglês para "artilharia aérea de explosão em grande escala".
4. Jordan Fabian, "In-Town Pool Report #2-Troop Greeting & Another Comment on Afghan", 12h51, 20 jul. 2017. Disponível em: <www.presidency.ucsb.edu/report.php?pid=2357>.
5. Revisão do autor de anotações feitas na ocasião por um participante.

Capítulo 28 [pp. 234-42]

1. Ver o tuíte de Trump em: <twitter.com/realdonaldtrump/status/889788202172780544>.
2. Donald J. Trump, "The President's News Conference with Prime Minister Shinzo Abe of Japan in Tokyo, Japan", 6 nov. 2017. Postado por Gerhard Peters e John T. Woolley, *The American Presidency Project*. Disponível em: <www.presidency.ucsb.edu/ws/?pid=128510>.
3. Rick Gladstone e David E. Sanger, "Security Council Tightens Economic Vise on North Korea, Blocking Fuel, Ships and Workers", *The New York Times*, 22 dez. 2017.
4. Ryan Lizza, "Anthony Scaramucci Called Me to Unload About White House Leakers, Reince Priebus and Steve Bannon", *The New Yorker*, 27 jul. 2017.
5. Ver o tuíte de Trump em: <twitter.com/realdonaldtrump/status/891038014314598400>.
6. Cristiano Lima, "Kelly 'Honored' to Serve as White House Chief of Staff", *Politico*, 28 jul. 2017.

Capítulo 29 [pp. 243-8]

1. Os comentários da porta-voz podem ser vistos no YouTube, em: <youtu.be/UshUxz7Ltow>.
2. Ver o tuíte de Trump em: <twitter.com/realdonaldtrump/status/896420822780444672>.
3. Donald J. Trump, "Remarks on Signing the VA Choice and Quality Employment Act of 2017 in Bedminster, New Jersey", 12 ago. 2017. Postado por Gerhard Peters e John T. Woolley, *The American Presidency Project*. Disponível em: <www.presidency.ucsb.edu/ws/?pid=128032>; e revisão do autor de anotações feitas na ocasião por um participante.
4. Kristine Phillips, "Trump Didn't Call Out White Supremacists. He Was Rebuked by Members of His Own Party", *The Washington Post*, 13 ago. 2017.
5. Ibid.
6. Ibid.
7. Ibid.
8. Ibid.
9. Ibid.
10. Transcrição de *Fox News Sunday*, Fox News, 13 ago. 2017.
11. Philip Rucker, "Pence: 'We Have No Tolerance for... White Supremacists, Neo-Nazis or the KKK", *The Washington Post*, 13 ago. 2017.

12. Donald J. Trump, "Remarks on the Situation in Charlottesville, Virginia", 14 ago. 2017. Postado por Gerhard Peters e John T. Woolley, *The American Presidency Project*. Disponível em: <www.presidency.ucsb.edu/ws/?pid=128019>.
13. "Trump Condemns Hate Groups Amid Uproar over Initial Response", transcrição da Fox News, 14 ago. 2017.

Capítulo 30 [pp. 249-55]

1. Donald J. Trump, "Remarks on Infrastructure and an Exchange with Reporters in New York City", 15 ago. 2017. Postado por Gerhard Peters e John T. Woolley, *The American Presidency Project*. Disponível em: <www.presidency.ucsb.edu/ws/?pid=126765>.
2. Ver o tuíte de Duke em: <twitter.com/drdavidduke/status/897559892164304896>.
3. Ben Watson, "How U.S. Military Leaders Are Reacting to Charlottesville", *Defense One*, 16 ago. 2017.
4. Emily Yahr, "'Clinically Insane,' '7th Circle of Hell': Late-Night Hosts Process Trump News Conference", *The Washington Post*, 16 ago. 2017.
5. Nolan D. McCaskill, "Trump Attacks Merck CEO for Quitting Manufacturing Council over Charlottesville", *Politico*, 14 ago. 2017.
6. Ibid.
7. Ibid.
8. Ver o tuíte de Trump em: <twitter.com/realdonaldtrump/status/897478270442143744>.
9. Ver o tuíte de Trump em: <twitter.com/realdonaldtrump/status/897869174323728385>.
10. Revisão do autor de anotações feitas na ocasião por um participante.
11. Ibid.
12. "Statement by U.S. Treasury Secretary Steven T. Mnuchin", Departamento do Tesouro dos Estados Unidos, 19 ago. 2017.
13. "Transcript: Gary Cohn on Tax Reform and Charlottesville", *Financial Times*, 25 ago. 2017.

Capítulo 31 [pp. 256-62]

1. "Republican Senator Says Trump Yet to Demonstrate Needed Stability", Reuters, 17 ago. 2017.
2. Nancy Cook e Josh Dawsey, "'He Is Stubborn and Doesn't Realize How Bad This Is Getting'", *Politico*, 16 ago. 2017.
3. Jeremy W. Peters, Jonathan Martin e Jack Healy, "Trump Embrace of Racially Charged Past Puts Republicans in Crisis", *The New York Times*, 16 ago. 2017.
4. Veja o tuíte de Pence em: <twitter.com/vp/status/896471461669605376>.
5. Revisão do autor de anotações feitas na ocasião por um participante.
6. Robert Kuttner, "Steve Bannon, Unrepentant", *The American Prospect*, 16 ago. 2017.
7. Donald J. Trump, "Address to the Nation on United States Strategy in Afghanistan and South Asia from Joint Base Myer-Henderson Hall, Virginia", 21 ago. 2017. Postado por Gerhard Peters e John T. Woolley, *The American Presidency Project*. Disponível em: <www.presidency.ucsb.edu/ws/?pid=126842>.
8. "McCain on the New Strategy for Afghanistan", 21 ago. 2017.
9. "Kaine: U.S. Must Be 'Invested' in Afghanistan", *Talking Points Memo*, 21 ago. 2017.
10. Aaron Blake, "Rex Tillerson Totally Undercut Trump 'We Will Win' Rhetoric on Afghanistan", *The Washington Post*, 22 ago. 2017.

Capítulo 32 [pp. 263-70]

1. O autor teve acesso ao documento.
2. Revisão do autor de anotações feitas na ocasião por um participante.
3. Michael D. Shear e Julie Hirschfeld Davis, "Trump Moves to End DACA and Calls on Congress to Act", *The New York Times*, 5 set. 2017.
4. Veja o tuíte de Trump em: <twitter.com/realdonaldtrump/status/905788459301908480>.

Capítulo 33 [pp. 271-8]

1. Donald J. Trump, "Memorandum on Addressing China's Laws, Policies, Practices, and Actions Related to Intellectual Property, Innovation, and Technology", 14 ago. 2017. Postado por Gerhard Peters e John T. Woolley, *The American Presidency Project*. Disponível em: <www.presidency.ucsb.edu/ws/?pid=128023>.
2. Donald J. Trump, "Remarks on Signing a Memorandum on Addressing China's Laws, Policies, Practices, and Actions Related to Intellectual Property, Innovation, and Technology and an Exchange with Reporters", 14 ago. 2017. Postado por Gerhard Peters e John T. Woolley, *The American Presidency Project*. Disponível em: <www.presidency.ucsb.edu/ws/?pid=128022>. É importante atentar que Trump fez tais comentários no mesmo dia da sua segunda série de comentários sobre Charlottesville, 14 de agosto. O pronunciamento sobre Charlottesville aconteceu às 12h40, e seus comentários sobre a China foram feitos às 15h06.
3. Revisão do autor de anotações feitas na ocasião por um participante.

Capítulo 34 [pp. 279-87]

1. Ashley Parker e Anne Gearan, "President Trump Says He Would Be 'Honored' to Meet with North Korean Dictator", *The Washington Post*, 1 maio, 2017.
2. Donald J. Trump, "Remarks Prior to a Briefing on the Opioid Crisis and an Exchange with Reporters in Bedminster, New Jersey", 8 ago. 2017. Postado por Gerhard Peters e John T. Woolley, *The American Presidency Project*. Disponível em: <www.presidency.ucsb.edu/ws/?pid=127991>.
3. "Excerpts from Trump Interview with the Times", entrevista conduzida por Michael S. Schmidt, *The New York Times*, 28 dez. 2017.
4. Donald. J. Trump, "Remarks to the United Nations General Assembly in New York City", 19 set. 2017. Postado por Gerhard Peters e John T. Woolley, *The American Presidency Project*. Disponível em: <www.presidency.ucsb.edu/ws/?pid=128326>.
5. "Full Text of Kim Jong-un's Response to President Trump", *The New York Times*, 22 set. 2017.
6. Veja o tuíte de Trump em: <twitter.com/realdonaldtrump/status/911789314169823232>.
7. Arit John e Mark Niquette, "Tillerson Vows 'Peaceful Pressure Campaign' Against North Korea", Bloomberg, 17 set. 2017.
8. Veja os tuítes de Trump em: <twitter.com/realdonaldtrump/status/914497877543735296>; <twitter.com/realdonaldtrump/status/914497947517227008>.
9. Veja a carta de Crane resumindo as reclamações dos agentes do Serviço de Imigração e Controle de Aduanas em <jicreport.com/wp-content/uploads/2017/11/POTUS--Ltr-11_13_2017.pdf>.

10. Ashley Parker e Matt Zapotosky, "Trump Taps Kirstjen Nielsen to Lead Department of Homeland Security", *The Washington Post*, 11 out. 2017

11. Andrew Restuccia e Eliana Johnson, "Advisers Bad-Mouth Nielsen as a 'Never Trumper'," *Politico*, 11 maio 2018.

12. Ibid.

13. Sophie Tatum, "Kelly on Immigration: Trump 'Has Changed the Way He's Looked at a Number of Things'", CNN, 17 jan. 2018.

14. Revisão do autor de anotações feitas na ocasião por um participante.

15. Ibid.

16. Ibid.

Capítulo 35 [pp. 288-94]

1. Uma cópia vazada da declaração de imposto de renda de Trump de 2005 mostra que ele pagou 38 milhões de dólares sobre uma renda de mais de 150 milhões naquele ano — uma alíquota de cerca de 25%. Veja o documento em: <www.nytimes.com/interactive/2017/03/14/us/politics/document-Donald-Trump-2005-Tax.html>.

2. Saleha Mohsin, "Mnuchin Crosses the U.S. Trying to Sell the GOP Tax Plan", Bloomberg, 16 nov. 2017.

3. Molly Moorhead, "Mitt Romney Says 47 Percent of Americans Pay No Income Tax", *PolitiFact*, 18 set. 2012.

4. Roberton C. Williams, "A Closer Look at Those Who Pay No Income or Payroll Taxes", *Tax Policy Center*, 11 jul. 2016.

5. Em 2013 o Crédito Fiscal por Remuneração Recebida custou ao Tesouro Federal 63 bilhões, de acordo com o *PolitiFact*. O Crédito Tributário Adicional por Filho custou 57 bilhões em 2013, de acordo com o Comitê por um Orçamento Federal Responsável.

6. Howard Gleckman, "How the Tax Cuts and Jobs Act Evolved", *Tax Policy Center*, 28 dez. 2017.

7. Donald J. Trump, "Remarks on Congressional Passage of Tax Reform Legislation", 20 dez. 2017. Postado por Gerhard Peters e John T. Woolley, *The American Presidency Project*. Disponível em: <www.presidency.ucsb.edu/ws/?pid=129018>.

Capítulo 36 [pp. 295-300]

1. "Statement on Former White House Chief Strategist Stephen K. Bannon", 3 jan. 2018. Postado por Gerhard Peters e John T. Woolley, *The American Presidency Project*. Disponível em: <www.presidency.ucsb.edu/ws/?pid=128962>.

2. A Estratégia Nacional de Segurança pode ser consultada em: <www.whitehouse.gov/wp-content/uploads/2017/12/NSS-Final-12-18-2017-0905.pdf>.

3. Donald J. Trump, "Remarks and a Question and Answer Session at the World Economic Forum in Davos, Switzerland", 26 jan. 2018. Postado por Gerhard Peters e John T. Woolley, *The American Presidency Project*. Disponível em: <www.presidency.ucsb.edu/ws/?pid=128980>.

4. Peter S. Goodman e Keith Bradsher, "Trump Arrived in Davos as a Party Wrecker. He Leaves Praised as a Pragmatist", *The New York Times*, 26 jan. 2018

5. Peter Baker e Michael Tackett, "Trump Says His 'Nuclear Button' Is 'Much Bigger' Than North Korea's", *The New York Times*, 2 jan. 2018.

6. Revisão do autor de anotações feitas na ocasião por um participante.
7. Peter Baker e Michael Tackett, "Trump Says His 'Nuclear Button' Is 'Much Bigger' Than North Korea's", *The New York Times*, 2 jan. 2018
8. Veja o tuíte do *Washington Post* em: <twitter.com/washingtonpost/status/9483805491-56098052>.
9. Veja o tuíte de Kahl em: <twitter.com/colinkahl/status/948395216213626881>.
10. Hillary Clinton, "Address Accepting the Presidential Nomination at the Democratic National Convention in Philadelphia, Pennsylvania", 28 jul. 2016. Postado por Gerhard Peters e John T. Woolley, *The American Presidency Project*. Disponível em: <www.presidency.ucsb.edu/ws/?pid=118051>.
11. Tom Rogan, "Trump 'Nuclear Button' Tweet About North Korea Was Good", *Washington Examiner*, 3 jan. 2018.
12. "Transcript: Sen. Lindsey Graham on 'Face the Nation'", 3 dez. 2017.

Capítulo 37 [pp. 301-6]

1. Revisão do autor de anotações feitas na ocasião por um participante.
2. Entrevista com o presidente Barack H. Obama, 10 jul. 2010.

Capítulo 38 [pp. 307-12]

1. "President of Azerbaijan Ilham Aliyev Met President Donald Trump", Embaixada dos Estados Unidos no Azerbaijão, 21 set. 2017. Disponível em: <az.usembassy.gov/president-azerbaijan-ilham-aliyev-met-president-donald-trump>.
2. Revisão do autor de anotações feitas na ocasião por um participante.
3. "16 Years Later, Afghan Capital Under Siege", *60 Minutes*, CBS, 11 jan. 2018.
4. Pamela Constable, "A String of Deadly Attacks in Afghanistan Exposes Government Weakness, Limits of U.S. Training Effort", *The Washington Post*, 29 jan. 2018.
5. Em abril de 2018, para ganhar um voto importante para que Mike Pompeo se tornasse secretário de Estado, Trump disse o seguinte ao senador republicano Rand Paul, do Kentucky, de acordo com o próprio Paul: "O presidente repetiu várias e várias vezes que tudo indica que vamos sair de lá".

Capítulo 39 [pp. 313-9]

1. Veja o tuíte de Graham em: <twitter.com/LindseyGrahamSC/status/939988068823715842>.
2. Depoimento de Comey em 8 de junho de 2017 ao Comitê do Senado para Assuntos Especiais de Inteligência. Disponível em: <assets.documentcloud.org/documents/3860393/Comey-Opening-Statement-June-8.pdf>.
3. Veja o tuíte de Trump em: <twitter.com/realdonaldtrump/status/946731576687235072>.
4. Donald J. Trump, "Remarks in a Meeting with Members of Congress on Immigration Reform and an Exchange with Reporters", 9 jan. 2018. Postado por Gerhard Peters e John T. Woolley, *The American Presidency Project*. Disponível em: <www.presidency.ucsb.edu/ws/?pid=128934>.
5. Veja o tuíte de Graham em: <twitter.com/LindseyGrahamSC/status/950800026401492992>.

6. Julie Hirschfeld Davis e Sheryl Gay Stolberg, "Trump Appears to Endorse Path to Citizenship for Millions of Immigrants", *The New York Times*, 9 jan. 2018.

7. Ashley Parker e Philip Rucker, "55 Minutes at the Table: Trump Tries to Negotiate and Prove Stability", *The Washington Post*, 9 jan. 2018.

8. John Byrne e Katherine Skiba, "Sen. Dick Durbin: President Trump Used 'Hate-Filled, Vile and Racist' Language in Immigration Meeting", *Chicago Tribune*, 12 jan. 2018; Josh Dawsey, "Trump Derides Protections for Immigrants from 'Shithole' Countries", *The Washington Post*, 12 jan. 2018.

9. Elana Schor, "Graham Tees Off on Stephen Miller over Immigration", *Politico*, 21 jan. 2018.

10. Donald J. Trump, "Remarks at the Conservative Political Action Conference in Oxon Hill, Maryland", 23 fev. 2018. Postado por Gerhard Peters e John T. Woolley, *The American Presidency Project*. Disponível em: <www.presidency.ucsb.edu/ws/?pid=129472>.

11. Trata-se de uma apropriação da letra do cantor e ativista negro radical chamado Oscar Brown Jr., que foi repetida diversas vezes durante a campanha presidencial, recebendo duras críticas da família Brown.

12. Peter Baker, Gardiner Harris e Mark Landler, "Trump Fires Rex Tillerson and Will Replace Him with CIA Chief Pompeo", *The New York Times*, 13 mar. 2018.

13. Ibid.

14. Donald J. Trump, "Remarks on the Nomination of Director of the Central Intelligence Agency Michael R. Pompeo to Be Secretary of State, the Termination of Rex W. Tillerson as Secretary of State, and the Nomination of Gina C. Haspel to be Director of the Central Intelligence Agency and an Exchange with Reporters Upon Departure for San Diego, California", 13 mar. 2018. Postado por Gerhard Peters e John T. Woolley, *The American Presidency Project*. Disponível em: <www.presidency.ucsb.edu/ws/?pid=129510>.

Capítulo 40 [pp. 320-8]

1. Karen Freifeld, "White House Lawyer Cobb Predicts Quick End to Mueller Probe", Reuters, 18 ago. 2017.

2. "Mueller's Trump-Russia Investigation Engulfs Deutsche", *Handelsblatt*, 5 dez. 2017.

3. Veja o tuíte de Trump em: <twitter.com/realdonaldtrump/status/847766558520856578>.

4. Os memorandos de Comey estão disponíveis em: <assets.documentcloud.org/documents/4442900/Ex-FBI-Director-James-Comey-s-memos.pdf>.

Capítulo 41 [pp. 329-36]

1. Revisão do autor de anotações feitas na ocasião por um participante.

2. MJ Lee e Kevin Liptak, "Former White House Aide's Ex-Wives Detail Abuse Allegations", CNN, 8 fev. 2018; Colbie Holderness, "Rob Porter Is My Ex-Husband. Here's What You Should Know About Abuse", *The Washington Post*, 12 fev. 2018; Felicia Gans, "Jennifer Willoughby Called Rob Porter's Alleged Abuse 'Insidious' Last Year", *Boston Globe*, 10 fev. 2018.

3. Maggie Haberman e Katie Rogers, "Abuse Claims End Star's Rise in White House", *The New York Times*, 8 fev. 2016, p. A1; Katie Rogers, "Aide's Clean-Cut Image Belied His Hot Temper, Former Colleagues Say", *The New York Times*, 20 fev. 2018, p. A14.

4. Josh Dawsey, Beth Reinhard e Elsie Viebeck, "Senior White House Official to Resign After Ex-Wives' Allegations of Abuse", *The Washington Post*, 7 fev. 2018

5. Veja o tuíte de Trump em: <twitter.com/realdonaldtrump/status/962348831789797381>.
6. "The White House Shrugged Off Domestic Violence. It's Not Alone", *The Washington Post*, 8 fev. 2018; Mark Landler, "Trump, Saying 'Mere Allegation' Ruins Lives, Appears to Doubt #MeToo Movement", *The New York Times*, 10 fev. 2018.
7. Donald J. Trump, "Remarks at a Listening Session with Steel and Aluminum Industry Leaders and an Exchange with Reporters", 1 mar. 2018. Postado por Gerhard Peters e John T. Woolley, *The American Presidency Project*. Disponível em: <www.presidency.ucsb.edu/ws/?pid=129484>.
8. Justin Sink, Jennifer Jacobs, Dakin Campbell e Shannon Pettypiece, "Gary Cohn to Resign as Trump Adviser After Dispute over Tariffs", Bloomberg, 6 mar. 2018.
9. Damian Paletta e Philip Rucker, "Gary Cohn, Trump Top Economic Adviser, to Resign Amid Differences on Trade Policy", *The Washington Post*, 7 mar. 2018.
10. Derek Thompson, "Gary Cohn Resigns, Apparently over Tariffs", *The Atlantic*, 6 mar. 2018.
11. Nick Timiraos, Peter Nicholas e Liz Hoffman, "Gary Cohn Resigns as White House Economic Adviser After Losing Tariffs Fight", *The Wall Street Journal*, 6 mar. 2018.
12. Bob Davis, "Trump Weighs Tariffs on $100 Billion More of Chinese Goods", *The Wall Street Journal*, 5 abr. 2018. Bossert e Trump se encontraram em 6 de abril de 2018.
13. Ibid.
14. Transcrição do programa *This Week*, ABC News, 8 abr. 2018.

Capítulo 42 [pp. 337-50]

1. Michael S. Schmidt, Matt Apuzzo e Maggie Haberman, "Mueller Is Said to Seek Interviews with West Wing in Russia Case", *The New York Times*, 12 ago. 2017.
2. Jeremy Herb, Evan Perez, Marshall Cohen, Pamela Brown e Shimon Prokupecz, "Ex-Trump Campaign Adviser Pleads Guilty to Making False Statement", CNN, 31 out. 2017; Carrie Johnson, "Rick Gates Pleads Guilty and Begins Cooperating with Mueller's Russia Investigation", *NPR*, 23 fev. 2018.
3. Leia as perguntas de Mueller obtidas pelo *New York Times* em abril de 2018 em: <www.nytimes.com/2018/04/30/us/politics/questions-mueller-wants-to-ask-trump-russia.html>.
4. Peter Lattman, "Galleon Chief Sentenced to 11-Year Term in Insider Case", *The New York Times*, 13 out. 2011.

Índice remissivo

H

I

V

W

X

Y

Z

Créditos das imagens

capa Brendan Smialowski/AFP/getty images

capa
David Litman
preparação e tradução de textos extras
Lígia Azevedo
índice remissivo
João Gabriel Domingos Oliveira
revisão
Ana Alvares
Huendel Viana
Jane Pessoa

Dados Internacionais de Catalogação na Publicação (CIP)
— —

Woodward, Bob (1943-)
Medo: Trump na Casa Branca: Bob Woodward
Título original: *Fear: Trump in the White House*
Tradução: André Czarnobai, Paulo Geiger,
Pedro Maia, Rogerio Galindo
São Paulo: Todavia, 1ª ed., 2018
400 páginas

ISBN 978-85-88808-36-2

1. Situação política 2. Estados Unidos 3. Reportagem
4. Donald Trump 5. Bob Woodward. I. Título

CDD 320.973
— —

Índice para catálogo sistemático:
1. Situação política: Estados Unidos 320.973

todavia
Rua Luís Anhaia, 44
05433.020 São Paulo SP
T. 55 11. 3094 0500
www.todavialivros.com.br

fonte
Register*
papel
Munken print cream
80 g/m²
impressão
Ipsis